见识城邦

更新知识地图　拓展认知边界

性别打结

The Gender Knot

Allan Johnson

[美]艾伦·约翰逊　著

杨晓琼　译

中信出版集团｜北京

图书在版编目（CIP）数据

性别打结 /（美）艾伦·约翰逊著；杨晓琼译.
北京：中信出版社，2024.9（2025.2重印）. -- ISBN 978-7-5217-6752-0

Ⅰ．C913.14
中国国家版本馆 CIP 数据核字第 20247J45U7 号

The Gender Knot: Unraveling Our Patriarchal Legacy by Allan G. Johnson
Copyright © 2014 by Allan G. Johnson
Simplified Chinese translation copyright © 2024 by CITIC Press Corporation
ALL RIGHTS RESERVED
本书仅限中国大陆地区发行销售

性别打结
著者： [美]艾伦·约翰逊
译者： 杨晓琼
出版发行：中信出版集团股份有限公司
（北京市朝阳区东三环北路 27 号嘉铭中心 邮编 100020）
承印者： 北京盛通印刷股份有限公司

开本：880mm×1230mm 1/32　　印张：18.75　　字数：347千字
版次：2024年9月第1版　　　　　印次：2025年2月第4次印刷
京权图字：01-2024-2329　　　　书号：ISBN 978-7-5217-6752-0
定价：88.00元

版权所有·侵权必究
如有印刷、装订问题，本公司负责调换。
服务热线：400-600-8099
投稿邮箱：author@citicpub.com

献给诺拉·L.贾米森

在追寻一种与众不同的生活的旅途中,
她是我的人生搭档、最亲爱的朋友、伙伴和灵魂伴侣

目 录

序 　　　　　　　　　　　　　　　　　　　　　i

致谢 　　　　　　　　　　　　　　　　　　　　vi

一　所谓的父权制指的是什么？　　　　　　　　　1
　　1　我们身处何处？　　　　　　　　　　　　3
　　2　父权制这个体制：是它，不是他、
　　　　他们或我们　　　　　　　　　　　　　48
　　3　为什么是父权制？　　　　　　　　　　　91
　　4　意识形态、迷思与魔术：女性气质、
　　　　男性气质和"性别角色"　　　　　　　140
　　5　女性主义者与女性主义　　　　　　　　178

二　维持幻觉，改变的障碍　　　　　　　　　237
　　6　关于父权制的思考：战争、性与工作　239

7	什么父权制?	278
8	肯定是女人	321

三　拆解父权制遗产　　　　　　　　　371

　　9　羞愧、内疚和责任　　　　　　373

　　10　什么变了,什么没变:男子气概
　　　　与暴力　　　　　　　　　　　402

　　11　我们能做什么?解开性别之结　435

附录:解开性别之结的可用资源　　　　472

注释　　　　　　　　　　　　　　　　514

名词解释　　　　　　　　　　　　　　569

序

《性别打结》由我人生中的多个部分汇集而成。本书是基于我三十余年来对性别不平等议题的深耕——从阅读、教学和研究,到在集会上发表演讲,到在立法委员会做证,到撰写专栏文章,再到进入企业和学校与那些试图理解生活于一个父权制世界意味着什么的男男女女一同工作。

本书由我作为男性在美国成长和生活的经历所塑造。比如说,作为一个喜爱文学甚于喜爱橄榄球的男孩,我常常觉得自己是小男孩的大男子气概圈子的局外人。我认为,这于我而言是一个优势,它最终让我将很多有关性别的东西看得更清楚,并察觉到许多若非如此,我本可能会忽略的事情。我也不得不与我的父母和解,接受他们在父权制下做出的选择对他们的生活和我们的关系的塑造,他们那一代人都受到了同样的塑造。我不得不在男孩与男人之间激烈的地位竞争中摸索。我在五年的时间里每周参加男性团体的聚会，这个过程驱使我从认为男性危险和不值得信赖、需要避而远之，转向重新发现在父权制男性气质的扭曲之下，男人有可能是什么模样。我必须解决我对女性的需求和爱与父权文化施加于性别关系和性产生的可怕伤害之间的巨大矛盾。我必须学会接受男性特权的社会事实，以及它对女性造成的伤害，同时不去代入自身——仅仅因为我是一个男人就认为批评男性特权等于指责我本人。

我认识的一些人也在竭力理解父权制对于世界和他们的生活意味着什么，他们深刻地影响了这部作品。与他们结识让我逐渐形成一个不可动摇的信念：压迫并非人类生活中不可避免的特征，我们每一个人所做的选择能够发挥的作用比我们知道的要多得多，我们必须找到办法，让男人和女人成为解决方案的一部分，而不仅仅是问题的一部分。

我的一位作家朋友曾说我的"灵魂发生了一场结构性的转变"，本书就是来自我内心的这一部分。它使我趋近事物的潜在结构，投身理清脉络的工作，并想办法将其与他人分享。它吸引着我去搭建桥梁，连接多种多样的生活经验、观念和理解方式，为原本可能感到彼此分裂的人们创造一种共识。

本书也源于我一生的痴迷与关注：人类生活的道德本

质为何？它与世界和生活其中的我们的一些基本问题有何联系？我们在这里的使命究竟是什么？是什么将我们联结在一起，又是什么促使我们对彼此施加这样的痛苦？这些问题使我们无法忽略社会不平等、不公正和漠视人类尊严的问题。这些问题也是"去做些什么，改变现状，无论多么微小"的道德责任的核心。但要行动，我要先想明白，对这些看似如此宏大且超出我的影响能力范围的事情承担责任，究竟意味着什么。这将我引向了所有桥梁中或许是最为重要的一座，它使我得以找到办法促成改变。

修订更新版说明

这一修订版得益于几年来在学院和大学校园里的演讲，这样的经历促成了三个重要的改变。第一是更翔实地描述了父权制的特点，尤其是男性认同。第二是将第 4 章的内容移到第 2 章，将关于父权制的讨论移到最需要的章节。第三是拓展了关于个体与体制的讨论，新增了一张图，我发现随着读者群越来越宽广多样，这张图很有帮助。

我也着重论述了更多关于罗伯特·布莱（Robert Bly）和萨姆·基恩（Sam Keen）的内容，我常用他们的作品作为例证，展示典型的"男性运动"对父权制和性别不平等的看法。许多读者或许不熟悉他们，我希望这么做能对讨论更有帮助。

关于关键且有争议性的术语的定义，如性别主义（sexism）、特权（privilege）和政治正确（political correctness），可在后文的脚注中找到。

最后，有许多来自各方的有益建议，我尽力一一做了回应（见致谢），我也尽力将参考的数据、事件和来源更新到了当前的最新情况。自第一版出版以来，世界上发生了很多事，最引人注目的是2001年9月11日发生的恐怖袭击事件，以及美国的暴力回应中所体现的事实上的战争状态。有人认为在美国发生的恐怖主义袭击永远地改变了社会生活的基本轮廓，但我相信，随后的章节能够清晰地论证，暴力是父权制动力学（patriarchal dynamics）的一种表现，它已经存在很长很长时间了。

这样的改动所依据的是我在准备修订版时最重要的考量，也就是持续聚焦于本书最初的目标——阐明父权制的基本特征、个体与父权制的关系，以及一些阻碍我们清晰地、批判性地看待父权制的各种思考。

第三版说明

除了常规的更新和微调,这一版最重要的变动是新增了一章——"什么变了,什么没变:男子气概与暴力"。这一章不仅分析了男性暴力的原因,而且分析了作为一种性别现象,这种暴力一直被忽视。我还新附了一份名词解释,希望对读者,尤其是那些可能对书中提到的历史和涉及的概念不熟悉的读者有用。

艾伦·G. 约翰逊
www.agjohnson.us
agjohnson.wordpress.com

致　谢

每当我思索本书来自哪里，其他人在其中又起了什么作用的时候，"我"与"他们"之间的界限就很快变得神秘而难以捉摸。在我成年生活的大部分时间里，我都在呼吸着充满性别议题著作的"空气"。如果没有写出那些著作的作家，我永远不会想到写作本书。我尤其感谢玛丽莲·弗伦奇（Marilyn French），她里程碑式的著作《超越权力》（*Beyond Power*）深刻地塑造了我对父权制的理解。

如果没有那些足够关心我所写的东西，并把他们对本书的真实想法告诉我的人，这部作品与其结果可能迥然不同。在我准备第一版的时候，珍妮·博纳卡读完了整部手稿，她充满热情并大力支持；她对于清晰性和好文章的简洁之美有极佳的判断力，对结构的把握也不可思议，她将这些毫不吝啬地提供给我。尼古拉斯·阿约、迈克尔·基梅尔、杰弗里·麦克里斯琴、迈克尔·施瓦尔贝、沙伦·托菲·舍佩拉以及天普大学出版社的匿名审稿人分享了富含深思的意见和有用的评论。我在哈特福德女子学院的许多学生都读过本书的部分内容，尤其是关于女性主义的那一章。除了给出反馈，他们还让事情变得有意义，使其不停留于描述问题，而是一旦知道问题存在，就去寻找我们能够采取的行动。

在准备这一版的过程中，我很感谢来自伊丽莎白·巴斯（卡姆登县学院）、杰拉德·L.卡蒂利乌斯、伊丽莎白·M.卢卡尔（印第安纳大学南本德分校）、伊丽莎白·罗尔斯顿、迈克尔·施瓦尔贝（北卡罗来纳州立大学）、威尔·C.范登胡纳德（新不伦瑞克大学）和丽贝卡·威什南特（代顿大学）的反馈和建议。我还要感谢天普大学出版社的匿名审稿人。

我也对一代又一代的活动家、学者和作家表示深深的谢意，他们的勇气、远见和辛勤工作为我对这些问题的了解奠定了基础。我很早以前就接触过一些作者的作品，他们的见解已经在无意中进入我的常识储备。对于他们，我只能表示感谢，并为无法以适当的方式表明他们对本书的贡献而抱歉。

把问题写下来总是比采取行动更容易。我很有幸地结识了像贝蒂娜·博德斯、金·克伦威尔、唐纳·加斯克、安纳利·约翰逊、查尔斯·莱文斯坦、安妮·梅纳德和简·图伊这样的人，他们为如何思考世界并根据自己的理念采取行动提供了榜样。他们深刻地影响了本书的写作，尤其是最后一章。

我还受益于一些陌生人的善意。我在为本书寻找合适的代理人时曾寻求过他们的帮助，他们做出了慷慨的回应，这充分说明女性主义未来的可能性。虽然我从未见过芭芭拉·埃伦赖希、苏珊·法吕迪和玛丽莲·弗伦奇中的任何一人，但当我贸然给她们去信时，她们都给我回了信，向我提出建议，并表达了支持，这令我十分惊喜。阿诺德·卡恩的帮助则是通过女性研究网络讨论列表来实现的。多年来，其订阅者每天都在用他们持续的对话提醒我，这项工作是活跃的，并且在全世界范围内进行着。我的出版旅程让我认识了文学代理人盖尔·罗斯和霍华德·允，他们从一开始就相信本书和出版本书的重要性，并很好地出版了它。他们的信念和优秀的工作继而又将本书引向了天普大学出版社，及其社长戴维·巴特利特和主编迈克尔·埃姆斯。他们的热情和对《性别打结》潜力的坚定承诺让人欢欣鼓舞，这提醒着我们，有一种智慧叫作保持耐心。

对于这一版，我要感谢我的编辑珍妮特·弗兰森德斯，感谢她对我这部作品的全力支持，感谢制作编辑查尔斯·奥尔特和丽贝卡·洛根，感谢设计编辑凯特·尼科尔斯和文字编辑埃米·施奈德，是他们的专业让手稿得以付梓。我也感谢洛乌·富亚诺设计了这么美的封面，感谢安-玛丽·安德森和加里·克雷默所做的一切，他们的努力使《性别打结》获得了最广泛的读者群。

最为触动我的是那些不仅相信作品，更重要的是相信作者的人。写作是一项孤独的工作，但围绕这种孤独的是人，是他们充满爱意的存在和支持使这种孤独成为可能。我尤其感念于心的是我的妹妹安纳利·约翰逊，以及安妮·巴雷特、克里斯廷·弗林茨、安妮·巴特森和罗布·奥肯。

最后也是最重要的是诺拉·L. 贾米森，本书是献给她的。我们作为人生伴侣一起度过了过去的 34 年，我很难描述这段生活的意义。作为一名女性主义治疗师和智慧女性，诺拉的生活和工作都笼罩着浓厚的父权制氛围，充斥着其造成的后果。在此意义上，我们是呼吸着同一种关注的空气，在同一片观念之海中浮游，并与同样的问题缠斗。然而，作为女性和男性，我们在父权制之下却有着如此不同的位置，这一事实既将我们截然分开，又在我们一起面对它时使我们拥有共同的目标。我们的工作和生活轨迹持续不断地相互平行又相交，彼此偏离又拉近，这不仅大大丰富了这部作品，也丰富了我们的生活经验。在这 34 年里，我们的生活里充满了"我能跟你说件事吗？"以及"明白"和"不明白"，充满床头柜上堆满了书的场景，充满玩乐、热情与静默的沉思，充满与父权遗产的斗争，因为它活在我们彼此的身体里，也不可避免地存在于我们彼此之间。34年来，我们一直在学习男女如何在父权制的情况下一起生活和相爱，学习如何跨越我们从出生起就被置于其中的性别鸿沟。我们用34年的时间学习了"这是我们要共同面对的"这句话包含的许多含义。

当然，她阅读了每一稿中的一字一句，其间调动她准得不可思议的"废话探测器"，每每读到逻辑不通之处或语感差劲的句子，她的探测器就会警报大作。她也在这部作品和我本人身上注入了她的信念。就这一信念对这部作品和我本人所产生的深刻影响，我唯有惊叹。

一
所谓的父权制
指的是什么?

1　我们身处何处?

25名男女聚集在一起参加一个关于职场性别问题的研讨会。在一个简单的开场练习中,他们按性别分成两个小组,就四个项目做头脑风暴:他们自己的性别在职场中的优势和劣势,以及他们对另一性别的优势和劣势的看法。随着女性的劣势和男性的优势被列到第二页和第三页活页纸上,女人越发能量满满地投入任务,并且气氛变得更为热烈。有时,这种能量伴着一阵阵笑声传来,在整个房间里回荡,冲刷着男性小组静悄悄的海岸。另一些时候,她们似乎只是一项又一项愤怒地狂写:薪资更低,受制于更高标准或双重标准,必须更努力地工作,几乎得不到权力或尊重,对女性的评判标准更注重外貌吸引力而不是业绩或能力,玻璃天花板的限制,不受重视,受到骚扰,很少得到支持或指导,几乎没有空间或隐私,被排除在非正式的人际网络之外,被居高临下地指点，被要求做从记笔记到端咖啡等"后勤"杂事，被视为弱者和低智者，常常因为出的主意被男性挪用而功劳不被承认，她们的家庭角色也占用了她们的时间和精力，但她们在家庭中发挥的作用却得不到认可，而这个社会对男性很少有这样的要求。

她们不断地列下去。在干劲十足的女性小组旁边，男人们则以紧密的小组进行着任务。让很多人惊讶的是，他们列出的内容跟女人列出的非常相似，只是稍短一些。男人们遗漏了优势和劣势的许多形式，但基本上，他们非常清楚自己拥有什么，女人没有什么。

男人们完成任务之后，在尴尬的沉默中站着，看向女人这边，她们的任务还在进行。一段时间后，两个小组分享他们的想法。对于有些不可避免会脱口而出的事项，人们发出一些善意的笑声，但多少有些紧张，比如：男人上洗手间时不用排队，男人简简单单就能打发"上班穿什么"的问题。但很快就出现了一连串无可辩驳的关于如下问题的事实：性别如何塑造女性和男性在职场中和职场外的生活。

内容不断地累积罗列，气氛变得凝重。一些女人脸上露出愤怒的表情，但许多女人似乎不知如何处理她们的感受。男人站在那里静静地听着，好像他们想找一个安全之所躲藏起来，或以某种方式捍卫自己，仿佛这一切都是针对他们个人的。当被问及看到这些清单，他们有何感受时，一个男人说，他希望能够继续保持这些优势，但不希望为此给女人带来负面的影响。而女人的反应则常常是"沮丧"。

在笼罩那个房间的沉默当中，两件事变得清晰起来：这些罗列的内容说明了某种在人们生活中发挥着巨大影响的东西，但我们不知该如何谈论它。而假如我们不能谈论一个问题，就几乎不可能理解它，更别说去探索如何解决它了。

其结果是一种麻木，这种麻木不仅反映了这一特定群体——以及无数其他类似群体——在面对性别现实时所处的状态，而且反映了整个社会面对这些问题时所处的状态。

我们所处的状态便是被困在原地。经过20世纪70年代和80年代这20年的剧变，性别平等的发展进程自90年代以来开始放缓。例如，全职工作的男性平均收入仍比女性平均收入高出近30%。尽管女性在大学毕业生中占多数，但大多数就业女性仍局限于地位低、收入低的狭窄的职业领域，那些成功进入医学等以前由男性主导的行业的女性，比男性更有可能从事地位低、收入低的职位。与此同时，进入护士和小学教师等职业的男性比同行业的女性收入更高，而且更有可能晋升到管理职位。在大学里，科学教授（无论男女）普遍认为女学生的能力不如男学生，不太可能为女性提供工作，也不太可能给他们所聘用的女学生支付与男学生同等的工资。在政治领域，女性在美国国会中仅占19%，在州立法机构席位和全州民选行政职务中，女性所占比例不及1/4，尽管女性占美国人口的50%以上。在家庭中，女性所做的家务和照顾孩子的工作量仍然是男性的两倍，即使她们在家庭之外也有工作。[1]

我们不仅被困住了，而且陷入了迷茫。例如，男性暴力在全球持续流行，包括战争、恐怖主义、大规模谋杀、性贩卖，以及针对女孩和妇女的强奸和虐待。官方的回应和公众的讨论表明，对于其根本原因或应采取何种措施，人们所知甚少，包括如何看待绝大多数暴力是由男性实施的这一事实（关于这一点，我将在第10章详述）。在世界范围内，30%的女性称曾受到现任或前任伴侣的性侵犯或身体攻击，女性遭受强奸和家庭暴力的风险比癌症、车祸、战争和疟疾的风险加起来还要大。美国军方最近透露，性侵犯在军队中非常普遍，对女性安全的最大威胁不是来自服役的危险，而是来自男性服役人员的性侵犯。[2]

我们置身于压迫性的性别遗产的深处，这份遗产在男性支配的世界所产生的后果远远超出了男女之间的关系，从失控的资本主义贪婪和阶级不平等，到迫在眉睫的气候变化的破坏。

从宏观和微观尺度来说，我们所面临的都是，明知道性别牵涉的问题与大量的苦难、不公正和麻烦紧密相关，但不知道了解这一点之后如何去做，这将我们绕进一个恐惧、愤怒与痛苦的结，一个指责、防御、内疚和否认的结。我们除了知道有些地方出了问题，对其余一切都不确定，而我们越是拉扯这个结，它就缠得越紧。

父权制

我们被困在以父权制为核心的传统中。要理解父权制是什么，并从中走出来，我们需要解开那个结，而这首先要弄清楚身处父权制遗产当中意味着什么。要弄清楚，我们首先要避开许多人——尤其是男人——对于"父权制"这个词本身的防御性反应，他们通常将其理解为"男人"的代名词。我将用一整章（第2章）来充分地讨论这一问题，但目前，答案的要点是：父权制不是"男人"的替换词。父权制是一种社会体制，而社会不仅仅是一群人的集合。因此，"父权制"社会所指的不是我或任何其他男人，或男人的集合，而是一种由男人和女人共同参与的社会。如果不把整个社会等同于一群人，这本身就会带来足够多的问题。

何谓父权制？一个遵奉父权的社会，通过男性支配（male dominated）、男性认同（male identified）和男性中心（male centered）来促进男性特权*。它也是围绕着对控制的痴迷而组织起来的，其中一个关键方面涉及对女性的压迫。

男性支配

父权制是男性支配的，政治、经济、法律、宗教、教育、军事和家庭内部的权威位置通常是为男性保留的。国家元首、公司 CEO、宗教领袖、学校校长、各级政府立法机构成员、高级法律合伙人、终身教授、将军和海军上将，甚至那些被认定为"户主"的人，在父权制之下往往都是男性。当一个女人设法获得了更高的职位时，人们往往会因这种规则的例

---

* 我在此使用的"特权"（privilege）一词，根据的是佩姬·麦金托什（Peggy McIntosh）在其经典论文《白人特权和男性特权：通过女性研究工作来看其相似性的个人叙述》（"White Privilege and Male Privilege: A Personal Account of Coming to See Correspondences through Work in Women's Studies"，工作论文 189，韦尔斯利女性研究中心，韦尔斯利，马萨诸塞州，1988 年）中提出的定义。特权指的是某一社会类别成员享有的不劳而获的便利或好处，而其他社会类别成员则被系统性地排除在这些便利或好处之外。例如，在父权制当中，男人说的话比女人说的话更容易被采信，即便他们说的是同样的东西。特权的分配取决于诸如"男性"和"女性"等类别的主流定义，以及社会附加给它们的有利条件和不利条件。它还取决于相关的特征——例如，一男人所享有的男性特权也因其他身份特征而异，如种族、性取向、残疾状况和社会阶层。麦金托什的方法对于理解特权十分重要，因为它针对的不是个体，而是人们生活的社会系统的组织。

外而吃惊，并想知道她如何比得上男人。这种检验很少被用在男人身上（"我不知道他能否像女人一样成为一位好总统"），除非男性承担了通常由女性完成的、被贬低的家务和其他照料工作，比如照顾孩子、做家务或照顾年迈的父母。即便如此，男人在家务事上的失败也可以被解释为一种优越感、一种被训练出来的无能，而实际上是为了保护他们的特权地位（"你去换尿布吧，我不擅长这个"）。

在最简单的意义上，男性支配造成了男女之间的权力差异。这意味着，男性可以获取更多的收入与财富，同时也意味着他们能够以反映和服务于男性集体利益的方式塑造文化，比如控制电影和电视节目的内容，或者在处理强奸和性骚扰案件时采取一些方法，使得被审判的是受害者，而非被告。

男性支配还促进了男性比女性优越这种观念。出现这种情况，部分是因为我们没有对等级制度中位置的优越性和通常占据此类位置的人进行区分。[3]

这意味着，如果男人占据高位，人们就直接得出男人本身必定优越的观念。如果总统、将军、立法委员、牧师、教皇和公司 CEO 都是男人（也会象征性地有几个女人），那么男人作为一个群体就会被认为具有优越性。的确，父权制下的大多数男人并不是手握权力的个体，他们成天做的就是其他男人叫他们去做的事情，无论他们想不想做。与此同时，每个男人相对于女人的地位，都被父权社会中男性对权力的垄断所强化。

男性支配并不意味着所有女人都无能为力。比如美国国务卿希拉里·罗德姆·克林顿和最高法院大法官索尼娅·索托马约尔（Sonia Sotomayor）、露丝·巴德·金斯伯格（Ruth Bader Ginsberg）和埃琳娜·卡根（Elena Kagan），她们的权力都远远超过大多数男性所能拥有的。但她们之所以引人注目，正是因为她们在一个男性支配才是惯例的社会中是如此不同寻常。

像所有从属群体一样，女人也设法通过最大限度地利用男人留给她们的东西来获取权力。例如，正如父权制将女人变成了性对象，她们应该围绕着男人的需求来组织自己的生活，这一安排也赋予了女人拒绝与男人发生性关系的权力。[4]

男性认同

父权社会的核心文化观念是男性认同。我们认为是好的、可欲的、可取的或正常的事物，在文化上都与我们对男人、男子气概和男性气质的构想联系在一起。最简单的例子就是，人们如今仍旧普遍使用男性代词和名词来代表一般意义上的人。当我们习惯地将别人称为"man"（男人），或用"guys"（伙计、男人）称呼女性时，我们就构建了一个象征性的世界，男人在其中占据主要位置，而女人只是背景，被边缘化为局外人[5]（这一做法会让人陷入一些荒谬到尴尬的局面，比如一本生物学课本曾描述，"man"是"一种用母乳喂养后代的物种"）。

但男性认同所造成的结果远不止于此，因为它还把男性和男性的生活作为定义正常的标准。以事业这一概念为例，每周工作60小时，其定义的前提是假设拥有事业的人家里有一个类似传统意义上的"妻子"的人，为其操持必不可少的支持工作，如照顾孩子、洗衣服，以及确保有一个安全、干净、舒适的避风港，供拥有事业的人从充满竞争的、男性支配的世界的压力中抽身休息和恢复。鉴于大多数女人没有这样的"妻子"，她们便很难融入这一男性认同的模式，也很难在这一模式下成功。

男性认同的另一个方面在于，对于男性气质和男子气概的文化描述，实际上与整个社会的核心价值观同义。这些价值观包括控制、力量、竞争力、坚韧、面对压力沉着冷静、逻辑性、坚强、果断、理性、自主、自给自足等品质，以及控制那些会干扰上述核心价值观（如坚不可摧）的情绪。这些男性认同的品质与在父权社会中最受认可的工作——商业、政治、战争、体育、法律和医学——联系在一起，因为这些工作的组织方式就要求具有这样的品质才能成功。相比之下，合作、互助、平等、分享、同理心、同情、体贴、脆弱、随时准备协商和妥协、情感表达，以及直觉和其他非线性思维方式等品质都被贬低了，并在文化上与女性和女性气质相联系。

当然，女性并非全然在价值上遭到贬低。譬如说，女性通常因为她们的美——作为一种男性性欲的对象——得到嘉奖，但正因如此，她们也往往以最终贬低其价值的方式被占有和控制。对于一般意义上的女性，尤其是母亲，在文化上也存在一种强烈的浪漫化，但这是一种紧密集中的感伤（如母亲节或秘书节），对于女性在日常生活中如何被看待和对待并无多少影响。并且，像所有的多愁善感一样，在实际上采取某些行动支持女性的生活时，这并没有多少分量。例如，为职场母亲提供有效和经济可行的儿童日托设施或家庭休假政策，让职场母亲行使她们照顾孩子的职能——我们本应高度重视她们在该方面的职能——而不影响其职业发展。

当大多数女性向外看世界时，她们会从其他女性身上看到自己，因为父权制的男性认同，她们所看到的女性只存在于少数狭窄的生活领域，如"照顾"工作和个人关系当中。举例来说，要将自己视为领导者，一个女人必须先想办法应对这样的事实：作为父权文化的一部分，领导力本身已经借由对男子气概和男性气质的认同而被性别化了。男人或许得学着将自己当成经理，而女人则必须能够将自己当成一个尽管不是男人，却依然能够成功的女经理。

因此，任何敢于在照顾关系之外的世界立足的女人，都必须在两个截然不同的关于"她是谁和她应当成为谁"的文化形象中做选择。如果她要获得真正的公共权力——在政治、企业或职业领域中——她所面临的一方面是她作为女性的文化认同，另一方面是她所从事的男性认同的职位，她必须解决这两者之间的矛盾。因此，在父权制之下，一个女人越有权力，她在他人眼中就越"去性化"（unsexed），因为她的文化认同退到了底下，覆盖于其上的是男性认同的权力和与之相关的男性气质形象。对男人来说，效果则正相反：他们越有权力，就越意识到自己的男子气概。换句话说，在父权文化中，权力放在男人身上是性感，放在女人身上则不是。

然而，尽管有各种陷阱和限制，还是有一些女性执掌了权力，比如玛格丽特·撒切尔、伊丽莎白一世、叶卡捷琳娜大帝、英迪拉·甘地和果尔达·梅厄。她们的权力不是与父权制是男性支配的观点相矛盾吗？

答案是，父权制能够接纳在一定数量限制之内的执掌权力的女性，只要社会仍旧保持其本质上的父权制特征，尤其是男性认同的特征。尽管个别女性在父权社会中行使着巨大的权力，但她们每个人身边都围着一群有权力的男人——将军、内阁大臣、主教，以及富有的贵族或商人。她必须拥抱核心的父权价值观以支持他们的集体利益。实际上，这些女性之所以能够显得如此杰出，部分是因为她们有能力体现出在文化上被定义为男性气质的价值观：她们比周围的大多数男人更强硬，更果断，更有进取心，更长于算计，更能控制自己的情绪。[6]

然而，这些女性的权力与一般女性在父权制之下是否处于从属地位毫无关系。这也不意味着让更多女人掌权就能对女人有多大帮助，除非我们也能改变她们置身其中参与运作的系统的父权制特征。事实上，如果没有这样的改变，这个世界上希拉里·罗德姆·克林顿和索尼娅·索托马约尔等女性的掌权，就更可能是制造了一种性别平等的假象，通过接受男性权力与特权所依赖的父权价值观，从而进一步巩固将女人置于从属地位的系统本身。这并不意味着我们应放弃让女人掌权，只是说让一些女人拥有权力并不足以改变系统本身。

鉴于父权文化将权力与男人等同，大多数男人虽本身并不掌握权力，但仍能够感觉到某种与男性支配的观念以及那些的确手握权力的男人之间的联系。比如说，要让一个失业的工人阶级男性去认同男性领导者和他们对父权制男性气质的强硬展现，比让他们去认同任何阶层的女性都容易得多。例如，当上流社会的美国总统乔治·W. 布什开始对萨达姆·侯赛因"表现强硬"时，所有阶层的男性都能够认同这一次对基本父权价值观的实践。奥巴马总统下令击毙乌萨马·本·拉登时也是如此。借此，哪怕是地位最低的男人，也在男性认同中找到了一种文化基础，感到自己比原本地位较高的女性优越。举例来说，这就是为什么一个建筑工人在性骚扰一个恰好路过的衣着讲究的职业女性时，他会感到作为男人，他有权这么做。[7]

里娜·韦特缪勒（Lina Wertmüller）在其 1974 年的经典电影《浩劫妙冤家》（*Swept Away*）中出色地描绘了这种动态关系。在这部电影中，一个工人阶级男性与一个上流社会女性一起身陷孤岛。尽管他在阶级上处于劣势，但是他敏锐地意识到，他有权在性方面支配他所选择的任何女人，并借此暂时推翻她的阶级特权。在父权制之下，如果我们调转情境，让一个下层阶级女性征服并支配一个上层阶级男性，这一情景就不太具有可信度或不太可能吸引主流观众。这种厌恶并不是基于社会阶层，而是基于对性别秩序的威胁，女

1 我们身处何处？

性在此秩序中原本处于从属地位，她不能看起来无畏或英勇；相比之下，他则会因为缺少阳刚之气和控制力而遭到评判。

当一个社会将男性这样的特定群体认同为人类的一般标准，随之而来的就是，男人会被视为比女人更优越、更可取、更有价值。不仅男人在文化上被定义为优越的一方，而且无论男人做什么，都会被视为更有价值。举例来说，最初由男人从事的职业往往比最初由女人从事的职业更受尊重，薪水也更高，即便女人的工作需要同等甚至更高水平的技能、训练和责任。在19世纪，大多数秘书、话务员、图书馆管理员和护士是男性，因此这些职业比起现在能带来更高的薪水和地位，现在这些职业则多半是女性在从事。与此同时，2008年经济崩溃后，男性进入了护理和小学教师等行业，他们获得的薪水比女性更高，也更可能被提升到管理岗，这一现象被称为"玻璃扶梯效应"。[8]

而正因为男性做的事情总是容易被认为比女性做的事情更有价值，所以那些在文化中受重视的事物往往更多地与男性联系在一起，而不与女性联系在一起。比如神的概念，它对于人类生活极其重要，所以每一种一神论父权制宗教都崇拜一个男性认同的神，且该神的性别是男性，就不足为奇了。正如玛丽·戴利（Mary Daly）在《超越父神》（*Beyond God the Father*）中提出的，这一宗教观进一步将男性置于一个高度有利的、与神等同的位置，进一步加强了女人作为"他者"的地位，以及男人主张特权和支配地位的合法性。[9]

男性中心

除了男性支配和男性认同，父权制还是男性中心的。这意味着注意力首先是集中在男人和男孩，以及他们所做的事情上的。随便拿起一份报纸或走进一家电影院，你会发现故事主要都是关于男人的，关于他们做了什么，没做什么，或者他们对这两者有什么可说的。女人则被刻画为随波逐流的人，操心家务劳动和维持恋爱关系，为男人提供可争抢的东西，或作为陪衬，反映或强调男人与人类生存处境的英勇搏斗，鲜有例外。假如涉及危机，我们看到的就是男人如何制造危机，以及他们如何处理危机。

如果你想找一个关于英雄主义、道德勇气、精神蜕变、忍耐的故事，或有关任何赋予人类生命最深刻意义的斗争的故事，男人和男性气质通常是你必看的词。男人的经验是父权文化用来代表人类经验的,即使它们有时也是女性经历的。比如说,比起聚焦女性的电影,关于单亲父亲照顾孩子的电影——如《西雅图未眠夜》(Sleepless in Seattle)——对观众更有吸引力,即使女性比起男性更有可能成为单亲家长。而聚焦于深厚友谊的故事也更可能对准男性而不是女性,尽管男性建立深厚的友谊要比女性难得多。[10]

还有一个例子,在《与狼共舞》(Dances with Wolves)的结束部分,白人男主人公和由美洲印第安原住民养大的白人妻子离开了新近接纳他的部落,那也是她自童年开始唯一的家庭。然而,电影的焦点显然是他的戏剧性时刻,她只是赞许地看着。她就要离开她的养父母,但我们看到的只是女婿和丈人之间充满感情的别离(感人地交换了礼物)。并且我们最后听到的是一个新结交的战士朋友发出的深情呼喊,这证明了这两个男人之间深厚的感情(奇怪的是,这是我们在影片中见到的唯一的情感表达)。

相比之下,聚焦女性的电影,如《珍爱》(Precious)、《女王》(The Queen)、《永不妥协》(Erin Brockovich)、《伊丽莎白》(Elizabeth)、《女朋友》(Girlfriends)、《伴你闯天涯》(Leaving Normal)、《激情之鱼》(Passion Fish)、《陌生人为伴》(Strangers in Good Company)、《莫负当年情》(Beaches)和《末路狂花》(Thelma and Louise),则是惊人的例外,它

们总是迅速地湮没无闻，被斥为男性主题的复制品（"女性伙伴电影"），或被当作需要进行解释的越轨之作而受到严格的审查。

要充分了解我在此表达的意思，可看看1968年以来奥斯卡金像奖最佳影片名单（见表1）。在近50部电影当中，只有4部讲述了女性的人生故事——《百万美元宝贝》（*Million Dollar Baby*）、《芝加哥》（*Chicago*）、《走出非洲》（*Out of Africa*）、《母女情深》（*Terms of Endearment*），而且其中只有3部关注严肃主题，另外一部是音乐片。

男性中心无处不在。例如，研究清楚地表明，大多数女人或许早已知道：男人总是用说得多、打断多和控制内容来主导对话。[11]当女性在商务会议上提出建议时，她们通常会被忽视，直到有男人提出相同的建议，并因此得到赞赏（或如漫画上的标题所说，"好主意，琼斯小姐。或许某个男人也会提出这样的建议"）。在所有年级的教室中，男孩和男人通常都占据中心位置，获得最多的关注。[12]即便是在女性聚在一起的场合，她们也经常得对抗始终存在的如下假设：除非有男人在场，占据中心位置，否则就没有什么情境是完整的，甚至没有什么是全然真实的。否则我们如何理解当一群女人出去喝酒聊天时，会有男人走上前来说"女士们，就你们自己吗"？

表 1　奥斯卡金像奖最佳影片名单（1968—2013 年）

年份	影片	年份	影片
2013	《为奴十二年》	1990	《与狼共舞》
2012	《逃离德黑兰》	1989	《为黛西小姐开车》
2011	《艺术家》	1988	《雨人》
2010	《国王的演讲》	1987	《末代皇帝》
2009	《拆弹部队》	1986	《野战排》
2008	《贫民窟的百万富翁》	1985	《走出非洲》
2007	《老无所依》	1984	《莫扎特传》
2006	《无间行者》	1983	《母女情深》
2005	《撞车》	1982	《甘地传》
2004	《百万美元宝贝》	1981	《烈火战车》
2003	《指环王3：王者无敌》	1980	《普通人》
2002	《芝加哥》	1979	《克莱默夫妇》
2001	《美丽心灵》	1978	《猎鹿人》
2000	《角斗士》	1977	《安妮·霍尔》
1999	《美国丽人》	1976	《洛奇》
1998	《莎翁情史》	1975	《飞越疯人院》
1997	《泰坦尼克号》	1974	《教父2》
1996	《英国病人》	1973	《骗中骗》
1995	《勇敢的心》	1972	《教父》
1994	《阿甘正传》	1971	《法国贩毒网》
1993	《辛德勒的名单》	1970	《巴顿将军》
1992	《不可饶恕》	1969	《午夜牛郎》
1991	《沉默的羔羊》	1968	《雾都孤儿》

然而，许多男人会抗议说，他们并不觉得自己处于中心。男性特权有许多讽刺的方面，这就是其中之一。在《一间自己的房间》中，弗吉尼亚·伍尔夫写道，女人时常充当"拥有魔力和敏锐力量的镜子，镜中反映出的男人比他们实际的身形大出一轮"。[13] 伍尔夫的洞见表明了父权社会中发生在男性身上的这样几件事。男性所受的训练往往使男性通过自我的成就来获得肯定。[14] 这与女性形成了鲜明的对比，她们所受的训练使她们用与之不同的方式来反映自己，她们获得的肯定较少来自她们的成就，而较多地来自她们建立与维持人际关系时肯定与反映他人的能力。如果男性想要满足其被看见和被肯定的人类需求，就需要借助他们所做的事情和他们对父权制男子气概标准的迎合（这也是男性友谊倾向于侧重竞争和一起完成某些事的原因之一）。这既影响了男性个体，也影响了父权制体系，因为男性关注自己（"看我！"）和女性关注他人强化了父权制的男性认同、男性中心的方面。这些反过来又支持了男性支配，因为它们让男人更容易专注于提升和保护自己的地位。

父权制镜像（patriarchal mirroring）的另一个结果是，异性恋男性尤其被鼓励在与女性相处时带着只看他们自己的期待。当现实和女性对自己生活的要求让男性感到自我形象变得模糊时，男性就很容易感到被忽视和忽略。像自身几乎不产生热量的冷血动物一般，男性很难展现温暖，除非他成为别人眼光的焦点。这对女性来说是众所周知的事情，她们总是花费过多的时间担心自己是否足够关注她们的男伴，担心是否应该将用来安静地坐着读书或跟女性朋友在一起的时间，用来关注在她们生活中的男人。这是一种很少让男性感到困扰的担忧，除非女人抱怨。

为了感觉正常地活着，父权制下的男性需要被展现为"耀眼夺目"，以上种种都因这种期待而加剧。这使得他很难发展出一种可接受的自我意识，即他是一个普通人，与他人相处时有相对稳定的中心。结果是，父权制训练允许许多男人达成的最接近真正人际关系的形式就是，感觉他们自己就是注意力单向流动的中心。

这不应与被视作男性同盟（male bonding）的情形相混淆。当男人与其他男人在一起时，他们通常在宽泛的意义上以男性为中心，也就是将注意力放在男人及其做的事情上。然而，在人与人交往的层面上，男人一般不会将其他男人置于他们注意力的中心，因为他们是彼此竞争的，也因为他们太忙于寻找将他们置于中心的人了。举例来说，在我努力克服困难，与其他男性建立友谊的过程中，我既困惑又痛苦地意识到，我很少会想到给男性友人去电询问他过得好不好，很少主动将他的生活置于我的注意力中心。多年来，我都不解其中缘由。这是父权制的许多矛盾之一：男性生活在一个以男性为中心的社会中，然而常常表现得仿佛其他男性的内心生活一点都不重要。

尽管男性一般不会给其他男性提供他们期待从女性那里获得的镜像作用，但他们的确在制造"耀眼夺目"的幻觉方面起到了作用，尤其是通过竞争。男性在竞争时会进入一个赢家与输家的刺激世界，在这个世界里，球进入篮筐的次数或带过得分线的次数会让一些男性觉得自己的地位超越了另一些男性（且默认超越所有女性），这在父权文化的评判标准中是非常重要的。假如要给"耀眼夺目"的地位一句决定性宣言，那无疑就是"我们是第一！"这句胜利的呼喊。（而并没有人问，多长时间的第一？跟谁比？那又怎么样？）在赢家得到梦寐以求的站在让男人看起来更伟岸的镜前端详自己的机会之后，连输家和男性观众也分享了一份高贵的男性努力的反射光，尽管只是一小会儿——它只能持续到下一个赛季开始，或某个更快、更强壮、更年轻或更聪明的人出现。

当然，大多数男性都不可能维持这一切。尽管女性被训练得将男性置于注意力的中心，但她们自己的生活会转移她们的注意力。"耀眼夺目"的期待真正实现的时刻稍纵即逝，且就是这样而已。其结果是，将男性置于中心的父权制期待，矛盾地让男人处在一种稍有不慎便感觉自己不处于中心的状态——在某种程度上，这种感觉甚至让他们觉得自己根本不存在。

对控制的痴迷

父权制的第四个特征是对控制的痴迷，这是一项核心价值，社会与个人生活均围绕它而组织。像任何一种通过压迫一个群体来提升另一个群体地位的特权体制一样，控制是父权制的基本要素之一：男性通过控制女性和其他可能威胁其特权的男性来维持自身的特权。鉴于控制的首要性，它成了一个真正优越的人的文化标准，随后又被用来为男性的特权地位辩护。男性被假定（并被期待）要时时掌控一切，不情绪化（除了恼火与发怒），表现得无懈可击、自主、独立、强大、理性、有逻辑、冷静、博学、一贯正确，在所有情况下都控制得住局面，尤其是涉及女性的时候。人们认为，这些品质标志着他们的优越性，它们也成了男性特权的辩护理由。可相对照的是，女性被假定（并被期待）的方向与此正好相反，尤其是在与男性的关系中。

说控制本质就是恶或者控制将不可避免地导致压迫，是有误导性的。毕竟，控制是我们这一物种的本质特征之一。

它是我们从混乱中理出秩序,保护我们的生存不受威胁的唯一希望。我们想象、集中精力,然后行动,从烤面包、在花园里种花到设计国家卫生计划,这一切都涉及控制。连小孩子都会享受自己发挥人类能动性的时刻,为能够促成某些事的发生而高兴。然而,在父权制之下,控制不仅仅是人类本质的一种表达或者一种做成事情的办法。世人重视和追求控制的程度已经使一种自然的人类能力走向执迷的极端,由此赋予了社会生活一种压迫性的形式。

在父权制之下,控制所形塑的不仅是社会生活的宏大轮廓,还有男性的内心生活。男性越是将控制视为他们自我意识、幸福感、价值感和安全感的核心,就越有追求控制并围绕控制组织生活的动力。这让男性渐渐远离与他人的连接(connection),并走向分离(disconnection)。这是因为,控制涉及控制者与被控制者之间的关系,而分离是这一关系的必要部分。要控制某样东西,我们必须将其视为单独的"他者"。即便在控制自己的时候,我们也必须在精神上将自己分割为一个被控制的"我"和一个作为控制者的"我"。如果我们在控制他人,我们就必须为控制辩护,保护自己不受"控制会如何影响对方"这样的意识干扰。

结果是,控制者开始将自己视为打算和决定事情怎样进行的主体,而将他人视为施加行动的客体。被控制者被视为不具有可被定义为人的成熟度与复杂性。他们没有历史，也没有各种维度来赋予他们深度，或指挥控制者的注意力或理解，除非这干扰了控制。例如，当父母控制孩子的时候，他们似乎都预设了孩子还不能被当作一个完整的人，并为他们的惩罚行为辩护说，孩子没有理性思考能力，什么都不懂。随着孩子长大，要将他们看作"他人"就越来越困难，控制他们也变得越来越困难，尤其当家长看到孩子渐渐成熟，并作为有自我意识的人回首过往的时候。忽然之间，曾经似乎正当的控制可能会显得尴尬、不当，甚至愚蠢。

父权制并不只是简单地围绕控制而组织的，而是一种男性认同的对控制的痴迷。其结果是，男性在这一体制中参与得越多，他们就越可能将自己视为单独的、自主的和与他人分离的。他们可能会成为各种版本的西部片中的男主角，骑马来到镇上，不知从哪儿来，离开时也不知往哪儿去，没有过去，未来模糊不清。女性的生活当然也涉及控制，尤其是在与孩子的关系当中。但控制作为社会生活的核心原则的观念与实践，是定义父权制当中的男子气概的一部分，而不是女性特征的一部分，所以以女性不被鼓励追求控制权，并会在追求控制权时遭到批评。当一个女人被认为在控制男人时，她通常会被贴上悍妇或恶妻的标签，那个被人认为受她控制的男人则被看低，被视为妻管严、怕老婆，根本不算男人。但对于控制女人的男人——做最终决定，不让她外出工作，决定何时进行性行为或限制她与其他女人待在一起的时间——或受男人控制的女人，则没有侮辱性的词语。不需要使用这样的词语，因为男人控制女人，在文化上被定义为父权制男子气概的一个核心方面。

女性与父权制

父权制的一个不可避免的结果是对女性的压迫，这种压迫有几种形式。例如，在历史上，女性被排除在教会、政府、大学等主要机构和各种专业领域之外。即便她们被允许参与，通常也是处于从属的二等层级。玛丽莲·弗伦奇甚至认为，历史上对女性的压迫已经达到一种奴隶制的程度。

> 她们没有权利决定自己的身体、自己的性行为、婚姻、生育或离婚，她们可能无法接受教育，不能从事某种行当或职业，不能在世界上自由行动，还有什么词能用来形容这种状态呢？许多女人（过去和现在都是如此）终其一生辛勤劳作，却得不到任何工作报酬。[15]

因为父权制是男性认同和以男性为中心的，女性和她们所做的工作即使不是被忽视，也往往被贬低。女性在学校[16]，在职业招聘、发展、晋升和奖励方面被忽视与歧视，她们作为人的发展因此经常受到压制。任何质疑父权制是一种压迫性体制的人，只需查阅一下日渐庞大的文献记录，其中不仅有经济、政治和其他制度性的性别主义，还有无处不在的暴力，从色情到殴打、性骚扰和性侵犯等日常现实。[17] 还有每日的新闻头条，比如美国军队中长期普遍存在的性骚扰和性侵犯行为，这些行为已经持续多年，直到一场公开的丑闻促使人们要求采取纠正措施。到本书写作之时，这些要求还没有实现。

这并不是要否认，在过去的 100 年里，女性的地位发生了很大变化——从美国最高法院委任女性，到派遣女性前往伊拉克和阿富汗战场。在许多场合，对针对女性的公开性别歧视的容忍度比过去更低。小部分女性精英成功进入了一些职业领域，并在某种程度上成了企业管理部门的上层。大多数公然歧视女性的法律已被废除。

然而，在很大程度上，此类被高度宣传的进步让我们产生一种错觉，认为我们已经有了根本性改变。比如说，尽管有诸多新法律，针对女性的暴力和性骚扰依旧普遍存在。收入与财富的不平等 20 世纪 80 年代以来并未有太大改变，女性依然大量集中在少数低层次服务和粉领职业中。尽管已婚女性（许多已为人母）大量进入职场，成为有偿劳动力，尽管人们大谈父职（fatherhood）乐趣，但男性对于家务劳动的责任感或他们实际参与家务的意愿并没有实质性的提升。[18] 而且，正如我们此前看到的，女性在国家、有组织的宗教、企业、科学、高等教育和大众媒体等主要领域享有的权威依然很低。简而言之，将父权制定义为一种社会类型的基本特征几乎没有改变，女性主义运动差不多像民权运动一样，在20世纪60年代取得来之不易的成果后便陷入停滞。

迄今为止，主流的女性主义运动专注于自由主义议程，其主要目标是允许女性以男性的方式去做男性所做的事情，无论是在科学、职业、商业、政府还是军事领域。对父权制更严肃的挑战已经被消声、中伤和误解，其原因不难揣摩。改变明显的性别主义者*的意识和行为已是如此之难，提出关于性别主义如何内嵌于经济、政治、宗教、卫生保健和家庭等主要机构中的批判性问题则更为困难。让女性融入父权

---

* 性别主义（sexism）和"性别主义者"（sexist）通常用来描述个人偏见，或持有这种偏见的人。但正如社会学家大卫·韦曼在《白人种族主义画像》（纽约：剑桥大学出版社，2012年）中所说，这种方法太狭隘了，无法使用，因为男性特权需要的远不止于此。我遵循他的观点，用"性别主义"一词来指代任何促进男性特权效果的东西，无论相关人员的意图如何。韦曼的观点仅根据后果来判断行动、政策和制度安排，这使我们把注意力集中在使男性特权永久化的各种力量上，并使我们避免将本质上是社会和系统现象的问题个人化。

社会比质疑社会本身更容易；允许少数女性占据权力与支配地位，比质疑社会生活是否应围绕等级、控制和支配等原则组织更容易；允许少数女性上升到公司管理层的高度，比质疑人的需求是否应取决于以支配、控制和竞争为基础的经济体制更容易；允许女性从事法律工作，比质疑将敌对冲突作为一种解决争端、实现正义的模式更容易；允许女性参加军事战斗，比质疑人们对战争的接受度，质疑与之相伴随的父权制的男性力量和英雄主义的形象被用作国家政策的工具更容易。提升部分女性的地位，为她们鼓掌，始终比面对文化上的厌女更容易，这种文化上的厌女从未远去，只要有人想打击女性，让她们安分守己，它就是一种人人都可取用的工具。

更容易，没错，但并不是毫不费力或轻而易举。像所有力图争取根本改变的运动一样，女性主义运动所面对的是已经嵌入社会生活的各方各面的根深蒂固的现状。父权制的力量在对女性主义运动的自由议程的持续抵制中尤为明显——包括美国最高法院在女性生育权问题上的妥协；对女性主义的例行抨击，这导致女性不愿意接纳或认同女性主义；对于竞选公职的女性的厌女式攻击；以及某些男性对男性群体的声援，他们将自己描绘成受害者，表示加害他们的不仅是性／性别体制，还有女性从性／性别体制之下男人的压迫中争取自身解放的过程。

父权制的力量还反映在它能够吸收那些呼吁表层改变的压力，以抵御更深层的挑战。每个社会体制都会有一定程度的让步，允许一些改变发生，并在此过程中让更深层的结构不受触及，甚至隐而不显。的确，这种"让步"在维持现状方面扮演了一个关键的角色，它制造了根本性改变已然发生的幻觉，并充当了系统性的缓冲器。它让我们的关注始终停留在表面的症状，而根本原因则未被察觉与注意，它转移了力量，而我们正需要这样的力量来踏上更深入的危险旅程，沿着这一旅程直抵父权制的核心，并参与其中。

像所有社会体制一样，要改变父权制非常困难，因为它很复杂，而且根深蒂固。它像一棵大树，根植于男性控制、男性支配、男性认同和男性中心等核心原则。[19]其主干是社会生活的主要制度模式，由其根部——家庭、经济、政治、宗教、教育、音乐和艺术等塑造。枝丫先是粗壮的，然后逐步变细，这些是实际的社区、组织、团体和其他我们生活于其中的体制，从城镇到企业、教区、婚姻和家庭。在这一切当中，个体树叶既让树的存活成为可能，也从树身上获得了形状与生命。(见图1)

很明显，我们身处某种比自身大得多的事物当中，且它不等于我们。但同样明显的是，社会环境使我们与之有着深

参与体制的个体

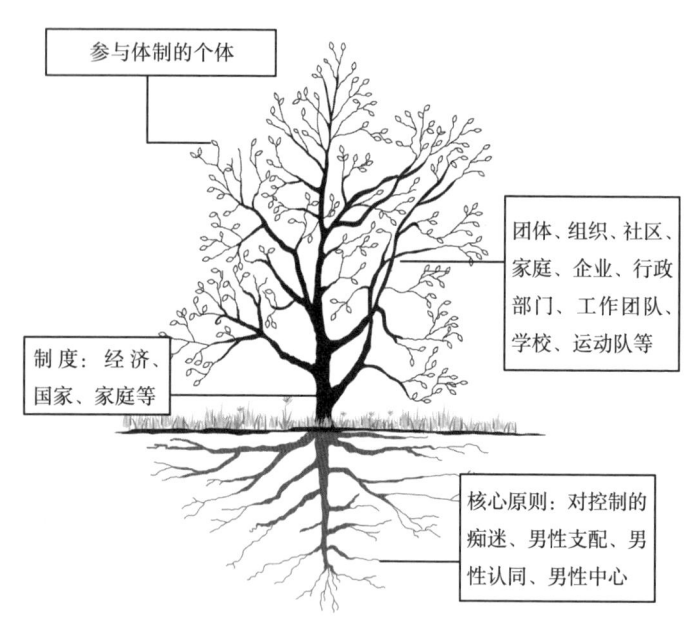

团体、组织、社区、家庭、企业、行政部门、工作团队、学校、运动队等

制度：经济、国家、家庭等

核心原则：对控制的痴迷、男性支配、男性认同、男性中心

图1　父权制之树

改编自埃斯特·L.丹尼尔森的画作

刻复杂的联系，社会环境也塑造了我们关于自己是谁，以及我们有怎样的替代性选择的感知。作为一种体制，父权制鼓励男性接受男性特权，并通过沉默来延续对女性的压迫。它也鼓励女性接受并适应她们受压迫的地位，甚至在一定程度上破坏了带来变革的运动。我们无法避免参与父权制。从我们来到世上的那一刻起，它就被传给了我们。但我们可以选择以何种方式参与其中。

在此意义上，我们远远不只是被动的树叶，因为人会思考，有感受，最重要的是，人可以选择，并用我们的选择延续或挑战现状。但正如后面的章节将表明的，我们与父权制的关系是复杂且充满矛盾的，要求我们付出必要的努力去理解它是什么，以及它跟我们有什么关系。

深层结构与出口

在过去一个世纪左右，针对男性特权与父权制已经有许多变化。西方工业社会已经出现大量的女性主义写作和社会行动，并且第一次有了以严肃和持续的方式挑战父权制的可能。然而，大多数人的注意力停留在围绕特定议题的表面风暴上，如堕胎、色情、性骚扰和暴力，以及政治和经济上的歧视。这些斗争很少提出关于父权制本身性质的关键问题。例如，尽管已经有重要的女性主义著作论述色情和男性针对女性的暴力的父权制根源，但公共讨论还是很少超出言论自由、宪法权利和个人精神病理学等问题的范围。[20] 这部分是因为我们不知道如何越过这些问题去探索父权社会的主干与根源，但这也是一种逃避，避免更加深入我们的生活和塑造我们生活的世界。

要想更深入，我们需要内在和外在的觉察，这样的觉察是从彼此不同又相互关联的洞见中产生的。第一种洞见部分来自我接受心理治疗的经历。心理治疗比所有其他事物都更清楚地让我认识到我们每个人内在的深层结构——信念、经验和感觉交织成网，形塑了我们内在与外在生活的模式。它们对我们的影响如此之深，部分是因为我们没有以一种批判性的方式觉察它们。比如，大多数人对于身为一个女人或男人意味着什么有很强的个人意识，这种意识深刻影响了他们的思考、感受和行为。但我们很少会批判性地思考这些观念，也很少仔细观察它们如何影响着我们，或探索替代性的选项。

我们之所以处于这种无所觉察的状态，是因为觉察也是很费力的工作（试着监控你自己的想法，只要五分钟就好），也因为任何质疑我们基本假设的东西都很容易让我们感觉受到威胁。结果，我们便如此生活，仿佛完全不存在什么深层结构，仿佛生活的表面——那些以最直接的方式呈现给我们的东西——就是全部。这让我们对影响我们最深自我的那些方面却觉察得最少，除非危机发生，或许我们会被迫看得更深入，克服我们的阻力，只是因为我们感到别无选择。我们就像夫妻一样，只有在婚姻分崩离析时才会面对彼此的真实感受。

第二种洞见是基于我作为社会学家的工作。正是通过这份工作，我才得以在一个更大的层面看到一种相似的现象。当然，我们在日常生活中并没有持续觉察那些深层结构和共识，尽管它们定义了我们生活其中的社会条件。似乎其他叶子和它们所攀附的枝丫就是父权制之树的全部。在某种程度上，我们对于更深层次的社会现实无所觉察，是因为我们不知道如何保持觉察。我们对于社会实际上是什么缺乏清晰合理的感知，对于如何思考像工业资本主义这样的大体制也是如此，遑论我们如何参与其中。

在某种程度上，这只是训练的问题。比如说，200年前，心理学还不存在，仅一个世纪以前，弗洛伊德还没有提出潜意识的存在，也没有提出他关于人格和梦的意义的观点。而今天，一套供解释内心经验的基本的心理学语言已经成了日常对话的内容。相似地，我们需要理解社会、理解我们与社会的关系，并将其融入日常语言。

关于个体与社会的深层结构，或许最重要的就是它们彼此如何紧密相连。例如，我们很容易认为，现实只是我们所认为的样子，像"性"（sexuality）这样的现象是固定的、具体的"事物"，它明明白白地存在，等待我们去发现和体验它。但如米歇尔·福柯所说，我们对于自身作为性存在（sexual beings）的极其个人化的经验，受我们所生活的社会以及作为社会文化一部分的性思维方式的深刻塑造。[21]

比方说，在一个异性恋主义和异性恋本位的文化中，当人们使用"性"这个词时，他们通常指的是"异性恋"(het-erosexual)，并排除了这个词可能涵盖的所有其他形式的性表达。然而，在古希腊，性包含的人类潜能与经验范围要广得多，这反过来塑造了人作为性存在的认知与经验。大约一个世纪以前，在欧洲和美国，"同性恋"这个词只用来描述行为，而非人的身份：人们可以进行同性间的性行为，但这并不意味着他们是同性恋。"同性恋"一词于1869年首次出现在德意志的印刷品上，1926年才在《纽约时报》上第一次被使用。[22] 相比之下，在今天，虽然同性婚姻合法化取得了进展，但男同性恋、女同性恋或双性恋仍然被视为一种偏离，这既构成了个人社会身份的核心，也构成了排除和歧视他们的异性恋特权压迫性体制的核心。[23]

于是，我们所认为的性是什么，取决于我们所处的社会，以及它如何塑造了我们对自己的感知。比如，"女性"和"男性"是最简单的感知词，它们按照人的身体构造对人进行分类。然而，我们倾向于以超越文化创造的方式体会它们，将它们视为代表固定的、客观的现实。我们表现得仿佛"性"是只指称一件事物的词，不论在何种文化当中都是如此，并且仿佛它包含两个且只有两个类别：男性和女性。

然而，事实上，事物不是如此泾渭分明的。据估计，2%~3%的婴儿出生时的身体特征（包含可见的与不可见的）并不能清晰地被归入一种或另一种性别。比如，双性婴儿可能在基因上是女性，有"正常的"阴道和一个已经发育成阴茎的阴蒂。在只承认两种性别的文化中，对于这样的模糊性容忍度很低，父母通常感到不得不对此做些什么，从杀婴到通过手术给新生儿指定一种性别，都是他们可能采取的措施。[24]

然而，即便婴儿在出生时被清楚地认定为男性或女性，这也并不自动意味着他们长大后会将此作为他们是谁的客观事实予以接受。大多数人都是顺性别的，这意味着他们作为生理男性和生理女性，对于他们自身的内在体验与他们在出生时被指定的性别是一致的。而对于跨性别者来说，这两者并不一致，他们的感受是他们仿佛被生错了身体。而对于那些性别酷儿来说，无论是"男性"还是"女性"，都不足以描述他们作为肉身化的存在对于自己的体验，有时他们的体验是两者的结合。

从这一角度说，"女性"与"男性"这样的词是文化类别，它们创造现实的程度即使没有超过它们客观地命名现实的程度，也是相当的。由于这样的类别是文化创造，它们不可避免地因文化与时代而异。比如，总体上说，人人都必须拥有一个清晰固定的男性或女性身份这样的观念，在人类社会中是相对新近的，与那些提供了其他替代选项的社会也有明显的区别。[25] 美洲原住民纳瓦霍人允许双性人占据第三类别（被称为拿豆），他们拥有自己合法的社会地位。在其他一些文化中，无论外表如何，人们都被允许选择自己的性别。从历史上看，几个美洲原住民平原部落就是这样。那些部落中的男性有时会为了回应灵性方面的异象，不仅在穿着打扮上向女性靠拢，而且会接受女性的社会地位。[26] 需要注意的是，无论人们在生理性别与社会性别上有何种认同，都不能就此确定他们的性取向。例如，一个自我认同为女性的生物学上的男性，有可能是异性恋、同性恋，也有可能是双性恋。

事物通常不是它们表面看起来的那样，尤其是涉及父权制的深层根源时——父权制塑造了我们所生活的世界和我们看似私人的自我。造成这种情况的原因有很多，而且还有其他许多相互穿插、打成乱结的障碍。找到解开这个结的方法是本书的主要意图。

我们宁愿不知道

我们仍旧被困在其中，主要是因为我们尚未承认父权制的根源和我们与其的关系。除了表面上对性与性别的痴迷，我们不再有继续深入探究的热情。在礼貌地交谈时，我们甚至拒绝使用像"父权制"或"男性特权"这样的词。我们表现得仿佛这一切都不存在，因为意识到它确实存在，是一道单向度的门，我们再也无法回到无知的状态。我们像一个共谋的家庭，对加害与虐待的黑暗秘密守口如瓶，像大屠杀期间"善良的德国人"，"从不知道"有人在做任何可怕的事情。我们紧抓着幻觉不放：一切都很美好，坏事不会在好人身上发生，好人不可能参与制造不公正与残暴之事，如果我们不去插手那些事情，它们就会保持原状，保持一如既往的状态，像我们常常愿意相信的那样。

当然，许多女性以及少数男性的确敢于看到真相并说出真相，但他们始终有被攻击、被毁谤的危险，因而要保持沉默。哪怕是那些从不自称女性主义者的人，通常也知道特权结构中存在某种错误至极的东西，但特权结构对于现代社会的生活至关重要，我们以为没有它，我们就无法生存。公众对女性主义的反应一直是激烈的防御性的，这正是因为女性主义触及了真相的深层痛点与对真相的否定——这只会让我们离真相越来越远。如果女性主义真的很荒谬，它就会被忽视。但它并不荒谬，所以它激起了强烈抵制。

对于我们持续否认父权制和对其心存幻想的行为，我们不应太苛责自己。抛弃幻想是一件充满风险的事，而父权制里满是烟幕弹,让我们难以分辨必须抛弃什么。比如说,接受父权制是男性支配、男性认同的,甚至是男性中心的这样的观念是相对容易的。然而,许多人很难接受女性被压迫的现实。[27]这是一个很大的议题,它引发了很多争论。因此,我将用几章的内容来对此做展开论述。但在此处做简略的基本回应依然有其价值。

不愿将女人视作被压迫者有几方面的原因。首先,许多女性能够基于种族、阶级、残疾状况或性取向等原因获得优待,很多人便觉得将女性视作被压迫者很难说不是对"真正的被压迫者"(如下层阶级或少数种族)的侮辱。[28]打个比方,我们怎么能在把上层阶级女性归为受压迫者的同时,把下层阶级男性归为她们的压迫者?

尽管这一反驳存在一定的逻辑,但它混淆了女性和男性作为群体的地位和他们作为个体的经验。将"女性"视为父权制之下的受压迫者并不意味着每个女人都在同等程度上或以同样的方式承受其结果,正如生活在一个种族主义社会之中,并不意味着每个属于有色人种的人都受了同样的苦,或每个白人都享受了同样的白人特权。

然而,生活在父权制之下的确意味着,每个女人都必须面对她们次等的性别地位,无论她取得何种成就,都是与此并存的。除了照料儿童和其他家务工作,以及少数与此相关的有偿职业，在几乎每个成人工作领域，女人都仍须在不如男人的假定下工作。她们是社会边缘的闯入者，必须为自己的参与和被视为"男人中的一员"的权利而寻找理由。男人或许因为种族或其他从属地位而有此类经历，但绝非因为他们是男人。

正是在此种意义上，即便大多数男性个体或许并不感到自己处于支配地位，尤其是相对于其他男性，但父权制仍是男性支配的。这是一个重要的洞察，它所基于的事实是，当我们谈论社会时，像"特权"和"压迫"这样的词描述的是不同类别的人之间的关系，比如白人与有色人种、上层阶级与下层阶级，或男人与女人。特权与压迫在个体当中如何实际体现是另一个问题。男性个体获得男性特权的途径各不相同，这取决于种族或阶级等社会因素。对于女性和她们因属于一个从属群体而付出的代价，我们也可做相似的论述。举例而言，对于父权制之下身为女性受到的压迫性影响，如职场歧视，上层阶级女性或许在某种程度上可以幸免。然而，她们的阶级特权与她们作为女人的从属地位是并存的，后者是她们永远无法完全克服的，尤其是在与丈夫的关系中。[29]

举个例子，在文化上贬低女性的身体，将其作为公共和私人生活中被利用的性对象，以及性骚扰和性暴力的持续威胁，没有女人能幸免。对于一个强奸犯来说，天底下最有权势的女人依旧是个女人——这一点比其他任何特点都更能在文化上突显她作为潜在受害者的特征。[30]

与不将女性视作被压迫者一起出现的是，我们拒绝将男性视作享有特权的压迫者群体。那些意识到他们自己在承受痛苦，常常提出男性和女性都因为性别而遭受压迫，双方都没有压迫对方的男人尤其如此。

男人毫无疑问会因为父权制而承受压迫和痛苦，但男人并不会因为他们身为男人便受压迫。而女人遭受的性别压迫正源于在文化上对女人身为女人的贬低。男人受苦并非因为男性身份是一种相对于更高等、更有权力的身份而言被贬低、被压迫的身份。相反，男人身为男人而承受痛苦——此处先排除他们是男同性恋、有色人种或有身体残疾——是因为他们属于一个在性别特权体制中占支配地位的性别类别，这既为他们带来利益，又反过来向他们索要代价。

理解这一点的关键在于，一个类别的人是无法压迫他们自己的。他们可能会伤害自己，可能会因为他们的社会地位而遭受痛苦。但如果我们说一个社会类别能够压迫或迫害自身，我们就是将社会压迫（social oppression）这一概念变成了仅仅是社会性痛苦（socially caused suffering）的同义词。事实并非如此。[31]

压迫是一种社会现象，发生在不同类别的人之间，他们可能是同一社会中的人，也可能处于不同社会之中。这是一种社会不平等体制，一个群体借由它占据支配性的地位，并剥削另一个群体，让其处于从属地位，从而获得利益。这不仅意味着一个群体无法压迫自身，而且意味着它无法被社会压迫。压迫是一种存在于群体之间的关系，不是存在于群体和作为整体的社会之间的关系。

因此，要理解压迫，我们必须区分压迫和由其他社会根源造成的痛苦。哪怕是通过战争的恐怖施加在男人身上的巨大痛苦，都不是男人身为男人所受的压迫，因为并不存在一个非男人的群体让男人处于从属地位，对之施加苦难，并从他们的痛苦中受益的体制。控制战争机器的体制本身就是父权制的，因此该体制不可能去压迫身为男人的男人。

但战争确实压迫有色人种和下层阶级，他们常常被特权阶级推出来当炮灰，而战争在大多数情况下服务的是特权阶级的利益。举例来说，在越南服役的美国士兵中，大约有80%来自工人阶级和下层阶级。[32] 但这种压迫是基于种族和阶级，而不是性别。男权运动的领军人物沃伦·法雷尔（Warren Farrell）提出男人是"用后即弃的"时，他混淆了作为享有特权的社会类别的男人与某些阶级和种族的男人，后者才真正地被当作用后即弃之人。[33] 如果战争真的对身为男人的男人用后即弃，我们就不会在美国几乎每个城市、每个乡镇都能找到阵亡士兵的纪念碑与墓地(它们没有提到阵亡者的种族或阶级),也不会在二战的每个重要阶段的纪念日看到数不尽的回顾展。

战争没有贬低或轻视父权制男子气概,反而是对它的赞赏与肯定。在诺曼底登陆纪念日写下这篇文章之时,我不禁感受到向战争死难者致敬与沉痛的哀悼所带来的力量,感受到交战双方常常对彼此产生的深刻敬意,以及无数纪念碑的力量,它们是献给试图杀死其他男人时而被杀的男人的,反过来,对方的名字也被铭刻在更多的纪念碑上。[34] 但这些仪式性的纪念活动所起的作用不只是将牺牲和悲剧性的损失神圣化,它们还神圣化了战争本身,以及促成并使其合法化的父权制。举例而言,那些因错误的命令、失误和狂妄自大的计划造成数万人死亡的领导人,没有招来嘲讽、厌恶与轻蔑,却因为有崇高的悲剧与英雄主义男性壮举的形象的装裱而赢得了一种奇怪的历史豁免权。与纪念光荣牺牲者的大片墓地、纪念馆、周年演讲和游行形成鲜明对比的是,数百万被屠杀、被轰炸、被焚烧、遭受饥饿、被强奸以及无家可归的妇女和儿童,却没有纪念碑。据估计,战时人员伤亡中有90%是平民,而不是士兵,其中包括很大比例的儿童与妇女。[35] 在美国入侵和占领伊拉克期间,不计平民伤亡人数是官方军事政策。因此,也就没有为他们修建的大型国家公墓了。毕竟，战争是男子气概的产物。

否认女性受压迫的现实最深层的一个原因，或许是不愿承认在女性和男性之间有着真实存在的冲突基础。我们不想承认这一点，因为不似其他卷入压迫性特权体制的群体，如白人和有色人种，女性和男性事实上的确深深需要彼此，即便只是父母与子女的关系。这让我们不愿看到：无论我们真正想要的是什么或者有何种感受，父权制都在让我们彼此对立。谁想在日常婚姻和家庭生活中考虑性别压迫的作用呢？谁想知道我们对于父权制的依赖程度有多么深，我们的思想、感受和行为在其中嵌得多么深？男人拒绝去看对母亲、妻子、姐妹、女儿的压迫，因为我们也参与其中，并在其中发展出既得利益。我们不愿将自己的父亲看作特权压迫者群体的一员，而可能更愿意将他们看作女人和看不见的社会力量的倒霉受害者，在这些力量中，男人与男子气概神奇地没有发挥作用。我们抗拒，或许是因为我们在父亲身上看到了自己，或许是因为我们仍试图弄明白，为什么他们没有那么爱我们，或者从来没有在我们身边，或者人在身边却没有起到好的作用。我们竭尽全力想把这一切搞清楚，心中抱着这样的希望：如果我们搞清楚了，或许我们最终就能够拥有父亲，成为不一样的自己。

比这更难的是看到我们的父亲与我们的母亲所受的压

迫有关系，母亲自己也不可避免地参与了对自己的压迫，装愚守拙，或以完美母亲的名义奉献自己，或忍受忽视与虐待。我们抗拒这一切，因为我们总是无法控制地让母亲和父亲出现在我们自己身上，让他们变成我们最深切的渴望和最持久的期待的一部分。在此过程中，我们也在最深的自我当中，吸收了来自性别特权与压迫的父权制根源的核心要素。

但是，我们必须再次强调，尽管父权制之树深深地塑造了我们的生活，但我们是树叶，不是根、树干，也不是树枝。我们太容易被非黑即白的谬论蒙蔽双眼，认为只有坏人才可能参与制造产生恶果的社会，并从中受益。我们表现得好像父权制可以简化为人格类型，好像我们的参与表明我们做人的失败。但像任何社会体制一样，父权制无法被化约为个人感受、意图和动机。

好比说，要在这个世界上生活，同时不参与工业资本主义，那是不可能的。我们读到关于美国的"血汗工厂"的报道，其中的工人（大多数是妇女和儿童）在骇人的条件下领着微薄的薪水劳动，我们可能会为这样的残酷感到愤怒，并安慰自己，我们的良好意图在某种程度上能让我们免去罪责。但只消迅速看一眼衣柜和衣服上的标签，或许就会发现事情完全不是这样，昨天的特价商品是在泰国或墨西哥制造的，购买这些商品是对这些工人的剥削。这当然不会让我们变成坏人——仿佛我们一开始就想制造伤害，但这的确让我们卷入不公正和不必要的痛苦的社会生产中。

同样，要参与父权制这个体制并从中受益，男人不必对女人残暴或充满恶意。这构成了一个关键区别，是被困于采取防御姿态的道德麻木状态，还是主动观察如何参与改变，可以由此区分。

有许多逃避面对我们的内心世界和身在世界中的我们自身的办法。但我们早晚都要面对，因为任何社会，如果不认真对待为自身创造替代性选择的关键过程，可能都谈不上有什么未来。变革工作既令人害怕，又令人兴奋。它会模糊我们认为理所应当的现实的界限，当我们感到迷失时，我们需要学习如何"从容地迷失"，像登山者一样——尽管他们在很长一段时间里都不知道如何到达他们要去的地方，却从不会迷路。[36]

我们可以更清晰、更具批判性地认识到父权制是什么，是什么在阻碍我们终结它，以及在将它变成某种其他事物的漫长的演化过程中，有什么适用于我们所有人——尤其是男人——的新的参与办法。父权制是我们的集体遗产，对于这一点，以及我们接受父权制时所处的环境，我们无能为力。但对于我们要传递给后来人的东西，我们有很多能做的事情。

2 父权制这个体制
是它,不是他、他们或我们

"你说父权制,"后排的一名男观众抱怨说,"我知道你其实就是说——我!"每当有人说"父权制"时,许多人听到的都是"男人",于是对男性特权和女性压迫的批判就被理解成所有男人——他们中的每一个人——都是压迫者。这足以使许多男人感觉自己被针对,认为这是一种让他们感到内疚的方式,并为此怒发冲冠。而一些女人则随意地将父权制归咎于男性个体,只因为他们是男人。

有些时候,男性处于防御姿态,是因为他们认同父权制及其价值观,不想面对这些所造成的结果,也不想面对失去男性特权的可能性。但防御姿态也反映了一种常见的混淆,他们混淆了作为一种社会形式的父权制和参与其中的人之间的区别。如果我们要推动真正的改变,这是我们不得不澄清的一个困惑。

若要如此，我们必须先认识到，我们正被困在一种社会生活模式当中，这一模式将个体视为一切的源头和终点。以此方式看待事物的人倾向于认为，如果世界上有坏事发生，且这件坏事又很大，那么原因只能是有坏人参与了某种阴谋。种族主义之所以存在，是因为白人是种族主义偏执狂，他们憎恨少数种族和少数族裔的成员，想害他们。对女性的压迫之所以发生，是因为男性想要且喜欢支配女性，并对她们表现出敌意。贫困与阶级压迫之所以存在，是因为上层阶级的人贪婪、无情和残酷。

与这种负罪及指责的个人主义模式相对应的观念是，种族、性别和阶级压迫实际上根本不是压迫，只不过是有色人种、女性和生活贫困的人的个人失败的总和，他们缺乏适当的条件去跟白人、男性和其他知道如何成就自己的人有效地竞争。

这种想法忽略的是，我们都在参与某种比我们自身或我们的任何集合体都更大的事情。在某种程度上，社会生活将我们卷入某种比我们自身大得多的事情这样的观点，是大多数人所熟知的，但似乎很少有人知道我们该如何对待这样的观点。将一切归咎于"体制"深得人心，[1] 但这也涉及一种对社会生活的根本误解，因为将我们的问题归咎于体制（很有可能是社会）并不会使我们走向下一步，去理解这可能意味着什么。体制究竟是什么？它又如何驱动着我们的生活？我们在塑造体制的过程中起了作用吗？如果有，是怎样的作用？我们如何参与父权制，这又如何将我们与结果联系在一起？我们所认为的正常生活，与男性特权、对女性的压迫和那个人人生活于其中的、充满等级的、痴迷于控制的世界，有着怎样的关系？

如果不问这样的问题，我们不仅无法充分地理解性别，也回避了对自己或对父权制的责任。相反，"体制"充当了一个模糊的、无法准确描述的笼统术语，一个社会问题的垃圾倾倒场，一个永远无法被问责的替罪羊，尽管我们以为它拥有巨大的力量，但它无法回应我们，更无法真正采取任何行动。

对此，我们可以在萨姆·基恩和罗伯特·布莱的作品中找到有力的例证。他们关于性别的颇具影响力的著作是神话阐释男性运动（mythopoetic men's movement）的一部分，该运动吸引了广泛的追随者，尤其是在 20 世纪 90 年代。尽管这一运动的曝光度已经不如从前，但基恩和布莱的书仍旧很畅销，他们所表达的性别不平等的观点仍被广泛用来抵制女性主义，捍卫男性特权。

基恩和布莱都将男性大部分的不幸归咎于工业化和城

市化。[2]然而，他们提供的解决方案无非是个人转变和适应，不涉及社会本身的变革。体制这一概念被以自相矛盾的方式调用。一方面，它被描述为我们所有痛苦的可怕源头，一头"控制着我们所有人"的巨兽；另一方面，我们又无须在解决方案中将它纳入考虑，它又成了可以忽略的。

但两者不可能并存。假如社会是社会生活中一股强大的力量——它当然如此——那么我们就必须理解它，理解我们跟它之间有怎样的联系。若要如此，我们就必须改变我们思考它的方式，因为我们的思考方式会影响我们提出的问题，我们提出的问题反过来又会塑造我们得出的答案与解决方案。

如果我们认为父权制只不过是男人和女人的个性、动机和行为，那么我们就不会想到去叩问更大的背景脉络，比如家庭、宗教和经济制度，以及人们的生活是如何与之相关的。譬如说，从个人主义的视角，我们可能会问，为什么某个特定的男人会强奸、骚扰或殴打某个特定的女人。而我们不会问，是什么样的社会促成了日常生活中这类行为的持续模式。从殴打老婆的笑话，到主流电影里如家常便饭般出现的性胁迫和暴力，都属于此类模式。我们可能会迅速地将强奸和殴打解释为病态或愤怒的男人的行为，而不去认真考虑什么样的社会会产生那么多的男性愤怒和病态，或什么样的社会会将其导向性暴力而非别的行为。我们也不大可能探问性别暴力可能以怎样的方式服务于其他更为常态化的目的，比如男性控制和支配，以及证明男子气概。我们可能会问，为什么一个男人会喜欢物化、利用和促进对女人暴力的色情作品，我们可能会辩论宪法是否保护个人制作和散播这些作品的权利，但我们很难对这样的问题产生兴趣：既然色情作品是对女性身体与人类性行为的暴力和侮辱性想象，那什么样的社会会在一开始给予这种想象如此显著且无处不在的文化空间？

简而言之，父权社会当中的我们，在试图理解和改变世界的过程中，倾向于忽视和理所当然地对待我们最不能忽视的东西。我们不去问社会体制如何制造了诸如男性针对女性的暴力等社会问题，而痴迷于法律辩论和令人兴奋但无关紧要的、很快就会被拍成电视节目或电影的个案故事。如果我们的目标是改变世界，这起不到什么帮助。我们需要看见产生并滋长社会问题的社会根源并处理它，个人的行为通常是对这些问题的反映和呈现。如果没有意识到我们都参与着某种比我们自身更大的事情，它并不是由我们创造的，却是我们能够通过我们所做出的关于如何参与的选择去影响的，那么我们便不可能看见，因而也无法去处理。

一些读者反对将女性描述为"参与"父权制。这种反对所基于的观点是，按照词义，参与是某种自愿的、自由选择的、平等介入的行为，因此，女性可能参与了对自身的压迫便说不通了。但我在此并不是这个意思，这个词并非一定要做此解释。参与就是在当前进行的事情中发挥作用，去做某事或不做某事，做选择，以选择影响结果，不管它是有意识的还是无意识的，是否被胁迫。当然，女性参与的条件与那些塑造了男性的参与行为的条件极为不同，但无论如何，这都是参与。

这与工人参与资本主义体制类似。他们在参与时，与雇用他们的资本家并不平等，在可选择的条件上也不对等。然而，没有工人，资本主义是无法作为一个压迫他们的体制运作的。

参与的重要性可以从女性和工人阶级反抗压迫的许多方式中看出来，所有可能的抵抗或屈从的形式都是参与。主张女性或工人并没有参与，是将他们置于一种无能为力的境地，并认为他们与父权制和资本主义的过去、现在和未来不相关，因为只有作为参与者，人才能影响一件事。否则，女性和工人只会像一块块浮木顺流而下，但正如历史所表明的，事实向来不是如此。

我们都参与的某个更大的事情是父权制，它不仅仅是个体的集合。它是一个社会体制，这意味着它无法被简化为参与其中的人。打比方来说，你去一家公司上班，从你走进公司大门的那一刻，你就知道，你进入的是"某种"塑造你经历和行为的"事物"，"某种"不只是你和你的同事的"事物"。你可以感觉到自己进入了一套关系和共识中，这些关系和共识确定了谁是谁，什么事情应该发生，以及为什么发生，所有这一切都以多种方式限制着你。当你在一天结束离开公司时，感到如释重负，因参与这一体制而施加给你的限制终于被解开了。你能感觉到期待逐渐消失，而你的关注点转移到了其他体制，如家庭或社区酒吧，它们以不同的方式塑造着你的经验。

要将体制当成公司那样去理解，我们必须让目光不局限于人，因为他们不是公司，即便他们是让公司运转的人。假如公司只是人的集合，那么按照定义，发生在公司身上的事情也会发生在每个人身上，反之亦然。但显然事实并非如此。一家公司可以破产或不再存在，但任何在其中工作的人都不必破产或消失。任何为公司工作的人都可以辞职，但这本身并不意味着公司倒闭，因为美国各州政府允许公司在脱离职员或投资者的情况下，作为法律实体存在。这只意味着一批新的参与者会到来。因此，我们不能单凭观察参与其中的人来理解一个体制，因为它是某种更大的事物，必须被这样理解。

如果不去看个人与社会体制之间的动态关系，我们更加无法理解这个世界和我们在世上的生活，也无法理解无数构成男性特权与女性压迫之现实的细节——从性暴力、对话模式到不平等的权力分配。

如图2所示，这种关系由两个部分组成。右侧箭头代表这样一种观点，即当我们参与社会体制时，我们被塑造成个体。通过社会化的过程，我们学会了如何参与社会生活——从家庭、学校、宗教和大众媒体，通过父母、同侪、教练、老师和公众人物为我们示范。这是一条连续的溪流，持续传输着关于人与世界的观念和形象，以及相对于他们我们是谁的观念和形象。

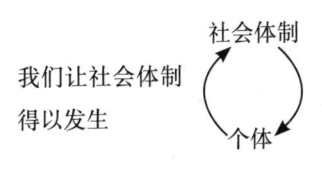

我们让社会体制得以发生　　社会体制 ⇄ 个体　　当我们参与社会体制时，我们的生活被社会化和最小阻力路径塑造

图2　个体与体制

通过这一切，我们形成了一种个人认同感——包括性别——以及这种认同感如何将我们置于与他人的关系中，尤其是在权力不平等的情况下。比如，我在成长过程中会看电影，看电视，它们传递的信息非常明确，一如父权文化的定

义,男人是最重要的人,他们做着最重要的事。他们是建设世界的强者,是为正义而战的英雄和超级英雄,是天才、作家、艺术家,是勇敢的领袖,甚至是邪恶的——但通常是有趣的——反派角色。连上帝的性别都被安排为男性。

此类信息会带来众多后果,其中之一就是在男性当中鼓励一种与女性相关的权利意识——被伺候、被照料、被遵从、被支持,无论他们的行径多么恶劣。举个例子,在电视情景喜剧《人人都爱雷蒙德》的典型情节中,雷蒙德·巴隆通常以毫不体贴、性别主义、不成熟和十分愚蠢的方式对待他的妻子黛博拉。半小时的剧集结束时,我们总能发现她为何要年复一年地忍受这些——出于某些始终未被言明的原因,她就是爱这个家伙。这传递出的信息是:"拥有"一个聪明美丽的女人,尽管他大部分时候对她不好,她仍会爱他,并和他在一起,这是一个异性恋男人可以抱有的合理期待。

我们通过社会化学到的一些东西最终不可避免地会被证明是错误的,于是我们可能不得不处理这些问题。我说"可能",是因为有强大的力量鼓励我们保持一种否认的姿态,将我们习得的东西合理化。这是一种让自己免于被仔细审视的办法,哪怕只是为了保护我们的自我意识,确保我们被其他人(包括家人和朋友)接受。最终,默认的是采取主流的现实版本,并表现得仿佛这就是唯一的选择。

除了社会化，参与社会体制也通过最小阻力路径（paths of least resistance）塑造着我们的行为。最小阻力路径这一概念指的是社会体制的一个特征，它每时每刻都引导着我们做出有意识和无意识的选择。举例来说，当一个年轻的男大学生在派对上看到另一个男人正在占一个年轻女子的便宜，而后者显然已经醉得不省人事时，他有很多种选择。然而，各个选项可能激起的社会阻力程度有所不同。这些选择包括：询问可否加入，或将其当作一场消遣袖手旁观，或走开并假装他不知道出了什么事，或在事情进一步发展之前插手干预。当然，作为一个人，他可以做许多其他事情——唱歌、跳舞、睡觉、挠鼻子等。许多可能性是他想都不会想的，这是社会体制限制我们选择的一种方式。至于那些他的确想到了的，其中有一种所激发的社会阻力会比其他所有选择都少。在这种情况下，最小阻力路径就是默默接受并不惹麻烦，不去妨碍另一个男人利用一个女人，不冒被指责站在女人那边跟男人作对并因此显得没那么男人的风险，除非他愿意面对随之而来的更大的阻力，否则这就是他最有可能做出的选择。

每个社会情境中都有最小阻力路径，相对于最小阻力路径有各种各样的可能性。随着我们在各种社会情境中穿梭，一条无尽的选择之溪汇成了我们的生活。大多数时候，我们都在无意识地做选择，却没有意识到自己在干什么。它似乎是最让我们安心的,是最熟悉,也最安全的。但也有许多时候,最小阻力路径也绝非易事,就如上述那个年轻人;正如对女性来说,要包揽大部分家务和育儿工作,或努力达到父权制下对女性美貌的标准并不容易。这条路径的阻力只有在与替代选项比较时才可以说是最小的。察觉到存在这些替代选项,能够让我们做出有意识的、明智的选择,这是我们促成改变的潜力所在。

这让我们来到了图 2 左侧的箭头,它向我们呈现,正是人类让社会体制得以发生。例如,一个教室,除非有学生和老师一起到来,且直到他们到来,才会作为一个社会体制发生,并且,通过每时每刻的选择,他们以一种或另一种方式促成了它的发生。因为人是让体制发生的,所以人也可以让体制以不同的方式发生。当体制发生变化时,结果也会不同。换句话说,当人们退出最小阻力路径时,他们就不仅有可能改变其他人,而且有可能改变体制本身发生的方式。

鉴于体制塑造了人的行为,这种改变可能非常强大。举例来说,一名男性反对性别主义玩笑时,可能会动摇其他男性关于什么在社会中可接受而什么不可接受的认知。这样,他们下一次遇到类似情境时,对于社会环境本身——而不仅仅是对他们未必有了解的其他个体——的认知可能会朝一个新的方向改变,这使选择旧的路径(如开性别主义玩笑)变得更为困难，因为产生社会阻力的风险增加了。

人与社会体制之间的动态关系代表了社会学对人类经验各个层面的世界的基本看法，从全球资本主义经济到非正式的友谊，再到男女均参与其中的父权制，全都适用。因此，父权制不只是女性和男性的集合，也无法通过理解他们来理解。我们不是父权制，就像加拿大人不是加拿大。父权制是一种社会体制，它围绕某些社会关系和塑造了最小阻力路径的观念而组织。作为个体，我们在自己的生活中参与其中。矛盾的是，我们的参与既塑造了我们的生活，也给了我们参与改变或维系它的机会。但我们不是它，这意味着即使男性没有暴虐的个性，或不积极共谋捍卫男性特权，父权制也可以存在。

要论证性别特权与压迫确实存在，我们无须证明男人都是恶人，女人都是心地善良的受害者，以及女人没有参与对她们自身的压迫或男人从未提出反对。如果一个社会是压迫性的，那么在其中成长、生活的人会倾向于接受它，认同它，并且参与它，把它当成不值得特别注意的常态。这就是所有体制的最小阻力路径，考虑到我们对社会的依赖程度，以及伴随着顺应现状的嘉奖与惩罚，我们很难不去遵循此类路径。当特权与压迫融入日常生活的结构之中，我们无须特意公开施展压迫就能让一个特权体制产生压迫性的结果，正如埃德蒙·伯克（Edmund Burke）所说，邪恶想要得逞，只需要好人什么都不做。

体制

一般来说，体制是彼此相关的部分或要素的集合，我们可将之视为一个整体。打个比方，汽车发动机是多个部件的集合，它们以特定的方式彼此嵌合，构成一个在文化上被认定为服务于某一特定目标的整体。语言是各部分的集合——字母表里的字母、单词、标点符号、语法和句法规则——它们以特定的方式组合在一起，形成了被我们认定为整体的事物。同样，一个家庭或一个社会都足以成为体制，只是它们所包含的要素及其组织方式有所不同。

理解父权制或任一体制的关键点在于，它是人们参与的事物，是一种共识与关系的排列，连接着人和人以及某种比他们本身更大的事物。在某种程度上，我们就像参与游戏的玩家。比如，《大富翁》游戏包含了一系列关于事物的概念，如物业与租金的含义、竞争与财富积累的价值、掷骰子、轮流出牌、买入、售出、开发房产、收租，以及输赢的规则。它不仅包含人们在其中占据的位置——玩家、银行家等，也包含物质的要素，如棋盘、房子和旅馆、骰子、房契、金钱，以及代表每个玩家在棋盘上移动的棋子。因此，我们可以将游戏视为一个体制，它的各要素具有统一性和整体性，这将它与其他游戏和非游戏区分开来。[3] 最重要的是，我们可以将它描述为一个体制，而无须谈及实际上在任何给定时间参与游戏的人的个人特点或动机。

如果看人玩《大富翁》，我们会注意到某些感觉和行为模式，它们反映了游戏本身所固有的最小阻力路径。比如，有人落在为我所有的物业上时，我就收租（如果我正好留意到了），如果他们付不起钱，我就拿走他们的资产，迫使他们出局。这个游戏鼓励我对此扬扬自得，并不一定是因为我是个贪婪无情的人，而是因为这个游戏就是一个为了赢的游戏，而这是在《大富翁》中赢的一部分。鉴于其他人也在努力通过将我挤出局来赢得游戏，我为了赢而采取的每一步都是在保护自己，同时减轻棋子落在我无法支付租金的物业上时的一些焦虑。

因为这些模式更多是由这个游戏，而不是由单个玩家塑造的，所以我们会发现自己的行为方式在其他情况下可能会显得很烦人。我不玩《大富翁》的时候，我的行为会非常不一样，尽管我还是同一个我。这就是我为什么再也不玩《大富翁》了——我不喜欢它以玩乐的名义所鼓励的那种感觉与行为，尤其是当它们针对的是我所关心的人时。

我们在游戏之外的举止有所不同的原因并不在于我们的个性，而在于这个游戏的最小阻力路径，它定义了适当和预期的某些行为与价值观。当我们将自己看作《大富翁》玩家时，我们便被游戏所定义的规则和目标限制，在我们的体验里，它们是外在于我们的力量，超出我们的控制。

重要的是要注意到，人们很少想到要去改变规则。组织游戏的关系、条件和目标呈现在我们面前时，并不是供我们评判或改变的。我们对游戏越有归属感，就越认同自己是玩家，也越可能感到对它无能为力。如果你要让一个人破产，你可以自我辩解说你必须弄到他们的钱，因为这就是规则，但其实这只是因为你忽略了一个事实，那就是你本可以选择完全不参与或提议改变规则。话又说回来，如果你无法想象没有这个游戏的生活，那么除了做符合期待的事情，你是看不到太多其他选择的。

如果我们只从人的个性与动机等方面解释社会行为的模式，例如，人做贪婪的事情是因为他们*就是*贪婪的，那么我们就忽视了在人们所参与的体制中确立的最小阻力路径对行为的塑造作用。比如说，与资本主义联系在一起的"利润动机"通常被视作一种解释资本主义这个体制的心理学动机：资本主义之所以存在，是因为有想要谋利的人。但这是本末倒置，它避开了想要谋利的心理一开始是从哪里来的这个问题。我们需要去问，什么样的世界让这样的欲望成为可能，并鼓励人们围绕它来组织自己的生活，因为尽管我们在玩《大富翁》或参与真实世界的资本主义时可能会追求利润，但谋利的心理动机并非起源于我们，不是我们与生俱来的。它在许多文化中都不存在，在人类历史的大部分时间里都是闻所未闻的。利润动机是市场体制的一个历史发展方面，尤其是资本主义，它塑造了参与其中的人的价值观、行为和个人动机。

举例来说，有人认为经理解雇工人只是因为经理冷酷无情，这种观点忽略了这样一个事实，即在资本主义制度下，成功通常取决于这种竞争性的、利润最大化的、"无情"的行为。大多数经理或许知道，以利润和权宜之故抛弃员工是伤人且不公平的。这就是为什么当他们不得不成为执行这件事的人时，会感觉非常难受，于是他们便通过发明"缩减规模"和"再就业"这样的委婉语来保护自己的情感。然而，他们还是参与了制造此类残酷结果的体制，这不是因为他们的个性残忍或对工人怀有恶意，而是因为资本主义体制创造了这样的最小阻力路径，对我们是否遵循这一路径的选择，都附加了实际的回报和成本。

以游戏为例，我们不能够想当然地认为，我们不必留意玩家所玩的游戏类型就能理解他们的行为。如果没有将游戏当作某种比玩游戏的人的思想和感受的集合更大的东西去审视，就认为我们能够理解游戏，反而会制造更多混乱。我们可以通过意识到体制的运作方式通常并不反映人的经验与动机来看清这一点。

譬如说，如果我们试图解释战争，观察士兵实际上做了什么，以及他们造成的后果，我们可能会将战争归咎于人类好斗和自相残杀的倾向，归咎于"天生"的野蛮残暴。但如果我们在参与者本身，即士兵身上去寻找这类倾向，我们可能找不到太多，因为一个又一个证据表明，士兵的典型动机根本不是对杀戮、伤害和破坏的嗜血冲动。

大多数士兵只是遵循社会体制中确立的最小阻力路径。他们想做的无非是他们认为社会期待他们做的——尤其是努力符合爱国和男子汉的文化形象——并让自己和朋友能够安全回家。许多人上战场只是因为他们没有别的谋生渠道，或想获得职业培训，或想获得大学教育补贴，从没想过他们会在战场上结束人生。或者他们被卷入了一波民族主义浪潮，后者将他们送上战场，去为他们只有一些模糊认识、几乎无法理解的东西而战斗。一旦上了战场，他们的好斗行为常常就变成针对面对其他男人时产生的恐惧而做出的防御性反应，对方也觉得必须杀了他们，这样才能达成人们对他们的期待,并安全回家。[4]

如果我们从国家领导人的个人动机来解释战争,似乎也不会更好。领导人似乎也常常感到被困在义务、意外事件以及并非由他们创造也不由他们控制的替代性选项交织而成的网络之中,尽管个人对可能造成的后果有所疑虑,但仍感到不得不派军队参战。例如,在1962年古巴导弹危机期间,美国总统约翰·F.肯尼迪和苏联领导人尼基塔·赫鲁晓夫将世界推到了核战争的边缘。有证据表明,双方陷于两难,一边是他们所认为的维护国家利益的必要举措,另一边又唯恐事态超出他们的控制,导致核浩劫。显然,在他们的行为可能导致的不可估量的恐怖面前,他们的个人动机微不足道。[5]

尽管我们有充足的理由不使用个人模式去解释社会生活,但这么做是一条最小阻力路径,因为个人经验和动机是我们最了解的。于是,我们倾向于将父权制看作不良社会化的结果,男人由此学会以支配和男性气质的方式行事,而女人学会以从属和女性气质的方式行事。这固然有一定的道理,但它无法解释特权与压迫的模式。这就好比将战争解释为单纯是因为男人被训练得好战,而不去看从为军队提供装备中获取巨额利润的经济体制,以及组织和相互派遣军队的政治制度。这就像试图理解《大富翁》游戏中发生的事,却不去谈论游戏本身和让它得以存在的那种社会。当然,士兵和《大富翁》游戏玩家这样做是因为他们已经习得规则，但这没有向我们揭示规则本身，以及为什么规则一开始会存在，并被人学习。社会化只是一个过程，一个训练人们参与社会体制的机制。尽管它解释了人如何学会参与，但它没有阐明体制本身。相应地，它可以告诉我们像父权制这类体制是怎样的，却不太能说明它是什么和为什么。

若不去了解体制如何运作，人们又如何参与其中，我们便对两者都束手无策。比如说，罗伯特·布莱和其他神话阐释男性运动中的人想要改变男性气质和女性气质的文化定义。他们想让男性变成"精神上的斗士"，与"深层的男性化"保持连接，对于身为男性自我感觉良好，无须依靠强迫和暴力。他们希望"年长男性"——父亲们——能引领年轻男性进入这种新的生活方式。然而，因为父权制的概念在布莱的分析中无迹可寻，改变文化定义也无法作用于父权制。换句话说，他对男性气质的改造不涉及对抗父权制权力关系和男性竞争的控制驱动体系，以及所有它们在社会制度中的嵌入方式。

那么，我们到哪里去找这样的年长男性呢？他们得准备好放弃男性特权，并且采取一种与主流的父权制秩序相抵牾的看待男性（和女性）的方式。按照这样的方式，这些年长男性自己损失最大，他们还要推而广之，欢迎那些年轻男性也加入自己。我们又到哪里去找愿意追随他们的年轻男性？很简单，我们找不到，除了相对少数把"新男性气质"当作个人风格的人。然而，这些新男性气质通常属于礼节性的仪式，只限于有此意向的人之间，其他时候则远离公众视野，或者，正如我们在"新男性运动"中看到的，它们其实也没那么新。[6]

无论如何，个人主义模式对于改变父权制毫无希望，因为父权制不只是人们的想法、感受和行为。父权制不仅仅是父亲对儿子造成的心理创伤、异性恋亲密关系的危险与失败、男孩对于母亲的情感，或男性如何对待女性和彼此。它包含这一切，并制造了这些症状。这些症状帮助维持着体制，但这些不是"父权制是什么"的答案。

父权制是一种组织社会生活的方式，正是通过这种组织方式，这类创伤、失败和虐待才注定要发生。如果父亲忽视儿子，那是因为在父亲所生活的世界里，最小阻力路径是追求目标，而非深耕父职。[7]异性恋亲密关系容易失败，是因为按照父权制的组织方式，女性和男性在根本上彼此对立，尽管他们原本有充分的理由和谐相处，相互促进。男性胁迫女性、对女性施暴成为普遍模式，只是因为武力和暴力在父权社会中受到支持，因为女性被指定为可取的、合法的男性控制对象，因为在一个围绕控制而组织起来的社会中，武力和暴力行之有效。

如果对于父权制是什么、它和我们有什么关系没有清晰的认知,我们就无法找到父权制的出口,或想象一套与此不同的体制。到目前为止,替代性选项一直是将我们对性别的理解简化为个人问题、倾向和动机的智识糨糊。这些据称可通过教育、更好的沟通技巧、意识觉醒、英雄旅程*和其他形式的个体转变解决,或仅仅需要时间。而社会体制实际上并不是这样改变的,其结果往往是广泛的受挫、指责与否认的循环,而这恰是这个社会中的大多数人多年来所处的状态。

我们需要更清楚地看到作为一个体制的父权制是什么。这包括关于男性和女性的文化观念,构成社会生活的关系之网,权力、回报和资源的不平等分配——这种分配正是特权与压迫的基础。我们需要通过打造替代性的最小阻力路径,去看到新的参与方式,因为我们不是体制不幸的傀儡,只是被其操控。它可能是比我们大的东西,它可能不是我们,但它只能借由我们才能发生——而这正是我们能够运用自身力量,就父权制,就我们与它的关系去做些什么的地方。

---

* 英雄旅程(heroic journey)指的是按照某种故事模板让一个主人公去冒险,在经历重大危机后取得胜利,回来之后个人发生了改变。——译者注

父权制

理解任何一个体制的关键在于辨认出它的各个方面，以及它们是按照怎样的排列方式构成一个整体的。举例而言，要理解一门语言，我们得学习它的字母表、词汇，以及将词语组成有意义的短语和句子的规则。像父权制这样的体制更复杂，因为它有许多不同的方面，很难看清它们是如何联系在一起的。

父权制的决定性要素是男性支配、男性认同、男性中心和痴迷于控制的特征，但这只是个开始。父权制的核心基础是一系列符号与观念，它们构成了一种文化，从日常对话的内容到战争实践，处处都体现着这种文化。父权文化包含众多关于事物性质的观念，其中涵盖女人、男人和人类，男子气概和男性气质与人类特质的联系最为紧密，而女人气质和女性气质被降到他者的边缘位置。它涉及的方面很多，包括以下几项：（1）社会生活是怎样的，它应该是怎样的，人们受到怎样的期待，又有怎样的感受；（2）女性的美貌和男性的刚毅的标准，女性柔弱和男性保护的形象，以及老夫配少妻而老年女性只能独居的形象；（3）将女性和男性定义为相反的两类人，认为在男性一方，侵略、竞争和支配是自然天性，而在女性一方，关怀、合作和顺从是自然天性；（4）对男性气质和男子气概的看重，对女性气质和女性特征的贬低，认为丈夫的事业是头等重要的，妻子的事业则处于次要位置，照料孩子是女人生活中的头等大事，但只是男人生活中的次要事务；（5）社会对男人愤怒、暴烈和强硬的接受程度，对女人拥有这些特质的拒绝程度，对女人有同情心、温柔和柔弱的接受程度，对男人拥有这些特质的拒绝程度。

最重要的是，父权文化涉及控制和支配的核心价值，它几乎存在于人类生活的每一个领域。从情感表达到经济，再到自然环境，获取与实施控制是一个持续的目标。为此，权力（power）的概念窄化为"掌握相对某事物的控制权"（power over），即克服阻力控制他人、事件、资源或自己的能力，而没有吸收其他一些含义，比如合作、慷慨奉献自己的能力或与自然和谐共处的能力。[8] 掌握相对于某事物的控制权并随时准备使用它，在文化上被定义为好的、可取的（并具有典型的男性特点），而缺乏这样的权力或不愿意使用它，即使不算可鄙，也被视为软弱（具有典型的女性特点）。

有条件的父权社会通常迅速地发动战争，这就是主要原因之一。举个例子，关于制定美国军事策略的男性的研究表明，在国际关系中倡导大肆使用武力几乎不会失利（美国对恐怖主义的反应和2003年对伊拉克的入侵就是例证）。而那些提倡在使用武力上保持节制的人则可能被认为不够有男子气概，因此缺乏可信度。[9]

任何文化的主要用途都是提供符号和观念，凭借这些构建出一种关于什么是真实的感知。因此，语言有时能够惊人地反映社会现实。举例来说，在当代用法中，"老巫婆"（crone）、"母狗"（bitch）和"处女"（virgin）这些词被用来形容女性具有威胁性或无异性恋经验，因此是不完整的。然而，在最初的含义当中，这些词勾起的是全然不同的形象。[10] crone 是生活阅历丰富，因此具有洞见和智慧，受人尊敬并拥有改善人们生活的力量的老妇人。bitch 是阿耳忒弥斯-狄安娜，狩猎女神，通常与陪伴她的狗联系在一起。virgin 指代的只是未婚的、无主的、不被任何男人拥有的女人，其因此是独立和自主的。我们可以注意到，每个词都从一个关于女性力量、独立和高贵的正面文化形象变成了侮辱或徒有躯壳、丧失内涵的词，于是，要从积极且充满力量的方面肯定女性，可用的词寥寥无几。

进一步深入父权文化，我们会发现一张复杂的观念之网定义了现实，定义了什么是好的、可取的。用父权的眼睛看世界，就是相信女性和男性在本性上截然不同，等级秩序是混乱的唯一替代方式，男性是按照男性天神的形象塑造的，他们跟男性天神有着特殊的关系。如下观念被认为显而易见：存在两种且只有两种不同的性与性别；父权制异性恋是自然的，而同性间的吸引不自然；因为男人既不生孩子，也不进行母乳喂养，所以他们无法对孩子产生强烈的身体连接；在某种程度上，每个女人，无论是异性恋、女同性恋还是双性恋，要的都是知道如何掌控事物（包括她）的"真正的男人"；女人是信不过的，尤其当她们来月经或指控男人虐待的时候。

尽管有各种与之相反的媒体宣传，但拥抱父权制仍然意味着认为母亲应该待在家里，而父亲应该外出工作，无论男女真正的能力或需求如何。[11] 拥抱父权制就是接受这样的观念：女人弱，男人强，妇孺需要男人来养活和保护；尽管在许多方面，男性并不是在生理上更强的性别，在许多社会中，女性都从事着大量繁重的体力劳动（通常比男性承担的量更大），女性在长时间劳动时的身体耐力也往往比男性更好，同时女性往往比男性更能忍受疼痛和精神压力。[12]

然而，正如伊丽莎白·詹韦（Elizabeth Janeway）所指出的，这样的论据在父权文化面前毫无意义，因为它规定了事情应该如何，像所有文化的神话一样，"是无法被事实驳倒的。它似乎是在做直白的陈述，但实际上这些隐藏了另一种语气，命令的语气。神话存在于一种张力状态中。它并非真的在描述一种情形，而是试图通过这种描述，使它宣称存在的东西得以出现"[13]。

在父权文化中生活，就是学习对男性和女性都有哪些期待——学习依据个体的行为与表现规范奖惩的规则。从法律要求男性为他们无从选择的战争而战，到社会期待母亲育儿，这些都是规则所涵盖的范围。此类规则也包括，当一个女人对一个男人表现出性方面的兴趣，抑或仅仅是微笑或表现得友好，从那一刻起，她就放弃了说"不"和控制自己身体的权利。在父权制下生活，就是让我们自己进入如下情绪模式：对女性抱持充满敌意的蔑视，这构成了厌女和男性优越假定的核心；在其他男性表现出脆弱或软弱的迹象时对之加以嘲笑；而每个女性都必须在行使自己在世上自由行动的权利时，处理好自己的恐惧与不安，尤其是当她于深夜独自置身公共场所时。

这类观念构成了我们漂浮其中的符号之海和我们呼吸的空气。它们是我们思考自身、他人和世界的源泉。因此，它们提供了一个理所应当的日常现实，一套我们与他人互动的模式，后者持续塑造和重塑关于这个世界是什么以及我们与它的关系的感知。这并不意味着父权制的这些潜在观念决定了我们的想法、感受和行为。但这的确意味着，它们确定了我们在参与父权制的过程中必须处理的东西。

举例来说，厌女在父权文化中的显著位置并不意味着每个男人和女人都有意识地仇恨在文化上与女性有关的所有事物。但这确实意味着，在某种程度上，我们没有感受到这样的仇恨，尽管它是最小阻力路径。完全摆脱这种感觉与判断几乎是不可能的。当然，异性恋男性在爱女性的时候，完全可能并未在心里将她们分割为乳房、臀部、生殖器和其他各种可欲的部位。女性也完全可能很满意自己的身材，不认为自己太胖，不变着法虐待自己，以达到那种难以企及的男性认同的关于美貌和性魅力的标准。

所有这一切都是可能的，但在父权制下生活就是在厌女形象中呼吸，女性在其中被物化为性资产，主要以她们对于男性是否有用来估值。对每一个在成长过程中泱游于父权制之中、呼吸着它的人来说，这已经植入我们的身体，一旦进入，它便留存下来，无论我们多么无知无觉。当我们听性别主义玩笑或其他形式的厌女话语，或者自己去说时，可能没有辨认出那些话的本质，即便我们辨认出来了，也可能什么都不说，以免别人觉得我们太敏感——男人尤其如此——或者跟男人玩不到一起。无论如何，我们都参与其中，即便是通过沉默。

理解构成父权文化的符号与观念非常重要，因为它们对于社会生活的结构发挥着强大的影响。我说的"结构"指的是借由社会关系以及权力、奖励、机会和资源的不平等分配而形成的特权与压迫。这出现在日常生活的无数模式当中：

家庭与工作，宗教与政治，社群与教育。我们可以在家庭劳动分工中发现，父亲总是可以被免除大多数家务，即使父母都在外工作；我们也可以在职场上看到，女性总是集中在低层次的粉领职业中，而男性几乎在所有行业都占多数。它存在于收入分配不平等以及随之而来的一切当中，从获得卫生保健的难易程度到拥有多少闲暇时间，皆受其影响。它存在于男性暴力与骚扰的模式中，这可将一次简单的公园散步、一个普普通通的工作日或一场情侣间的吵架变成威胁生命的噩梦。但父权制结构的体现，最主要的还是在于权力分配的不平等——这使男性特权成为可能——以及从日常对话到全球政治等人类生活各个方面的男性支配模式。父权制借由这一特性将权力、支配和控制等问题推到了人类生活的核心，这些不仅是男性与女性关系的核心，在男性相互竞争、努力博取地位、保持控制权，以及保护自己免受其他男性可能对他们施加伤害的过程中，也成为男性之间关系的核心。

要理解父权制，我们必须辨认出其文化要素，以及它们与社会生活的结构有怎样的关系。例如，我们必须看到，将女性首先认定为母亲而将男性首先认定为养家糊口者这样的文化观念，是如何支持女性在家庭内部承担大部分家务而在求职、薪资和晋升上处处受歧视的模式的。但在我们想办法理解这些之前，我们必须看到父权制与作为个体的我们有怎样的关系——它如何塑造了我们，我们又如何塑造了它。

我们身处体制之中，体制内在于我们

观察人与体制如何连接的一种方式是，想象我们占据着某些社会位置，这些社会位置将我们与占据其他位置的人联系起来。举例来说，我们通过母亲、女儿和堂表亲等位置与家庭相连接，通过副总裁、秘书或失业者等位置与经济体制相连接，通过公民、登记选民和市长等位置与政治体制相连接，通过信徒和神职人员等位置与宗教体制相连接。

我们如何理解占据这些位置的人，我们对他们有怎样的期待，取决于文化观念，比如母亲天生比父亲擅长照顾孩子。这类观念十分强大，因为我们利用它们来构建一种关于我们和其他人身份的感知。例如，一个女人跟男人结婚后，人们（包括她自己）对于她的理解与想法会改变，因为关于身为一个妻子意味着什么的文化观念——妻子对丈夫应有怎样的感情，对妻子来说最重要的是什么，对她们的期待是什么，她们可能对其他人有什么期待——会开始发挥作用。

从这一角度来说，我们和其他人认为我们是谁，与我们在社会体制中所处的位置密切相关。不参与一种或另一种社会体制，我们就不会作为一种社会存在而存在。我们与构成社会体制的符号、观念和关系相连接，如果拿走所有这些连接，就很难想象我们还能是谁，我们的生活将由什么构成。假如拿走语言和语言使我们可以想象和思考的一切（从我们的名字开始），假如拿走所有我们占据的社会位置，以及与之相关的角色（从女儿、儿子到职业与国籍，再到我们的生活与他人的复杂关系），那么我们的身份认同就所剩无几了。[14]

我们可以将社会想象成一个体制套着体制、由相互连接的体制构成的网络，每个体制都由社会位置和它们彼此之间的关系组成。那么，说我是白人、男性、大学毕业生、非残疾人、非虚构作家、小说家、社会学家、美国公民、异性恋者、丈夫、父亲、祖父、兄弟和儿子——这些都是以我的社会位置来辨认我；而这些社会位置本身又与各种体制——从整个世界到我所出生的家庭——当中的各种位置相关联。

从另一种意义上说，日常情景下的社会现实又依附于人们参与这一社会时实际的所作所为。例如，父权文化高度重视控制和男子气概。这些本身只是抽象概念。但当男人和女人真正交谈的时候，男人打断女人的次数超过女人打断男人的次数，男人无视女人引出的话题转而谈论他们自己的话题或以其他方式控制谈话，[15]或者当男人利用他们的权威在职场中骚扰女人，父权制这个社会的现实，以及人们对于他们自身是父权制下有性别的存在的感知,就通过一种具体的方式真实地发生了。

在此意义上,像所有社会体制一样,父权制只能通过人们的生活而存在。通过这种动态关系,父权制的各个方面便呈现在我们身边,供我们反复体会。这对于我们如何理解这个体制有两个重要的含义。第一,在某种程度上,人们会把父权制看作外在的。这并不意味着这个体制是一个独特的、独立的东西,就像我们居住的房子一样。相反,通过参与父权制,我们可被归于父权制,父权制可被归于我们。双方都借由对方而存在,没有对方,双方都无法存在。

第二,父权制不是静态的。这是一个不断被塑造和重塑的过程。鉴于我们所参与的这一事物是父权制,我们倾向于以一种每时每刻都创造着父权制世界的方式行事。但我们拥有打破规则和以不一样的方式构建日常生活的自由,意思是说,我们所选择的路径能够改变父权制,也能在同样程度上维护父权制。

我们参与父权制,并承受其后果,仅仅由于我们在父权制当中占据一定的社会位置就足够说明这一点。因为就其定义来说,父权制是一个围绕着文化构建的性别类别所组织起来的不平等体制,我们无法避免参与其中。所有的男人和所有的女人都参与着这个压迫性的体制,没人能够选择是否参与，只能选择自己如何参与。正如哈里·布罗德（Harry Brod）所说，这对于男人和男性特权尤为重要。

> 我们需要明白的是，根本就没有放弃自己的特权、置身体制"之外"这回事。人总是身处体制之中。唯一的问题就是一个人是以挑战现状的方式还是以增强现状的方式参与体制。特权不是我拿来的一样东西，因此我可以选择不拿。这是社会赋予我的东西，除非我改变赋予我这种东西的制度，否则它们会继续赋予我特权，我会继续拥有特权，无论我的意图多么高尚、多么平权主义。[16]

因为特权是社会体制赋予的，所以人们完全可能享受着特权而对此毫无察觉。例如，我做演讲的时候，通常会在离开时对进展顺利感到满意，因此也感觉我自己和自己的工作都很不错。如果有人要我解释为什么事情进行得如此顺利，我可能会提到我的能力、我多年的公共演讲经验、我的观点的质量，以及观众的兴趣和参与。然而，我最不会想到的就是，我的成功有性别的加持。研究相当清楚地表明，如果我做出同样的表现，但我在观众的认知里是一个女人，那么我不会得到同等认真的对待，会在许多维度上得不到同样正面的评价，我的成功也不会在那么大程度上被归为我自己的努力与能力。

这两种结果之间的差别就是某种程度的男性特权，我几乎没什么办法能摆脱它，因为它的权威并不来自我，而来自社会本身，尤其是文化上的性别形象。观众并不知道他们正在赋予我男性特权，我或许也没有意识到我正在接受这种特权。但特权依然在那儿。这一切可能让人感觉自然而然，毫无偏向，但这只会加深体制对于所有参与体制者的控制。

相关例子：重新思考性别暴力

社会学中老生常谈的一点是，社会体制制造的问题，不改变体制是无法解决的，但在众人讨论如何治愈困扰我们的问题时，你从大多数讨论中去判断，是得不出这一点的。比如，无论自由派和保守派如何处理贫困等问题，关注点永远围绕着改变个体而不是体制，这是一种维持现状的方法。保守派责怪生活贫困的人，让他们自己想办法振作，接受正确的价值观，更努力工作。自由派向政府寻求答案，但不要误以为这是在推动体制改变。自由派利用政府政策帮助贫困个体的方式是给他们钱、职业培训、食品救济券或卫生保健，而不是试图改变这个社会产生贫困的系统性原因。

工业资本主义经济允许一小部分人占有每年劳动创造的大部分收入与财富——任何人都可以从一些现成的资料中看到这一点。在美国，最富有的10%的人控制着大约80%的财富，而最富有的20%的人控制着近90%的财富。最上层的20%的人获得了所有收入的近60%，剩下的80%的人为其余的收入份额竞争。[17] 当大多数人只能为不到一半的收入和比例更少的财富而相互争夺时，那么不可避免地，许多人无论多么努力工作，都过不上或勉强才能过上体面的生活，其中包括大量有全职工作的贫困工人。最终，自由派和保守派的解决方案都呼吁个体更努力工作，更有效地竞争，但结果是可预料的，未来的失败者相比于今天，只是受过更好的教育，工作更加努力而已。双方连提都不敢提的一点是，一个注定要制造如此严重的不平等的体制既是错误的，也是不可持续的。

对于贫困是如此，对于父权制也是如此。大多数讨论不着眼于父权制这一体制，也不去理解人们与它的关系，而是对性别问题做心理分析，将之个体化，专注于教育、自助工作坊、心理疗法和其他促进个人改变的计划。这可能会让一些人更开心，调整得更好，或更成功，但不去批判性地觉察父权制这个体制，就缺乏将解决方案推向个人改变之外的理由。

举例来说，男性往往有动机去避免被指责为性别主义，一旦他们掌握的人际关系灵敏度达到了一种社会可接受的程度，他们就可能有一种解脱感，认为自己相对而言可以免受批评，甚至在面对那些仍未有此意识的男性时，感到些许得意（即便在此处，父权制的游戏也在继续）。当找到一个安全的避风港之后，他们就不太可能去主动让任何人感到不适，包括他们自己。他们不会再深入地挖掘父权制是什么，它是如何运作的，它为什么需要被改变，以及如何需要被改变。

对于那些成功爬到了行业顶端的女性，也可以这么说。她们已经获得了父权制的认可，如果挑战同一套体制，她们就有可能丧失权力、回报和认可。结果是，她们通常服务于父权制的利益，指责那些盯着父权制的女性主义者在扮演受害者，而不去以个体的身份努力工作，获取成功。

关注父权制，并不意味着我们要忽略个体，只是说我们要将他们归为更大的体制的参与者，而不是将他们当作一切的起点和终点。例如，试考虑男性针对女性的暴力与骚扰的问题。据统计，有 1/4 到 1/2 的美国女性会在人生的某一阶段遭遇某种形式的性暴力，女性同样可能以其他方式遭受身体虐待，尤其是来自她们身边的男人的虐待。被亲密的人殴打已经成为女性最常见的受伤原因，在某些州的发生率比行凶抢劫、交通事故和性侵害加起来还要高。职场中的性骚扰十分普遍，包括在美国军队当中，根据具体职位的不同，声称自己曾遭到性骚扰的女性比例从近50%到超过75%不等。联合国称："针对女性的暴力在全世界每个国家都持续存在，这是对人权的普遍侵犯，也是实现性别平等的主要障碍。"[18]

除了一些女性主义者的分析[19]（这部分几乎没有得到多少媒体报道）以外，大多数关于性别暴力与性骚扰的讨论都聚焦于个人的问题，而不是父权制、男性和男子气概。什么样的男性会实施强奸和性骚扰？他有什么样的性格问题？他的童年是怎样的？他跟女人有什么不好的经历，尤其是跟他的母亲？最后一个问题尤其普遍，但只有在我们无视关于个体及其经历与社会体制有怎样的联系等问题时，这个问题才说得通。

例如，为什么与某一群体的成员有过不好的经历会导致针对他们的终身偏见、仇恨和暴力？与戴眼镜的人有过不愉快的经历，不太可能引起对戴眼镜的人的反感；但人们经常说，他们对黑人、女性或犹太人等群体的偏见是因为年少时与之有过一些不愉快的经历。戴眼镜的人与犹太人、黑人和女性的区别在于，后面几个群体在反犹太主义、种族主义、性别主义的社会中，都被视为从属的群体，且被如此对待，而戴眼镜的人则不然。

将一次孤立的不愉快经历转变为偏见、歧视和暴力行为的模式的，是在背后纵容这种以偏概全的社会环境。它对这些群体的呈现方式使人们很容易将个人的不愉快经历归结为刻板的群体特征。所以，如果一个犹太人对一个非犹太人不好，文化就会支持后者将这种不好的对待归因于犹太特征本身，而不是那个人的个性或情绪。同样的情况也发生在所有从属群体身上，包括有色人种和女性。如果没有这样的文化连接，人们对不愉快事件的解释会止步于个体，他人特定的社会特征就无法获得特殊的社会意义。但当这样的社会连接被当作可供选择的最小阻力路径时，大家就很容易抓住被贬低的特征，并将之推广到群体。

个体的心理和经验当然是理解社会生活的关键。然而，它们本身无法解释一个群体施加于另一个群体的偏见、歧视和暴力等社会模式。这就像试图通过分析参与者的个性来解释吉姆·克劳时代普遍存在的对黑人的私刑，却无视漫长的白人特权与种族压迫的历史如何塑造了白人以为他们可以对有色人种做的事情的认知、期待和判断。就好像我们无须考虑施加私刑者所处的种族主义社会环境，这种社会环境使得白人在压迫黑人、让他们处于胁迫与恐惧当中时有利可图,它将黑人确定为敌意与暴力的合适靶子,并清楚表明,虐待和谋杀黑人的白人不会受到惩罚。要说这种私刑的模式会出现,单纯是因为一个又一个社群正好有一些个性有问题的人,他们导致了种族仇恨与暴力,就会显得几近愚蠢。说我们可以找出那些个性有问题的人,并尝试改变他们——或许通过再教育和心理治疗——这样就可以停止私刑,而无须关注促进和保护他们行为的社会体制,这也显得同样愚蠢。

然而,这正是我们在男性针对女性的暴力这个问题上所做的事情。此类模式所涉及的层面有可能超出个体不当行为和精神病理学——这一观点似乎让公众很难接受。

例如,我曾经在一个州委员会做证,他们的职责是为针对女性的暴力寻找解决方案。我请这个委员会考虑以下几点:(1)大多数针对女性的暴力是由男性实施的;(2)这发生在明显是男性支配、男性认同、男性中心的社会;(3)我们需要理解这两者有怎样的联系,社会的父权制特征如何导致性别支配群体成员针对性别从属群体成员的暴力模式。这些观点引起了相当大的兴趣,我受邀与一个负责公共教育与意识的小组委员会见面。

他们说,我的论点很好,但对此我们有什么能做的呢?我做了第一步的建议,简单而激进:成为或许是美国第一个如此公开承认男性针对女性的暴力很普遍的政府机构，承认我们生活在一个父权社会之中，承认我们需要认真投入资源去研究这两者有怎样的联系。这一建议得到的是笼罩整个房间的窃窃私语，因为显然，哪怕是承认父权制存在并且有问题就是一件冒险的事。不用说，该委员会的最终报告中始终没有出现父权制。

在其他类似的群体中，反应也是相似的——清楚地认识到问题的程度，但不愿意公开说出这个直白的事实。"这会引起许多男人的愤怒。"这是典型的反应。当然，这基本没错。但另一个选择是继续我们一如既往的生活，保护体制，假装暴力这类问题与涉及所有人的体制无关，而只是由某些误入歧途的个体导致的。

像私刑一样，男性针对女性的暴力的实施者是男性个体，他们可以为此承担责任，也应当为此承担责任。但它远不止如此，这意味着我们必须追究其更广泛和更深层的成因。除了实施者是男性个体以外，针对女性的暴力也是一种行为模式，它反映了存在于社会这个整体中作为支配群体的男性和作为从属群体的女性之间压迫性的父权关系。个体并不是生活在真空中，而是存在一个比我们更大的社会脉络，关于我们的所有事都是在与社会脉络的关系中成形的。因此，我们的认知、思想、感受和行为并不是独立自主的，也不是简单地"存在于"社会中。相反，它们通过我们参与父权社会而出现并反映出来。如果我们无视这一点，那么我们就是只看个体对社会力量的呈现，而忽视了社会力量本身，以此维系了现状。这就是为何个人主义的方法如此符合父权制和其他维持现状的利益。

要将针对女性的暴力作为社会问题和心理问题来理解，我们必须问的是，什么样的社会能为其提供肥沃的土壤，让它作为一个反复出现的行为模式生根发芽。数十年的研究已经证实，普遍存在的针对女性的性暴力与男性高度重视控制与支配的父权环境之间有着明确的联系。[20] 比如，在父权制之下，人们眼中正常的异性恋是基于男性认同和以男性为中心的，强调男人得到女人，将"真正的"性等同于性交，这一做法更有利于男性而不是女性获得愉悦。[21]

这样的体制鼓励男性主要从女性是否具备下述能力来衡量她们的价值：满足男性的需求和欲望，支持男性能力强大和保持掌控的自我形象。[22] 例如，庞大的色情产业的存在主要是为了向男性提供女性形象，供他们利用，并将其纳入自慰的幻想中。[23] 结果是，男性利用胁迫和暴力对女性进行性控制，把女性作为发泄愤怒、羞耻、沮丧或恐惧的对象，这成了司空见惯的事情，不仅在行为中如此，在文学、电影和其他媒体的流行主题中也如此。换句话说，考虑到父权制文化所倡导的价值观，男性对女性采取暴力是因为比照核心的父权价值观之后，他们发现暴力是有效的。[24]

这一切都与社会分不开，因为社会就是围绕男性特权和男女两个群体间的压迫性关系而组织起来的。鉴于暴力、控制、支配、物化和性行为在父权制之下紧密联系在一起，我们需要审视父权文化如何定义正常的性行为。我们认为理所当然的纯粹自然的性行为，其实并非如此。它在当下以及过去都是被社会建构的，性行为发生的背景及其意义，与父权制的文化和结构有着深刻的联系。[25] 这意味着，尽管性暴力必定涉及某些男人的感受和行为，但它不只是这些，它还牵涉一些根植于父权制这个整体的模式。

因为她们是女性，就对她们暴力相向，这种特定的暴力行为，与社会对女性这个群体的压迫有关，正如因为他们是黑人，就以暴力对待他们，这种特定行为，也与整个社会中存在种族压迫有关。这意味着男性针对女性的暴力，与每一个参与父权社会生活的人都有关，即便可能只有少数个体实际上实施过暴力或直接地受过伤害。暴力是一种控制工具，而控制在父权文化中既被高度看重，也被性别化，从而具有男性特征。这意味着，父权制不仅让男性暴力变得不可避免，而且让其扎根于对控制的痴迷中，而对控制的痴迷延伸出的范围要大得多，远远超出参与暴力行为的男性个体。

个体——尤其是男性——所面对的挑战，是厘清被卷入父权制及其文化意味着什么，以及随之而来的被卷入性暴力的后果意味着什么。苏珊·布朗米勒（Susan Brownmiller）在《违背我们的意愿》（*Against Our Will*）中写道，强奸"完全是一个有意识的恐吓过程，所有的男人借由这一过程让所有的女人置身恐惧之中"[26]。这让许多男人感觉受到了冒犯，因为他们认为这是在指控所有男人都是强奸犯。不论布朗米勒的实际意图为何，男性如果意识到"卷入"一个像父权制这样的体制并不一定反映了他们的个人动机和行为，就不会表现得如此具有防御性。无论我作为一个男性个体是否强奸过任何人，我都与控制和暴力的模式有关，而其他男性正是通过这一模式去实施强奸的。这个社会鼓励对女性的性支配、物化和剥削，这一切都将性暴力正常化，并支持它成为一种行为模式。只要我参与这个社会，我就脱不开干系。

我个人是否鼓励或支持这样的行为无关宏旨。女性可能仅仅因为认定我是一个男人就畏惧我，继而顺从我；她们可能向我寻求保护，防止别的男人伤害她们；她们也可能因为我而缩小她们行动自由的范围，而这在我看来则毫无必要——无论我怎么想，如何感受，如何行动，这些都会影响我。在这样一个世界，能够自由走夜路，在街上与别人擦肩而过时直视对方的眼睛并对其微笑，随心所欲地穿衣服，都是一种特权；这些会成为特权，恰恰是因为某些人被否定了这样的权利，而另一些人被允许拥有这样的权利，无论这些东西在男人看来是不是特权，特权就是存在的。[27] 我没有强奸女人，并不意味着我没有参与促进男性特权和男性暴力并把这些作为控制女性的手段的父权社会。

如果我们在思考暴力等问题时，意识到体制的力量，意识到我们在其中也有重要的作用，我们所面临的选择就会变得更加清晰。选择并不在于是否参与特权与压迫；不在于为一个并非由我们创造的体制接受指责；也不在于是否要让我们自己成为更好的人，这样我们就能够自以为不必染指男性特权，从而成为男性特权这一社会问题的局外人。

我们的选择在于如何以另一种方式参与这一体制，从而不仅改变我们自己，也改变这个世界——是它塑造着我们的生活，并反过来由我们的生活所塑造。最终，我们的选择在于，面对我们所有人都继承到的父权遗产，我们是否要给自己赋权去承担自己的那一份责任。

如果你已经在想人们可以做些什么来承担责任，如果你在阅读过程中开始有这样的感受，请直接翻到第 11 章，我在那一章中专门讨论了这一问题。

3　为什么是父权制?

父权制当中充满矛盾,仅仅是它竟会存在这一事实就是其中最大的矛盾。请考虑如下事实:女性和男性一起将新生命带到这个世界上。他们一起生活,一起工作,组建家庭和社群。将他们作为子女、父母、手足或伴侣彼此联结的血缘纽带和婚姻,给他们带来了人性中对亲密关系、归属感和关爱的最深切的需求,并且为他们提供在人世间对自己"从何处来,到何处去"的最根本的感知。然而,此时的我们,却被困在父权制当中,被特权与压迫包围,彼此根本对立。显然,某种强大的力量正在发挥影响,并且已经存在了很长一段时间。在面对反对它的种种充分理由时,什么样的社会引擎能够创造并维系这样一种压迫性的体制?简而言之,为什么是父权制?

许多人最先想到的答案是,父权制源于事物的自然秩序，反映了女性和男性在生物学或遗传学上的本质区别（这也是为什么此类论断被称为"本质主义"）。[1]例如，男人在体力上要强过女人，这或许能解释他们的支配性。或者，男人必须保护怀孕或哺乳期妇女免受野兽和其他男人的伤害，女性的依赖性要求男人主事。或者，男性天生爱支配，父权制只是男性与他们施加于其他男性和女性身上的事物。换句话说，父权制归根结底是因为男人就是男人。

如果我们认真考虑此类观点，很难不得出这样的结论：男性特权和压迫就是我们作为一个物种所具有的一部分。任何想要延续父权制或想将之归罪于男性的人都会被这种观点吸引。像我这样的人，有时对于男性的暴力会感到不知所措，于我而言，可能会很难拒绝男性本身存在某种根本性问题这样的观点。可不幸的是，本质主义提供不了什么希望，除非改变人类本性，把男人斩草除根，或找到一种让男人和女人彻底分开生活的办法（这对于减少男性之间相互施加的暴行毫无用处）。[2] 鉴于此，拥抱本质主义就没有意义，除非有支持它的确凿证据。

但是并没有。本质主义要求我们无视大部分我们所知的关于心理学、生物学、遗传学、历史和社会生活实际如何运作的知识。我们不得不简化原本极为复杂的社会生活模式，不仅要将其简化为生物学和遗传学，而且要简化为那个更窄的人类生活中定义性别的部分，连在生物学家中都几乎找不到对此立场的支持，甚至包括 E. O. 威尔逊这样的社会生物学家。[3] 如果我们相信进化，本质主义会让我们退回一个困境，提出特权与压迫实际上是积极的适应，以此种方式组织的社会将比不采取此种方式的社会更繁荣。

本质主义也暗示，既然构成本质的是普遍而不可避免的性质，父权制便是长期以来唯一的体制。当然，某些东西的确属于人类的本质，如幼童依赖成人的喂养、保护和照顾。然而，要说父权制，人类学、考古学和历史学的各种证据都证明，绝不可能存在一种普遍的自然秩序。

例如，有大量考古学证据可追溯到大约七千年前的前父权制时代，当时，女神的形象在今日的欧洲、非洲和中东地区占据着核心位置。[4] 我们也知道，在工业化前的部落社会，女性的地位各不相同。比如，在许多情况下，亲缘关系是通过女性来追溯的，女性既不是从属的，也不受压迫，厌女和性暴力也闻所未闻，女性掌握财产，并享有政治权力。[5] 鉴于本质主义假定所有人类都有相同的人类本质，面对这样显著和普遍的差异，它便不攻自破了。

拒绝本质主义的最好理由或许是，它与我们所知的关于性与性别的知识不相符。例如，本质主义无法解释我们在女性当中和男性当中发现的大量差异，也无法解释男女在相似情况下的相似之处。[6] 在各种心理能力的测量中，男性与其他男性的差异就像他们与女性的差异一样大。当男性和女性被置于相同情境时，如单独承担照料孩子的责任，他们的反应往往相似，而不是不同。[7] 本质主义也无法解释为什么需要那么多的胁迫来维持父权制运转。如果男性特权根植于某种男性本质，为什么还有那么多男性在为父权制男子气概和他们作为成年男人的生活经受训练时，感到那么痛苦、困惑、矛盾和抗拒？[8] 如果女性的本质是依附，那么我们如何解释她们反抗压迫，以及学习破坏和对抗男性支配的漫长历史？[9]

尽管本质主义有其吸引力，但它作为一种理解父权制的方式并不成立。虽然存在充足的反对父权制的理由，但有一些力量亦强大到足以驱动父权制；另外一个思路可带我们进入这些社会力量的深层根源结构，也带我们进入我们自身——父权制之下的生活安排似乎常常会渗透"我们是谁"这个问题的核心。

被忽略的联系：控制、恐惧与男性

父权制这个体制助长了竞争、侵犯、压迫与暴力，或许比所有其他力量都更能驱动父权制的，是控制与恐惧之间的动态关系。[10] 父权制鼓励男性通过控制寻求安全、地位和其他回报，也鼓励他们去恐惧其他男性控制和伤害自己的能力，并且鼓励他们认识到，保持控制既是他们最好的防止损失与羞辱的办法，也是实现他们需要和渴望之物的最可靠途径。尽管我们通常从女性和男性的角度去考虑父权制，但在此意义上，它更多是关于男人之间进行的事。对于女性的压迫肯定是父权制的重要组成部分，但矛盾的是，它可能不是父权制的重点。

为什么控制在父权制之下拥有如此大的重要性？一种可能性是，控制是天生的，且深入骨髓，男性抵挡不住地要围绕着它来组织自己的生活。换句话说，男性控制是因为他们能够控制。但这又让我们回到了没有出路的本质主义的怀抱，并且让我们面临这样一个事实：人们越是试图控制其他人和自己，他们似乎就越可怜。男性通过控制可能会获得什么，如财富或声望，这样的观念天生具有极大的吸引力，因此他们会在生活中参与对母亲、姐妹和女儿的压迫，妻子也好不到哪儿去。要证明这一点，我们首先要解释，控制及其回报可能超过了压迫的可怕后果，这是如何发生的，尤其当涉及其中的是像女性和男性这样密切相关的群体。一个常见的解释是："人（男人）就是这样。他们总是会为了财富、权力和声望而竞争。"但这是本质主义常常会将我们绕进去的循环论证：男人之所以是这样，是因为男人就是这样。

本质主义的方法还忽略了恐惧在大多数男人的生活中扮演的重要角色。与控制不同，恐惧可能是所有人类动机中最强烈、最原始的动机之一，比贪婪、欲望、色欲甚至爱都更根深蒂固。没有任何事物能像恐惧一样，拥有将我们扭曲到变形的潜力，它可能驱使我们抛弃我们原本珍视的一切，压迫他人，对他人暴力相向——因着对死亡、失去、痛苦、羞耻或被拒绝的恐惧。最强有力的压迫性体制就是以促进恐惧的方式组织起来的。

父权制成功做到了让男性恐惧其他男性可能对他们采取行动——控制可能会掉过头来对准他们，伤害他们，使他们丧失他们最重要的东西。这让男性产生了这样一种感受：害怕被嘲笑，被剥夺"真男人"的认可。[11] 他们害怕其他男性会利用经济权力夺走他们的工作，阻挠他们，或让他们的职场生活苦不堪言。他们害怕自己不走运地激怒了不该激怒的人，而被其他男性殴打或谋杀。他们害怕男性会对他们发动战争，摧毁他们的社区和家园，殴打、折磨、强奸和杀害他们心爱的人。简而言之，父权制鼓励了男性的恐惧，他们恐惧所有其他男性可能会为了施加控制而采取的行动，因此他们要保护和强化他们相对于其他男性的真男人的身份。

当然，女性也有许多恐惧男性的理由，但这没有塑造和定义父权制这种生活方式。男性对其他男性的恐惧十分关键，因为男性引发和回应那种恐惧的方式驱动着父权制。因为父权制围绕着男性认同的控制而组织，男性的最小阻力路径是以增强他们自己的控制感来保护自己，而父权制提供了许多种做法。对一些人来说，男性间攻击性的玩笑可能是在保持自我控制，无论他们所属的特定群体的"叫阵对骂"（doing the dozens）[12]是什么样的。他们可能会隐藏自己的感受，而不是在错误的时刻对某个想要占据优势的人显露脆弱。或者他们学会在吵架中占上风，永远有答案，从不承认自己错了。他们很早就学会不跟女孩玩，除非是在汽车后座上。他们可能会想尽办法避免看起来能被女人控制，他们可能会举重，谈论和追看体育赛事，学习拳击和武术，去踢足球、打冰球或玩橄榄球。他们可能通过这些方式去试图克服自身的恐惧，同时激发他人的恐惧，并始终对男人和男人做的事情，以及将他们联结在一起的特权体制保持一种潜在的忠诚。

男性对父权制的参与往往将他们锁定在无尽的追求控制和抵抗控制当中，因为在父权制之下，控制既是恐惧的来源，也是恐惧唯一的解决方案。一个男人在控制与恐惧的旋涡中耗费越多，他在不受控制的时候就感觉越糟。所以在某种程度上,他始终在寻找机会更新自己的控制感,同时保护自己,以免给他人提供同样的机会,尤其是男人。每个男性追求控制,将控制当作一种捍卫和提升自己的方式的同时,他也刺激着其他男性做出同样的反应。这一动力学数千年来为父权制提供了驱动力。

男性为此付出了巨大的代价。他们越想控制自己,就越没有安全感。他们可能浑然不觉,因为他们忙于控制自己,但他们越是围绕着这一努力来组织他们的生活,就越害怕失控。

正如玛丽莲·弗伦奇所说:"权力的宗教是恐惧的宗教,而……那些崇拜权力的人是世上最惊慌无措的人。"[13]那些表面上的"伟人",当你挖掘到表面之下,就会发现他们抱有深深的不安和恐惧,并且习惯性地需要向别的男人证明他们自己。举个例子,乔治·H. W. 布什作为美国总统,是全世界最有权力的人之一,但他无法摆脱的一个念头就是,人们可能会觉得他是个"懦夫"。在他之前,林登·约翰逊继续进行越南战争,部分原因是害怕如果不继续打下去,就会被认为不够男人。[14]巨大的权力并不会让男人感到安全,反而会让他们需要更大的控制权,以保护自己不受握有更大权力却被困在同一个循环的男人打击。让事情雪上加霜的是,控制本身是一种转瞬即逝的体验,而不是一种自然而稳定的状态。因此，正如玛丽莲·弗伦奇和西蒙娜·韦伊（Simone Weil）所提出的，控制总是处于消失或瓦解的边缘：

> 权力并非我们以为的那样。权力不是坚固的，哪怕它获得了实体形态。你手中的金钱可能在一夜之间贬值……一个头衔可能在下一次董事会议上被撤掉……一个大型的军事机构可能在数日之内瓦解……一个巨大的经济结构可能在数周内瘫痪……
>
> "所有的权力都不稳定……从来不存在权力，只存在对权力的追逐……权力本身只是一种手段……但追求权力，因为它本质上无法抓住其追求的对象，所以排除了所有关于最终目标的考量，并最后代替了所有最终目的。"[15]

恐惧与控制的宗教也重新定义了亲密关系，从而限制了男性对人际关系的需要。男性被鼓励将一切事物和人都看成他者，看一切情境的眼光都是它可能如何增强或威胁他们的控制感。然而，每一个控制的机会都可能是一场控制的失败，这可能将控制与权力的问题植入最不可能的场景。亲密关系本可能是一个打开心扉、袒露脆弱，从而建立更深联结的机会，可如今已非如此。尤其是性亲密关系，它可能从在一个安全地方享受的愉悦，变成男性表现的考场，其中不免掺杂担忧：阴茎——这个臭名昭著而又任性妄为的"他者"经常阻碍男人在控制上的努力——是否有它应有的"表现"呢？词典通常将阳痿定义为无法达成或维持勃起状态，仿佛勃起是男人办到的某种事情，而不是他体验到的事情，像流汗、心跳加速或开心一样。男人越是一心想控制，爱人就越会从拥有感情、思想、意志和灵魂的完整的人，退化成强化男子气概和缓解焦虑的机器。即便女人对于男人"性表现"的意见似乎颇为重要，但她说些消除疑虑的话还不够，因为看着他的永远是父权的男性凝视，那个眼神越过她的肩膀评判着他。

父权制基于一个巨大的谎言：生活需要的答案是脱离连接、竞争与控制，而非连接、分享与合作。这个巨大的谎言鼓励男性自主、与人脱离，从而将他们与他们最需要的东西分离，而事实上，人类生活的根本是关系。[16] 如果没有"你"，"我"是什么？如果没有"孩子"，"母亲"是什么？如果没有"学生"，"老师"是什么？如果没有跟他人连接的纽带——"我是……一个父亲、丈夫、工人、朋友、儿子、兄弟？"——我们是谁？[17]

但父权文化把这一真相彻底颠倒了，"自我造就的男人"

（self-made man）从自相矛盾的概念变成了文化理想。而与人类建立联结的需求和控制的需要在某处融合，于是控制感成了许多男人在与一切人和事（包括他们自己）打交道时最能抓住的感受。

父权制作为男性的问题

父权制通常被描述为某种主要存在于女性和男性之间的事物。乍看之下，这很有道理，因为"男性"和"女性"是相互定义的，女性相对于男性特权处在一个被压迫的位置。然而，矛盾的是，驱动父权制的控制和恐惧的循环更多地与男性之间的关系有关，而不是与女性有关，因为正是男性控制着男性作为男性的身份。男性总会指望其他男性——而非女性——来肯定自己的男子气概，无论对方是教练、朋友、队友、同事、运动员、父亲还是导师。

这与传统观念相矛盾，一般认为女性才掌握着异性恋男性关于男子气概的感知的关键。的确，男性通常利用女性来表明自己达到了标准——尤其是通过对女性实施性控制——但他们使用的是男性的标准，而不是女性的标准。男性或许也会试图以"真男人"的形象打动女性，以开始并维持跟她们的关系，或获得性接触和个人关爱。然而，这还不足以确保男子气概。为了确认男子气概，他们必须去一个更大的男性认同的世界——从当地的酒吧到运动场、职场——这些地方也是他们最容易受到其他男性打击的地方。无论是在更衣室还是激烈的政治竞选中，一个男人若被说是个窝囊废或以其他方式达不到标准，此类攻击几乎总是来自另一个男人。当一个男人怀疑自己不够有男子气概时，他是在通过父权制的角度来评判自己，而不是从女性视角评判自己。

尽管男性常常将女性当作他们自我感觉不好的替罪羊，但女性在这里的作用最多只是间接的。如果其他男人否定一个男人的男子气概，他的妻子或母亲怎么看他通常不起什么作用，而如果一个女人的意见对他来说真的很重要，那么他的男子气概对其他男人来说就变得越发可疑了。[18] 女性在男子气概问题上的重要性微乎其微，这在男人想通过冒险来证明自己时就很容易看出来。妻子、母亲和其他女人通常觉得他们目前这样就很好，而男人仍会不顾她们的反对去冒险证明自己。世界纪录上充斥着这样的男人，他们可以占有任何事物——电子游戏、极限运动、第一个到达某地、第一个发现某事，不一而足——他们将此作为一种创造竞争舞台的方式，他们可以在其中抢占位置，在男人当中证明自己。[19] 如果一个男人必须在男人的看法和女人的看法当中选一种来决定什么才构成真正的男子气概,他十有八九会选男人的看法。"男人得做男人要做的事情"通常是男人要和其他男人一起做些什么的时候会跟女人说的,只是他要做的事情是由男人和父权制决定的,而不是由女人决定的。真男人是什么样不由女人决定。她的角色是向他们保证,他们符合一种男性认同的父权文化的标准。

当女性的确质疑或攻击了一个男人的男子气概时,攻击的角度及其背后的力量取决于男性的父权制男子气概的标准。例如,她不能以他给的关怀不够为由来攻击他的男子气概。当她采用的是文化上被定义为女性的方面——"你不够体贴,不够会照顾人,不够开通或柔弱,你控制欲太强"——这种攻击就远远没那么有分量,产生的效果也很小。但是当女人不再合作——当她们批评或质疑,或只是对肯定父权制的男子气概丧失热情以后——她们便可能激怒男人,男人可能因此感到被削弱、被抛弃,甚至遭到背叛。女人批评男人没有符合女人观念中男人应有的样子,男人可能不太高兴。但这比起女人竟敢质疑他们的男子气概、用男人的武器对准男人,就微不足道了。男人的男子气概被质疑时,他很可能会极度愤怒,对女人暴力相向。

在控制和恐惧的父权循环中,没有男人可以免于他人对其男子气概的挑战,这就是为什么即使是富人和权势者也要迅速捍卫自己。例如，大卫·哈伯斯塔姆（David Halberstam）在对约翰·F. 肯尼迪任期的分析中提出，肯尼迪之所以让美国卷入越南内战，部分是因为他在维也纳峰会上见苏联领导人尼基塔·赫鲁晓夫时未能表现得足够强硬和阳刚。赫鲁晓夫从一开始就在挑战肯尼迪，而肯尼迪很吃惊，一直到最后都温和应对。回国后，他感到需要一个机会来纠正他给人留下的印象，消除对其男子气概的疑虑。"如果[赫鲁晓夫]认为我缺乏经验，没有胆量，"肯尼迪对《纽约时报》记者詹姆斯·赖斯顿（James Reston）说，"……我们跟他就不会有任何进展了。所以我们得行动……越南看起来正是地方。"[20]

所以，美国卷入越南内战的惨烈后果，是在这样一种政治体制中出现的：其中的男人会通过主张自己的男子气概来给对方留下深刻印象，且这构成了该政治体制的部分组织原则。这无疑对随后的战事也起了显著作用：这场战争的过程充满煎熬，美方固执地拒绝各方建议，不妥协，也不承认战败。

肯尼迪的困局除了体现出父权政治，还挑战了我们的刻板印象，我们以为公开展示男子气概的行为大多只出现在下层阶级和工人阶级的亚文化中。男性证明自己的男子气概的传统在上层阶级当中根深蒂固，从西奥多·罗斯福的莽骑兵（Rough Riders），到乔治·W. 布什总统放言让伊拉克游击队"放马过来"，到英国的精英阶层满腔激情地蜂拥赶往"一战"的杀戮战场，到比尔·克林顿和约翰·肯尼迪的性强迫行为，到旧金山波希米亚丛林俱乐部——政商两界的大人物在那里聚集，达成交易，嘲弄反串短剧中女扮男装的女人，其余时候则待在男性特权的舒适区悠然自在——此类例子比比皆是。[21] 当然，男人并非天生如此，必定有人训练他们，并且有来自外部的持续激励。

举个例子，20世纪60年代初，我是一名来自中产阶层家庭的大一新生。我读的大学是一所只招男生的常春藤盟校，是培养精英后代的地方。我同学的父亲是商界、政界和一些行业的杰出人物，他们盼着自己的儿子能承袭自己的事业。深秋，跟我同一宿舍的人，如果已经进入大学联谊会，就要开始为"沉沦之夜"（sink night）做准备，届时大家会喝得烂醉，以庆祝他们新建立的"兄弟情谊"。他们离开前警告一年级新生睡觉时不许锁门，因为他们打算晚一点来找我们，并且不希望吃闭门羹。我们不知道即将到来的是什么，但一股熟悉的、浓浓的男性暴力的势头明白无误。

他们夜里返回时，个个醉得惊人，挨个冲进每个房间，把我们从床上赶下来。他们把我们赶到大厅，让我们站成一排，命令我们脱掉裤子。接着一个男人手握一把金属尺，另一个拿着一本《花花公子》杂志,并翻到裸照插页,两人沿着队伍,把裸照硬塞到我们眼前,对我们大喊"支起来!",并把我们的鸡鸡放到尺上量。其他人跟在他们后面在大厅里踱来踱去,大喊大叫,放声大笑,空气中弥漫着混合了酒精与隐含暴力的气息。我们没有一个人出声反抗,当然也没有一个人"达到标准"。我们本来也应该是达不到的(有任何男人能成功勃起,就会当场成为传奇)。毕竟,这才是重点:借由这个我们后来才知是一种成人仪式的"鸡鸡量尺",让我们能顺从地接受羞辱,并反映男性控制和恐吓的权力(像女人一样)。

对他们来说,这或许是一条通往兄弟会情谊的通道,在他们共享凌驾于"他人"的权力时,这种情谊得以形成。对我们来说,这是一种给予豁免的意思,我们不必再次屈从,至少不必在这个地方以这样的方式屈从于同一群男人。但我们没有愤怒,此后一般也不谈论这件事,这说明我们也获得了另一些东西。尽管"鸡鸡量尺"如此离谱,它还是触及了父权制关于男性、权力和暴力的真相的核心。作为男性,我们觉得它可憎,但最终还是可以接受的。事实是,那天晚上我们同样得到了一部分男子气概,因为通过在面对羞辱时表现得麻木和自控,我们表明了我们具备合适的品质。假如有任何人反抗,他不会因其勇气而被认为更加有男子气概。更有可能的是,他会被人说是没法接招的娘娘腔、婆妈、妈宝。所以,那个深夜,我们浸没于父权制的这个矛盾之中:男人相互竞争,同时也相互结盟,既有所失去,也有所收获。[22]

那女性呢?

从某种意义上说,女性像父权制之下的其他所有事物一样,是男性要控制的对象。对女性生活的损害后果惨重,但控制女性既不是父权制的重点,也不是驱动它的引擎。这意味着女性的位置比表面上更为复杂,尤其是相比于男性之间的竞争。[23]这以如下几种方式进行。

首先,异性恋男性被鼓励将女性当作成功的勋章,以保护和提升自己在其他男性眼中的地位。比如说,人们常恭维一个男人娶了个美丽的女人,这不是因为他对她的美貌厥功至伟,而是因为他拥有对于她的所有权。相较之下,人们不太会去恭维一个娶了个在经济上成功的妻子的男人——特别是她赚得比他多的时候——因为这不会提升他的男子气概,而会威胁他的男子气概。

男性把女性当作成功的勋章,对于男性如何在相互竞争的同时又彼此结盟是一个绝佳的例子。[24]一方面,他们可能会为谁拥有最高地位并因此最不容易受到其他男性的控制而竞争，同时他们又会争夺某个特定的女性或利用一般的女性作为保持得分的办法。一个对追求女人缺乏热情的男人即使不被攻击，也可能会受到男性气质方面的质疑，尤其是通过指责他是同性恋的方式。在此意义上，"上床"不只是一个成功的勋章，也是穿过永远充满敌意的区域的安全通行证。

男性在相互竞争的同时，也被鼓励围绕着这样的共同观念团结在一起：女人是可争夺、占有和使用的对象。举例来说，当一群男人给女人的身体打分并以此取乐的时候，他们通常可以期待其他男人把游戏玩下去（即使只是保持沉默），因为反对的男人即使不会被排斥，也有可能被边缘化。即便这样的玩笑是针对他的妻子或情人的，他也可能在与男人的纽带和对情人的忠诚之间选择前者，耸耸肩或露出一个善意的笑容让它过去，这能使他作为男人中的一员的身份不受损伤。

在此意义上，父权制的异性恋的竞争动力学将男人团结到一起，并通过表现控制和男性支配的价值观促进了团结感。这部分解释了为何有如此多针对男同性恋的男性暴力：因为同性恋者并不这样利用女人，他们的性取向挑战的不是异性恋本身，而是围绕着父权制的异性恋中控制和支配的关键角色建立的男性团结。[25] 约翰·施托尔滕贝格（John Stoltenberg）还提出，针对男同性恋的暴力保护了男人免受其他男人的性侵犯，从而保护了男性团结：

> 想象这样一个没有恐同（homophobia，同性恋恐惧症，又译为恐同）现象的国家：每三分钟就有一个女人被强奸，每三分钟就有一个男人被强奸。恐同将这一数据保持在一个"可控"的水平。当然，这个系统不是万无一失的。有被男人性骚扰的男孩。有男人在与男性情人的性关系中遭到残暴对待，他们也拥有关于男性暴力的记忆。还有许多狱中的男人遭受着女人几乎每时每刻都面对的性恐怖主义。但在很大程度上，恐同通过保护"真男人"不被其他真男人性侵，为男性至上主义服务。[26]

女性在男性夺取控制权的过程中所起的第二个作用是，她们支持了男性和女性有着根本的不同这样的观点，因为这给了男性清晰而明确的男性气质的跑马场，他们在此之上相互竞争，追求控制权。[27] 女性主要通过支持女性气质（或至少没有挑战它）来发挥这一作用，即认为女性气质是一种有根据的对于女人是谁、她们应当如何的描述。比如说，男性在性活动中天生具有攻击性、掠夺性、异性恋性的观念，定义了男性与女性以及男性与其他男性的关系的共同基础。要保护这一点，女性在性上不具有攻击性或掠夺性就很重要，因为这会挑战唯有男性性行为是男性团结、竞争和控制的基础这一观念。

当女人挑战刻板的女性化行为方式时，男人就更难清楚地认识到自己是男人。这让男人与女人的关系，以及他们在父权制之下作为真男人的身份变得混乱。例如，在电影《致命诱惑》（*Fatal Attraction*）中，反派表现出一种掠夺性的、暴力的女性性倾向，这给全美国的观众带来了一场冲击。电影史上有过千千万万执拗凶残的男性角色，但第一个这样的女人出现时，人们就一股脑地开始分析和解释这样一件事何以可能。或许她最大的僭越就是违反了文化上的女性气质的约束，从而侵入了男性的领地。所以，当她情人的妻子——她代表着好母亲、忠贞之妻和性压抑的女性美德——杀了这个侵犯了"正常"父权家庭的神圣性的疯女人时，一切就被"纠正"了，这样的结局多么恰当。

在第三种意义上，女人的位置是支持男人全都独立自主的父权主义幻觉。例如，一个没有工作的妻子会将自己视为依赖者，同时支撑起男性独立的形象。这一形象掩盖了男性对女性相当程度的依赖，他们依赖女性给予情感支持、生理安抚和一系列实际服务。例如，一般来说，在丧偶时，男性往往比女性更难以调适，尤其是在晚年时。拥有事业的标准模式仍旧假定家里需要一个妻子做支持性工作，这让家里没有妻子的男人（或女人）处于不利地位。[28]

每当男人抱怨养家重担时，男性独立而女性依赖他人的幻觉就会被放大。然而，事实上，大多数丈夫除此以外也不会做其他选择，因为尽管有种种要求，但养家的角色会带来权力和地位，并让男人免除清洁和育儿等家务工作。结果是，当妻子赚钱跟他一样多或比他更多时，许多男人会感到受威胁。他们紧抓着赚钱养家是男人的责任这一观念不放，这固定了男性的身份，并确定了女性即使不是等着男人养家糊口的"小妇人"，也不过是养家者的帮手。[29]然而，这种安排多半是由工人阶级和中产阶级白人男性创造的，他们在20世纪初曾争取过所谓的"家庭工资"。这让他们得以凭一己之力养家，并为把妻子留在家中找到正当理由，在家里的她们会在经济上保持依赖，并能提供个人服务。[30]

你可能会觉得这样的安排是过去的事，有那么多已婚女性在外工作，养家的角色不再等同于男性。但性别平等和平衡的表象掩盖了一个持续的不平衡，当我们考虑男性和女性离开有偿工作岗位的影响时，这种不平衡就会显露出来。如果一个双职工家庭的女性要放弃自己的工作，这可能会带来一些艰难状况和负面情绪，但她不会感觉自己不像个真正的女人。但如果一个男人要放弃工作，他就要与更严重的、感到自己不像一个真正的男人的威胁做斗争，这一点女人和男人都心知肚明。这就是当婚姻中需要有人离开有偿工作岗位，比如为了照顾孩子或患病亲属时，人们普遍会认为应该是女人离开，而不管谁赚得更多。[31]

女性的作用的第四个方面是帮助某些男性控制他们因被其他男性控制而产生的怨恨，这样它就不会压倒对于父权制至关重要的男性团结。大多数男性是被其他男性支配的，尤其是在工作上，而他们会通过看自己在生活中拥有多少掌控权来判断他们的男子气概。这是一个他们注定达不到的标准。如果他们反抗其他男性——像罢工的工人一样——风险可能是巨大的，而获益则是短期的。一个更安全的替代选项是以社会支持的形式控制女性，在女性面前自感优越，以此作为补偿。这为男性个体和父权制提供了一个安全阀，以缓解原可能指向其他男性的，以及更危险的既指向个体，也指向整个体制的挫败感和愤怒。无论其他男性对一个男人做什么，或者他们多么深地控制着他的生活，他永远可以在文化上感到相对于女性的优越，并自认为有资格向她们发泄自己的怒气和挫败感。[32]

男性被允许按照这种方式支配女性，以此作为对他们从属于其他男性的补偿。这种从属可能是因为社会阶层、种族，也可能是其他形式的不平等。然而，讽刺的是，他们对于女性的支配支持了同一套让其他男性优越于他们的控制原则，这一矛盾是特权体制中典型的矛盾。男人会尽可能久地吃这一套，反过来在将这些原则应用到女性身上时享受支配的感觉。用这样的补偿来稳定体制也适用于种族和阶级不平等，一种压迫被用来补偿另一种压迫。例如，工人阶级的人永远可以看不起领福利金的人，正如社会底层的白人会觉得自己比有色人种优越。用一种压迫抵消另一种压迫有助于解释为何公然的偏见在最弱势的群体身上是最常见的——因为这些人最需要某种补偿。[33]

与男性把女性用作补偿相关的是，女性被期待照顾那些被其他男性伤害的男人。当他下班回家以后，她的角色就是迎接他，照顾他，无论她自己是否全天都在工作。在更深的层面上，她应该让他再次感觉到完整，恢复他因停止追求控制而失去的东西，平复他的恐惧——当然，这一切都不要求他面对关于他自己的事情，以及一开始制造伤害的父权制。

当女人没能"让事情好起来"时——她们最终必然如此——她们也应该接受谴责，接受男人的失望、痛苦和愤怒。那些感到不被爱、不完整、孤立无援、被击垮、被羞辱、受惊吓且焦虑难安的男人常常责怪女人没有给予他们足够的支持或爱。这是女人被鼓励承担的责任，也是那么多的家暴受害者仍选择留在施虐的男人身边的一个原因。[34]

厌女

如今，哪怕是对男性、男子气概或男性支配最轻微的批评，也可能激起仇男或抨击男性的指责。但似乎只有女性主义者在意已经在我们身边存在了几千年的厌女现象，它已是父权制之下日常生活的一部分。[35]

厌女（misogyny）的文化表达——对女性（gyny）的厌恶（miso-）——有许多种形式。[36] 在古今多种观念里都可以找到，女性被认为天性邪恶，是人类苦难的主要原因——希腊哲学家和数学家毕达哥拉斯称之为"邪恶原则"的产物，"邪恶原则创造了混乱、黑暗和女人"。[37] 色情作品将女性描绘成自愿接受性剥削和性虐待的受害者，玩笑里可以包含从岳母到某些女人应该被好好抽一顿或"干一顿"等一切内容，厌女无处不在。古代睿智的女医治者变成了现代的女巫形象，这种历史性的转变正是拜厌女所赐。它是数百万女性被折磨和谋杀的基础，从中世纪的女巫猎杀到波斯尼亚的塞尔维亚人恐怖主义——强奸在那里被用作一种战争策略。它反映在性胁迫、性虐待、性暴力和性骚扰的日常现实中；反映在大众媒体将女性身体作为物品展示，其存在主要是为了取悦男性和满足男性凝视；反映在纤瘦身材的文化理想中，这让女性与自己的身体为敌，激发自我憎恶与否定；反映在耸动和性化的大众媒体"娱乐"成为稳定的主流，男人可在其中恐吓、折磨、强奸和谋杀女人。[38]

不容忽视的是，侮辱男性的词常常将他们与女性联系在一起——娘娘腔、婆婆妈妈、小姐、妈宝。然而，注意，要侮辱一个女人，最狠的办法不是说她是个男人、"爹宝"或混男人堆的，而是依然说她是个女人，但是以一种中伤的方式——贱女人（bitch）、婊子（whore）、淫妇（cunt）。[39] 把这样的词用作一种侮辱并不算最糟的，更糟的是，在父权制出现之前，很多适用于女性的词，其含义都是中性或正面的。whore 是情人，男女皆可用，cunt 有从亚洲到北欧等多种文化来源，包括女神贡蒂（Cunti）和琨妲（Kunda），这是生命共同的源头。[40]

让人很难接受的是，在对女性的索求、需要和爱当中，男性参与的——即便只是作为母亲的儿子——是一种将厌女情绪、思想和行为当作最小阻力路径的体制。这无论如何都会影响他们，但大多数男人可能会否认这一点。性别歧视最严重的男人往往最先说出他们有多爱女人。但厌女是无处可逃的，因为它并不是一种人格缺陷。它是父权文化的一部分，我们就像在被它包围的海洋里游泳的鱼，不让它流进我们的鳃，我们就无法呼吸。[41] 厌女已经渗入我们的细胞，成为我们的一部分，因为等到我们明白过来，想要拒绝它时，已经太迟了。像文化中的所有其他方面一样，有些人比其他人更多地接触到它，受到更深的影响，但假定任何人能够丝毫不受影响则是一厢情愿的，也是徒劳的。这是一厢情愿的，因为它违背我们所知的关于社会化和文化塑造现实的力量。这是徒劳的，因为如果我们相信厌女与我们无关，我们就不会感到必须为此做点什么。

厌女在父权制中扮演了一个复杂的角色。它助长了男性的优越感，为男性对女性的侵犯辩护，并发挥着让女性处于守势并安守本分的作用。厌女在鼓励女性厌恶身为女性这一事实上影响力尤其巨大，这可作为内化压迫的一个例子。女性越是内化厌女形象和态度，就越难以挑战男性特权或父权制。事实上，女性往往不会把父权制当作问题，因为自我厌恶的本质是只将目光聚焦于自我之上，认为这是痛苦（包括自我厌恶）的唯一根源。

从另一个意义上说，父权制促进了男性在恐惧女性时将仇恨女人作为一种反应。男性为什么要恐惧女性？因为每一种特权体制都在某种程度上依赖于从属群体接受他们的从属地位。然而，它的另一面是，从属群体可能会以不接受作为破坏和反抗。这造成了特权内在的不稳定，从而使支配群体变得脆弱。例如，在整个蓄奴的南方，白人对奴隶起义的恐惧融入了他们的日常生活，导致许多人彻夜难眠。我怀疑，如今的白人通常对黑人，尤其是黑人男性抱有的大多数不满，在很大程度上也反映了一种恐惧，他们挑战和反抗的可能性从未真正消失。[42]

在父权制之下，男性害怕女性会停止扮演允许父权制继续运转的复杂角色，甚至去直接挑战男性特权。女性有扰乱父权制和让男性变得脆弱的可能，这就是为什么女性在关注他们的男性身份，并暗示女人有能力停止附和现状时，能够轻易地通过最微小的幽默让男人感觉自己愚蠢或被削减了男子气概。然而，开男人玩笑只是女人干扰父权秩序时所能做的事情的冰山一角，在某种程度上，大多数男性都知道这一点，并有理由感到受到威胁。

在更微妙的一些方面，厌女起源于一个将女性作为一种补偿形式向男性奉上的体制。因为父权制限制男性的情感与精神生活，男性被鼓励不向其他男性显露脆弱，所以他们通常会依赖女性，把这当成一种缓解随之带来的空虚感、无意义感和孤立感的办法。然而，父权制期待男子气概应包括自主性和独立性，这使男性在需要女性的同时又憎恨女性。鉴于自主性和独立性一开始就是幻觉，女性不可能给男性提供他们想要的，这让整个情形越发恶劣。在这种困境中，男性可能会面对一开始将他们置于此境地的体制的真相。他们可能会看到父权制以及他们在其中的位置如何制造出这种困境。然而，最小阻力路径是为男性所缺失的东西而仇恨并归罪于女性，指责女性不能提供足够的爱或性，指责女性是爱操纵、压抑冷漠、自私自利的贱女人，对她的惩罚都是她罪有应得。[43]

在一个相关的层面上，厌女可以反映出，男性在避免与任何带有一丁点儿女性气质的东西有瓜葛时，父权制鼓励他们贬低并否认自己身上具有的某些人类品质，但其实男人对于这些品质心存嫉妒。在父权制之下，女性被视为情感的托管人——共情和同情，脆弱和乐于建立连接，关爱和照顾，体贴和怜悯，情感关注和表达——所有这一切让丰富的感情生活成为可能，但所有这一切往往因为控制和恐惧的循环而被排除出男性的生活。在某种程度上，男性知道他们不曾拥有的东西有怎样的价值，并视女性为能够拥有这一切的特权者。结果，女性生活在双重的束缚中：支持男性特权并压迫女性的父权制意识形态一面贬低与女性相关的人类品质，一面又让男性因为女性能够将这些品质纳入她们的生活而嫉妒

和憎恶女性。⁴⁴

最后,男性可能会对女性所受的压迫有一种负罪感,厌女则可被视为这种负罪感的文化结果。父权文化不鼓励男性抱有负罪感,它把关于男性的负面评判投射到女性身上。当男性确实有负罪感的时候,他们可能会怪罪女性让他们感到负疚:"如果不是你在这里提醒我女人受到多么严重的压迫,我就不会因为自己是从父权制中受益的群体的一员而对自己感觉如此糟糕。"愤怒与怨恨在许多特权体制中都起着这样的作用。例如,当中产阶级在街上遇到无家可归者时,因为被提醒了他们的有利条件,以及他们可能会对此感到愧疚而心生愤怒也并非罕见。仇恨传递信息的人,总是比承担一些责任、做一些事情来改变信息背后的现实更容易。

作为父权文化的支柱,厌女体现了男性特权当中最矛盾、最令人不安的方面。当爱与需要跟恐惧、嫉妒、仇恨、对控制的痴迷捆绑在一起,其结果是一个爆炸性的混合体,它会扭曲我们关于自我和他人的感知,直至无法分辨。如果厌女只是个人态度不好的问题,它就相对容易解决,而当它跟控制与恐惧这一维持父权制运转的循环紧密联系时,这种联系使得只要父权制继续存在,厌女就将永远是人类生活的一部分。

现代父权制的面貌

在父权制漫长的历史当中，它在某些方面发生了巨大的变化，而在另一些方面则几乎未有改变。随着社会发展出新的控制和支配形式，特权体制也发生了改变，以利用它们。举例而言，在欧洲封建制度之下，阶级特权建立在军事力量、对土地的控制，以及贵族与农民之间的传统义务上。然而，在工业资本主义当中，阶级则主要是基于对公司、政府、大学和大众媒体等复杂组织的控制。同样，父权制也随着社会变迁从一个权力基础转移到另一个权力基础。它并不是以统一的方式发生的，因为不存在适用于所有社会的单一父权制模式，但其中始终涉及一些核心特质的混合，正是这些特质确定了父权制是男性支配、男性认同和男性中心的。

在前工业社会的父权制中，控制的主要对象是土地和女性的生殖潜能（reproductive potential）。因为大部分财富是由家庭所创造的，所以男性特权主要建立在男性作为丈夫和父亲的权威之上，也建立在他们对土地和其他财产的所有权之上。在某种程度上，前工业社会存在家庭之外的机构，如独立的宗教、医疗、军事或国家机构，男性也主导着这些机构。

这就是大多数父权制的运作方式。直到几个世纪前，工业资本主义开始变革社会生活。最为剧烈的改变是把生产从农业和土地转移到了城市的工厂。这使得土地作为财富和权力来源的价值降低，也降低了儿童及其劳动的经济价值，并在货币驱动的经济中吸引越来越多的男性和女性从事雇佣劳动。其结果是家庭在经济生产中不再占据核心位置，男性不能再利用家庭作为特权的基础。大量的工作还是在家庭中完成的，但并不是为了金钱。鉴于权力越来越围绕着金钱转，财富也以金钱来衡量，家庭工作便不再被当作特权的基础。

因为在一个迅速扩张的市场经济中，家庭需要货币来购买商品和服务，男性特权此时便取决于控制资本或赚取货币。男性很快控制并适应了这一套系统。随着生产变得更为复杂，儿童对工业劳动的贡献很快失去经济价值，他们的价值开始主要被以情感方式估量。这鼓励父亲丢下对孩子的兴趣，并越发将女性的生活狭窄地限定在照顾孩子上面。[45] 结果，对儿童的监护不再自动归于父亲，而通常是归于母亲。[46] 在某种程度上，父亲的位置在工业资本主义之下失去了很多传统权威，严格来说，性别制度不再是父权制，而是男权制（androcratic），男性（andro-）支配甚于父亲（patri-）支配。

工业资本主义在改变父权制的同时，也深刻地影响了女性。在工业化之前，几乎没有什么事情是女性做不了或没做过的，丈夫和妻子需依赖彼此生存。[47] 然而，工业资本主义改变了这一切。个体此时可以通过赚取工资独立生存，这打破了女性与男性之间古老的、相互依赖的纽带。女性在家做的工作被边缘化和贬值，因为这不涉及货币交换，[48] 而待在家里的中产阶级女性没有自己的收入，就成了可能是人类历史上第一个有生产力却在经济上需要依靠他人的女性群体。[49] 结果，女性遭遇了是依靠男人还是作为不受欢迎的二等工人在新父权制世界中打拼的全新选择，而财富、权力、尊重和声望是在这个新世界中被分配的。

工业资本主义在缩小家庭的影响范围时，也将权力的中心向外转移到国家、科学、工业和学校等迅速发展的制度。这些制度产生于一种新的思维方式，强调以人类智力的力量理解并最终控制它所能想象的一切。自然科学家和早期的社会学家都认为，世界是由社会和自然法则支配的，一旦理解这些法则，男人就能够对他们自身和他们的环境实施革命性的控制。"人类（man）在物理宇宙中的位置，"一位诺贝尔奖获奖者宣称，"就是成为它的主人……通过他独有的力量——智识的原则——成为物理宇宙的王。"[50] 这一类思考将父权制的演化推向一个巨大的飞跃，从而急剧扩大了附加在控制这一概念上的文化重要性，它成为每一层级的社会生活的组织原则，从自我到社会，再到整个自然世界以及自然世界以外。对大多数人来说，父权制从一个相对简单的家庭系统变成了某种更大、更复杂的东西，因为实践权力宗教的工具和场景成倍增加。

科学、技术、政治和其他形式的控制迅速崛起，也改变了人们思考和为男性支配辩护的方式。正如阿瑟·布里坦（Arthur Brittan）所说：

> 在16世纪和17世纪，宗教不再为性别差异辩护，这些差异开始被从一种新的角度进行阐释。此前，它们一直被编进哲学和政治学说当中。它们有着被上帝、理性和新兴的政治权威合法化的逻辑依据。但从这一时期以后，差异就不再由教会判定，而是由"科学"及其代言人，即男人和女人的本质特性的"发现者"判定。鉴于所有人类都服从于自然律，他们就像其他"自然"之物一样，可被"影响"和操纵。教会要求女人服从男人，因为上帝的旨意如此，而新科学主张女人是低人一等的，因为她们天生如此。[51]

我们要意识到，这一改变中的很大一部分重塑了男性彼此竞争以追逐权力与控制的方式，这一点很重要。举例来说，在工业资本主义之前的欧洲封建制度下，权力斗争围绕的中心是军人、拥有土地的贵族、教会和初具雏形的国家展开——这些都是父权制的。资本主义的发展是一种对封建制度的反叛，其发起者是新兴的父权制中产阶级企业家，他们想要在市场上自由竞争。拥有土地的贵族成了他们的阻碍，这导致了冲突，有时还引发暴力革命。然而，这一切都没有终结权力的宗教。唯一改变的是他们竭力要控制的对象，此时是市场而非土地与农民，后来则转为生产、劳动力、环境和网络空间。社会景观被改变了，但主要的参与者还是男人，新的体制依然是父权制。

如果我们忽视这样一个事实，即工业资本主义是男性支配、男性中心和男性认同的，源于并体现了核心的父权制对控制的痴迷，我们就可能在所有这些社会动荡和变革中忽视父权制。举例来说，罗伯特·布莱和萨姆·基恩这类作家常常能够对工业化之恶长篇大论，却丝毫不提它与父权制的联系。[52] 改变世界的不只是工业化甚至资本主义工业化，而是父权制资本主义工业化。对于为了应对资本主义而发展起来的社会主义替代方案，我们也可做如是判断，它们尽管也有各种进步改革，但在许多方面代表的也可能是一种新的父权制之间的竞争形式。如黑兹尔·亨德森（Hazel Henderson）所说，资本主义和社会主义是一对竞争者，它们竞争的是工业化将以怎样的形式存在。[53]

我们落入当前境地之谜

每当我谈到父权制，总会有人问我，它一开始是怎么来的。这样的问题通常来自男性，我猜测，促使他提出这一问题的是这样的思路：假如他要放弃本质主义的观念，即父权制普遍存在且不可避免，他需要某种新的观点来取代它。

如果父权制不是我们这一物种中根深蒂固的东西，那么它肯定要因什么而开始。问题是，我们所知的历史还不够久远，无法在不夹杂许多猜测的情况下告诉我们想知道的东西。然而，这不会阻挡我们去追究父权制的起源，因为这个巨大的认识上的空洞，不断要求着一些能够填补上去的东西。我们需要一些理由来期待可能存在更好的解释，如果我们接受本质主义的解释，我们就不会有此期待。毕竟，尝试改变某种不可避免的东西有什么意义呢？

另一个面对父权制从哪里来这个问题的理由是，无论我们用什么模式来解释当前父权制的驱动力，如果它能够与一个似乎有道理的关于父权制一开始是怎么来的论证相符合，它就能够更加可信。如果我们关于父权制如今的样貌的判断没错，我们应该能够将我们的理解延伸到过去，看到关于它现在的样貌与它过去可能的样貌之间的联系。这证明不了任何事，因为让一个社会体制成形的力量，并不一定与让其运转的力量全然相同。但假如有一个框架能够解释清楚父权制的过去与当下，我们就能让一些争论不休的问题平息下去，否则这些问题会分散我们的注意力，妨碍我们真正对父权制采取行动。

那么，关于非父权社会，我们知道些什么，又是如何知道的？[54] 有一些证据来自关于部落社会的人类学与历史研究，它们包括非洲的昆人、美洲原住民部落和新几内亚的阿拉佩什人。[55] 我们从中了解到，在众多社会当中，女性没有被贬低或视为从属，实际上，她们在社会生活当中起着重要的作用。母系（matrilineal）社会和从母居（matrilocal）社会[56]相当常见，并通常包含女性实质上对土地和其他财产的控制。尽管在我们所知的每一个社会中，工作任务都是根据性别划分的，但也有大量重合，且无论在何种情况下，男性和女性的工作都得到了同等重视。在这些社会中，几乎未见性暴力和将女性当作财产的做法，此类做法在历史上只有在男性支配出现之后才日渐增加。[57]

当我们将来自史前文明——如古克里特岛——的丰富的考古学证据纳入考虑后，就很难否认，某种有别于父权制的体制存在到近至7000年前。[58] 例如，这一时期之前的文物表明，在中欧存在男女得到同等重视的社会。女性的墓穴在位置上与男性同样处于中心，并被分配了同样丰富的雕像和手工艺品。此外，从古代遗址积累的雕像来看，女性形象远远多于男性。这些雕像大多由乳房、腹部和阴部突出的女性组成，表明对女性在延续生命方面的作用有明显的关注。只有到了男性逐渐占支配地位的后期，艺术主题才从女性身上转移，开始描绘阳具形象。证据还表明，有组织的战争即使不是完全无迹可寻，也颇为罕见。例如，在古克里特岛的挖掘中，没有发现前父权制时期的防御工事遗迹。

根据这些证据，我们有理由认为，在人类存在于地球上的25万年的大部分时间里，社会生活并不是围绕控制与支配组织起来的。我们也有理由认为，男性支配和对女性的压迫是相对晚近的。不仅女性的工作被视为社会生活的核心，而且在更深的层次上，女性能够创造生命的信念似乎已经将女性形象置于宗教传统的核心位置。[59] 例如，在考古挖掘中发现的大量女神形象表明，前父权社会是围绕着这样的核心世界观来组织的：女性是人类与自然之流之间的象征性连接，而所有生命都来自自然。正如米里亚姆·约翰逊（Miriam Johnson）所指出的，这并不意味着男性被边缘化或处于从属地位，而只是对与女性有关的文化原则的尊重。

> 母主（matrifocality）[在文化上以母亲为核心]……并不是指家庭中母亲占支配地位，而是指母亲的形象相对具有文化声望，母亲的角色在文化上得到了阐述和重视……使一个社会成为母主社会的原因不是男性的缺席（男性可能在很大程度上在场），而是女性作为母亲和姐妹的中心地位，这种以母亲为中心的强调伴随着女性与男性之间最低限度的区分。[60]

然而，对于父权制对控制的痴迷，我们已经如此习以为常，因而很难想象一个没有支配群体的社会可能存在。从狭隘的父权制视角来看，逻辑上的假设是，如果世界曾经是非父权制的，那么它必定是母权制的，尤其是如果女性特质受到重视甚至尊崇的话。

一旦我们接受某种制度曾于父权制之前存在，其核心方面重视女性和性别平等，那么我们就需要解决如下问题：中间发生了什么，才将这一切变为一套基于控制、特权和性别压迫的体制？什么样的社会引擎如此强大，能够打破女性和男性之间平等的盟约？是什么创造了家庭生活的新形式，让妇女和儿童成为男人的财产？围绕着母亲和她们的血亲而组织的亲属体系怎么会变成男性认同的?[61]为什么合作与和平共存的体制会让位于竞争和战争的体制?

尽管我们无法一劳永逸地回答这样的问题,但理安·艾斯勒(Riane Eisler)、伊丽莎白·费舍尔(Elizabeth Fisher)、玛丽莲·弗伦奇、格尔达·勒纳(Gerda Lerner)以及其他学者都已经充分阐明,某些社会条件发挥了重要作用。[62]

首先是人发现了如何种植作物,这发生在大约9000年前。随着用犁耕地取代了园圃种植,社会得以生产剩余产品。这反过来又使一些人有可能以牺牲其他人的利益为代价来积累财富。这并没有造成不平等,因为分享和囤积同样可能发生。然而,剩余是让不平等成为可能的前提。[63]或许更重要的是,随着人们稳定下来,定居在更永久的社群,发现他们可以通过砍伐森林和耕种土地来影响环境,农业将控制的观念引入了多种人类文化。某种程度的控制或许一直是人类生活中不可或缺的,但控制的概念作为文化的一部分如此强势地出现,或者说如此有力地推动人将自然界中的其他事物视为非人类的、要加以控制的"他者",是前所未有的。[64]

人类在9000~11000年前发现了植物和动物物种的繁殖方式,随后开始驯化牛羊和其他动物,人与自然关系的改变与此有关。伊丽莎白·费舍尔认为,这在如下几个方面奠定了父权制的基础。第一，它把人与其他动物之间相对平等和平衡的关系变成了控制与支配的关系。当猎人猎杀野生动物为食的时候，他们有理由将这些动物视为本质上与之拥有同等地位的生物，其死亡值得被感激，也通常以仪式性的纪念得到感激。而家畜的生命则从一开始就受人支配和控制，它们的整个存在都服从于人类的需要和目的。

第二，当动物为宰杀和劳作的目的而被饲养时，繁殖便拥有了一种此前所没有的经济价值。[65] 正是从这一点上，观念有了一小步飞跃：人类的生殖也有经济价值，尤其是考虑到需要多少劳动力来耕种大片土地时。这反过来产生了一个控制女性生殖潜能的诱因，因为一个男人拥有越多的孩子，就有越多的劳动力来生产剩余产品，这些产品自始至终都由男人控制。

第三，驯养动物围绕着以宰杀动物为目的养育和照顾动物，制造了一种情感上的困境。[66] 因为不能让动物活，人可用来解决这一紧张关系的唯一办法就是让自己从饲养和宰杀这两方面疏离，将自然视为单独的、外部的可利用资源，一个受到控制和支配的客体，甚至是一个敌人——发展程度更高的父权制已经在越来越大的程度上这样实践。

费舍尔认为，人与自然的分裂为社会生活中更普遍、更深刻的脱节埋下了种子。它以自我和他者的区分、"我们"

和"他们"的区分为基础，为控制和支配提供了一种模式，从而达到这一目的。人们不再将生命视为无差别的整体，而是将世界划分为控制者和被控制者。这对父权制的发展非常关键，尤其是考虑到对于生殖的理解可能在很大程度上破坏了文化上对女性生殖能力的崇拜。如果生殖不是女性的魔法，而是像任何其他事物一样可以被控制，那么女性与宇宙生命力量的特殊连接就可被破解，男性也可以将自己置于万物的中心。例如，关于男人在生殖当中也起着作用的知识，为这样的信念打开了大门：生命的源头是男人，而不是女人，男人将他们的种子种在了女人子宫中被动的、肥沃的土地上。

人类所知最早的父权制存在于游牧社会，他们是最早开始以饲养牲畜为生的；男性特权和对女性的压迫在发达的农业社会达到了顶点，他们对于人力和饲养家畜的依赖程度很高，费舍尔的论点与此十分契合。[67] 正如理安·艾斯勒对证据的解读，北方侵略性的游牧部落抵达亚欧大陆，突袭了克里特岛等地的女神文明，用武力将其转变成了父权制模式。[68] 在此我们可以看到各种因素相结合，为父权制的出现奠定了基础：过剩的生产和不平等的可能性，控制作为一种人类潜能和文化理想的发展，生殖获得的经济价值和控制生殖的能力，部落之间为放牧地、水源和其他资源而竞争的可能性。

然而，这张拼图还差几块，因为尽管这些条件让父权制成为可能，但它们不是我们所寻找的社会引擎。问题在于，仅仅因为控制和压迫成为可能，并不意味着它们必须接管社会生活，正如人们并不一定会因为他们可以做什么事而做什么事，无论是囤积财富、杀死不服管教的孩子，还是征服邻人。从表面上看，游牧部落或扩张的定居点中的冲突与侵略不可避免，[69] 因为这些是应对匮乏状况的办法。但合作、妥协和分享是更为有效的应对匮乏状况的办法，尤其是从长远来看。生产过剩使一些人能够以牺牲他人利益为代价来囤积，但也能被用来为所有人创造安逸和富足。

但囤积、竞争和侵略不是人类的本性吗？是的，但妥协、合作和同情也是人性的一部分，尽管在父权制之下，这些品质在文化上与女性联系在一起，并因不符合男性认同的人性标准而被贬低。假如一个社会是围绕某一套人类素质而非另外的素质而组织的，那么人性并不能告诉我们为什么。答案存在于将其塑造成这样的社会力量中。[70]

所有这一切将我们带回到前述那个令人困扰的问题上：是什么有如此大的力量，推动着人类走向男性特权和对女性的压迫？这就是需要将我们所知的关于当下的知识与关于过去的合理推断连接起来的地方。双方的共同点是父权制控制与恐惧的循环。

现代父权制是由控制与恐惧之间的动态关系驱动的，男性通过控制寻求地位与安全，恐惧其他男性对他们施加控制，并将攫取更大的控制权当作唯一的出路。如果我们审视我们关于过去的合理推测，假设同样的动力学提供了父权制起源与演化的关键，这是非常可信的。正如现在男性处于这一强有力的循环的中心，在这一循环于数千年前出现的时候，他们也处于中心。

但是，处于控制—恐惧这一旋风中心的为什么会是男性？男性要处于中心，必须比女性更愿意拥抱新兴的控制文化观念，并遵循它。要达成这一点，他们必须更愿意以一种分离的方式感受自身和他人。我们没有理由认为，男性对于他们社会中以自然为中心的女神文化没有强烈的连接感。但我们有足够的理由认为，男性的连接感比女性的要弱，这使他们更容易陷入控制、恐惧和父权制所体现的权力宗教的循环之中。

男性与创造新生命的连接是不可见的，他们必须想象性交如何产生一个孩子，而非靠自己的身体去感受，而前父权文化甚至缺乏关于生殖原理的抽象知识。男性也没有月经。其结果是，男性较少拥有来自身体的提醒，也较少感到身体与出生、更新和死亡的自然节律的关系。

这让活着变得更容易，仿佛人有可能脱离这样的节律，这是克服、超越并最终试图控制自我以及其余作为他者的一切的第一步。这些并不意味着男性个体不能感受到自然和身体的紧密联系,或者女性不能感受到自然和身体的分离。但这的确意味着,男性更可能会产生这类感受,也更容易被拖入控制与恐惧的循环,这种循环成为父权制的驱动力。

因为追求控制与跟控制对象的分离密切相关,所以有理由假定,当控制的观念作为文化演化的自然组成部分出现时,男性比女性更可能将其视为某种可开发和可利用的东西。女性的生活当然也涉及控制的观念,如对孩子、园圃,或者对用来制造商品、提供服务的材料的控制,这些也占据了人类需求的很大一部分。但女性要发展出一种分离的感觉,要克服更多的东西,为此,她们极力追求控制的可能性较小。这会在男性身上发生,其结果便是父权制。

起初,控制的观念最有可能应用于通过制作东西和种植粮食来改变环境的简单机制。然而,控制他人的可能性变得显而易见不过是时间问题。因为丈夫和父亲要想办法提升他们相对于其他男人的资源和地位,所以女人和孩子可能是这一新的可能性的第一批人类对象。但是,既然有充分的理由不出此下策,男人为什么还要这么做呢?控制的观念怎会有如此强大的力量,能够为一个根植于连接、团结和平等的世界重新安排秩序?为什么在前父权社会中,将人们团结在一起的强有力而复杂的盟约关系无法抵制控制的诱惑?

我相信答案就在今天驱动父权制的同一种动力学之中。我们有理由推测,当人口越来越多,游牧社会为获取食物四处迁移,它们的利益必定会产生冲突。如果控制是一种解决此类问题的办法的观念对于男人来说最容易接受,那么他们必定开始担心其他男人可能会对他们以及他们社会中的女性和儿童做的事。不难看出,控制可被用来制造伤害,剥夺自由和生存手段。

正是这时,男人发现他们陷入了困境,因为一开始制造了恐惧的那种对控制的依赖,同样可被视为一种有效的应对方式。所以摆在男人面前的最小阻力路径就是以增强自己控制和支配的能力来应对他们对其他男人的恐惧,这日渐被当成社会生活的核心。玛丽莲·弗伦奇观察到,这种动力学一旦开始被调动起来,就会充当逐步升级的控制与恐惧螺旋的基础。[71] 其结果是漫长的父权制历史,不仅体现在因控制而得以成为可能的种种功绩上,也体现在统治、战争与压迫上,所有这一切都是男性支配、男性认同、男性中心的追求,而这些追求都围绕着确认、保护和提升男人相对于其他男人的地位与安全。

这种动力学也鼓励男性在他们核心的自我意识中加入这样的能力:始终保持控制,用保持控制的外表包裹自己,并将此作为向他人呈现自己的一种方式。这成了男性重视和孜孜以求的安全与舒适区，尽管其最终效果是破坏安全与舒适。因为它是通过激发他人的恐惧来实现的（保护自己，会采取更加有力的控制展示），并且如每种幻觉一样，它自身携带着毁灭一般轰然倒塌的可能。父权制中对于控制的痴迷并非人类天生热衷控制的证明，它来源于控制与恐惧之间的动态关系所构成的陷阱，而且在这个升级的螺旋中，我们似乎看不到出口。

或许这一切就是这样发生的，又或许不是。但无法证明父权制由何处开始并不能阻止人们就此得出他们自己的结论。父权制根植于恐惧、控制和支配的循环的观点，其说服力并不比另外的解释弱，更远远比许多解释更可信。它的优点还在于提供了关于过去我们能够了解到、合理推测到的情况与父权制如今的运作方式之间的连续性。

当我们向着改变努力时，这提供了一个更坚固的起跳基础。毕竟，如果控制和支配天生就对男人那么有吸引力，让他们愿意为了追求这些而压迫一半的人类，那么要推动改变或许就是一场对抗男人"天性"的无望的战争。但如果父权制的根源是男性在社会上产生的对控制、恐惧、竞争和男性团结的矛盾执迷呢？那么向我们敞开的路径就不是改变男人本身，而是改变父权制与其最小阻力路径。对此我们可以这样看待：人类天生的控制潜力可能会发展出多种形式，这只是其中一种。

退出之旅

我们有很多理由否定父权制的未来。显而易见的理由是，我们必须终结构成对女性压迫的不公正与不必要的痛苦——她们被排除在平等权力和社会生活参与之外，针对她们的厌女与暴力无处不在，她们作为人类的独立性、自主性、性欲、精神与尊严的完整性遭到否定。显而易见的理由还包括男性在参与父权制时所遭受的伤害——伤害他们的情感、精神和身体健康，伤害他们与孩子、女性和其他男性的关系，以及伤害他们作为人的自我感知。尽管这样的目标最受关注，但这些只是起点，因为父权制并不只是关于女性与男性之间的关系。它包含了一个围绕控制、男性支配、男性认同和男性中心原则而组织的整个世界。

父权制的根源也是人类大多数苦难与不公正的根源，其中包括种族、阶级、民族压迫和对自然环境的持续破坏。[72] 在全球范围内，政府都依赖尚武主义和强硬态度解决问题和处理争端，从越南到波斯尼亚，从恐怖主义到美国对伊拉克和阿富汗的入侵，无一不是如此，控制与恐惧的螺旋构成了这些的基础。父权制民族国家和武装组织武装自己，发展出森严的等级制度来控制自己的人民，并把自己当作其他父权制实体潜在的受害者来进行防御。"他者"也被困在同一个循环中，将自己呈现为不公平的主张、不正当的侵略、放肆的侮辱以及其他此类行为的受害者。

在此意义上，战争／恐怖的体系是一个自我延续和自我辩护的控制与恐惧循环，支持它的是这样一种幻觉：世上有坏人，也有好人，而人人都声称自己是后者。当双方都定义对方为其反面时，他们遮蔽了双方的相同之处，而这正是把暴力作为一种控制手段的根本基础。在好人／坏人的面具之下，是一个由致命的父权制动态控制的体制。身处其中，以控制来对应恐惧只会引发更多的恐惧。

对权力的狂热驱动着父权制滚滚向前，从政治、宗教和经济领域一直深入个人生活中最细枝末节之事。举例来说，尽管世界似乎正向政治民主发展，但经济权力在全球资本主义之下却日益集中，以至于除了最强大的民族国家之外，所有国家的资源都很快会受到限制。[73] 一方面，资本家害怕在竞争中失败，另一方面，他们为了将利润最大化，持续努力地控制和支配劳动力与市场。贪婪并非问题所在，一种"更仁慈、更温和的资本主义"——一种更仁慈、更温和的控制与恐惧循环——并不是解决方案。即便在瑞典与挪威这样的民主国家，性别平等远比美国先进，但父权制在性暴力与家庭暴力的高发生率上仍然表现得非常明显。[74]

在当今父权社会，人在大多数时候的默认状态就是小心翼翼，我相信这种说法并非夸张。政治人物和公司管理者徒劳地想对各种事件获取一定程度的控制，书架上充斥着自助类指南，告诉我们问题的答案在于学习如何更好地控制——控制身体、思想、精神、爱、性、死亡、税收、压力、记忆、老板、配偶和孩子。这些对控制的痴迷没有一种是有用的——无论是对个体还是对社会——因为更多的控制并不能让我们从父权制下对控制的痴迷中解脱出来。

我们在当今世界所见的野蛮之程度，并非人类生活之必需。即便是在丛林里，丛林法则这一人类观念也不适用。我们生活在我们自己制造的丛林之中，退出的第一步就是看清它是如何运作的，它如何影响了我们，我们如何参与其中，以及我们怎样做出不同的选择。为此，我们需要新的思考自身与世界的方法。我们踏上通向这些方法的道路时，会重温一些熟悉的旧领域——这是我们接下来要进入的。

4 意识形态、迷思与魔术
女性气质、男性气质和"性别角色"

"你就是不明白!"是一句如今常见的抱怨,通常针对的是那些对于某些方面的男性特权理解迟钝的男性。举例来说,它针对的是这类男性,他们不理解为什么他们在工作中再三进行性挑逗会冒犯别人,令人无法忍受,也不明白为什么女性对于谁打扫厕所这样的问题如此恼火。在某些方面,"不明白"是特权的一部分——所谓的"无所察觉的奢侈"。[1]

这也是维护特权的一种有效方式,一种如死物般沉重的被动压迫,把所有察觉与理解的重负都甩给女性。无论女性花费多少精力试图让男性明白,但除非男性想要明白,否则意义都不大,而大多数时候,从男性的行为来判断,他们只是不想明白。但关于看到的问题——关于明白的问题——

比特权更复杂。这也是一种影响每一个人的普遍的社会现象，因为像水之于鱼，社会环境是我们最不可能意识到要去研究和理解的。

例如，每个人都毫不费力地说着一门语言，但要时时刻刻意识到语言如何被用来塑造世界和生活于其中的我们，则需要极其努力。当人们用巫婆这个词来侮辱女性的时候，他们很少意识到，"巫婆"这个词最初指的是备受尊重的、充满智慧的女医者和助产士，几个世纪以来，她们是卫生保健的主要提供者（她们关于药用植物的知识正在被一个由男性主导的医疗行业"发现"）。[2] 因此，用"巫婆"来侮辱女人，促进了当前正在进行的对于女性和她们作为医者的历史角色的文化退化。

在许多方面，人们不明白，就好像观众不明白魔术师那双手的灵巧。魔术的秘密在于将注意力从一件正在发生的事情引到另一件用来让我们分心的事情上，而那件正在发生的事情会成为神奇事件。魔术表演就是当我们的注意力在别处时发生的事情，而我们之所以感觉这充满魔力，是因为我们无法分辨其中的区别。我们以为自己在关注重要的事情，但不知怎的还是忽略了它。这是因为魔术并不在于魔术师实际做了什么，而在于我们与它的关系，以及我们对它的认知，这就是魔术狡猾的力量和我们对它的参与。换句话说，这样的魔术天生就是关系型的,只有在人人都参与其中并发挥作用时才会发生。

社会并不是企图骗过我们的魔术师。毕竟,社会不是生物,它自己无法真正采取行动。但我们与社会的关系和我们参与社会的方式,就像魔术一样影响着我们看待事物的方式。

举例来说,文化主要包含词汇和观念,我们用它们来定义和解释我们所经历和所做的几乎所有事情。每种文化都是有限的,因此在可涵盖的范围上受到限制,往往对于某些版本的现实有所偏向,同时忽略了另一些。如果一种语言不包含区分性别的代词,比如"她"和"他",那么说这种语言的人就不太可能将女性和男性视为重要的区别。是否要留意占据某一社会地位的人的性别,如董事长(chairman)、女警察(policewoman)、男护士(male nurse)或女演员(actress),就不会是一个问题,也不需要专门的词语。这不意味着人们会认为女性和男性是一样的,只是这种区别不那么显著,对于他们理解社会生活和自身没有那么重要。然而,许多文化大量使用性别代词和后缀,例如继承人(heir)和女继承人(heiress),它所呈现的是性别区分与生活的每一个领域都相关,而不局限于生殖或性行为。

尽管我们所感受到的现实经过了文化强有力的塑造,但我们极少意识到这一点,尤其是当它发生的时候。当我们使用性别代词的时候，我们并不是抱着用性别眼光塑造现实的目的。我们只是遵循语法规则和用法，融入一种把性别看得很重要的文化。对于我们，词只是词，是第二天性，是理所应当的；我们以为它们所呈现的性别化的现实也是如此。

因此，生活在任何一种文化中都像是在参与魔术师的魔术，因为我们以为自己始终盯着"真正"发生的事，甚至连想都没想过另外一些现实正在展开。这些现实包括觉察文化本身就是文化，它是一套人们用来构建和解释现实的符号和观念。鉴于我们不将自己的文化当作某种需要去理解的东西，我们不会对它提出批判性的问题，反而假定我们所感受到的现实就是现实。我们为之辩护，在为之辩护的过程中，我们也为自己辩护，因为我们参与着它，同时我们需要认为我们知道什么是真实的，什么是不真实的，这种参与和固执的观念都根深蒂固。至于现实，这就是我们所拥有的现实——或我们以为这就是现实。

要看清父权制，我们必须先看到性别的现实如何在父权社会中组合在一起。要"弄清楚"魔法的机关，我们需要新的方法去关注它，并愿意承认，我们一直当作不证自明之理接受下来的那套东西或许正是问题所在，因为它所遮蔽的比它所揭示的还要多。

为何我们如此强调性别？

直到 20 世纪 70 年代左右，"性"（sex）这个词被用来指代任何与生物学上的女性或男性有关的事物，如性别差异或变性手术。"性别"（gender）则跟语法结构有关，通常与性无关，比如法语和西班牙语的名词通常分为阳性或阴性。例如，在法语中，"桌子"这一名词的性别是阴性，而"病毒"这一名词的性别是阳性。在实际应用上，这意味着用于修饰这两种名词的形容词有不同的结尾，名词也要采用不同的冠词，如法语中的 le 和 la（它们是"the"的阳性和阴性形式），这些都与男性或女性没有太大关系。

此前这一切都运行安稳，直到女性主义者指出塑造人们生活的生物因素和社会因素之间的区别。正是从此时开始，他们提出，男性特权与对女性的压迫源自社会，而非生物，因此既非不可避免，也非不可改变。比如，有阴蒂是生物学问题。然而，19 世纪的人们认为女性不应该享受性爱，世界上某些区域为了控制女性的性欲，持续实行切除女性阴蒂的做法，这与生物学无关，而与女性在父权社会中的地位有关。[3] 为了明确这种区别，女性主义者从语法领域挪用了"性别"一词，并为其赋予了新的含义，重点关注女性或男性的社会方面。在新的阐释版本中，拥有阴蒂是性的问题，而关于阴蒂的观念与实践则是性别的问题。

尽管生物力量与社会力量之间的区分是重要的，但这也引出了问题，它使得性仿佛在任何程度上都不具有社会意义，而是作为一种具体的生物现实存在，我们只是以一种客观的方式命名它。当然，人体并非文化的产物，但如米歇尔·福柯提出的，我们关于身体的思考必定是文化的产物。[4]

比如说，当女孩子进入青春期时，作为女性的生理特征决定了她们会迅速长到接近成年的体重。这包括体脂率，相比于男性，女性的体脂率天生较高。这本身不构成问题，但在一些父权社会，关于女性之美的男性认同的标准鼓励青春期女孩带着恐慌感看待她们的自然发育，而这种恐慌感可能伴随她们一生。[5]

这与其他文化形成了鲜明对比，包括大多数欧洲文化，其古典艺术当中充斥着体态丰满的女性，及至今天，欧洲女性在怀孕期间也往往比美国女性增重更多；还有西萨摩亚群岛，众人艳羡那些体态肥硕的女性在一些公共活动中的诱惑性舞姿。即便是在美国，不久之前如玛丽莲·梦露这样的性感女神还因为身体而受崇拜，而她的身体在如今好莱坞的标准和时尚行业看来也会不够纤瘦。对于女性纤瘦身材的痴迷——否定源于生物学的自然的丰满体态——不外乎是一种在身为女性意味着什么这个问题上的文化转变。在此意义上，女性从"作为活生生的人实际上是什么样"后退了一步，让位给了"文化观念让你认为女人应该是什么样"。

为何各种文化都包含两个类别——男性和女性——并不难理解，因为不繁衍后代，没有一个社会能延续下去，而这需要男性和女性来完成。换言之，性所构成的差异对于人类存在肯定非常重要。但做出清晰区分是一回事，赋予其无限大的重要性则是另一回事，就好像一个人是女性还是男性占据了他们生活的核心，是他们个人身份的关键，是社会与社会生活的基石一样。

例如，萨姆·基恩就此曾说，在成为人之前，我们就是男人和女人，因为"上帝没有造人……而只造了男人和女人"。[6]罗伯特·布莱则更进一步，认为男人和女人身体里的每个细胞都以不同的频率"震动"，"唱"着不同的歌，"跳"着不同的舞。[7]荣格派学者（他们在神话阐释男性运动中颇受欢迎）认为，人类的存在是围绕着男性与女性原型的普遍核心——阿尼姆斯和阿尼玛*——组织起来的，其存在是不论时空的。[8]而约翰·格雷（John Gray）则希望我

---

* 根据荣格的分析心理学，阿尼姆斯（animus）是女人内心中无意识的男人性格与形象的一面。相应而言，阿尼玛（anima）是男人内心中无意识的女人性格与形象的一面。——译者注

们相信，女人和男人有着彻底且根本的不同，他们也可能来自不同的星球。[9]

从严格的生物学角度说，很难理解为什么要这样去简就繁，因为实际上，在所有塑造我们身份的遗传与其他因素当中，让我们成为男性或女性的只是一丁点儿遗传信息。不过，有人会争论说，无论性的差异多么简单，但因为在生殖上的角色，它们对于人类生活还是起着重要且核心的作用。这在直觉上有很大的吸引力，尤其是生殖将我们每个人带到了这个世界上。然而，它承担不了解释人类为何将那么多的社会生活围绕性别来组织，并对性别如此痴迷的重任。因为如果我们仔细审视，就会发现人类文化对生殖的重视程度没有我们以为的那么高。

数千年来，各种社会都崇拜生育能力，并将孕妇的形象作为宗教符号。然而，对这些传统的研究表明，尊敬与敬畏的对象不仅仅是人类的再生或女性在其中扮演的角色，还是看起来十分神奇的所有生命更新和延续的过程。古代人是痴迷于人类生殖本身，还是人类赖以生存的一般生命的再生，尚无定论。例如，女神形象被与人类母亲联系在一起，但更重要的是，她们也与大地和所有证明其肥沃丰饶的事物联系在一起，其中大部分是植物性的，且本质上是无性的。简而言之，在人类忧心自身的繁衍之前，他们也必须为所有提供食物的物种的自我繁殖能力而忧心，这样已经出生的人才有东西可吃。

当然，要想让社会生活继续下去，必须有一定数量的人类繁殖。但是，这并不意味着生殖和性别比人类生存的其他必要组成部分更重要。尤其是考虑到从最完整的意义上讲，生殖是一个漫长而复杂的过程，并不以出生为终点。人类社会不需要婴儿来维持生存。人类社会需要功能完备的成年人，而与创造一个成年人所需要的东西相比，有性生殖只是一个简单的过程。

有些人可能会说，将儿童社会化为成人，缺乏有性生殖以及由此而来的性与性别的巨大神秘感，因此也就缺乏魅力和重要性。但为什么要把我们的惊奇限制在这一点上呢？当我看到我的孩子出生时，我很惊奇，但我的惊奇感并没有结束。我永远无法解释孩子学会说话和思考，以及努力去理解爱、死亡和失去时，有多么神奇。我将永远无法解释我的感觉：我的孩子与我的身体和灵魂是相连的，尽管我从来没有在自己的身体当中孕育过他们，既没有生下他们，也没有哺育他们——事实上，像每一个父亲一样，没有任何身体经验可以明确地说明他们是我的。难道这些都不如有性生殖中的男女结合来得神奇、神秘，或者说对人类的处境和经验更重要吗？然而，我们并没有给人类诞生的这一神奇而艰难的过程，或使这一过程成为可能的照料工作——男人和女人都能做的工作——赋予极大的重要性。[10]

然而，即使是最完整意义上的生殖，也并不比人类其他众多的必需事项重要多少。事实上，如果我们从儿童实际受到的对待来判断，这可能会显得更加不重要。在人类历史上的大部分时间里，婴幼儿的死亡都是常见的、相对平平无奇的事情，堕胎和杀婴也是如此。而在婴儿死亡率较高的地方，婴儿在表现出有可能活过婴儿期的迹象之前，往往都没有名字。就那些幸存下来的儿童而言，关于儿童保育的历史记录在世界上大多数地方都不受关注。长期以来，儿童被迫在恶劣的条件下工作，或被杀害、出售、交换，不然则被忽视和虐待。在最痴迷于性别差异的社会中，女性的情况尤其如此（而人们还可能以为女性因其生殖潜能而受到珍视）。

这一切都不意味着生殖不重要，但这的确表明，对性与性别的痴迷并非基于某些对人类生殖的浓厚兴趣。这种痴迷真正服务的是父权制的利益，它固定了男性支配、男性认同、男性中心的社会的整体观念。毕竟，假如我们首先是人类，之后才是女人或男人，父权秩序就说不通了。正是父权制，而非某种固有的人类境况，要求性别占据神秘的分量，并成为最具决定性和限制性的人类特征，使其他所有特征相形见绌。大多数特权体制都是如此：例如，如果没有与白人特权的联系，种族区别就几乎不存在，更不用说重要了。[11]

用性别来定义何以为人的核心要素，要求我们把男性和女性定义为彼此根本不同，但同时又是完整的人，这产生了巨大的矛盾。一方面，这根本做不到，因为一旦人类的特质变成某些性别的专属，每一种性别就会被鼓励疏远某些使我们成为人的重要部分。另一方面，父权制又依赖于这样的区分，因为如果我们将所有形态的人类都视为根本上相同的人类，那就不存在男性支配女性的基础了。这就是构成矛盾的地方，而这一矛盾只能通过某些特定的思想来维系。

举例来说，这包含如下观念：男人在社会中的地位更多是由其男子气概而非其成人状态确定的。作为一个成年人意味着什么，在各个社会中都相当一致——有能力和意愿承担责任，关心他人，对家庭、社区和社会有产出和贡献；勇敢无畏，有创造力、有觉察地生活。然而，在父权制之下，男子气概要达到的远不止于此。它得跟成年女性特征有足够的区别，才能为以一种男性认同、男性中心的方式组织社会生活找到正当理由。这要求人们想象一种基于社会、心理、精神和生理范围的男性成人状态。男性以此为认同，并将其作为男性专属来捍卫。

要完成这一文化上的障眼法，唯一的办法就是将本质上属于人类的品质性别化，假装这些品质定义的是男子气概，而非成人状态。例如，英雄主义的概念几乎完全被划给了父权制下的男子气概。从电影、电视、文学到晚间新闻，我们对于谁是英雄，怎样算是英雄气概的观念，几乎完全集中在男人和男人所做的事情上。这种文化魔术来自女人不具英雄气概的伪论，我们审视英雄主义实际上由何构成时，就能看到这一点。举个例子，萨姆·基恩将"英雄男性认同"描述为一种面对暴行感到愤慨，保护弱势群体，治愈受伤之人的能力。这类真男人知道如何"处置他被委以的重任……实践管理的艺术，监督，明智地调用事物，为未来蓄力……做决策以使事情进入状态，做出承诺，形成同盟，落地生根，将共情与同情转化为一种关怀的行动"。[12]

这些都是优秀的人类品质，但我们为什么主要将其与男子气概联系起来，而不将其与成人状态联系起来？答案是，将这种品质性别化区分了男人和女人，拔高了男人，压低了女人。当我们考虑到在很大程度上基恩所描述的英雄特征在女人当中比在男人当中更为普遍时，这种做法的虚伪就显得更为突出。如果有人扎下根来，对关系做出承诺，围绕共情、同情、关怀、治愈甚至保护弱势群体来组织生活，那肯定是女人。在对待孩子上尤其如此，许多父亲在处境困难时似乎很乐意抛下孩子，且很不愿意抚养孩子。相较之下，对于是否留下来照顾孩子,女性很少感觉这是个选择,并且会用尽一切必要的努力将家庭维系下去。那么,为什么即便男人并没有比女人更具英雄特征,英雄主义却还是被性别化,当作男子气概的基本要素呢?答案是,在父权制之下,这类信念维持着女人和男人有着根本不同这一诡计,它们在此过程中让男人占用了符号领域(symbolic territory)中有价值的一部分,从而拔高了男人。

罗伯特·布莱为这样的矛盾提供了另一个例子。他提出,"软弱"的男人要与真正的"野性男儿"的精神接触,他们得克服对"野性、非理性、体毛旺盛、相信直觉、情绪化、身体与自然"的恐惧。[13] 讽刺的是,几乎所有这些特质在文化上都与女性而非男性联系在一起。换句话说,布莱告诉男人:变得更像女人是成为真正的野性男儿的关键。当他抱怨野性男儿受到压制时,他陷入了同样的困境,因为女性对野性的压制要更为显著。是女人,而不是男人,刮去体毛,感到必须否认自己天生的性感,唯恐被指责为荡妇,学会将自己的肉体视为敌人,被教导发怒与狂暴是不得体之举。女性潜在的野性威胁到了父权制,以至于它遭到压制,被扭曲到难以辨认的地步,只在极少的、可想见的争议性情形中才会出现(如在电影《末路狂花》中)。与其说是女性的野性,不如说是父权制炮制了大量复仇的女性主义者的形象、像麦当娜这样的大众媒体上的夸张形象，以及众所周知的"荡妇"形象。她们的野性，就其中所有的色情狂迷思来看，更多的是服务于男人的想象，而不是女人的生活。

当我们将固有的人类品质性别化，我们便将自己困于一张非现实的网中，其主要后果是维系了父权制的运行，因为社会如果要保持男性支配、男性认同和男性中心，女性和男性就必须被视为根本不同，这样男性便可将女性作为"他者"来控制。但这一谎言与基本的事实并不相符，即所有人都有共同的生理、精神和心理核心，英雄主义、关怀和野性等品质并不更加偏向男性。[14] 我们不去面对这一矛盾，而是执着于性别，将之确立为社会秩序和我们自己的核心。在努力圆谎的过程中，我们蒙蔽了自己的双眼，既无法了解真正在发生什么，也不知道它与我们有何关系。

作为个性问题的父权制：女性气质与男性气质

对性与性别的痴迷围绕着两个概念——女性气质与男性气质，这两个概念鼓励我们将男人与女人当作不同的两类人。如父权制叙事所认为的，女人本质上就是女性气质的，男人本质上则具有男性气质，只要他们各自待在被划定的领域，生活就能按照应有的方式进行。

对一些女性主义者来说，这种对人类物种的截然两分是性别体制的核心，也是需要被改变的对象。从这一视角来看，父权制就是男人按照男性气质行事，女人按照女性气质行事。打破这一对人的狭隘限定方式的束缚是女性解放的关键（有些人认为，这也是男性和人类解放的关键）。

然而，实际上，女性气质和男性气质并不似表面那样。与形塑我们关于性别的文化观念一样，它们在维持父权制运转上起着重要的作用。之所以如此，主要是因为我们花了太多时间关注那些本质上属于个性问题的东西，而未能关注父权制这个体制，以及它所制造的特权与压迫。

在最简单的意义上，男性气质与女性气质是关于男人和女人是谁以及他们应当如何的文化观念。它们通常被表述为一些个性特征，这些人格特质将女性和男性描绘为"相反"的性别。例如，根据父权文化，男性好斗、大胆、理性、情感内敛、坚强、头脑冷静、能够自控、独立、积极、客观、善于支配、果断、自信、不会照顾人。描绘女性的词则相反：没有攻击性、羞怯、依赖直觉、善于情感表达、会照顾人、软弱、歇斯底里、反复无常、缺乏自控力（尤其是在经期）、依赖、被动、主观、顺从、优柔寡断、缺乏自信。这塑造了我们对性别的思考方式，因此在男人与女人之间制造了巨大的鸿沟。只要每个人都相信这种截然两分，不管它描述得是否准确，人都可以对自己是谁、什么是什么有一个相对清晰和稳定的认识。但问题是，女性气质和男性气质并不能描述大多数人的实际情况。

男性气质与女性气质的问题部分在于，以"特质"的方式描述人是非常不可靠的，即便在心理学家看来，其有效性也尚有疑问。[15] 人有怎样的感受和行为更多地取决于社会情境，而非一系列在所有环境中都定义他们的死板的根本特质。举例来说，一个女人相对于丈夫可能是顺从的妻子，但很可能相对于孩子则是管事的母亲。一个男人可能相对于妻儿是善于支配的丈夫和父亲，但相对于老板或父母则可能是顺从的员工或儿子。那么，哪个才是他——喜欢支配还是喜欢服从？她又是否顺从？

答案在很大程度上取决于社会情境，以及最小阻力路径所要求的人类技能的方方面面。男性气质与女性气质对于"我们是谁"所能透露的信息相对较少，因为我们是复杂的生物，从一种环境到另一种环境，我们会显露不同的自我。我们不是独立自主的，而是关系型的，我们的感受与行为是通过我们在特定社会环境中与他人的互动，以一种持续的方式塑造的。

与女性气质和男性气质相关的一个问题是，当我们将人性分割开来，我们便往往将女性和男性看成对立的两极，不允许有替代性的选择。比如，支配/顺从，或理性/非理性这样的二元性暗示：如果你不是支配的，那么你必定是顺从的；如果你不是理性的，那么你必定是非理性的。但除了支配（如独立、自主或合作）或理性（如直觉和非线性，它们都不是非理性的）之外，还有多种选择。

当本应相反的一对概念事实上完全不是相反的，那情况甚至会变得混沌可疑，在女性气质和男性气质的形象中经常有此状况。例如，"被动"（passive）与"好斗"（aggressive）通常被认为是一对概念，尽管被动的反面是主动（active），而非好斗。当我们将好斗与被动组成一对时，我们就消除了好斗的负面联想，因为此时它被视为被动的替代选项，而被动一般而言是被贬低的，并因普鲁塔克认为被动者是"低贱中的最低贱者"而遭轻视。[16] 所以我们将好斗改造成一种男性美德，而把不好斗归为女性的软弱或被动。[17] 这一招文化魔术拔高了好斗的社会地位，让它看起来比原本更正面了，同时让不好斗显得可疑，从而服务于父权制的利益。

当我们拆解好斗与被动时，我们就能看到父权文化如何确立了女性本质上是不主动的这一不实之说。[18] 这近乎荒唐，因为它遮蔽了女性工作的真相，而女性在历史上承担了大量的生产劳动，尤其是在非工业化社会。[19] 常见的关于女性被动的描述根本就是错误的，它之所以长期留存，是因为它帮助维系了男性特权。因此，它既是迷思，又是意识形态——它既体现了关于女人与男人本性的核心父权制观念，也对之起到促进作用。

这种文化的障眼法是如何完成的？一种回答是，实际上，女性气质只适用于异性恋关系中女性的位置，我们权宜地忽略了其他一切。在典型的父权制行为方式中，女性存有的整体被缩减为她们与男人——父权制下的情人与丈夫——的关系。例如，在异性恋关系中，女性的被动体现为接受在性方面有侵略性以及在性交中插入、表现得积极的男人。然而，即便在此狭窄的语境中，女性是被动的概念依然是对真实情况的错误描绘。只需稍有想象力，就可以想到，性交是两方的主动连接，阴道对阴茎的接纳与阴茎对阴道的插入同样重要。[20] 实际上，阴道壁中的肌肉在性交过程中是相当主动的，可以纳入，也可以挤出阴茎。此外，成功受孕取决于成千上万的纤毛形成的波状活动，它指引着精子一路找到卵子，之后会改变其化学环境，以选择哪个精子最终能与卵子结合。所以，即使是被动的女人，其实也并不被动，被动只存在于父权制的想象之中。[21]

我们不认为女性在异性恋性交中本质上扮演着主动角色，部分原因是对接受（receptivity）与被动的混淆。接受不只是一种状态。接受某人需要能量与意愿，并不是被动的（只需试想要让某个人真正感到在你家受到欢迎都需要些什么）。[22] 如果接受仅仅是被动——无作为、无生气的不活跃状态——那么最终善于接受的人要么是无意识的，要么是死人，这显然不是接受所包含的意思。

除非受到胁迫，否则一个女人要接纳男人进入她的阴道，她必定要做些什么来达成这一动作，而不只是作为承受动作的对象。但父权制的女性气质/男性气质想象模糊了女性的积极存在方式，制造了积极是男性专属领域的幻觉。[23]

在我们如何看待养育、关怀和直觉方面，也有类似的问题。我们往往认为，女性照顾、关怀和使用"女人的直觉"只是因为女人就是这样。但实际上，这些活动要求相当多的实践、努力、主动性以及奉献。直觉不是天生的，而是来自"对人际关系微妙而细致的关注，由仔细观察外部迹象训练而成的领悟力，她们必须学会读取身边人身上细微可感的孤独、骄傲、失望和心意改变的迹象"[24]。

唯一让男性气质/女性气质的框架在充满矛盾与扭曲的情况下仍继续运转的，是某种文化的魔术。对此起到促进作用的做法是，女人和男人按照男性气质和女性气质的期待行事时，往往得到注意，而当他们违背这些气质行事时，往往被忽略或不被重视。例如，最小阻力路径将男性领导视为有逻辑、果断、有能力的，但那些为了持家而承担了经济、情感和实际工作的女人则不被如此看待，尤其是当她们在家庭之外还有工作时。同样，女人哭了往往会被视为情绪化的表达，但男人发怒或以疏离的、冷静的"客观"态度处理问题时则不会被如此看待，即便情绪与他们的行为有很大的关系。

在我们选择对情绪的命名的过程中，也有文化的魔术在起作用，如果我们稍微花时间想想像"冷血"这样的词实际包含多少情绪意味就会明白。我们所谓的"不诉诸感情"实际上是一种受控制的情绪平静，它仍然是一种情绪状态，与抑郁、歇斯底里、暴怒或悲痛一样。我们看不到这一点，而选择相信错觉，即有男性气质的男人情绪内敛、理性、客观、有控制力，并能凌驾于一切之上，而爱表达情绪被排除出了理性、客观的范围，只能是失控的。事实上，具备男性气质并不是不动感情。它只承认或表达那些增强男人控制和地位的情绪——愤怒、疏离和暴怒——然后重新命名或重新解释其他一切情绪。

此处存在一种双重标准，它以支持父权制的方式塑造了对男人和女人的看法。在文化上被看重的都与男性气质和男子气概相联系，被贬低的则与女性气质和女性特征相联系，无论男人和女人的生活现实如何。例如，勇气与英雄主义在文化上与男性气质联系在一起。这使我们迅速将那些冒着身体危险,而非冒着失去权力或社会支配力的危险的人认定为勇者。由于勇气是以一种父权文化来衡量的,它便以"有种"(having balls,意为有睾丸的)这样的表述被认同为一种男性特质,而怯懦则通常与女性气质联系在一起,世人常用小姐、娘娘腔、婆妈来侮辱一个男人,便反映了这一点。没有相对应的用来形容勇敢的女性形象的词——"有卵巢"还没流行起来——但勇敢的女人被描述为"有种"并非罕见。

与此相关的是,"阉割"通常被用来指通过切除睾丸来使人丧失权力,这暗示了女人一开始就没有这样的权力可失去。严格来说,切除卵巢也是一种阉割形式,但鉴于卵巢在文化上与勇气没有联系,阉割——以及失权这种创伤性和意义重大的经验——便从未与女人联系在一起。[25] 这与如下事实相互吻合:拒绝父权制的男性气质的女人和男人所展现的勇气极少得到承认,除非它以刻板印象的男性气质方式呈现。敢于跟施暴的丈夫分开,接受令人望而生畏的做单亲家长的挑战,却不被认定为勇敢;敢于在情感上脆弱也不被认定为勇敢,这常被斥为女人的天性,就像直觉一样。在情感上冒风险肯定不会被认定为勇敢,而更常被定义为软弱的表现,就好像让我们自己在情感上变得脆弱不必承担风险似的。

因此,回避脆弱的男人被认为并不缺乏勇气,而是缺少必要的技能或素质。事实上,更多的时候,他们被认为是强者。所有这一切都极好地为父权制服务，因为如果在情感上冒险被社会认定为勇敢，那么男性就会觉得不得不去追求，并以此来衡量自己。这反过来又会破坏男性的支配地位，因为男性需要情感上的疏离和无懈可击的外表，以增强和保护他们在一个基于控制的体制中的地位。通过这一点文化魔术，男性可以认为自己很有勇气，很有男子气概，而不必看到自己缺少勇气的事实。

归根结底，男性气质和女性气质在真实描绘男性与女性这一点上一塌糊涂，且这样的情况纵贯历史，横跨各种文化。例如，在18世纪和19世纪的欧洲，女人要么被视为天生脆弱，要么被视为天生强悍，这取决于讨论焦点是上层阶级还是农民。今天，人们比较不同社会阶层和种族的女性，或性取向不同的男女时，也存在类似的问题。

这类考量促使雷温·康奈尔（Raewyn Connell，原名罗伯特·W. 康奈尔）和其他人提出，一个社会只存在一种男性气质或女性气质的假定是错误的。举例而言，男同性恋亚文化便包含数种男性气质，它们在许多方面都不同于整个父权社会盛行的支配女性的异性恋男性气质。但如迈克尔·施瓦尔贝（Michael Schwalbe）所提出的，这一看法假定了女性气质和男性气质是作为一种人类境况的基本维度存在的，因此我们必须让自己认同这种或那种气质。然而，事实上，正如我将在下文中阐明的,这些都是父权社会的文化创造,它在施展与维持男性特权上发挥着关键的作用。[26]

尽管女性气质和男性气质不能很好地描述人的真实面貌,但许多人认为,这两种气质的确描绘出了我们被认为应该有的样子。按照这一推论,男性气质和女性气质构成的两种"性别角色"定义了男性和女性在言行举止上受到怎样的期待,并构成了维持父权制运转的核心。但仔细观察就会发现,其间发生的事情比我们可能想到的更多——也更少。

父权制作为角色:性别角色的迷思

女性气质和男性气质组成了性别(或性)角色,而这不可思议地构成了大多数关于性别的事情。若不谈及这一点,对于性别的讨论很少能够深入。如我们将在第5章中看到的,从经典的自由主义视角来看,父权制可被化约为男人和女人按照他们在童年习得的男性与女性的角色行事,因此我们需要寄希望于教育和个人启蒙。

这一方法的问题在于,尽管它或许在解释人们如何参与父权制上是有助益的,但关于体制本身,它能告诉我们的却很少。性别角色所能告诉我们的关于男性个体和女性个体的内容也不多，因为尽管这听上去很奇怪，但这样的角色是否真的存在，也远非一目了然的事情。许多研究性别的学者都抛弃了这一概念，认为它分散了人们对父权制运作的核心动力学的关注。[27]

要观察这个问题，最简单的办法是考虑什么是社会角色。角色是指根据人们在社会体制中的位置所得出的关于其社会期待的一套观念。例如，律师和委托人是一种关系中的两个位置，他们的相关角色塑造了人们参与关系的方式。当事人应该对律师说真话，律师不应该出卖其秘密。同样，母亲和孩子也是附加了角色的两个位置——母亲应该爱孩子、养育孩子、保护孩子，孩子则被期待爱母亲、听母亲的话。

这样的期待有助于定义在社会体制中处于不同位置的人之间的关系。其中，角色既是人的认同，也是人的社会定位。问一个正在用勺子喂孩子的女人："你现在扮演的是什么角色？"她会说她在做母亲。但同一个用勺子喂生病的母亲的女人，她的回答会不一样，因为她的行为虽然是一样的，但这段关系以及她在其中的位置是不同的。那么，请注意角色是如何与关系中可辨认的位置联系在一起的。这就是理解角色和社会行为最重要的东西。

如果我们试着思考一个性别角色可能是什么，我们所遇到的第一个问题就是，"男性"和"女性"在关系中确定位置的方式，跟"律师"与"委托人"或"母亲"与"孩子"不一样。当某人问"你现在扮演的是什么角色？"时，即使有，也极少有人直接回答，"我正在做男人"或"我正在做女人"，因为仅仅是性别这一事实并不足以告诉我们某人在一个社会情境中究竟是谁。当母亲教训孩子时，她所扮演的角色是母亲还是女人？如果我们回答，她们是一体的，因为你在成为母亲的同时不可能不是女人，那么如果同一个女人对她的祖母（作为孙女）恭敬顺从，或（作为姐妹）英勇地冲进失火的建筑中救出其兄弟，那我们怎么说？她在每种情况中都扮演着相同的角色吗？女性的性别角色？鉴于姐妹只能是女性，我们就要解释说，她冒着生命危险救兄弟的行为符合女性角色吗？不，因为这向我们透露她在此社会情境中的角色是"姐妹"，而不是"女性"。

诚然，我们所扮演的许多角色，在文化上都与性别相关，但我们永远不只是男性或女性。男性作为儿子、兄弟、叔叔、丈夫、孙子或父亲的行为举止会非常不同，尽管他们在每个情形下都是男人。他们的行为不同是因为他们始终是男人，但这里没有一种关系是主要与男人相关的。举例而言，如果他们疏忽或虐待患病的父母，他们未能尽到的是他们作为儿子的角色，而不是男人的角色，正如遗弃孩子违背的是他们作为父亲的职责，而不是作为男人的职责。的确，不能成为好父亲、好母亲或优秀的雇员以及其他一些角色似乎会损害我们作为女性和男性的身份，但这更多地与成年状态有关，而不是与性别有关。

说了这么多，我们不能否认，无论我们被认定为女性还是男性，都会对我们的观念、感受和期待产生真实而强大的影响。然而，正如我稍后要论证的那样，这种影响以一种普遍意识形态的形式出现，在必要时可以援引这种意识形态，以帮助维护男性特权和父权秩序。

例如，关于性别的观念在人们如何被划分为不同的社会地位方面起着重要作用：科学家、电影导演、总统、总理和公司首席执行官中女性的相对缺失，与人们在招聘、解雇，以及分配权力与报酬上采用性别为依据有着很大的关系。秘书、小学教师、护士和日托工作人员中男性的相对缺失也是同理。[28]

关于性别的观念也影响着人们如何从事其职业和扮演其他角色，以及他人如何看待和对待他们。比方说，职场性骚扰不包含在任何职责描述中。为政府官员工作、跟随大学教授学习、在建筑工地工作或在军队服役都丝毫不会引发性骚扰。真正促成性骚扰的是这些情形下固有的性别权力不平等，以及在父权制之下被联系在一起的权力、性、男性控制感和资格感（entitlement）。当一名男性士兵将他的权威解释为对地位低于自己的女兵实施性胁迫的合法依据时,他利用的是一种父权意识形态,这远远超出了职责描述。

在很大程度上,性别与关于人的观念有关,而这些观念在我们参与角色关系时塑造了我们的看法和期待。这意味着,性别虽然可能与某一特定角色没有直接联系,但它仍然可以产生强大的间接影响。许多社会特征都是如此,比如种族、年龄、民族和社会阶层。例如,不存在种族角色或阶级角色,但意识形态塑造了种族和阶级关系。这些意识形态深刻地影响着我们看待、对待自己和他人的方式。

因此,女性气质和男性气质作为概念在社会生活中起着重要的作用,但不是以性别角色的形式,或是如实描述男性和女性的方式。它们是维持男性特权的关键因素。尤其是,它们帮助控制了对父权制的潜在威胁,控制着男性与其他男性的竞争,使压迫看起来是日常生活的平常组成部分。

维持性别秩序

要维持父权制运转,女性气质和男性气质是社会控制的重要工具。这主要是通过人们在维持社会可接受的性别认同方面的投资来实现的。每个人都需要在世界上拥有一种相对稳定的关于他们是谁的感知，以及一个安全的位置。考虑到性别认同在父权社会中的重要性，攻击一个人男子气概不足或女人味不够，对于控制这个人能起到很大的作用，因为这既挑战了他们关于自己是谁的感知，也让他们产生局外人之感。这可能会构成一种严重的威胁，足以阻止人们去做一些破坏甚至质疑现状的事情。对人的性别身份的攻击之所以有效，是因为男性气质和女性气质是如此粗疏、矛盾的类别，就像精神错乱与神智健全一样。

神智健全与精神错乱是定义含糊的概念，在用以形容日常生活中的人时破绽百出，以至于心理健康专家在工作中会回避这两个概念。[29] 一个人是神智健全还是精神错乱，很难说是一种具有科学确定性的事情（比如，你要如何证明自己是神智健全的？）。一种特定的行为是否被视为精神错乱的证据，在很大程度上取决于是谁做的，以及当时的社会情境如何。在一个有钱的遁世者身上被视为"古怪"的东西，放在一个逛商场的无家可归者身上可能会被认为是"发疯"，在一个社会或历史时期被认为是病态的东西，在另一个社会或历史时期可能被视为正常、优秀、才华横溢甚至神圣。

然而，尽管神智健全与精神错乱的分类很随意，但它们还是可以被用来毁掉世人的生活，并赋予有权决定谁属于哪一类的人巨大的权力。例如，在美国的奴隶制时代，有一种被定义为"逃跑的疯狂渴望"的医疗诊断,它被称为"漂泊症"(drapetomania),它增强了重新抓捕逃跑奴隶的合法性。[30] 在历史上,关于精神疾病的诊断常被用作监禁政权的异见分子的理由。[31] 在整个20世纪,精神疾病诊断一直被用来将女人的不快情绪以及她们对父权制约束的反叛视为病态并施加控制。[32]

女性气质、男性气质、神智健全与精神错乱这几个概念都被模糊性和矛盾所困扰,缺乏精确性和清晰性。如果这些概念没有被用来攻击他人的话,其实也构不成问题。鉴于没有人的男性气质或女性气质能够以决定性的方式得到证明,那么任何人都可能被挑战。我们越看重性别在构建我们是谁的感知上的重要性,就越可能感到焦虑。对于男人来说尤其如此,他们作为支配性别群体的成员,可失去的东西最多,这也解释了为什么男人会为了证明自己的男子气概而激动不已,女人则不必如此迫切地证明自己的女性特征。

在此意义上,女性气质和男性气质是社会控制的有力工具,帮助维持了父权制秩序。这一真相反映在它们在运用时的矛盾上,因为它们主要都是在有人威胁到父权制及其核心价值观时才被援引。男人和女人都常常在言行举止上不符合男性气质和女性气质的期待,但没有人会将之视为问题。比如说,跟孩子在一起时,女人可能是坚定而强大的,男人也可能是温柔的，并有较多情感表达，这不会招致不够有女性气质或男性气质的批评。但当其表现或行为对于男性认同、男性支配、男性中心和痴迷控制的父权制性质提出疑问时，文化大炮就会开火，性别身份就会遭到左右夹击。

在女同性恋、男同性恋、双性恋和跨性别者所受的待遇上，这一点体现得再明显不过，他们所受的大部分压迫相对来说与性行为、身份或性取向本身关系不大。相反，他们受到攻击是因为他们破坏了父权制原有的模式，这种模式是从性方面定义男子气概的，并将男性的优越感视作男性本身固有的东西。[33]

男性特权和对女性的压迫的一个关键方面根植于异性恋关系，这种关系将女性置于男性的性接触与控制权之下。男同性恋与女性的关系不是这样，所以破坏了它，[34]那些选择女性而非男性作为性伴侣的女同性恋者也同理。通过以他们自己的生活为榜样，男女同性恋者挑战了基本的父权假定和安排。在此过程中，他们往往会激起男人的恐惧、背叛和愤怒情绪，因为他们依赖男性的团结和女性的默许来获取对自己和自身特权的安全感。

跨性别女性和男性也扰乱了关于性别秩序的深层假定。一个人出生时在生理性别上被划分为男性，而社会性别认同是女人（跨性别女性），或一个人在生理性别上被划分为女性,而社会性别认同是男人(跨性别男性,如电影《男孩别哭》中那样),都可能违反父权制的原则,因为该原则认定了男性气质和男子气概与生物学上的男性不可分割。如果没有这一假定,就没有理由声称男性具有先天的优越感与随之而来的特权。于是,在男同性恋、女同性恋或双性恋的接受度越来越广的情况下,跨性别者却未能分得一杯羹,并且跨性别女性尤其可能沦为男性暴力的受害者,这也就不足为奇了。[35]

对LGBT*人士的压迫在维持父权制方面所起的作用是明白无误的,只看它在实践中如何运作便很清楚。比如,公众最先开始关注女同性恋和男同性恋,将伴侣双方套进遵循父权制异性恋模式的刻板印象是常见做法,一方是占支配地位的"男性"角色("T"),另一方是从属的"女性"角色("P")。从某种程度上说,这种刻板印象是对同性关系的一种蔑视,认为这只是在模仿异性伴侣。这种将男同性恋和女同性恋刻画为在性方面异常,但在社会属性上归顺最重要的父权制异性恋要素的方式——一方被另一方支配,以及将支

---

* LGBT 是女同性恋(lesbian)、男同性恋(gay)、双性恋(bisexual)和跨性别(transgender)的首字母缩写。一些活动人士将其扩展为"LGBTQ",这是一个通用术语,指那些以各种方式拒绝、试探或以其他方式超越文化上认为正常的性别、性别认同、性取向、性表达的界限的人。有些人把它当成 LGBT 其他四个组成部分的统称。当然,"Queer"(酷儿、怪胎)也经常被用来侮辱 LGBT 人群。

配跟男性和男性气质对等起来（因此才有将女同性恋情侣关系中的"支配"一方描述得具有男子气概的倾向）——也转移了对父权制的潜在挑战。

如人类学家戴维·吉尔摩（David Gilmore）在他关于男性气质的研究中所阐明的，同性恋有着漫长的社会历史。例如，古希腊人允许男人拥有男性情人，但这不会减损他的男子气概，除非他"在性行为中处于被动或接受方的角色，因为这样他便放弃了控制或支配的男性权利"。同样，罗马人也将男子气概等同于性主动，情人的性别无关紧要。[36] 这一动力学在如今服刑男性的同性恋行为中也有所反映，异性恋男性只要是占支配地位的一方，就不会视自己为男同性恋。

与之相关的一种做法是使用指代女同性恋和男同性恋的词来侮辱异性恋者，以控制他人行为或取得竞争优势。例如，在年轻男性中，那些被称为"基佬"（faggots）、"小仙女"（fairies）或"怪胎"（queers）的人通常是异性恋者。性行为、性认同或性取向很少是问题所在，因为许多年轻男性对这些知之甚少。引发这种攻击的原因往往是有人不愿意参与控制与支配的游戏，不支持男性团结，尤其是在涉及体育和女孩子时。比如说，成为靶子的可能是某个喜欢跟女孩一起玩的男孩，或某个回避攻击性行为的年轻男子，他们对身体接触类运动不感兴趣，不愿意比胆量，似乎在情感上很敏感或脆弱，或在大家将女性当作男性性征服的对象进行调侃时有所保留。他是不是同性恋无关紧要，因为唯有他与父权价值观以及其他男性的团结才是重要的。通常，攻击的目标只是某个或多或少随机选择的人，他是其他男性的陪衬，他们以此来宣示自己的男子气概。攻击也创造了局外人，由此增强了他人的局内人之感。因此，体育课上一个安静的男孩可能会被嘲笑为"怪胎"，这种做法是为了体现"他者"，并明确和肯定男同学的男性地位。

通过这种方式，一个男人仅凭挑战其他男人作为真男人的资格就可以拔高自己或让自己更有安全感，就像典型的老西部硬汉挑起战斗一样。[37] 似乎没有任何社会生活的领域尚未被此浸染——青春期的男孩相互比胆量，国家元首则想尽办法塑造强硬的形象（"放马过来"），驱散说他们窝囊或缺乏阳刚美德的质疑声。大多数男人在很小的时候就知道，这几乎是每个男人在父权制下的阿喀琉斯之踵，唯一可靠的保护就是想办法不去在意其他男人对于他的男性气质的看法。

如果被认定为局外人，甚至是性别叛徒，就会带来一系列新的风险。结果是，对于那些不认同父权价值观的男人来说，最小阻力路径是不公开表现出来。例如，当他们跟其他男人在一起时，有人用厌女或异性恋主义的语言（如"娘炮""基佬""怪胎"等）去侮辱另一个男人时，他们可能会保持沉默，从而参与男性团结的共谋。他们或许能够让内心生活和亲密关系在一定程度上不受父权价值观的影响，但他们的公共生活是另一回事，尤其是与男人在一起时。

当女人偏离女性气质的期待时，社会反应的质量和强度往往非常不同。举例来说，女人穿无尾礼服相比男人穿裙子引起的负面关注要少得多。后者轻则引起人们哈哈大笑——喜剧演员则是有意如此——重则被怀疑精神不稳定或面临受辱的可能。

主要原因是，女扮男装被视为向高社会阶层着装靠拢的盛装打扮，这是一种可被社会接受的认同支配群体的行为。然而，男扮女装则不同，这要么被视为对女人的嘲讽（这在文化上是可接受的），要么被当作对女人的认同（这是文化上不可接受的）。因为在两者当中，与男性支配的团结一致都是重要问题，容不得模糊性，所以反应总是非此即彼。女人"穿成男人"时存在的模糊性就比较少，因为世人会假定她们在认同男性，而非嘲讽男性。这种模式在所有支配群体中都在不断自我重复，这些群体往往对于有人实际上是在嘲弄他们这一点视而不见。这就是为什么在盎格鲁社会中，关于白人盎格鲁-撒克逊新教徒（WASP）的玩笑如此之少；以及为什么一旦有女人拿他们作为男人开玩笑时，即便是最轻微的玩笑，男人也会反应过敏。

将特权与压迫常态化

作为父权文化中的要素,女性气质与男性气质是一种思维方式的一部分,它让特权与压迫显得可接受且不值得注意——仿佛这就是事物在日常生活中本来的样子。它们描绘女性与男性的方式,为一方对另一方的压迫提供了正当理由,让男人控制女人看起来再正常不过,为各方面的特权与压迫提供了一个理所应当的、"自然而然的"性质。它很少引人注目,更遑论受到分析或挑战。

这在所有特权体制中都很常见。例如,在殖民主义盛行之时,欧洲白人通常将自己视为先进和文明之人,相较之下,被他们殖民的有色人种则是"原始的""落后的",甚至属于"次等人类"。这使得"优越"的欧洲人像控制和利用家畜一样控制和利用非欧洲人(两者都被定义为"他者")变得再自然不过。[38] 阿尔贝·梅米(Albert Memmi)曾写道,许多殖民主义意识形态所依据的不是真正的差异,而是像身体本身一样根深蒂固的种族主义:"种族主义……渗入了受害者的血肉与基因。它变成了命运、宿命与遗传。自此开始,受害者的存在本身便受到污染,这一存在的每一种表现形式——从行为、身体到灵魂——也同样如此。"[39]

在父权制之下,男性气质与女性气质的形象将男性和女性描绘成两种相反的人类,性别的定义也与之相似。在父权制意识形态中,每一种性别都被赋予了一种固定于其身体的不可改变的性质,并永远与另一方相互区分。这是为了保持一种几乎无穷大的对立,宇宙理应基于此维持平衡与秩序。事实上,人类之间的不同并不以对立的形式出现,我们从根本上是相似的,无论区分我们的是什么,我们的共同点都更多——但在意识形态面前,这些都不起作用。[40]

结果是,女人被物化并降到他者的位置。而男人则像其他支配群体一样,成了标准,其他人都被以此标准评估,正如殖民地人民被按照欧洲文明来衡量。正如在殖民主义之下,这一过程的关键部分是将从属群体等同于自然与土地,而将支配群体等同于文明、科学和其他制度性控制手段。[41]在父权制当中,这为男性支配提供了辩护,并将女人描绘为对于父权制视野下文明中真正重要的东西及其运作而言无关紧要的人。

女性气质和男性气质的概念还通过创造和谐、互补、平等的男性与女性形象,使特权和压迫正常化,因此根本不涉及特权体制。我们被鼓励去拥抱女人和男人一阴一阳的形象,作为天生不完整的存在,与他人的结合是使自己完整的唯一希望。只要我们以适当的方式调整自己,接受我们在性别秩序中注定的位置,每个人都可以在对方的生活中扮演一个角色。这与父权控制、男性特权的关系被淹没在了憧憬与浪漫的文化形象构成的一片迷雾当中。

对女性气质、男性气质和性别角色的批判并不意味着我们是一样的,与之相反的观念都是意识形态的道具。然而,这的确意味着,当我们思考性别这一文化创造的方式以及赋予它如此大的重要性时,我们需要注意会发生什么。在父权制视野下,男人和女人是截然不同的两类人,他们的差异在社会生活中占据了极大的重要性,这与我们是谁没什么关系,而与维持父权制、父权制的核心价值观,以及它们所产生的结果密切相关。

寻找出路

最小阻力路径是将女性气质、男性气质和性别角色当作问题来重点关注,但这些只是文化魔术,最终不过是起一些迷惑作用,挑拨双方对立,并让我们始终困在父权制之中。用女性气质和男性气质来描述人是对我们的限制,它否认了我们和我们的经验所固有的复杂性。它把我们逼到一个狭小的墙角,稍微挪动一两步,我们便不得不捍卫我们作为男人和女人的正当性。当我们寻找真实的自我时,它让我们无休止地与矛盾、模糊与否定做斗争。

在此起作用的是一种核心的父权幻觉，即我们是被女人和男人"天生的"两性特征截然分开的。我们不去提关于父权制的问题，而被鼓励利用"雌雄同体"或者讨论如何欣赏我们男性的一面与女性的一面的研讨小组之类的发明去治疗这种想象中的撕裂。[42] 但这只是将我们的注意力集中在了"女性的一面和男性的一面同等存在"这种文化虚构上，同时，父权制继续不受打扰地延续下来，没有人去问它是如何运作的，以及它制造了怎样的特权与压迫。

5　女性主义者与女性主义

每一种改变世界的斗争都需要尽力搞清楚的是，我们身在何处，我们如何走到这一步，以及我们该往何处去——女性主义运动也不例外。这将女性主义发展为一个广阔多样、不断演化的框架，以理解性别不平等，解释女性相对于男性、其他女性和父权制的经验。但女性主义超越了男性与女性之间的关系，还包括父权制对控制的痴迷，以强有力的方式塑造了社会本身与地球的关系，包括非人类物种的生命。资本主义对自然资源的掠夺，以及随之而来的全球变暖的环境灾难，与男性针对女性的暴力一样，都是性别议题。经过两个多世纪，女性主义已经提供了一个丰富的思想体系，它既是分析性的，也是意识形态的，为现实提供解释的同时也为争取更好的未来提供了支持。

每一种谋求改变的斗争都会遭遇阻力，其程度可从隐秘拒斥到公然反对，从平和到暴力，女性主义运动也不例外。对女性主义的诋毁是如此司空见惯，以至于大多数女性即便支持女性主义的目标与观点，也不会公开认同女性主义。这种抵制非常成功，以至于在普通人眼里，"女性主义"背负着一种模糊又高度扭曲的含义，"女性主义者"常被用作一种需要当事人解释或辩护的指控或侮辱，比如说："你算是某种女性主义者吗？"

在匆忙将此解释为某种女性主义的独有现象之前，我们需要特别注意的是，对于任何挑战基本的文化观念和这些观念所支持的社会安排的思维方式来说，这是很常见的。伽利略差点因为指出地球绕着太阳转而丧命。在西方，资本主义的批评者往往会被斥为社会主义者，而在其反面阵营，情况也一样。显然，如果没有新的思维方式，进步变革是不可能实现的，但这一事实并不能保护改革者免于异端的指控，以及因此受到的惩罚、解雇、诋毁和排斥。无论该异端是宗教的、政治的还是家庭的，它都会受到攻击，因为它让人害怕，损害了权势者的利益。它挑战了支撑社会体制的根本结构和理念，而这些结构与理念赋予了日常生活以天衣无缝、可以接受的外观。

像许多异端思想一样，女性主义受到的攻讦通常来自对它了解最少的那些人。这些人实际所知的越少，就越容易以为他们知道他们所需要知道的一切，并退回刻板印象之中，不受现状的影响。例如，大多数美国人以"反马克思主义者"自居，却对马克思关于资本主义的描述以及它如何影响人类的生活——包括他们自己的生活——几乎一无所知。他们最多能认出《共产党宣言》（一本为大众撰写的小册子，只反映了马克思的工作的一小部分）里的某句口号，或者更可能的是，只知道列宁、胡志明或菲德尔·卡斯特罗说过的一些话。

同样，批评女性主义的人也很少了解女性主义包含的内容，尽管任何一个有借书证的人都可以从图书馆里借到大量相关著作。大多数人甚至不知道有多少女性主义思想被写成书出版，这很大程度上是因为几乎没有人在学院和大学的性别研究项目之外谈论它。女性主义作家越来越像学者那样，他们忠实于父权制的价值观与规则，大多数时候是为彼此写作，而不为广大公众写作。当他们的著作获得更大的关注时，大众媒体顶多只是肤浅地报道，且常常只局限于最温和的女性主义形式或最耸人听闻的女性主义观点——它们被抽离出文本语境，扭曲得面目全非。当女性主义仍在继续拓宽与深挖对父权制的分析时，大多数人所看到的只是大众媒体中流传的同一套肤浅的分析——男人为什么不愿表达自己的感情，或女人与男人沟通有多么不容易——它们像时令菜谱和家庭小窍门一样，会被定期地牵出来遛一遛。

大多数时候，女性主义是不会遭到公开审查的，也不会在公共场合被打压或焚烧，但作家、编辑、出版商、教师、电影和电视制作人以及政府工作人员会以一种消极的压迫抑制和无视它。[1]激进的女性主义者写父权制与它留下的男性针对女性的暴力的遗产，并不能登上《纽约时报》杂志或书评的封面，但当凯蒂·罗菲（Katie Roiphe）写了一本信息量匮乏到令人惊讶的关于校园性暴力的书后，她立刻受到了这家媒体的欢迎，并登上了头版。[2]1991年，当法学教授安妮塔·希尔（Anita Hill）指控最高法院候选人克拉伦斯·托马斯（Clarence Thomas）性骚扰时，美国参议院举行了一场备受关注的听证会，但从未寻求过女性主义的思想和研究——对于他们据称在尝试理解的问题，这是唯一论述丰富的来源。在没有评论的情况下，女性主义和性骚扰的社会现实被隐而不见。相反，放在我们面前的是一场媒体活动和一场关于谁在说真话的全国性辩论，并配上"如果你相信安妮塔，请按喇叭"的汽车保险杠贴纸。

如果女性主义是隐形的，那么父权制也是隐形的。如果女性主义是被扭曲和诋毁的，父权制便可安然免于检视，因为对于我们眼前的父权制，女性主义是唯一的批判性视角。如果没有女性主义，我们就只能从父权角度去理解性别不平等，而这只是一成不变地无视它，或颠倒事实、指鹿为马，从而反为不平等找到正当理由。没有女性主义，我们很容易完全看不到男性支配，或者，即便我们看到了，也会以人类本性或"这是每个女人都想要的"来为之开脱，即便只是在心里偷偷这么想。如果没有女性主义，谈论男性针对女性的暴力的女性主义者很容易被视为怀有私愤的问题制造者。我们很容易一跃进入神话式的"后女性主义"奥兹国的时髦浪潮之中，在那里，对于真正的女人来说，不平等不再是问题，对于控制的父权痴迷不会威胁全球经济和这个星球本身的未来。一旦我们接受了父权制存在的现实，我们就打开了一扇单向度的门；一旦我们穿过这扇门进入另一头，女性主义就是我们弄清楚自己身在何处及今后要怎么做的最光明的希望。

鉴于人人都可穿过这扇女性主义觉醒的门，女性主义就不独属于女性。作为支配群体的一员，男人受限于他们理解和参与女性主义的深度，因此，男人试图用女性主义为他们自己的目的服务的危险始终存在。如果我们认为女性主义是女人理解她们自身经验的一种方式，那么男人可以增添进来的东西就少之又少，任何男人（包括我）试图解释女性经验是什么，都非常自以为是。但女性主义的很大一部分是关于父权制如何运作并在各种层面塑造社会生活的——从家庭关系、恐怖主义到全球变暖。这牵涉男人的程度跟女人一样深，尽管有时他们参与的方式截然不同。女人最有资格谈论她们自身受压迫的经历，而男人对于如何理解父权制整体，尤其是男性特权和男人对父权制的参与，有颇多可贡献之处。[3]

要全面理解父权制当然必须包含女性的经历，但这是不够的，除非我们认为女性的经历足以涵盖父权制的全部现实，以及其塑造社会生活、整个社会的组织方式和这之外的东西的力量。女性主义是关于作为一个整体的父权制以及我们如何参与它的，就此而言，改变需要男人和女人都理解它，因为双方会给这项工作带来不同的观点。但我们都可以用女性主义来理解父权制是什么，以及它造成了什么后果。[4]

女性主义者与女性主义

"女性主义"一词是一个涵盖性术语，覆盖了许多看待性别与父权制的思路。[5]在最普遍的意义上，女性主义是一种对于性别与其在社会生活中的地位的批判性思考方式，但它又从此处往不同的方向延伸。所有形式的女性主义都在一定程度上将性别视为问题所在，不过单是这一点意味着什么——例如父权制的概念有多重要，或关注中心应该是社会体制还是心理——每个女性主义分支的观点都各有不同。

女性主义也将自身用于多种不同目的。我们可将它用作一个智识框架，分析社会生活如何运作，从爱与性，到家庭暴力，到工作，到艺术、文学和灵性生活的意义，到科学的运用，到生态与全球资本主义的动力学。女性主义也为各个层面上的人类生活的转变提供了一种意识形态基础，从性行为，到在军国主义和战争中得到充分表现的父权制与其核心的支配和控制的价值观。女性主义通过关注我们如何参与父权秩序，要求我们以新的方式生活，质疑对人性的假定，并对抗男性特权和女性遭受压迫的日常现实。

因为女性主义挑战现状，所以它受到多个方面的攻击。然而，大多数批评者不批评真正的女性主义，而是关注它的两个替身——"女性主义议题"和女性主义者，这样要容易得多，因为这样就不必面对男性，也能让父权制整体上不受挑战。

女性主义议题所定义的女性主义仅仅是堕胎或色情作品等社会问题中的立场。[6]其结果是一种破碎和分裂的女性主义观点，是各种相互抗衡的立场的集合——反色情女性主义、支持堕胎合法化女性主义、反堕胎合法化女性主义等。这种看待事物的方式往往让女性在共同的斗争中相互割席，而非彼此联合。例如，许多女人拒绝以女性主义者自称，因为她们认为这自动暗含了一种关于堕胎、色情或性取向的特定立场。

伊芙·恩斯勒（Eve Ensler）的戏剧《阴道独白》（*The Vagina Monologues*）曾在纽约演出，以募款反对男性针对女性的暴力。屡次获奖的伊莎贝拉·罗塞里尼（Isabella Rossellini）在该场合接受了采访，前述的分裂的动力学在她的受访过程中可见一斑。

> "我不了解女性主义者，"伊莎贝拉·罗塞里尼说，"这真的是关于女性主义吗？针对妇女的暴力是女性主义议题吗？我不这么认为。"好吧，但她认为自己是女性主义者吗？罗塞里尼看上去好像嗅到了令人不快的气息。"唔，我不明白你的意思。我不会说今晚是女性主义之夜；这是女人之夜。我的意思是，有共和党女性，有民主党女性，有女性主义女性，还有那些不给自己下定义的女性，她们只是反对暴力的女性。"[7]

在这次交流中，罗塞里尼不仅拒绝女性主义的标签，也忽略了一些基本的问题，比如什么是父权制，它如何运作，以及我们如何参与其中。这类问题不会因为在任何特定问题上采取特定立场而改变。例如，你不必在堕胎问题上支持堕胎选择权，也可以视父权制为有问题的，并尝试这样去理解它。你也不一定非得是一个撞到玻璃天花板的中产阶级白人职业女性。但是，如果只关注堕胎或职场歧视等问题，而忽略产生和塑造这些问题的体制，结果就是无休止的、分裂性的辩论，我们已经陷在这种辩论里太久了。

当女性主义没有被分割成一大堆时事话题时，它就会因为与之相关的女性而受到攻击。女性主义者常常遭到充满刻板印象的描述并为此受到攻击，她们被说成没有幽默感、仇男、怒气冲冲、满口抱怨、反对家庭且有女同性恋倾向。例如，萨姆·基恩称赞女性主义让人开始关注父权制的压迫性结果，包括对控制和支配的痴迷。然而，他接下来没有去搞明白如何对父权制承担起责任并采取行动，而是几乎立刻将话锋从女性主义转到了"一些"女性主义者的行为和动机上。他乐此不疲地攻击那些他所谓的"意识形态的女性主义"，他将此描述为"因憎恨的情绪、指责的方法和报复式战胜男人的渴望而获得生命的一种主义，它来自'女人是男性共谋无辜的受害者'这样一种武断的假设"[8]。在将自己确立为这种非理性的、报复式的男性憎恨的受害者之后，他便不再往回追溯或费心去探问，这个现象告诉了我们关于女性主义或整个女性主义运动的某些信息。例如，我们并未见到基恩发出这样的提问:对那些他声称十分重视的"女性主义运动中具有启发性的视角、预言性的洞见",男人可能做些什么。[9]这些只不过让他赞许地点了点头,随后他便涉入了女人对男人表达愤怒这个问题——这在他看来似乎才是真正的问题。

基恩有许多同道,因为比起理解一种新的思维方式以及它将告诉我们哪些关于世界和生活于其中的我们的信息,将论述停留于夸张讽刺、复杂运动的极端派系、个人污点和口号要容易和安全得多。从拉什·林博(Rush Limbaugh)的"费米纳粹"(feminazis)的轻蔑称法,到卡米尔·帕利亚(Camille Paglia)沾沾自喜地将格洛丽亚·斯泰纳姆(Gloria Steinem)比作暴君,[10]刻板印象在人类想象中是生动而强大的,它们是抵御改变的有力武器。就连写出《美貌的神话》(*The Beauty Myth*)的娜奥米·沃尔夫(Naomi Wolf)——她在这部著作中对美貌在压迫女性上所起的作用进行了有力的女性主义分析——也在之后的一本书中混淆了女性主义者和女性主义,这对两者都造成了损害。在《以火攻火》(*Fire with Fire*)中,她批评了她所谓的"受害者女性主义",她在这本书中将理论和一些挑选出来的议题,以及女性主义者个人的态度和行为混为一谈——她几乎将这些问题一概指向"他们"或"一些女性主义者"。[11]例如,她似乎认为主张父权制是有问题的与对待他人没有幽默感或冷酷、严厉之间不存在重大的区别。把两者都视为女性主义，就不可能把作为思想和行动框架的女性主义——这才是对父权制最大的威胁——与作为一种态度或个人风格的女性主义区分开来。

女性主义思想与对女性主义者的攻击被挑衅性地融合在一起，这已经占据了公众的想象，促使许多杰出的女性都强调自己不认同女性主义，其中包括唱作者泰勒·斯威夫特和凯蒂·佩里，雅虎的首席执行官玛丽莎·梅耶尔，甚至还有女性主义运动的代表人物、演员苏珊·萨兰登。对于女性主义者的成功抨击意味着，要看清楚女性主义，我们需要打破关于女性主义者的刻板印象。

女性主义者反对家庭

女性主义者常被描述为反家庭，但我在书中读到或有个人接触的女性主义者大多不反对作为一个团体的家庭本身，因为家庭是抚养孩子，让相爱的成年人满足人的情感与物质需求的地方。然而，许多女性主义者的确反对女性在父权制家庭中的从属地位，也反对这可能对养育、关爱和成长的潜能造成的伤害。他们所反对的家庭生活的组织方式是遏止女性情感与性生活的，并为对女性和儿童进行身体与情感虐待的持续流行培养了环境。他们不否认女性与孩子之间联结的重要性，但许多人反对父权制促使、鼓励男性利用这种联结控制女性的身体，限制她们的行动范围和约见对象，否认她们也应享有带薪雇员所拥有的独立和自主。

如果父权制家庭是我们所能想象的唯一一种家庭，那么许多女性主义者的确会显得反家庭，而事实上，她们只是反父权制。[12] 在女性主义思潮高涨的20世纪70年代尤其如此。当时许多女性都十分痛苦地意识到，在父权模式下组织起来的家庭生活是多么压抑。这种模式太过普遍，以至于唯一的选择似乎就是根本不要家庭生活，这很容易让人产生这样一种印象，即女性主义者贬低婚姻和母亲所做的重要工作。一些女性主义者或许的确是这样，但此处基础性的问题是对于在父权制之下，婚姻、母职和家庭竟成了什么样子的警觉。

女性主义者很无趣

女性主义者也被指责为怒气冲冲，没有幽默感，不知道如何开心享受。这一指责不但不实，而且对于一个首要任务是处理特权与压迫的现实的群体来说，也很奇怪。

然而，对女人来说，愤怒是不被社会接受的，即便这样的愤怒是针对暴力、歧视、厌女和其他形式的压迫。[13] 愤怒之所以不被接受，是因为愤怒的女人可以感知到她们的激情与力量；在男人看来，这威胁到整个父权秩序。它不被接受是因为它迫使男人面对男性特权与女性受压迫的现实，以及他们在其中的参与，即便只是作为被动的受益者。女人的愤怒是要求男人承认，他们说"我只是在开玩笑"或"你连玩笑都开不起吗？"这类话只是试图将压迫琐碎化。有些男人接受不了女人的愤怒，是因为他们指望女人照顾他们，支撑他们保持掌控感的需要，在他们与其他男人竞争时给予支持。当女人对于自身的压迫表现得不够谦和、愉快时，男人就常常感到不适、尴尬、怅然若失，因而变得脆弱。这让女人和她们的关切成了这个以男性为中心的世界的舞台焦点。

但是，詹姆斯·鲍德温（James Baldwin）在谈黑人时说："在这个国家做一个黑人的同时要保持相对的神志清醒，就必须时时处于愤怒之中。"[14] 这对女性来说也适用。为此，女人常常要让自己对于正在发生的事情只保持部分意识，才能让自己免于持续不断的愤怒，或永远显得怒气冲冲。但是，要让女性面对日复一日的压迫而不感到一丝愤怒也不合情理，因为通常情况下，与她们保持亲密关系的男人，不但是父权制的受益者，还常常对于了解有关事实或采取行动显得兴趣寥寥。

然而，这恰恰是对女性的期待，她们被要求取悦、照顾和安慰男人，绝不可以让他们感到不适、尴尬或惊慌。作为妻子和员工，女人应该永远好脾气、笑脸相迎、接受一切、平易近人且顺从服帖，否则她们就会被认为是冷酷无情的恶女。这意味着，要挑战或诋毁一个女人，男人所需要做的就是指出她的愤怒，或者更可怕的是，指控她对男人心怀愤怒。就此而言，女人这个少数群体是独一无二的。例如，马尔科姆·艾克斯（Malcolm X）经常因为表达对白人种族主义的愤怒而受到批评，路易斯·法拉堪（Louis Farrakhan）也是如此。但是，尽管他们的愤怒可能会使他们在白人中不受欢迎，却会提高他们作为男性的地位。

女性主义者是仇男的男性攻击者

也许没有比指责女性主义者仇男、把女性主义者对父权制和男性特权的批评定性为对男性的攻击更有效的武器了。这种策略之所以奏效，部分原因是攻击男性挑战了社会本身的男性认同的特征。换句话说，鉴于男人被假定为标准，那么批评一般意义上的男人就是带上了社会这个整体，抵制这一倾向对男人和女人来说都利害攸关。然而，针对女性和其他从属群体的日常化的、贬低性的偏见恰恰相反。

例如，主流的性别主义和种族主义文化中充斥着女性和黑人的负面形象，贬低了身为女性或黑人的概念，但我们很少听到有人说这是对女性或黑人的攻击。这一点在"厌女"这个词上表现得尤为明显。尽管（或许正是因为）厌女无处不在，已经成为人们日常生活中不可或缺的一部分，但其名称在大多数人的活跃词汇中却没有一席之地。它不被察觉，被认为是理所当然的。然而，当女性主义者和有色人种呼吁人们关注性别主义和种族主义言论，并要求停止这种言论时，认为这是"政治正确"*的暴政和侵犯言论自由的呼声就高涨起来。

将女性主义者称为仇男者和男性攻击者，把原本对父权制的批评转化为关于女性主义者个性与动机的问题，从而保护了父权制与男性特权。她们受到指控：女性主义和女性主义运动是她们创造出来宣泄个人敌意、苦闷和不满的，这一切大概都源于她们对男人没有吸引力或自己想成为男人。这类情绪据称是由个人经历、不能适应现状和病态所导致的，与父权制和它对女性制造的压迫无关。简而言之，女性主

---

* "政治正确"（political correctness）一词最初被社会活动家用来检查他们的行为和言论，并确保其符合他们的政治原则。例如，以完全关注白人女性经历的方式来谈论男性特权和对女性的压迫，会被认为是政治上不正确的，因为在反对一种特权的同时，它也默认了另一种特权。此后，这个词就被性别平等的反对者挪用、抄袭和歪曲。他们用它来指任何侵犯支配群体言论和行为自由的行为，而不考虑对从属群体成员的后果，也不考虑这对特权所起的维护作用。因此，这个词已经部分偏离了它的本意，因为它淡化了特权与压迫的现实。

被贬低为一群苦闷愤世者的疯话，因此它关于父权制的所有批判性洞见都可被随手弃置一边。

对仇男与男性攻击的指控也以一种同情的方式将注意力从女性转移到男性身上，在巩固父权制的男性中心的同时，让女性因为批评它而处于守势。在此过程中，它将男性描绘为偏见的受害者，在表面上看来，这些偏见似乎与针对女性的性别主义不相上下。像许多此类错误的类比一样，这忽略了反女性和反男性的偏见拥有不同的社会基础，且产生的后果也大为不同。对女性的不满与仇恨是以一种厌女文化为基础的，这种文化贬低了女性本身，认为女性是男性特权和女性压迫的一部分。然而，对女性来说，主流的父权文化没有提供类似的反男性意识形态，因此她们的不满更多是基于作为从属群体的经历和男性对父权制的参与。

当然，男人有时也会变成被嘲讽的对象，如在电视情景喜剧中，而这可能使他们在情感上受伤。然而，如玛丽莲·弗伦奇所说，几乎在每个案例当中，似乎都是女人把男人变成被困在家里做丈夫的傻瓜，其相同的背景是女人掌握了一些真正的权力，才让男人显得可笑。[15] 男人在这些情境中的愚蠢可笑，与其说是作为男人的，不如说是作为丈夫的，男子气概并未面临太多风险。尽管在电视或周末喜剧的狭窄范围内，男性角色有时会显得愚蠢可笑，但围绕着他们的是一个占绝对压倒性的男性认同、男性中心的世界，根本没有厌男（misandry）——对男性的仇恨——的立足之地。少数怕老婆的丈夫可能会为了娱乐大众而表现得在生活中笨手笨脚，但这之所以有趣，恰恰是因为它违背了人们赋予男子气概的高贵价值，而每个男人都从这种价值中受益。相比之下，一个表现丈夫贬低和控制妻子的能力的节目则不会有太高的收视率。

对男性的攻击与仇男也会败坏女性主义的名声，因为正如第 2 章所表明的，人们常常将作为个体的男性与作为占优势、享有特权的一类人相混淆。考虑到女性受压迫的现实、男性特权与男性对这两者的实施，每个女人应该都曾在某些时刻对男人感到过不满或厌恶，这一点也不奇怪。[16] 就连反女性主义运动的领导者菲莉斯·施拉夫利（Phyllis Schlafly）在反对《平等权利修正案》时也提出，部分理由在于，没有保护性的法律，母亲就无法指望父亲养育孩子。这一判断也反映了对男性的不屑。

尽管主流社会对男性有这样的批评——以及几乎不加掩饰的不满和敌意——但对于反对女性主义的人来说，将这些负面的判断和感受归咎于女性主义者，在政治上是有利的。它让女性主义者显得边缘化和极端。它掩盖了一个事实，即许多女性主义者同样与男性建立了深厚的联结；它也离间了女性主义者与其他同样依赖男性的女性。这也让很多女性有了替自己分担火力的对象——女性主义者说出了她们不敢说的那些感受。

然而，在憎恨一个像父权制这样的压迫性体制中的支配群体和憎恨属于这一支配群体的个体之间，有着重大的差别。安杰拉·戴维斯（Angela Davis）曾经说过，作为一个非裔美国人，她经常感觉到对白人的憎恨，但她对特定白人的感情则因个体而异。[17] 她憎恨白人在种族压迫社会中的集体优势地位，她憎恨他们以她为代价而享受的特权，她憎恨白人认为理所当然的种族主义文化，而她则必须与它在日常生活中造成的压迫做斗争。但戴维斯也知道，虽然白人个体永远无法摆脱种族主义，但他们可以通过许多不同的方式参与种族主义制度，这包括与有色人种一起为种族正义而斗争。这一点同样适用于男人和女人。[18]

然而，群体与个体之间的区别是微妙的，并且你在深陷压迫性体制的时候，很容易看不见这种区别。女性当然会对个别男性感到或表达愤怒、不满甚至仇恨，而就其方式、程度或时机而言，后者或许并非罪有应得。男性当然有时也会觉得在感情上受到伤害，或被要求以他们不习惯的方式承担责任。当我听到戴维斯说她恨白人，听到女人说她们恨男人的时候，我不得不在自己的脑子里理清楚，这些词在多大程度上指的是我，又在多大程度上指的不是我——而这通常需要我下一番功夫才能弄清楚。作为一个既从男性特权也从白人特权受益的白人男性，我也需要看到，要对这两者做出区分，靠的是我自己，而不是女性或有色人种。面对女性的愤怒，男性的反应常常是要求女性自己处理好自己的感受，他们以这种方式再现了同一套性别秩序中的男性中心原则，而这正是女性、女性主义者和其他人愤怒的原因。

女性主义者当中的确存在一些人，只因为男人是男人就苦大仇深、不依不饶地恨着所有男人。但在我从事性别研究的这些年里，我只遇到过少数几个这样的人。我脑海里第一个浮现出来的是20世纪60年代声名狼藉的《灭绝男人协会宣言》(*SCUM Manifesto*)的作者。[19] 尽管我甚至都不确定"灭绝男人协会"(Society for Cutting Up Men)是否曾有过超过一名成员，但我确实听见别的男性将之概括为女性主义对男人的普遍态度。考虑到许多非女性主义者也恨着男人，也考虑到要理解父权制和我们能对其采取何种行动，我们尚有许多工作要做，让仇男女性的话题一直置于关注中心这种防御性的举动不过是在分散我们的注意力。

女同性恋来了

最受欢迎的一石二鸟地打击女性主义者和女性主义的一个办法，就是把两者都和女同性恋联系起来。的确，许多女同性恋是女性主义者，而许多女性主义者也是女同性恋。但同时，事实上许多女同性恋并不是女性主义者，而许多女性主义者是异性恋。女性主义运动中充满了不同性取向和性认同的女性主义者之间的分歧。[20]然而，更重要的是，当"女同性恋"这个标签被用来抹黑和贬低女性主义者和女性主义时，那些虽然认为自己是女性主义者，甚至公开谈论父权制，却害怕被贴上这一标签的女性，就会沉默下来。[21]这样的女同性恋圈套，让我们无从追问女同性恋关系的含义及其在父权制下的意义。

例如，艾德里安娜·里奇（Adrienne Rich）提出，女同性恋关系不只是女性想跟别的女性发生性关系，而是一种女性的认同感和想跟别的女性在一起的欲望的连续统一体。[22]每个社会都有这一现象存在的理由，从每个女孩与母亲的亲密关系开始。然而，在一个男性认同、男性中心的体制中，女性必须与鼓励她们像男人那样看待和评价自身的最小阻力路径对抗。如埃琳·卡施查克（Ellyn Kaschak）所说，"当前的性别安排中最引人注目的是，男性总是通过命名、抑制、吞没、入侵和评估来定义女性。女性气质永远不允许单独存在，或用于概括归纳男性气质"。[23]

这意味着当女性寻找榜样时，她们通常找到的是按照男性认同的文化标准——所谓的"男性凝视"——衡量自身的男人和女人。[24]例如，大多数西方艺术的创作都仿佛预设了其目标受众主要为男性，尤其当创作主题是女性时。类似地，当异性恋女性照镜子时，她们通常都是按照她们所认为的男性看她们的方式看自己；当她们没能遵循父权文化所倡导的女性理想时，她们也会内化并按照男性的标准批评自己。[25]当女人也从其他女性那里寻求对照与标准，从而离开父权制框架时，她们便挑战了地球绕着男人和男性视角转，以及女人的存在主要就是为了取悦和照顾男人的预设。

让女人获得女性认同是女性主义实践中的一个关键部分，无论其性取向如何。这是每个受压迫群体都会经历的一个过程，是重新定义自身努力的一部分、一种甩掉负面自我形象的办法——文化通过贬低他们来维持支配群体的特权，于是他们终其一生凝视文化之镜，构建出负面的自我形象。在此意义上，许多女同性恋被一场将女性从父权制压迫中解放出来的运动吸引，便不足为奇了。但是，对所有性取向的女性来说，即使在参与婚姻并与男性一起养家的同时，转向女性认同的生活方式也是有意义的。

当异性恋女性重新主张一种非父权制关系下的积极、自主的自我意识时，她们最有可能是按照它迄今为止呈现的方式提出的——其他女性充当镜子，协助定义了女人是什么。当然，这意味着，推进女性认同的女性主义运动威胁到了男人在女性关注中心的地位，也威胁了女性在这个中心所能获得的安全感。它同时挑战了父权制当中男性认同、男性中心的内核，要求男人抛弃父权制所确立的对女性的剥削式依赖，发展他们自己的自我意识。

从这一视角来看，对女同性恋的迫害以及将"女同性恋"当作指控或侮辱的确是一种防御式进攻，其所针对的是一场更为宏大的运动——女性逃离父权生活，奔向更完整、更能够由自己定义的生活。当女同性恋圈套的震慑让所有女性都陷入沉默，并弱化了女性主义改变她们性别观念的潜力时，它从整体上捍卫了父权制，以及随之而来的特权与压迫。

女性主义者是受害者

女性主义者近来面临的攻击是一项奇怪的指控，它聚焦于父权制与其对女性的压迫性后果，"仅仅"将女性描绘为受害者，这实际上是贬低女性，让女性丧失力量。女性主义者被描述为抱怨个没完的"受害者女性主义者"和"强奸危机女性主义者"。他们把女性描绘成太软弱，从而无法保护自己免受男性的骚扰、殴打、性侵犯或歧视。26

这一指控中最怪异之处在于，那些努力反抗男性暴力与剥削的女人是最强大、最坚韧不屈、表达最清晰，也最勇敢的人，她们被描述成抱怨个没完的、自怨自艾的受害者，是我所能想象的最不符合实际的说法。让这种抱怨如此令人反感的是，它既是求救，也是一种耽溺的自怜，其程度太过浓烈，无法被任何一种帮助手段穿透。换句话说，没完没了的抱怨是一种操纵程序，改善境况其实并非重点。但这与女性主义对终结歧视、暴力和性剥削的吁求相去甚远。

撇开其中罔顾事实的成分，"受害者女性主义"的批评之所以能发挥影响，是因为它将注意力从施害的男人引到了受害的女人身上。在某种程度上，批评者说集中关注作为受害者的女性会适得其反，这样的观点是正确的，但并非因为我们理应对整体的受害过程视而不见。要避免只关注作为受害者的女性的真正理由是，我们要摆脱局限，也去关注一个不容忽视的事实，即男性是施害者，施害行为与鼓励施害的父权制是问题所在。否则，我们可能会发觉自己在看待男性对女性施加的伤害时，只把目光放在发生在女性身上的事，而不是男性实施的事。

关注点的转变可以轻易从这两种说法之间的区别体现：

"每年有10万名女性遭到性侵犯"和"每年男性性侵犯10万名女性"。许多人对第二种说法感到不适,因为它让人们关注男性针对女性的暴力,从而让人注意到男性和男子气概存在问题。把男性放在这个问题的中心位置,也让人们更难把性暴力解释为一种偶发事件(如感冒或交通事故),或者女性不够小心,或者是女性自找的。性暴力不会凭空降临到女性身上,将女性称为受害者除了透露她遭受了一个或多个男性所做的事情的后果,并不能告诉我们关于她的任何事。如许多女性主义者所呼吁的,让人们注意到这个简单的事实,绝不是贬低或轻视女性。它所起的作用是要求男性和女性更仔细地观察到底发生了什么。

受害者女性主义者的标签之所以有效,也是因为它采取了父权制男性气质的一个核心特征:要被男人接纳,"像个男人一样去承受"非常重要。父权文化的一大组成部分就是男人对其他男人的欺凌,从高中的更衣室到兄弟会的欺辱,再到军队训练,都存在这种现象。毫无怨言地接受欺凌的男人,更有可能被接受为一个值得分享男子气概和男性特权的真男人。而如果有人提出反对,并胆敢认为欺凌就是欺凌,那他就有可能被斥为娘娘腔、妈宝:连这都受不了,该去跟女孩子待在一起("要哭着跑回家找妈妈吗?")。同样,当女性主义者指出,性骚扰就是欺凌,或者被胁迫的性行为就是强奸，那么他们就可能会被指责像个不停抱怨的娘娘腔，对于女人没有足够的信心，她们明明够坚强、能承受——就像男人一样。"就像男人一样"这部分未被明言，但在父权文化中，这是隐含且无须说的。合唱中最响的声音有一部分来自那些在男性认同的世界中被接纳并取得了成功的女人。

随着攻击的持续，许多女性主义者不得不解释，并在最新的挑衅面前为自己辩护，为此分神且疲于奔命。或许更重要的是，持续的批评浪潮——无论是否具有正当理由——都与如下事实密不可分：我们在整体上对于"女性主义是什么"缺乏具有深入思考的公众讨论。久而久之，这制造了一种父权制仿佛不存在，即使存在，也不值得认真关注的幻觉。公众眼里依然看不见女性主义改变世界的潜力，与此同时，大部分男性特权与压迫没有减弱。要采取行动，我们需要清晰地认识女性主义是什么，以及它对于理解当下发生的事有何帮助。

女性主义是什么？

原则上，一些女性主义者根本不愿意给女性主义下定义，他们认为女性主义是包罗万象的，没有某个单一的版本足以代表它的多种形式。此外，对包容性和非等级性的承诺使许多女性主义者对定义持怀疑态度,因为有了定义,便可建立一个排他性的"真正的女性主义",将局内人与局外人区分开来。

尽管如此,人们依然使用这个词来描述他们的思考和工作方式。与任何一个词一样,"女性主义"这个词除非有含义,且是有必要与其他可能性相区分的含义,否则无法被使用。我相信,在不损害女性主义多样性的前提下,我们有可能找出大多数形式的女性主义共有的一些核心理念。例如,我还从未遇到过哪种东西被称为女性主义,却在任何程度上都不以性别不平等现象及其问题性为出发点。不平等如何以及为何存在、以什么形式存在,以及如何应对,对这些问题的答案各不相同,有时甚至是相互矛盾的。但这些问题都反映了一个共同的关注焦点,这就是为何女性主义能够包含多种答案。

说到这里,强调作为分析框架的女性主义与其他两种可能性之间的区别就变得很重要。女性主义还可以指对堕胎或同工同酬等社会问题的一系列观点。它也可以是简单的"支持女性"[27],比如人们也会因为他们支持性别平等或选择堕胎的权利而认为自己是女性主义者。但这两者都并不必然指向一种分析性别不平等的特定方式,这也可能被称为女性主义。

我在此想要讨论的，是作为一种思考方式的女性主义——观察世界，提出问题，并寻求答案的方式——它可能会导向特定的观点，但并不由这些观点本身组成。例如，一个人可以纯粹基于道德或自由主义政治立场支持堕胎或同工同酬，而不必依据对性别的女性主义分析。在此意义上，女性主义是指从不同的角度去理解这些问题的方式，而这些观点都有一个共同的关注焦点。

尽管所有的女性主义思想一开始都把性别不平等视为问题，但随之出现的是各种不同的路径，尤其是与父权制有关的。总体而言，根据以下指标区分不同的女性主义流派对我们是有帮助的：

- 以性别来理解社会生活的各个方面，如性支配与性暴力、宗教、战争、政治、经济，以及我们对待自然环境的方式。
- 明确认为父权制是一种体制，它存在问题，有深远的历史根源，且需要改变。
- 视男性为支配群体，他们通过女性的从属地位、父权制价值观的延续，以及对政治、经济和其他父权价值观得以运作的制度的控制获取既得利益。

例如，一些女性主义类型很少使用父权制的概念，不认为男性是特别有问题的，并避免任何可能挑战男性、让他们感到不舒服或可能引发男女冲突的东西。一些人将父权制、男性特权、性别压迫和冲突定义为理解性别的基本出发点。在某些派别中，改变的关注点是相当狭窄的，就像19、20世纪之交争取妇女选举权斗争中的情况一样，而另一些派别，如生态女性主义（ecofeminism）、全球女性主义（global feminism）或女性主义灵性（feminist spirituality），其关注范围则是跨越人类经验多个维度的全球变化。

大多数女性主义著作在不同程度上借鉴了以下几种主要方法：自由主义女性主义、激进女性主义、马克思主义女性主义和社会主义女性主义。这些并不是女性主义思想的全部种类——除了前面提到的，还有精神分析女性主义、后现代主义女性主义、后殖民主义女性主义和第三次女性主义浪潮等等——但它们确实在大多数试图理解并对父权制及其后果采取行动的尝试中发挥了重要作用。它们也不是相互排斥的。例如，尽管自由主义女性主义和激进女性主义在某些方面有很大的不同，但它们也有许多共同点，并且可以追溯到相似的根源。因此，"自由主义"、"社会主义"、"马克思主义"和"激进"并不是将女性主义者干净利落、毫不含糊地一一纳入其中的小匣子。举个例子，如果我尝试寻找影响本书写作的女性主义进路，我会发现它们都以这样或那样的方式影响过我，只不过我更偏向于其中的某一些。因此，把各种女性主义进路看作交织成一个整体的各种线索，它们在很多方面都相互区别，但在与对方相关联时才最为强大，如此对我们的理解会有所帮助。

自由主义女性主义

自由主义女性主义和一般意义上的自由主义思想背后的基本理念是，人类是理性的存在，只要有足够的知识和机会，就能实现自己作为个体的潜能，以服务自身和整个社会的利益。出问题的主要原因是愚昧无知、社会化程度不够和机会有限。机会平等和选择自由被视为个人幸福的基石，而这反过来又使得开明的社会和进步的社会变革成为可能。自由主义认为，个人是社会生活的最高价值和关键。从这个角度来看，社会不过是人们做出的选择的集合，而改变社会在很大程度上就是改变个人的思维和行为方式，尤其是通过教育和其他启蒙手段。[28]

从自由主义女性主义的角度来看，主要的性别问题在于，偏见、文化价值观和规范使女性无法平等获得社会提供的机会、资源和回报。迫使女性在照顾孩子和就业之间做出选择；将女性排除在经济、政治、宗教和其他组织的权威位置之外；在就业市场上排斥女性；在各种各样的文化刻板印象中贬低、物化女性，并将女性描绘为低人一等；以强化以上种种的方式对女性和男性进行社会化——这些都被认为是性别不平等的核心问题。

自由主义女性主义的解决方案是消除女性自由选择和平等参与的障碍，从限制生育控制、提供日托到打破工作中的玻璃天花板。自由主义的方法是说服人们挑战刻板印象，要求平等的资源和待遇，从而促成改变。这包括重写学校教科书和课程，改革法律条款，打破玻璃天花板和通过人员网络的建立促进女性的升迁，为受害女性提供受虐妇女庇护所和强奸危机服务等资源，以及游说争取儿童保育措施能够进入职场、企业管理、军队和选举办公室，确保人人都能平等享有。自由主义女性主义要求男性改变他们对女性的看法和行为方式，减少暴力、骚扰和剥削，给予女性更多支持，情感上更体贴、多表达，对他们作为父亲和伴侣的角色多一些投入。它呼吁女性坚定自信，努力抗争，取得成就，不要被那些她们必须克服的障碍吓倒。

简而言之，自由主义女性主义最终依赖于男人的正派与公正，期待男人在了解性别不平等和女性真实潜力的真相后变得开明和进步,允许女性平等地参与社会生活,让她们得到她们应得的,并且通过分担家务来支持这一点。这也有赖于女性相信自身,去抗争和获取,冲击障碍,直到障碍消退。这一切引发了深刻的共鸣,尤其是在"美国梦"的观念当中,因为后者的根本意识形态颂扬个人自由的美德,认为这是大多数社会问题的答案。自由主义女性主义之所以能对那么多女性主义运动产生影响,塑造关于"何为性别议题"的一般公众认知,这也是一个原因。

自由主义无疑改善了许多女性的生活,但在几十年艰苦奋斗取得一些成果之后,女性主义运动似乎因为反扑而几乎陷入泥沼,并因对进一步变革的强烈抵制而停滞不前。研究持续表明,大部分职业女性,尤其是有色人种女性,被贬低、被压低薪水,局限于一系列狭窄的职业领域当中,不被重视,艰难地陷在家庭责任的要求当中,无法从雇主、政府或者——最重要的是——丈夫那里获得帮助。[29]这些都不是自由主义女性主义的错,但这的确反映出,它作为一种解释父权制和为之寻找替代选择的方式,是具有潜在局限性的。

自由主义女性主义(以及一般意义上的自由主义,包括第三次女性主义浪潮)的一个基本问题在于它深切地关注个人选择的自由,这模糊了社会体制的力量。这就是为什么自由主义女性主义不认为父权制算得上什么不容忽视的问题。

它几乎不去检视产生男性特权和女性压迫的潜在结构，但正是这一结构塑造了自由主义女性主义力图改变的男女个体。

例如，要让父亲更多地参与育儿，自由主义女性主义的方法是强调一步一步地（或一个群体一个群体地）改变男性。这或许可以通过呼吁公平感或与孩子建立更亲密的关系来达成。然而，自由主义女性主义对父权制视而不见，将男性特权变成了个人问题，仿佛它与更大的促进和保护它的体制几乎没有关系。在育儿这一例子中，它未能看到这样一个事实，即当男人推卸他们那一份家务劳动时，他们在家庭以外获得了权力、收入和男子气概等方面的回报。在主流父权文化中，这些回报远比家庭生活的情感满足更重要。在民意调查中，许多男人声称家庭生活比工作重要，但在真正选择将自己投入哪里时，结果反映了一套不同的文化价值观，这些价值观内嵌于强大的最小阻力路径之中。结果是，自由主义女性主义往往让女性处于弱势地位进行谈判，仰赖男性主动放弃男性特权，危及他们相对于其他男性的地位，只因为这是对的事情，可能会丰富他们自身或孩子的情感生活。[30]

自由主义女性主义的个人主义也让我们陷入两难的境地，一边否认父权制的存在，一边又主张所有男性都参与了压迫女性的阴谋。如果在理性的个体之外不存在任何有意义的事物，那么显然我们唯一参与的比我们自身更大的事物，就是阴谋或其他形式对于个体的蓄意安排。既然男人一起谋划了一个父权制的未来、一种巨大的阴谋这类说法是很容易被驳斥的，于是任何试图从体制角度对特权与压迫进行理解都变得几乎不可能，希望对此做一些大的改变也同样不可能。

自由主义女性主义也受到其非历史性的限制。它无法对自己试图改变的社会安排的起源提供解释，也没有指出一个足够强大的社会引擎来维持它们的运转。自由主义女性主义的主要假设是，特权与压迫源于愚昧无知，通过启蒙教育消除这一点，将为平等和全人类更好的未来铺平道路。但是，当愚昧无知和误解维系着一个压迫性的特权体制时，它们就不再只是在真理之光出现时便会烟消云散的消极阻力。相反，它们构成了一场有意志的防守，并引发了一场战斗，且是颇为激烈的战斗。自由主义女性主义无法应对这一点，因为它的理论武器不足，自由主义频频提及传统（如在"传统角色"中），这已经是它最接近承认维系父权制的力量存在的方式了。它没有关于历史性或系统性特权的理论。相反，我们只有一种模糊的感觉，即事情长久以来都是如此，原因除了人们很难改变之外，显然不值得探讨。

自由主义女性主义的"传统"这种涵盖一切的概括，遮蔽了使父权制得以运转的潜在动力学。它也让特权与压迫显得像是一种习惯,从而淡化了它们。相比较而言,想象一下,如果将种族主义和反犹主义仅仅归因于传统,会是多么不可接受,比如"种族主义在美国只是一种传统",或者"迫害犹太人就是我们这里的人做事的方法——从我有记忆以来就是这样"。"传统"无法解释任何事,它只是描述了如下过程的其中一方面:它是如何被实践并融入日常生活的,以至于人们认为它理所当然。

自由主义女性主义历史视角的缺乏带来了严重的后果,因为它将讨论从关于父权制的问题上引开了,这被当成一个浅显的概念,在理解性别上没有重要的分析性作用。避开父权制也完美地契合了自由主义者的关注,因其认为个人选择与自我表达是人类生活中最要紧的问题和终极目标,而不关注情感、动机、思想和行为如何通过参与更大的社会环境而受到塑造。

例如,从自由主义视角来看,实施强奸的男人只是病态的个体,没有理由去探问为何这样的病态在某些社会比在另一些社会更常见,或强奸犯所采用的暴力胁迫与"正常"的父权制异性恋中极为普遍的、相对没有那么暴力的胁迫——尤其是在一些更浪漫化的版本中——可能有怎样的关系。除非我们想争辩说,男性在密谋制造大规模的针对女性的暴力,否则我们就会被困住,无法探寻更宏观的理解。

一个更深层的问题是,自由主义女性主义一心关注女人作为与男人同样的人所应具有的权利——它主张以男人的方式做男人做的事情,而不去探问,在鼓励男人按照他们现在的方式做他们现在做的事情的世界组织方式中,可能存在什么问题。结果是,当女性要求在公司、军队、政府、宗教、大学和职业领域中获得权力职位时,她们也肯定了社会生活的基本父权特征。例如,自由主义女性主义并不质疑战争是处理国际关系的一种方式,而是支持女性参与战斗的权利。自由主义女性主义并不质疑资本主义是一种生产和分配人们生活所需的方式,而是针对阻碍女性在公司等级制度中晋升的玻璃天花板。自由主义并没有挑战塑造行业——从医学、法律到科学——实践的价值观,而是关注女性能否享有平等的研究生入学机会,能否建立法律合作关系,以及能否评上大学终身教职。

这本质上就是娜奥米·沃尔夫所倡导的"权力女性主义"(power feminism)。它所立足的观点是,女人应在属于男人的游戏中打败男人并统治世界(因此她的书名是《以火攻火》)。最初她似乎赞成改变游戏本身这一更加激进的目标,而不是仅仅成为游戏的赢家。她不同意奥黛丽·洛德(Audre Lorde)主张的"主宰者的工具永远拆不掉主宰者的房子"[31],而提出可以利用父权制形式的权力与支配来清除父权制,无论是在政治、经济还是人际关系领域。但我们很快就明白，沃尔夫所关切的不是拆除主宰者的房子，而是如何破门而入。"女人，"沃尔夫写道，"应该可以像男人一样，用他们的尺度，自由地剥削或拯救，施与或夺取，摧毁或建造。"[32]

表面上，沃尔夫仅仅是呼吁女人拥有经营自己生活的权利，这是自由主义思想的核心原则。尽管这很重要，但除非有明确的对于父权制这一主流社会体制的批判性分析作为根据，否则它很可能无法探问男人是否应当按照他们的尺度自由地做这些事情，或这是不是组织人类社会的良好标准。这是自由主义的普遍问题，自由主义女性主义则尤其如此——倾向于假定现状中最主要的问题就是女人如何像男人一样拥有平等参与的机会，任何"自由"做出的选择，无论其结果如何，都必然有赋权作用。沃尔夫从未对父权制与其运作逻辑进行描述，从未告诉我们主宰者的房子是什么，也就不足为奇了。

当然，机会平等、使用权平等、在法律面前平等是重要的目标。但是，如果只是努力争取平等进入一个体制和在这个体制中自由选择，而不同时去叩问这个体制是什么样的，它是如何产生特权与压迫的，尤其当它是基于种族、性取向、残疾状况和社会阶层等性别以外的特征时，就会有一些意料之外的严重后果。例如，遵循自由主义女性主义议程的一个后果是，成功的白人女性通常会加入那些在体制顶端压迫有色人种和工人阶级白人的男性，从而掩盖了女性的平等实际上变成了特定阶级的白人女性的平等这一事实。[33]这并不意味着女性不应当追求当前主要由男性掌握的权力。然而，这的确意味着，塑造并激发这种奋斗的自由主义女性主义视角忽略了很大一部分现实。

因为自由主义女性主义很少谈及父权制如何组织竞争性的男性同盟关系和对女性的压迫，所以它的关注点只落在压迫所造成的结果，而没有检视产生压迫的体制。例如，对于性别主义行为和态度的讨论脱离了更大的社会脉络，仿佛它们只是缺乏教养的结果，应该在家庭和学校中代之以良好的教养。但社会化与教育这类社会机制也服务于更大的父权利益，包括维持男性特权以及围绕核心的父权价值观组织的社会体制。因此，社会化并不是问题所在，就像军工厂中训练工人的程序并不是理解战争的关键一样。

或许自由主义女性主义最讽刺的问题在于，它只关注在父权制之下的个人选择与机会平等，这实际上损害了自由主义自由选择的理想。它无视了父权制能够塑造和限制人们的替代选项，也就无视了决定这些选项的力量。这意味着，在父权制条件下参与世界的自由，只是非父权制的选项被父权文化所隐藏时的自由。这也意味着，有限的自由主义争取改变的议程假定社会当前的存在状态确定了可能性的界限。如玛丽莲·弗伦奇所指出的，在既存的替代选项中进行选择的自由，只是更宏大的女性主义议程的一部分。

> 尽管女性主义者的确想让女性成为结构的一部分、公共体制的参与者，尽管他们想让女性进入决策岗位，在社会管理上有发言权，但他们的确不想让女性被社会当下的存在方式同化，而是要改变它。有一系列政治运动想让其追随者进入现存结构并获得回报，但女性主义并非又一场这样的运动……它是一场革命性的道德运动，意在利用政治力量改变社会……将女性吸收进现存的社会，同样会使某些女性融入……跟某些男人一起跻身更高的阶层。这意味着阶层化的继续，以及对"女性"价值观的持续蔑视。同化将是对女性主义的收编。[34]

在此意义上，自由主义女性主义的批评者将推动女性主义跨出性别平等议题的范围。一种更广泛、更深层次的女性主义是让平等得以出现的条件。它既关乎女性作为与男性同等的人参与社会的权利，也关乎塑造女性和男性可拥有的替代性选项的权力。这些权力能够影响那足以塑造经验、思想、感情与行为的力量。它关乎改变社会本身的力量。它是要从根本上改变主宰者的房子，甚至将其完全拆除，这与破门而入相去甚远。

这远远超出了自由主义女性主义的界限，触及了父权制之树的根基，将我们引向了那类常常激起对抗与否认的反扑的问题。这也是自由主义女性主义被广泛看作唯一可采取的合情合理又能够被社会接受的女性主义形式的一个主要原因，因为它也是最易被接受的、威胁性最小的、最符合现状的，也符合那些掌握着有利地位、能通过融入体制获利的女性的利益。这也是为什么另一个主要流派——激进女性主义——常常遭到诽谤、误解与无视。

激进女性主义

随着我们转向更加激进的女性主义思想领域，视野中涉及的就远不只有同工不同酬这样的问题。激进女性主义当然关注父权制的后果以及人们的相关经验。但与自由主义女性主义不同，激进女性主义关注的是潜在的男性支配、男性认同、男性中心、痴迷于控制的父权制，正是这种父权制产生了男性特权和对女性的压迫。激进女性主义的目标是在历史和社会脉络中理解父权制，这不仅有助于解释父权制从何而来，也有助于解释它如何且为何会持续存在，并如此深刻地影响着我们。

正如我们在第2章所见，男性针对女性的暴力不仅是一种个人的病态，也是一条社会期待男性遵循、女性接受的最小阻力路径。从激进派的角度来看，这条路径并不孤立于社会生活的其他部分而存在，而是根植于并帮助维持父权制中的男性特权。同样，关于家庭劳动分工——仍然让女性承担大部分家务劳动——的激进派观点与自由主义的观点截然不同。激进女性主义认为，这不仅仅是传统，也不仅仅是男女个性倾向的表现，抑或是缺乏对男性的适当训练或鼓励。家庭是一个机构，是一个有着复杂历史的、让女性安分守己的工具，而男性对家庭中"照料"劳动的拒绝，一直是这种动力学的重要组成部分。[35] 无论男性个人提出什么理由来拒绝照顾孩子和做家务，这些理由都根植于男性特权，其累积效应也将巩固这种特权。

与男性特权的联系也出现在激进派关于日常事物的分析当中，比如女性和男性之间沟通的困难。例如，从德博拉·坦嫩（Deborah Tannen）的自由主义女性主义视角看，权力与控制在性别沟通当中是次要问题。真正的问题在于，男人和女人使用不同的对话风格,它反映的是男人对地位的关注和女人对亲密与关系的在意。坦嫩认为,这两种风格"不同但同样有效",是男女被社会化为不同文化的结果,都有其传统。[36]

举例而言,如果男人喜欢打断或主导谈话,这只是因为那就是他们的风格,就像西班牙人喜欢午睡,日本人习惯在进屋前脱鞋。鉴于如今尊重文化差异的压力很大,坦嫩以有些人类学式的方法来研究性别动力学较能使它免于批评。她的观点为那些因性别冲突而感到压力的人提供了一些安慰:其中没有任何问题不能通过适当的教育和对差异的宽容来解决——这是自由派给几乎所有事情开出的经典处方。但这种安慰掩盖了一个更为混乱的现实:无论从何种意义上说,男人和女人都不是在不同的文化中长大的,而是拥有共同的家庭、学校和工作环境,浸没于同一片媒体形象的文化海洋之中。把性别议题比作"东方遇上西方"或"火星撞上金星"可能给人带来宽慰,但事实并非如此。

对坦嫩的女性主义的激进批评或可从她作为自由派,一心只关注个人动机,且混淆了这些动机与社会性的后果开始。坦嫩极力安抚女性对于男性专横、好斗行为的愤怒,认为男性不是故意如此。她没能看到的是,特权的标志恰恰是不必为了行使或受益于社会给予的特权而"故意"行事,无论是占据对话空间，还是受到更认真的对待并因其观点而获得认可。意识和意图需要投入和努力，相比之下，傲慢和天真则相对容易。而当男性的会话风格促进特权时，不管是不是有意为之，都与由此产生的社会后果无关。

激进派的观点从一开始就认定父权制真实存在，它不是从某种模糊的文化传统的源泉中产生的，它让男性和女性从根本上彼此对立，无论他们个人对此有何感受。[37]激进女性主义的历史视角认为，父权制是最早的压迫性体制，是控制、权力与恐惧这一宗教的始作俑者，它为所有其他的特权与压迫形式提供了模板。[38]就此而论，父权制也是最根深蒂固、最普遍的特权体制，也是最抗拒改变的。它体现在社会生活的方方面面，使得特权与压迫不仅是它们在日常生活的节奏中所体现的样貌，而且成了比这更宏大、更深刻的事物的一部分。

因为激进女性主义认为父权制真实存在，所以它密切关注男性，将男性视为父权制秩序的主要受益者和执行者。无论男性个体有怎样的表现或如何看待自己，他们都参与了一个以牺牲女性利益为代价来赋予他们特权，并鼓励他们保护和利用这种特权的体制。这一点的正确性不仅可以在那些公然表现出性别主义的男人身上看到，还可以在那些认为自己对性别议题敏感并支持女性主义运动的男性身上看到——

因为他们常常不会采取什么行动。

这些男人有时以"敏感的新时代男性"著称,却很少主动去了解更多关于父权制或他们如何参与其中的情况。他们不会公开反对男性特权和对女性的压迫,或就包括暴力在内的性别主义行为与其他男性对抗。他们可能会发出抗议:他们不希望女性受压迫,讨厌自己是这一切的受益者;但除了表达善意外,他们对于走出自己的舒适区去面对现实,则兴味索然。除非在女性的促使下采取行动,大多数男人都选择让事情维持原状,这也就默许了男性特权。当那些原本政治观点"左倾"的男性表现出这一点时,就尤为令人惊讶。事实上,激进女性主义正肇始于20世纪60年代新左派民权运动和反战运动中女性的经验,她们的男性同侪在运动中将她们当作从属的、客体化的他者,认为她们的主要作用就是满足男性的个人需求。[39]

自由主义女性主义和激进女性主义之间的区别之所以重要,不是因为一方是对的,另一方是错的,而是因为它们关注不同的问题与困难。结果它们也得出了不同的答案与解决方案。例如,自由主义女性主义倾向于将性别主义的刻板印象解释为错误的观念和不良的态度,揭示真相可以将其纠正过来。例如,女人软弱且依赖性强的观念,可以通过向人们展现女人可以多么强大和独立来消除;充满轻蔑和优越感的男性态度，可以通过让男人意识到这些观点多么有害、多么不公正、多么缺乏根据来改变。

然而，激进女性主义提醒我们，负面的刻板印象并非存在于真空之中。尤其是当某件事情在一个社会中如此普遍的时候，我们必须问一问，除了个人的动机、意图和习惯，它还为什么社会目的服务。性别主义支持了谁的利益？它维系了何种社会秩序？从这一角度来看，厌女和其他形式的性别主义思想不只是错误的观念和不良的态度。它们也是文化意识形态的一部分，服务于男性特权，也支持着女性的从属地位。因此，性别主义的态度不只是偏见：它是偏见加上距此采取行动的文化权威。

例如，女人软弱且依赖性强的观念，以及将力量和独立与男子气概相结合的文化认同，使女性的力量和独立被视而不见。这也掩盖了大多数男性本质上的脆弱和对女性的依赖，助长了男人可以保持控制的幻觉——这些都是维护父权制的关键。厌女作为性别主义的一种形式，也有助于维持父权制的稳定，因为它鼓励男人将女人作为轻蔑、挫败和愤怒等情感的靶子，而这些情感本是从他们与其他男性的竞争性关系中产生的（如我在第 3 章中所讨论的）。父权制让男人彼此对立，但它也依赖于男性相对于女性的团结。将女人当作负面情感的替罪羊维护了这种微妙的平衡，同时也将男性的个人风险最小化了。

因为激进女性主义和自由主义女性主义视角对性别主义的解释不同，它们提出的解决方案也有所不同。从激进的视角来看，自由主义企图依靠社会化的观点短视且无用，因为任何真正破坏"女人下等而男人优越"之定义的行为都是在挑战整个父权制，因而会引发抵抗。社会化本身不会带来根本的改变，因为家庭、学校和其他社会化的团体或个人都致力于将孩子培养成被当前的社会接受并在这样的社会中如鱼得水的人，而不想冒险让孩子过上问题人物或激进分子那种被排斥的人生。这是自由主义女性主义能够如此具有吸引力的原因，也是限制它创造根本性改变的短处。举例来说，经过几十年的自由主义女性主义活动，少数精英白人女性被允许拥抱父权男性价值观，并在男性认同的行业领域取得了一些成功。然而，对于女性这个群体来说，压迫仍旧是常态。问题不在于我们如何教育孩子来融入世界。问题出在这个世界本身，我们竟让他们去融入这个世界；而他们也感到，如果想要适应并取得成功，就不得不去融入。

如果性别主义反映的只是我们需要用真理之光照亮关于男人与女人的真相，考虑到既有的知识量，它也谈不上有什么未来了。但性别主义不仅关乎个人启蒙。这不是个性问题，也不是不良习惯。性别主义根植于一种为男性特权打下基础的社会现实。因此，我们可以通过唤起人们的公平感和正派作风，或让他们有能力理性地区分刻板印象和关于人们是谁的事实，却无法让性别主义从父权文化中消失。[40]

尽管有种种局限——或许正因为这些局限——自由主义女性主义是大多数人对女性主义思想的全部了解，它因此界定了公共讨论中的性别议题。激进女性主义在主流当中几乎是看不见的，除了偶尔有一些最具挑衅性的表达被摘录和曲解，或观点被断章取义。因此，激进女性主义主要被当作一种态度（仇男）、一种刻板的正统教条（"只有女同性恋是真正的女性主义者"）或一种本质主义（"女人天生优越，理应统治世界"）。当然，所有这一切都可以在女性主义思想的某个领域中找到，但与绝大多数对父权制的激进分析相比，它们显得苍白无力，这些分析的洞见可以帮助男人和女人一起为更好的未来而努力。

自由主义女性主义比激进女性主义更具大众吸引力，因为它的关注点在性别、个人选择和自我表达上，不涉及与父权压迫之现实的对抗，也不对男性特权构成严重的威胁。它不要求男人为父权制承担责任，仅仅需要他们对"女性议题"敏感，或在适当的时机帮助女性分担家庭责任，从而避免了造成不适。并且，自由主义女性主义允许我们留在相对舒适、熟悉的个人主义和心理学的框架下，在这一框架下，一切问题的答案都是个体的病状与改变。

在自由主义的保护伞下,女人可以自己安慰自己:她们生活中的男性个体还是不错的,不受父权制的影响。成功女性可以享受自己的地位,而不去质疑她们赖以获取成功的父权环境,除了批评"受害者女性主义者"的时候,因为后者呼吁人们关注父权制和父权制对女性造成的伤害,从而搅乱了局面。男人则安慰自己,只要他们不对女性采取有意识的恶意行为,他们就不是问题的一部分。不强奸、骚扰或歧视女人的男人就不再去碰性别议题,继续自己的生活,只需偶尔谈谈永远令人着迷的两性战争、男性"文化"与女性"文化",以及彼此相处的复杂细节,并且尊重性别差异。

激进女性主义之所以被回避、摒弃和攻击,正是因为它提出了大多数人宁愿忽略的批判性问题,他们希望他们不承认的东西会自然而然地消失。激进女性主义迫使我们面对大多数男人和女人都赖以满足他们需求的关系。它要求我们看到,父权制是如何将女性和男性划分为利益不同的从属和支配群体,从而使他们彼此对立的。它违背了父权制的一项核心原则,敢于将女人而不是男人置于讨论的中心,让女人把精力集中在自己和其他女人身上,甚至鼓励异性恋女性认同女性,而不是认同一个边缘化和压迫她们的男性认同体制。通过关注作为社会体制的父权制,它为我们打开了通往更大视野的大门。这一视野覆盖了性别与种族、社会阶层、全球资本主义以及人类与地球的关系等复杂事物的交叉点。

那么，大众媒体和那么多人满足于对激进女性主义的负面歪曲，使其隐形、遭受诋毁、被隔离在地下媒体和另类书店的书架上，我们也就不感到惊奇了。但自由主义作为替代选项不足以让我们摆脱父权制，因为它无法提供关于这个体制和它的运转方式的清晰视图。我们最终面对的是娜奥米·沃尔夫对拆除主宰者的房子和进入房子的混淆，这一混淆的基础是她完全不知道主宰者的房子是什么或者拆除它是什么意思。

要改变体制，我们不能只关注个体。我们也必须想办法去关注体制，为此，我们必须找到它的根源，这就是激进女性主义的意义所在。要理解性别——种族、阶级或任何其他形式的特权与压迫——纯粹的自由主义方法带我们走得还不够远，从美国的反女性主义运动、停滞的民权运动，以及仇外情绪、种族主义和仇恨犯罪的死灰复燃（尤其是自2001年"9·11"恐怖袭击事件以来）都可以清楚而令人痛心地看到这一点。自由主义是摆脱压迫性体制关键的第一步。但仅此而已，因为它只能把我们带到体制允许的范围内，而在特权体制之下，这还不够。

父权制与资本主义：马克思主义女性主义和社会主义女性主义

从马克思主义的角度来看，推动世界运转的是经济。马克思主义认为，如果没有食物、衣服和住所等物质必需品，一切都是不可能的，因此社会生活的每个方面都是由社会满足这些需求的方式所塑造的。例如，在封建社会，从宗教到家庭再到文学，一切都与工业资本主义社会或狩猎采集者的社会不同。如果说在资本主义社会中，家庭规模小、流动性强，且多为核心家庭，而在农业社会中，家庭规模大、固定，且多为大家庭，那是因为家庭适应了不同的经济环境，从而在不同的不平等制度当中延续下来。

一个社会中的生产组织方式会产生各种社会阶层。例如，在封建社会，生产以土地为中心，阶级不平等是在与土地的关系当中确定的。因此，拥有土地的阶级是支配阶级，而劳动但不拥有土地的阶级是从属阶级。相较之下，在工业资本主义社会中，土地的中心地位已经被机械和其他技术取代，并在最近几十年被货币和金融机构取代。在资本主义制度下，拥有或控制财富创造手段的阶级是支配阶级，而我们现在有的不是土地上的农民，而是各种各样必须出卖劳动来换取工资的工人。

从最简单的意义上说，马克思认为，社会生活总是围绕着经济生活的这些基本方面而组织。例如，国家通常会以行动来维护特定的经济体制和支配这一体制的阶级，例如资本家对政治、资本、工作条件、利润和地球的控制。学校会训练孩子适应社会，让他们接受自己在阶级结构中的位置，并据此恰当行事——无论是作为服从的工人、指挥的管理者，还是上层阶级的成员。艺术、文学和流行文化都变成了商品，其价值主要取决于人们愿意为它们支付多少钱。因为在资本主义制度下，很难想象有什么东西是不能买卖的，资本主义几乎塑造了人类生活的方方面面。

如果你问一个严格的马克思主义者有关性别不平等的问题，答案总是会围绕着经济。从马克思主义的角度来看，男性特权是阶级特权的变体，男性是控制着最重要的资源的统治阶级，而女性是从属阶级：她们养育孩子和做家务劳动都是被剥削，服务于男性的利益。或者，对女性的压迫是资本主义剥削的副产品，为这种剥削提供原料的是女性免费或廉价的劳动力，以及她们作为兼职工人的立等可用，有需要时就雇用她们，不需要时便可丢弃。

简而言之，马克思主义版本的女性主义认为，今天女性所受的压迫更多地与资本主义的阶级动力学有关，而不是与男性特权和支配本身的力量有关。的确，工人阶级中既有女性，也有男性，而且女性与男性受剥削的方式通常并不相同，比如承担照顾孩子和其他家务劳动等无偿工作。这些工作制造了新工人，也照顾了现有的工人。但马克思主义女性主义认为，女性所受的压迫主要是一个经济问题。例如，如果说女性被排除在有偿劳动之外，那是因为资本主义把生产从家庭转移到工厂，使得女性很难同时从事有偿劳动和家务劳动。[41]它循着马克思主义的观点提出，女性的从属地位是按照资产阶级关系而不是性别关系本身来定义的。

经济也是马克思主义女性主义解决性别压迫问题的核心。其目标的达成需要缩小家庭和工作之间的分裂，用社会主义或其他一些替代选项来取代资本主义。这些变化将把女性纳入有偿劳动力大军——使照顾孩子和其他家务劳动成为公共和社区的工作，而不是私人和个人的工作[42]——且能够为女性找到其他的经济独立方式。这一切将消除男性特权的经济基础，以及男性对女性进行劳动剥削、生殖能力剥削和性剥削的能力。马克思主义认为经济是所有其他形式的权力的基础，因此经济平等将带来女性和男性之间普遍的社会平等。

马克思主义女性主义是有用的，因为它表明，作为父权制，一般的经济生活，特别是资本主义，是如何塑造男性特权的。例如，在农业父权制中，男性不是控制收入现金流，而是拥有土地，并对妻子和孩子拥有权威。而在工业资本主义下，土地所有权不再是财富和权力的主要基础，因此，男性特权的经济基础从家庭转向雇佣劳动和控制就业市场。

尽管马克思主义女性主义很有助益，但它对经济的单一关注忽视了封建主义和资本主义等制度本质上的父权特性。它几乎没有告诉我们父权制和资本主义的利益与动力学是如何相互重叠、相互支持的。它对于解释女性在非资本主义社会的持续从属地位没有帮助，也未能达到社会主义意识形态"反对一切形式的特权和压迫"的标准。这些社会的历史表明，尽管消除资本主义可以提高女性的地位——在很多方面的确如此——但父权制可以继续存在。

考虑到马克思主义女性主义的起源，这样的局限性也可以理解。它在许多方面都是传统马克思主义者为适应现代女性主义运动提出的挑战而进行的尝试。马克思主义者利用他们最为熟悉的概念，将男性特权塞入一个相对狭窄的资产阶级关系的框架之中。这不可避免地会遭遇试图将一切简化为经济问题的局限性。

然而，马克思主义者认为资本主义是反对父权制的一股不可忽视的强大力量，这的确是重要的发现。资本主义围绕着控制与支配而组织——无论是控制与支配工人、技术、自然资源、市场还是竞争对手——而经济生活是运作恐惧与控制的父权制动力学最重要的领域之一。马克思主义也应该就其很早以前就关注男性特权的起源而得到肯定。例如，马克思的合作者弗里德里希·恩格斯认为，社会不平等起源于家庭，女性是历史上第一个受压迫的群体。[43]

对马克思主义女性主义的批判产生了社会主义女性主义，后者把焦点集中在父权制与资本主义等经济体制之间的复杂关系上，尤其是当它们通过家庭运作的时候，从而拓宽和深化了马克思主义的方法。例如，海迪·哈特曼（Heidi Hartmann）提出，特权与压迫牵涉的不仅仅是心理学和社会角色，因为它们始终根植于生产和再生产的物质现实。[44]

换句话说，历史上女性被压迫的方式主要是男性对女性劳动和身体——她们的性与生殖潜能——的控制，尤其是在家庭当中。女性生产的商品被男性占有，女性在婚姻安排中被男性买卖，控制女性的性行为及其所生子女是父权制婚姻的主要内容。一夫一妻制的异性婚姻制度使男性能够通过夫妻间的性权利控制女性的身体（通过控制土地，到更晚近的时期则是通过占据"养家之人"的角色），使女性依附于男性，并确保明确的父系继承权。尽管女性现在正在挑战男性对养家者角色的垄断，但这种安排长期以来一直服务于男性的利益，特别是在中上层阶级。这使他们能够从女性的个人服务中获利，并加强男性与其他男性之间对于决定社会阶层地位的资源和回报的竞争。

社会主义女性主义最大的价值之一在于,它阐明了女性与男性的地位如何塑造了经济安排,又如何被后者塑造。父权制与资本主义交织得如此紧密,以至于一些社会主义女性主义者甚至反对将它们视作两个单独的体制。

> 在今日既存的资本主义制度之下,女性对父权制的体验是同工不同酬、职场性骚扰、无偿的家务劳动……前几代女性也经历过父权制,但她们的体验根据占支配的经济体制的动力学不同而有所不同……性别关系的封建体系伴随的是一种阶级安排的封建体系,阶级与性别的社会关系共同发展,并久而久之演化成我们如今所知的形式(例如资本主义核心家庭)。说性别关系独立于阶级关系而存在,是无视历史的运作方式。[45]

社会主义女性主义的基本观点是,父权制不仅关乎性别,而且与社会生活的最基本方面紧密相关。为女性伸张正义涉及的不仅仅是改变男女在两性关系中的所思所感所行,因为任何对父权制的深层挑战都将深刻影响主要经济体制。这也适用于其他反映和支持经济利益与父权利益的体制,如国家、宗教、教育、法律和大众媒体。

女性主义：存在与实践

对于每一个想要帮助解开父权性别之结的人来说，女性主义这一思考方式都有着不可估量的价值。它给了我们一种对人类生活的方方面面提出疑问的方法。自由主义女性主义提供了一个起点，但迟早我们要向问题根源进发，超越相对表面的改变，更加根本地重构和重新定义未来的生活应是何种面貌，以及作为一个人意味着什么。这正是21世纪初的我们如今的处境：站在自由主义女性主义可带领我们到达的尽头，茫然不知接下来该做些什么。有些人或许感觉到自由主义已经把我们带到了极限，于是宣布后女性主义时代已经来临。但我们并没有来到后女性主义时代。我们正处于一种反扑的浪潮中，它在暂时精疲力竭的女性主义运动走向尾声之时向我们席卷而来。

父权制像一团地底深处的火，几千年来不断蔓延，烧向大地。我们留意到了穿透地表的是什么，可能觉得就是这样而已。即便我们可以感觉到地底下有更大、更深层的东西，当下仍可能只专注于防止被烧伤。但假如我们真的想改变，我们就必须醒悟，在性别的零星山火之外——沟通不畅、性骚扰、歧视、暴力和所有其他构成父权制之下的生活的日常事件都是导火索——还有更多的事情在发生。如果我们真的想改变，就必须深入挖掘，最好能找到足够的同伴，并充分认识到，尽管放火的人不是我们，但现在救火全靠我们。

许多人对女性主义感到威胁，尤其是它的非自由主义方面，因为它提出的问题不仅让我们更仔细地审视这个世界，而且让我们更仔细地审视我们与这个世界的复杂关系。女性主义是观察世界以及我们与世界的联系的一扇窗户，也是反映我们生活的一面镜子。最重要的是，它是一个用来解释我们所参与的体制的有力框架，可以用来挖掘当前意识形态的表面，挖掘我们所认为的现实，从而发现那些我们依循其生活却从未被阐明的前提条件。

女性主义在令我们感到威胁与不适的同时，也向我们解释了当前正在发生什么，以及这与我们有什么关系，从而为我们赋能。女性主义体现了一个历久弥新的真理，即男性特权和对女性的压迫，以及这种基本安排产生的后果，是人人所真实面临且存在问题的；如果我们想成为解决方案而不是问题本身的一部分，那么我们就不仅要能够理解当前发生的事情，而且必须理解。

许多女性不愿接受女性主义，对于男性来说，接受它就更难了，他们可能会认为自己是被排斥的敌对阶级成员，因此要为父权制及其后果承担个人责任。即使是没有那么极端的男性，也常常小心翼翼地不去太接近或太公开地认同女性主义。其中包括许多积极支持反对父权制斗争的男性。

例如，全国男性反对性别主义组织（National Organization for Men Against Sexism）将自己描述为"拥护女性主义者"（pro-feminist），而不是女性主义者。从某些方面来说，"隔一层的女性主义者"（feminist-once-removed）的身份有助于对抗支配群体接管和收编从属群体产生的有价值之物的倾向——从白人对印第安人灵性的挪用，到声称与女性主义运动相媲美的"新男性运动"。[46] 拥护女性主义者的标签也认可了这样一个事实，即无论男人的政治立场是什么，他们都不能借着自称为女性主义者而获得某种安全行为通行证，以掩盖或否认男性特权的现实、他们身为男性在父权制下拥有的地位的本质问题，以及女性愤怒的合法性。既然女性主义更多是与存在，而不是与思考或行动有关，既然它反映的是父权制下女性的实际经历，那么男性就不应该称自己为女性主义者。

但男人与女性主义之间看似适当的距离也强化了这样一个观念，即归根结底，父权制像家务一样，实际上是女性的问题。这把男性限制在一个支持性的角色上，他们在这个角色范围内"做正确的事"，并把自己算作好男人的一员。做拥护女性主义者是支持女性进行她们的斗争，但这并不是说反对父权制的斗争是男人固有的责任，因此也是他们的斗争。如果我们认为女性主义不仅仅是一种思考性别压迫、思考如何提高女性相对于男性的利益的方式，这一点就尤为重要。因为父权制不仅仅是性别问题，同时每一种主要的社会制度都以核心的父权价值观为基础，所以从最广泛的意义上讲，女性主义关乎整个世界的组织方式。[47]

尽管女性主义有那么多的潜能，但简单的事实是，鉴于女性主义和女性主义者实际上受到非常严重的歪曲、边缘化和攻击，任何想要置之不理的人都可以轻而易举地做到。人们只需要指出某个女性主义者令人不快的观点，就能感受到来自主流的点头赞许，"是的，这不是很奇怪吗？"或者"她不是很离谱吗？"，然后让话题过去。但任何复杂的思想体系，加上反对父权制这样根深蒂固的制度的社会运动，都无法避免一些过激之处和自相矛盾，而这些足以为反对者提供充足的弹药。然而，无奈地接受这一切，只会让我们停留在目前的一片混乱之中，被熟悉的刻板印象包围，与此同时，在某种程度上，我们心知肚明，父权制对性别、人类生活和我们所栖居的世界的塑造存在着某种严重的谬误。

最终，我们要么相信父权制的存在，要么不相信。如果我们相信，我们就需要对女性主义有更多了解，因为无论我们倾向于它的哪一分支，女性主义都是关于父权制的唯一持续对话，只有它能带我们找到出路。正如后面几章将要表明的，问题的关键是在父权制的主流当中，除了女性主义之外，几乎其他一切都让我们难以看清父权制的本质。

二
维持幻觉,改变的障碍

6 关于父权制的思考
战争、性与工作

要成为解决父权制问题的一部分,我们必须以新的方式思考它,但要做到这一点,我们得先梳理一下我们已有的关于它的想法。说起来容易做起来难,因为对我们来说,什么是真实的似乎太显而易见了。我们很难不在父权制的表面把戏中迷失,执着于男性有罪论、"性别角色"或"男人来自火星,女人来自金星"这种论调。我们是将女性和男性视为不同的物种,还是将他们视为相似多于不同的物种,是一个社会定义的问题。几个世纪以来,在关于我们将生活于何种现实的持续斗争中,这个问题一直在被塑造和重塑。

我们如何看待父权制——更不必说我们是否看到它——也同样是争议性话题。因为父权制是现状,所以它在文化中被描述为正常的、没有问题的,这使它能够免受批评。

作为我们定义真实的主要资源，文化反映了最有权力塑造它的群体的经验和利益，尤其是白人、男性和上层阶级。

这里不存在阴谋，因为每个社会体制都是这样运作的。真实总是由社会构建的。无论哪个群体最容易接触和控制塑造真实的资源与机构——从教育到媒体，从宗教教义到政治意识形态——他们的观点和利益都会在结果中得到反映。这意味着，那些与改变世界有着最大利益关系的人——下层阶级、女性和有色人种——通常拥有的资源最少，也最难使他们的经历被视为真实的，更不必说被当成社会批评和变革的合法基础了。

作为一种社会体制，父权制拥有一套复杂而厚重的意识形态可为其存在提供合理性。从本章开始，我将用数章的篇幅探讨它在日常生活中的面貌和运作方式。或许父权制意识形态是基于这样的信念，即父权制是必要的、为社会所必需，且根植于对传统、历史和人性的普遍认识。在此基础上，社会生活的核心观念得以建立，尤其是关于家庭、战争、经济、生殖和性的观念。

父权制：非有它不可

让父权制继续存在的核心思想是，我们不能没有它。按照这一论证，社会要延续下去必须满足一些需求，而这些需求要求按性别分工，并要求男性拥有比女性更多的权力。[1] 从这个角度来看，典型的中产阶级白人家庭理想——家庭主妇留在家中，丈夫养家糊口——作为家庭和社会延续的一种方式是可行的，因为这是养育孩子最有效的方式。将照顾孩子和其他家务工作分配给妻子和母亲，将养家糊口的工作分配给丈夫和父亲有助于提高效率，因为在工业资本主义制度下，家庭生活在一个地方，工作在另一个地方，因为母亲与孩子有更紧密的身体联系，如此等等。[2] 戴维·吉尔摩在他对部落社会男性气质的研究中使用了这一方法：

> 男子气概理想对社会体制的连续性和男人在心理上融入社会都有不可或缺的贡献。我认为这些现象不是既定的，而是人类存在的"秩序问题"的一部分，所有社会都必须通过鼓励人们以某种方式行事来解决这个问题。这样的方式既要有利于个人发展，也要有利于群体适应。性别角色表现了解决问题的一种行为。[3]

吉尔摩使用了一个在社会学和人类学中已经存在了很长一段时间并且在直觉上很有吸引力的观点——社会生活具有整体性，社会生活的各个方面交织在一起，形成一个功能单元。这本身是个不错的观点。事实上，它有助于让人们注意到，一切事物如何与其他事物相联系，事物通常比它们表面看起来的更为复杂，以及改变一件事物如何影响与之相关的一切事物。例如，我们可以看到，虽然贫困毁掉了许多人的生活，但它也使另一些人受益，因为它为大量没有人愿意做的工作提供了充足的、心甘情愿的劳动力。如果我们摆脱了贫困，那么我们还必须另想办法才能打发人去打扫汽车旅馆房间，以及做其他报酬低、不受尊重的脏活。

从形式和功能的角度审视社会，肯定有其用处。但类似父权制存在是因为社会需要它这样的观点是另一回事。事实上，它带来的只有灾难，因为尽管我们安慰自己说男性特权是我们所知的社会的一个关键方面，但我们忘了问，什么样的社会需要这样的东西，以及我们是否应该考虑改变这一点。毕竟，瘾君子依赖毒品，酒鬼需要酒，如果让他们突然戒掉，他们可能会死。但我还没有听说过有人用这一点来支持酗酒或吸毒。

从定义上说，每一种社会体制都是通过抵抗事物崩溃瓦解的普遍倾向来解决"秩序问题"的社会秩序形式。[4] 然而，单是一个体制存在，并不意味着它就是一件好的或者必须维持其既有的模式，或者它解决秩序问题的特定方式是不可避免的或必要的。如果是这样，那么所有形式的特权与压迫都可以对自身进行合理化。

当我们评估社会生活的某些方面时，比如谁在家庭中做什么或男人和女人如何沟通，指出"这似乎是一种组织事物的有效方式，因为它与当前社会相适配"是不够的。我们还必须问，这种组织事物的方式与社会生活的其他方面有怎样的联系，比如女性的从属地位。例如，我们必须问，它如何以牺牲女性为代价来支持男性特权，或者它如何使女性更加容易遭受虐待或陷入经济困难。

例如，德博拉·坦嫩在书中谈论不同性别的沟通风格时断言，每种性别的风格都有其自身的意义和正当性。[5] 坦嫩像一个小心翼翼地避免对其他文化进行民族中心主义批评的人类学家，对各个方面都表现出尊重。但这忽略的是，男人和女人并非来自两个不同的社会，即便他们来自不同社会，他们的所作所为也只有在一种特定的文化背景下进行评判才合情理。鉴于这一背景是父权制，只有当我们认为父权制是合理的，坦嫩在女人和男人身上观察到的东西才是合理的。如果我们后退一步，把事物放在更大的背景下，去观察风格如何与特权及其压迫性的结果相联系，它如何服务于男人的权力和地位利益，我们就有能力质疑它们的合理性，以及这是不是我们真正想要的生活，而且义不容辞。留给我们的另一条路就是那种围绕性别不平等的、麻木的自我合理化循环。

将父权制解释为有用或者必要，已经成了一种颇受欢迎的处理性别不平等的方法。例如，罗伯特·布莱赞颂"宙斯的能量"，他将其定义为一种"积极的男性能量……是所有伟大的文化当中……为了社群的利益而接受的男性权威"。[6]

且不谈为何布莱会歌颂宙斯这样一个以侮辱和强奸女性著称的神，[7]他没有解释为什么要将一个性别拔高，并使其凌驾于另一个性别之上，也没有解释为何被拔高的是男人而不是女人。他也没有告诉我们"社群的利益"包含什么，或为什么父权文化且唯独父权文化是"伟大的"。

这种含糊其词让男性特权更为人所接受，从而很好地服务了父权制，它所服务的是一种更高的价值，这种价值在人看来不可能导致压迫和破坏自然环境这类可怕的事情。它还使自己适应了各种富于此类父权想象的神话典故。比如，我们可以看看布莱是如何描述"真正的父权制"的：

> 父权制是一个复杂的结构。在神话中，它的内在是母权的；母权制同样复杂，其内在是父权的。

政治结构必须与我们的内部结构相似。我们知道每个男人内心都有一个女人,每个女人内心都有一个男人。

真正的父权制借由神圣之王将太阳注入该文化中的每一个男人和女人身上;而真正的母权制借由神圣之后,将月亮注入该文化中的每一个女人和男人身上。神圣之王与神圣之后的死亡意味着我们如今生活在一个工业统治的体制中,而不是父权制。[8]

提出这类论点的人通常不会对此进行解释,布莱也一样。他不仅将男人和女人描绘为一分为二的两半,而且当他告诉我们社会体制必定反映个体心理时,他忽略了大部分社会学、人类学甚至心理学教给我们的关于社会、个体以及两者关系的大部分知识。他继而暗示"真正的父权制"可凭借某些办法与对应的"真正的母权制"共存,让每个人都受益,但在这一点上,他忽略了这两个词的真正含义。按照定义,父权制根本上是关于权力的,它与母权制的区别在于它将父亲和男人抬高到母亲和女人之上,正如母权制——据我们所知,它从未存在过[9]——让父亲和男人从属于母亲和女人。

这类思想也忽略了高度非神话(unmythological)的日

常生活中父权特权与压迫的现实。例如,布莱将神圣之王与神圣之后的死亡以及"真正的父权制"的消亡归咎于"工业统治"。然而,早在工业革命之前,"真正的父权制"的黄金时代制造了大量压迫,包括中世纪焚巫、长期的战争以及封建主义的阶级压迫。布莱忽略了工业资本主义的出现与父权文化对控制、竞争和支配的高度重视之间的关系,这表明其历史感有限。

换句话说,工业资本主义并非凭空出现,摧毁了父权制。相反,它过去和现在都是核心的父权价值观在经济上的一种表现,这种价值观在今天比以往任何时候都更具影响力。布莱推论的问题在于,他用父权制这个词来指称一个从未存在过的神话社会。然后他告诉我们,"真正的父权制"正是被工业化这样的非神话社会力量摧毁的。这意味着要么父权制(以及与之相关的男性特权和对女性的压迫)已不复存在,要么如今困住我们的是一个"假的"父权制。他认为,在无论哪种情况下,某种形式的仁慈的男性特权不仅是可能的,而且它的逝去将会引发哀伤和遗憾。

在另一本读者甚众的关于男性的书中,萨姆·基恩表示,父权制是人类社会演化的一个适应性部分,它将人类从早期以女神为主的社会的女本位主义(gynocentrism)中"拯救"出来。基恩写道,在父权制出现之前,社会劳作在"被自然奴役的状态"下进行,这种奴役被"超验的男性神明"打破,他"认可用个人主义的发展和技术推动力来控制和统治地球"。[10] 这种反抗——大概就是男性神明和男性的统治地位——据称是由女性和男性共同掀起的。考虑到女性要遭受的损失,除非我们要重新挖出女受虐狂的概念,否则这就说不通了。像许多"新男性运动"作家一样,基恩暗示,父权制及其男性认同的控制原则是社会进化的一次向上飞跃,唯一令人遗憾的是其有限的成功和稍纵即逝的荣光:

> 这个神凌驾于自然的宿命之上,要求男人俯视自然、社会和女人,并掌控他自己的命运……女神花园中的生活是和谐美好的,但历史的精神呼唤他起来执掌权力……那一瞬间的胜利是很容易忘却的,那时男人反抗命运,摆脱被动,并宣布:感谢您,母亲,但我自己可以。[11]

基恩在这里使用了一些特殊的论证方式。他既提出,男人和女人都平等地参与了进化的反抗,又主张是男人拒绝了女人(母亲),并上升到凌驾于女性、自然、社会、家畜、煤炭储备以及其他一切之上的支配地位。他毫无来由地将"和谐"与"被动"联系在一起,并延续了父权思想,认为被动的唯一替代选项是支配和侵略。基恩延续布莱的神话迷雾精神，引用了含义模糊的神秘力量，比如"历史的精神"（谁的历史？）来解释由真实的人带来的复杂的社会变革。尽管基恩接下来说明，这种新秩序现在已经"失去了它的用处"，但他没有动摇这样一种观点，即父权制将我们所有人从女本位主义的"和谐"四处为害的危险苦痛中解救了出来。

基恩与父权意识形态步调一致之处在于，他将女性与自然归在一处，认为她们跟男性和文明相对立，并提出真正的人类进步只发生在男人当中，且唯有通过叛逆地与"母亲"分离，或者如布莱所说的"对母性女性身上世俗的、保守的、占有的、依附的部分进行反抗"，进步才能发生。[12] 他默认女性和母亲会阻碍个体发展和社会进步，这意味着她们必须被控制，这样男性才能自由地追求男性的个人主义和控制。基恩关于"被自然奴役的状态"这一描述完全曲解了现实，仿佛奴役、等级、控制、剥削和压迫是自然的发明，而非父权社会的发明。但在基恩和布莱对事物发展规律的分析中，真正的问题是女性，而非自然，女性阻碍了父权制男子气概最充分的表达。

战争：保卫家园

对于父权制的一个重要辩护是，战争的神秘对于理解所谓的自然性别秩序非常关键。按照这种观点，男性必须具有攻击性，并发展出一种使用暴力的能力，以保卫社会和家庭。[13] 正如基恩所说，男人在将他人的福祉置于自己的福祉之上时，牺牲是他们生活的中心："大多数男人上了战场，流血牺牲，心中抱的是这样的信念——这是保护他们所爱之人的唯一办法……没有乌托邦世界……一个人必须准备好拿起武器，与恶魔战斗。"[14]

"暴力的男性保护者"形象通过如下观念与父权制联系起来：男人施展暴力与攻击性的能力不可避免地导致对女性、孩子和财产的支配，因为男人一定要比他们所保护的人更强大。[15] "男人……一定要有男人的样子，"戴维·吉尔摩告诉我们，"因为战争需要如此。"[16] 但如果说战争本身会存在，是因为父权男性特质和与之相关的控制与支配的结构要求它存在，也同样有道理。例如，美国国家力量的文化理想长期以来一直与男子气概的理想明确地联系在一起，特别是通过男性诉诸暴力的能力和意愿——英勇的枪手和复仇的超级英雄——所有这一切都以国家的伟大和"美国注定要成为世界强国"为名义。[17]

用战争来为父权制辩护有两个主要问题。第一，战争的浪漫形象与我们关于战争的大部分知识并不相符。例如，男人的动机主要是自我牺牲这种观点，与父权文化对男性自主性和自由的看重无法自洽。据基恩所说，对于女神宗教和男性"被自然奴役的状态"进行父权反叛的关键是自主性和独立性，而不是对女人和孩子的自我牺牲。

父权制的战争论据也与大多数人对战争的经验不相符。我们不知道基恩心中想的是哪一场战争，但我们能想到的大多数战争都有各种各样的目的，唯独不是为了保护所爱的人，而在种族和经济阶层上享有特权的男人——按照推测，他们应该与其他阶层的男人一样爱他们的家人——总是非常愿意让那些不如他们命好的人代替他们上战场。

罗马远征中的无数流血牺牲、数不尽的宗教战争和十字军东征的屠杀、拿破仑战争、美国内战或两次世界大战，这一切的动力是爱吗？美西战争后，美国从西班牙人手中"解放了"菲律宾，然后残酷地镇压菲律宾的抵抗，使之成为美国殖民地和通往亚洲市场的门户，这是为了保护妇女和儿童吗？美国士兵去朝鲜、越南、格林纳达、巴拿马和伊拉克，是为了保家卫国吗？对家人的爱能解释东欧的种族屠杀和从柬埔寨到索马里再到叙利亚的残酷内战吗？

似乎不行。更接近真相的是，战争允许男人重申他们相对于其他男人的男性地位，允许他们施展具有侵略性的匹夫之勇等父权理想，让他们免遭其他男人以拒绝上战场为名进行的羞辱与嘲笑。正如基恩本人告诉我们的，战争"是英勇的个人扬名立万的方式"，是"践行英雄美德的方式"。[18]它提供了一个让男人与其他男人建立连接的机会——成为朋友或相互为敌——再次确认了他们共同的男性尚武精神。

如果战争只是在凶恶敌人威胁到男人所爱之人时的自我牺牲，那么我们如何理解战时对立的双方相互敬重的悠久传统？这种荣誉精神在他们相互轰炸和摧残主要由妇女、儿童和老人构成的平民时仍然将他们连接在一起。士兵们有可能单凭这样崇高的目的，比如对家园的热爱而持续犯下如此广泛的无端强奸，其他形式的折磨、虐待以及针对平民的肆无忌惮的累累暴行吗？[19]

无疑有一些男人是像基恩描述的那样，带着这种自我牺牲的使命感上战场，但将战争归为由此类利他动机促成的体制，则太浪漫了，正是这种浪漫想法让战争得以不断滋长。尽管许多男人为参加战争付出了惨重的代价，但我们不应混淆他们被牺牲的事实与他们自我牺牲的个人动机，尤其是在试图解释战争何以作为一种社会现象而存在的时候。

用战争来解释男性攻击性和父权支配行为的第二个问题在于，这是循环论证。正如我们喜欢把世界划分为善与恶一样,每个参与战争的国家都认为自己是正当的,是在保卫它所定义的善。双方都相信需要用男性认同的暴力去解决争端,坚持他们所深信的原则,并颂扬这样的行为,从为传播民主和资本主义而进行的民族与种族清洗,到对抗恐怖主义或挫败帝国主义,皆是如此。

即使是最不情愿的政府,也可能乐于见到谈判破裂,从而证明动用武力有理(除非他们认为自己会输),国家领导人用战争为自己的政权唤起公众支持已经是常用手段,尤其是在选举年。西部持枪牛仔的英雄男性形象几乎总是被刻画为和平爱好者,"除非迫不得已",否则不愿使用暴力。但他的英雄主义和故事的全部意义就在于观众希望他迫不得已而使用武力。被以英雄式的暴力守护的配偶、子女、领土、荣誉和各种弱者充当着父权男子气概展示暴力的某个特定版本的理由。他们并不是最重要的,这就是为什么他们的经历很少成为关注的焦点。[20]

真正的兴趣点在于男性英雄和他与其他男人的关系——作为征服者或被征服者,好人或坏人。的确,男主人公通常是唯一一个到故事结尾仍毫发无伤(或基本上如此)的人。遭强奸的妻子、被屠杀的家人和一片瓦砾的社区则会在混乱中遗失,对于他们的苦难只有一笔带过的关注;这些在各代人当中不断回响,但它们如何被用作父权制男性英雄主义的衬托则不会被提及。

但注意，当女性担任这样的英雄角色时，社会反应即使不算有敌意，也非常矛盾，电影《末路狂花》就是一例。许多人抱怨《末路狂花》中的反派角色让男人显得很恶劣，但我从没听任何人抱怨男性英雄电影当中的反派角色使男人显得恶劣。看起来我们有一套双重标准：只有当反派角色为强调其他男人的英雄主义而服务时，将男人刻画成恶棍才是可接受的。

要支持把男性的攻击性以及男性支配当作社会对抗邪恶的唯一方式，我们必须相信邪恶力量的确存在，它存在于反派和政府及其军队当中。为此，我们需要设想在坏人眼里，他们自己也是邪恶的，而不是为了保护他们所爱之人和拥护的原则不被我们这些人侵犯的英雄。而另一种思路是认识到，创造了男性英雄的同一套父权精神也创造了与他们对战、他们借以证明自己的暴力反派，双方往往都自视为英雄且在为某个有价值的理由自我牺牲。因为在所有的战争宣传中，好人和坏人都玩着相似的把戏，都在歌颂一种共同价值观的核心，更不必说有时还相互致敬。在深层次上，战争和许多其他形式的男性攻击都是对他们本应抵抗的同一种恶的展现。这种恶就是控制与支配的父权宗教，它鼓励男人用胁迫与暴力来解决争端、处理人际关系和彰显自己的男子气概。

以上种种批评都不意味着男人不会被迫自我牺牲。这也不意味着面对危险时不容有凶残之举，就像许多物种当中的雌性，包括人类女性，在保护幼儿时都会露出凶悍的一面。但如我们在第 2 章中所看到的，在父权制和参与者的个人动机之间是有区别的。当一个男人走上战场，他可能心里充满对家人和社区的爱，但这解释不了战争为何会作为一种社会制度存在，也解释不了是什么迫使男人们迈向战场。

同样，男人出于爱，可能会将家人的需要置于自己的需要之前，这与一个鼓励他们将争强好胜的男性立场置于一切之上的父权制是可以并存的。否则，我们如何解释抛弃家庭的男人的行为？他们宁愿抛弃家庭也不愿意做那些他们觉得贬低自己身份的工作，而被抛下的妻子则更愿意为抚养他们的孩子而做一切必要的事。否则，我们如何理解男人只愿意以能够震慑其他男人的方式来"牺牲"自己？

我怀疑大多数男人都宁愿选择加班工作或跟别的男人打架，也不愿意给孩子换尿布或主动建立真正的情感亲密，即使后者能给他们所爱的人提供其最需要的东西。对于妻子遭到强奸的男人来说，父权制的最小阻力路径不是照顾她，而是对强奸犯采取英雄式的复仇。如果说这一行为能带来些什么的话，也只是徒然让她陷于更糟的处境。但在父权制当中，与他作为一个男人相对于其他男人的权利与身份相比，她的幸福是次要的。在此意义上，强奸犯所做的不只是攻击了一个女人，因为他还侵犯了一个男人专有的性权利，并使人怀疑这个男人有没有能力保护自己的性财产不受其他男人侵犯。丈夫以真正的父权制形式的暴力来报复，是为了重新确立他的男性权利和地位——不仅是他相对于强奸犯，也是他相对于一般意义上的男人的权利和地位。

当我们将父权制浪漫化，或将它解释为高贵且为社会所必需时，我们就等于一叶障目，麻痹自己，让自己失去为改变它而努力的能力。事实上，从家庭、性行为、生殖到全球政治与经济生产，父权制无处不在，并非不去正视它，我们就能免遭其后果。

事情不是过去那样，并且从来不是那样：性别、工作和依附

要对父权制的历史做出解释，我们可以看看它当前是如何运作的。让父权制笼罩在传统的迷雾之中，忽视它与工业资本主义、宗教或战争的联系，或者干脆完全否认它的存在，这很容易出错。例如，罗伯特·布莱的《铁人约翰》(*Iron John*)就反映了对早已失落的前工业化时代、前都市时代的男子气概的渴望，在那样的时代，年长男性会向年轻男性传授在世上做一个男人的秘密精髓:"19世纪,祖父和叔叔住在一所大房子里,年长的男性经常待在一起。借由狩猎聚会、在农场和农舍里共同工作、参加社区体育运动,年长男性有很多的时间跟年轻男性待在一起,把男性精神和灵魂的知识传授给下一代。"[21]

布莱和基恩对于据称已经失落的男子气概的传统想象几乎念念不忘。"旧式的男性结盟仪式——运动、战争、商业、打女人、喝酒、打猎——已经没有充分理由或不正当了。"[22]然而,对于他们眼中的这个黄金时代,一个男人知道自己是谁并且认同自己身份的时代,他们二位似乎都不太有兴趣掀开表面,深入挖掘。

比如,"男性精神和灵魂的知识"是什么意思,都有什么内容?男人如何在其中生活,男人与女人、孩子和其他男人又以什么关系存在?假如存在一个战争、酗酒、打女人这类事情曾是"有充分理由且正当"的时代,那是什么时代?布莱常常提到前工业化时期的农耕时代,在那个时代,男人拥有土地,男人的自我确定感与他们跟土地的关系一样牢固。他不曾过问此类社会中的女人是否缺少公民权利,她们的地位是否被贬低,她们如何被看作男人的财产而得到保护,作为满足父权制男子气概的一部分条件,须避免她们被别的男人夺走——跟她们归为一类的是土地、牛羊和其他男人所谨慎使用的家畜。

这种有选择性的历史将一个时期的历史视为全人类的一般经验，仿佛当前的事情一直如此。例如，将养家糊口当成男人的"传统"角色，将非生产性的"家务劳动"——包括分娩和养育孩子——说成是女人的事情，这都是陈词滥调了。比如，男性权利倡导者沃伦·法雷尔将历史分成两个阶段，并将"二战"之前的全部人类经验归入其中一个阶段。他告诉我们，在这一时期，大概在所有我们已知的文化当中，事情都相当简单："女人育儿，男人赚钱"才不会让女人和孩子挨饿。女人所做的不过是生出那些消耗男人所提供的食物的孩子。[23]

戴维·吉尔摩在其关于男性气质的跨文化研究中附和了法雷尔，他把非工业化社会中的女性刻画为无价值任务的被动执行者，其主要功能是让男人能自由地去做养家糊口的真正工作：

> 工作定义了男子气概，但不仅仅是作为花费精力的工作，而且是作为支持生活的劳动、建设性的劳动……狩猎提供的不仅仅是食物，它还提供工具和衣服，以及重要的仪式和宗教材料……姆巴提人（Mbuti）也有一种……男子气概形象，

它与男性为群体获取食物、衣服和法宝的能力直接相关。[24]

此类意象既适用于现代工业化社会,也适用于狩猎采集部落。基恩和法雷尔告诉我们,众所周知,男人即使疲累、不喜欢手头的工作,也愿意工作,这一观察构成了那个可怜笑话的依据:男人的生活中有三个选项——工作、工作、工作。如安东尼·阿斯特拉汉(Anthony Astrachan)所说,这意味着,技术的变革和近些年女性涌入职场从根本上改变了男人的生活,他们"从小就期待养活自己和家人……一份'男人的工作'曾经需要技能、力气和长时间工作的能力——所有这些令人钦佩的品质都曾被认为独属于男人"。[25]

如果勤劳工作、物质供给和养家糊口能够定义男子气概,那么如果男子气概存在,且与女性特征形成明确对比,按照定义,就很难不得出女人不工作且从未工作过的结论。如果我们将吉尔摩和阿斯特拉汉的观察稍微扩展一下:女性的劳动向来没有什么建设性,无法维持生活,也算不上有难度,而男人不知怎么找到了一种方法来寻找衣物、陶器、房屋、面包、寝具、草药、炊具、宗教器物和几千年来由女性通过她们的想象、技能和辛勤劳作生产出来的所有其他物品。吉尔摩告诉我们,男子气概的文化理想对于推动男性完成重要的供养功能必不可少，这似乎意味着女性办不到。法雷尔就"保护"功能有过相似的断言。[26]没了男人，我们都得挨饿、受冻或成为野兽的美餐。

这样荒谬可笑的观念持续存在，并且似乎很容易获得受众，这充分说明了社会神话和意识形态塑造信念和认知的力量。[27]即使在今天，女性也承担了世界上大约2/3的经济生产性工作，提供了几乎一半的粮食，但只获得全部收入的10%，只拥有财产的1%。[28]在园圃种植社会，这类不平衡更加严重，大多数粮食生长在小型的手工耕作园圃里，而不是大面积的耕地上，因而女性提供了大多数粮食和其他必需品，往往还负责建造房屋。[29]

尽管如此，女性的劳动在很大程度上没有被看见，尤其是在现代经济学的记录当中。正如玛丽莲·韦林（Marilyn Waring）所指出的，联合国的会计系统只对在现金市场上交易的东西赋予经济价值，这一标准排除了妇女所做的大量工作。[30]例如，通过管道输送并在另一端出售的水被计入一个国家的国民生产总值，但妇女每天步行几英里把水运到家里的劳动没有被计入：

> 一个年轻的北美中产阶级家庭主妇每天都在准备食物，摆放餐桌，端菜盛饭，清理餐桌上的

食物和碗筷，洗碗，给孩子穿衣服，换尿布，管教孩子，带孩子去托儿所或学校，处理垃圾，除尘，收拾要洗的衣服，洗衣服，去加油站和超市，修理家庭用品，熨烫，照看或陪孩子玩耍，整理床铺，支付账单，照顾宠物和植物，收拾玩具、书籍和衣服，缝缝补补或打毛衣，应付上门推销人员，接电话，吸尘、扫地和洗地，修剪草坪，除草，铲雪，打扫浴室和厨房，哄孩子睡觉。[她]必须面对这样的事实：她把时间全部花在了一些非生产性的事情上。徒劳无功。她属于……非经济活动人口，经济学家把她算成是无业人员。[31]

这就是为何法雷尔会犯这样的错误，将古往今来的女性视作在经济上不具生产性、靠丈夫或其他男人"供养其生活"的依附者。当他在描述中认为男人负责赚钱养家而女人负责抚养孩子时，他忽略的一点是，金钱作为经济生活中的要素的时间，在他所谓的"二战"前的阶段，只占很小一部分。现金市场是一项晚近的发明，在此之前，人们主要消费他们自己生产的东西，剩下的则拿去物物交换。

父权文化将男人刻画为主要的供养者，宣扬的是男人独立、自主、自给自足，女人依附于男人的观念，仿佛女人是大孩子。然而，从历史上看，大多数男人和女人能够生存下来的唯一办法是在具有经济生产力的家庭当中通力合作。例如，在狩猎采集社会中，男人可能会到处寻找猎物，但如果没有女人，就没有什么回去的理由——没有住所、衣服、陶器、炊具或其他工具，或者说，就此而言，没有足够的食物可以维持生活——对一个根本上是素食的社会来说，肉类不过是可以补充蛋白质的次要食物来源。

资本主义工业革命深刻地改变了男女之间在经济上相互依赖的密切关系，以至于这种关系似乎完全消失了。这种情况是在工业资本主义制度下应运而生的，在这种制度下，历史上第一次出现主要为了在现金驱动的市场上销售而生产的商品。大多数人变成了出卖时间以换取工资的雇员，而不是生产商品主要供自己和家人消费的独立劳作者。这意味着人们失去了对工作和生产的控制权，但这也意味着他们可以依靠现金收入养活自己，独立于家庭生活。子女不再依赖于继承部分家庭农场，而是可以离开家去找工作。对于中产阶级和上层阶级的白人男性来说，情况尤其如此，他们的性别、种族和阶级特权以及免于照料子女和其他家务劳动的自由，使他们能够影响新兴的政治经济，以适应自己的需要，并在很大程度上将女性排除在外。因此，在人类历史上，已婚妇女第一次在经济上依赖男人。

随着男人接管了现金经济,赚钱的能力毫无意外地成了生产力、价值和独立性的唯一合理衡量标准,结果是,大部分女性被定义为在经济上依附于人的非工人。但如果我们从为人们提供所需的角度来思考生产和经济价值,那么很明显,女性一直在工作,丈夫和妻子从未中断在经济上的相互依赖。一个为家人采买食物、准备晚餐的女人,对于生产性工作的参与,与所有餐厅服务员一样多,她在让其他工人得以维持自身并完成有偿劳动方面起着重要的作用。即便只有丈夫做有偿工作,女人在维持家庭上所做的工作也至少跟男人一样多,甚至超过了男人。

然而,婚姻中相互依赖的现实被一些关于男人和女人经济角色的文化观念所遮蔽。随着女性的家务劳动被贬低,并被重新定义为非工作,这些劳动也被社会忽视,导致女性的形象变成依附、被动、不具生产性的,且主要与育儿和"杂事"相联系(当其他家庭成员做女人的工作时,这些工作便常常被称为"杂事")。最极端的形象化制造出了在文化上被轻鄙的"福利母亲",在一种流行的神话的评判中,她们成日坐着,享受政府的资助;而现实更接近于一种麻木的日常折磨,其中充满剥夺、忧虑、挣扎与绝望。

与对女性工作的贬低相伴随的当然还有对男性形象的塑造,男人被塑造成辛勤劳动、自给自足、独立自主甚至英雄一般的养家者，他们以一己之力肩负起了养家的重担。当然，大多数男人的确在辛勤工作，许多人也感觉这是一副重担。但这并不意味着女人没有在辛勤工作，抑或承担这种成年人的责任莫名变成了男人的专利。[32]

文化神话常常以这种方式歪曲从属群体和支配群体之间发生的事情。它允许支配群体不必正视事实：他们十分依赖他人从事令人讨厌的低薪劳动，从而使他们的特权成为可能。例如，上层阶级的成员通常被描绘成"财富创造者"，高楼、桥梁与帝国的建造者，尽管大部分工作都是由另一些人完成的，他们是那些"小人物"，他们纳税且经常过着为生计而长期焦虑的生活。我们被告知，唐纳德·特朗普"建造"了特朗普大厦，就像世纪之交的强盗大亨们"建造"了铁路和钢铁厂，这些使他们获得巨大的个人财富。整个国家都沉浸在这种神奇的思维中。例如，在美国，我们很少意识到第三世界的贫困如何支持着我们自己的生活水平。我们愿意相信，我们的富足生活完全是我们自己创造的，而不知道它在多大程度上一直依赖于廉价劳动力和原材料的稳定供应，而供应这些的国家当中居住着世界上大部分的贫困人口。

使这种文化魔术成为可能的一部分原因是对独立与自主的混淆。支配群体不需要对那些比他们阶层低的人负责，也无须先征求允许才能做他们想做的事情，在这个意义上，他们通常是自主的。但支配群体并不因此就是独立的。上层阶级可能不必对工人阶级负责，但如果没有工人阶级的劳动，他们的生活就会土崩瓦解。同样，当男人渴望相对于女人的自主权时，他们所寻求的不是独立。他们并不是试图独自生活，不用女人来满足他们的需求。对许多男人来说，自主意味着做他们想做的事情，又让女人满足他们的需求和需要。

这种关系看起来很像许多青少年想要拥有的亲子关系，只是青少年相对没有权力，通常无法成功。然而，支配群体的优势在于他们有相当大的权力定义现实，并能够利用这一点掩盖真相。大多数男人都依赖女人——在许多方面远比女人依赖男人的程度要深——这个真相一贯遭到掩盖或淡化。当男人真的承认他们的依赖，尤其是性方面的依赖时，他们常常咬牙切齿，仿佛女人理应能够轻易得到，这样男人对女人的需要在他们的感受里就完全不必变成依赖。由此，女人就被期待表现得像优雅娴熟的仆人，一边扮演着提供服务的角色，一边又不让主人意识到他们其实有多么依赖仆人。这种手法最为成功之时，世人对其认知却是完全相反的。世人认为，是上层阶级在照料他们的仆人，是奴隶主承担着照顾奴隶的重负，是丈夫在照顾妻子和孩子。

当然，在某种程度上，女人和男人都知道男人有多么依赖女人所做的家务和照顾工作。男人吃着女人采购和烹饪的食物，钻进被窝，感受女人为他们铺好的干净的、新换过的床单，在生病、悲伤或绝望之时接受女人的照顾，在感到怀疑或畏惧时接受情感支持，并从无数其他支持着他们的事情上获益。但男人一旦承认了需求，就会让自己显露弱点。在父权制之下，这对男人来说是一种危险之举，尤其是在其他男人视野之内。于是，男人通常感到不得不维持一种"女人依附而男人独立"的假象，在某种程度上，跟他一起生活的女人也是如此。

在此意义上，父权文化使得人们很难看到这种深刻的相互依赖的关系，而这一直以来都是性别关系的核心。更棘手的是关于异性恋性行为的父权思想，它是人类生活的关键，也已经成了男性特权的关键。

父权制下的性

让性别议题如此难以处理的一个原因是，这些议题通常显得非常自然，不是我们能够做选择的事情。这一点对于性来说尤其如此，它在文化上被刻画为完全源于自然，是情感和身体所固有的，它是直接的，因此很难想象它如何被社会这样遥远的东西塑造。像性高潮这样的东西肯定不会是社会的创造。但这并不意味着我们关于性的经验都是内在固定的生物反应，不被社会生活的环境塑造。

作为拥有巨大大脑的物种，我们无法将我们对性的认知与经验同我们对它的思考完全分离。我们对于性的思考与我们所生活的社会有着密切的联系，所以我们无法像谈论某种独立于社会存在的事物那样去谈论性。[33] 我们所认定的正常的人类性行为实际上是一套关于性的文化观念，因此我们必须问，这些观念是如何被塑造的，它们怎样影响了生活以及我们关于性的体验。

例如，不到两个世纪以前，"好"女人还不应该享受性爱，更遑论性高潮，有时她们的阴蒂还会被切除，这是为了"治疗"她们对性"过多"的兴趣。而今天，健康的女性则应该拥有多重高潮，并认为如果达不到的话，就可能是自己有问题或者伴侣有问题。

我们如何看待异性恋性行为，对于父权制是一个关键，因为关于性别的观念是父权制的核心，而异性恋性行为和性别是相互定义的。例如，一个男人是否被视作一个真正的男人，或一个女人是否被视作一个真正的女人，取决于他们的性感受、行为、身份和关系。尤其是，按照大多数西方文化的定义，真正的女人和男人只可能是异性恋。男人的定义与异性恋紧密地捆绑在一起，因而男同性恋常常被指责根本不是男人。这也是为什么人们常常将女同性恋跟男人进行比较，因为她们像"真正的男人"一样被女性吸引。既然真正的男人和真正的女人在文化上被定义为异性恋，那么任何男同性恋、女同性恋或双性恋都会被污名化为异常的局外人，他们对现状构成威胁，并且不配拥有合法的社会身份。因此，他们是可疑的，容易受到排斥、歧视和迫害。

然而，异性恋者可以作为在社会上拥有合法身份的男人或女人，在世界上自由行动。他们享有的特权包括：能够作为正常的社会成员被接受，公开以肢体动作向伴侣表达情感，公开提及自己的私人生活，活在一个充满向他们传递正当性和社会希求的文化形象的世界里，在生活中不必害怕其他人发现他们的真实取向。这些都是一种特权，因为对于男同性恋、女同性恋或双性恋而言，这些权利是遭到系统性否定的。[34]像所有形式的特权一样，异性恋者认为这是理所当然的，他们完全不把这当作特权。事情本来就是这样的。但是，正如夏洛特·邦奇（Charlotte Bunch）所指出的，异性恋者要意识到他们拥有多少特权并不费什么事："如果你对于特权是什么不太了解，我建议你回家，并且跟你认识的每个人——你的室友、家人、工作伙伴——宣布你是一名酷儿。做一个星期的酷儿试试看。"[35]

在父权制之下，男性的男子气概和女性的女性特征的文化理想是在一种异性恋模型当中组织起来的。这意味着，一个真正的男人要使自己有能力控制与女性的性接触，从而展现核心的父权价值观。他要明确表明，尤其是向其他男人明确表明，他对女性有性兴趣，要让人假定自己能够对这种兴趣采取行动并达到目的，并且不做任何动摇这一假设的事情。一个真正的女人则要接受这一切，并以这样的方式与男人建立关系，她得让自己真实的自我意识服从于男性控制（比如不论想不想都得做爱），并从男性的视角定义性。

举例来说，正如玛丽莲·弗赖伊（Marilyn Frye）所提出的那样，从父权制的视角来看，"有性行为"的意思是男人通过性交获得性高潮，他的性高潮是"性行为"发生多少次的标准。[36] 她的性高潮是真的还是装的、她是否享受，基本上不是他们有没有真正"发生过性关系"的重点，尽管这些都可能成为他的性表现（控制）的反映，因此也反映了男子气概。

父权制式的异性恋性行为是男性支配、男性认同、男性中心的，并且围绕着对控制的痴迷而组织。因此，它的社会意义超越了性本身，因为它充当了男性支配和一般性的支配与侵犯的普遍模式。无论权威人物是父亲、情人、丈夫还是雇主，隐含的控制的动态关系通常都涉及与性行为有关的文化主题。被伤害或被占便宜也常常跟异性恋形象联系在一起，比如"我被搞了"（I've been screwed）、"被强迫了"（had）、"被占有了"（taken）。37 战争话语中也充斥着异性恋形象，从新兵在基础训练中唱的小曲——"这是我的枪，这是我的炮；一根打仗，一根打炮"［This is my rifle, this (my penis) is my gun; this is for fighting, this is for fun］——到最高指挥部对于核毁灭的比喻说法，如"全力进攻"和"战争高潮"，都是如此。38

权力也被异性恋化了，比如说"去他妈的竞争"（screwing the competition），fucking 也被用作形容词，以指代程度惊人（如 fucking fantastic，他妈的棒极了），又比如，认为男人有权利将所有女人都赋予性的意味，包括雇员、同事、街上的陌生人和女儿。39 有一种流行的浪漫主义观念认为，父亲应捍卫女儿的性完整，维护他们自己对女儿的所有权，直到不情愿地，有时甚至流露出嫉妒地将女儿交托给丈夫。例如，电影《岳父大人》（Father of the Bride）就表现了一个父亲面对女儿即将到来的婚姻，会出于嫉妒做出什么行为。我们理应把这当成傻得可爱，但这显然依据的是女儿作为浪漫性财产的文化形象，这种形象根植于有关异性恋及其与男性特权和对女性的压迫之关系的核心父权制观念中。

父权制并不是唯一让性任由社会塑造和定义的社会。在每一种文化中，人类对于性感受、性经验和性行为的潜能都是以各种方式被构建和调节的。所有地方的人都会经历社会化，从而以某种特定方式看待自身、他人和性。他们被教导理应期待什么，如何解读感觉和感受，以及如何确定跟谁一起、做什么事是恰当的。

但加入权力与特权之后，将性普遍地塑造为一种社会现实的做法就拥有了更大的意义。异性恋性行为中的主要行动者是女性与男性，男性与女性也是定义父权制这个体制的主要参照点。这意味着我们对于异性恋性行为的观念会深刻影响我们对父权制的观念。如果我们将父权制的异性恋性行为看作自然，我们便也将父权制视作自然，如果父权制被视为自然，对于它的批评就会被当作对人类本性的攻击、对"我们是谁"这个问题在我们内心深处的理解的攻击。正是在此意义上，父权制的异性恋性行为充当了凯瑟琳·麦金农（Catharine MacKinnon）所称的"性别不平等的关隘"。[40]

将父权制的异性恋性行为视为性别不平等的关隘，似乎与女性主义者长期以来主张的"对于女性的压迫主要通过对母职的要求来体现"相互矛盾。例如，在前工业化的父权制社会中，如果母乳喂养要求母亲不能远离家庭，她们就不能参与捕猎和战争等与权力和地位紧密相关的活动。而在工业化父权制下，女性职场晋升最大的障碍是工作与育儿的矛盾。然而，从历史上看，母职的压迫性后果或许比表面上看起来要小。正如我们在前面看到的，在前工业化社会，养育孩子从未阻止女性充分参与生产，她们通常生产和提供半数以上的必需品与服务。

母职在工业化资本主义之下更受限制，工作与家庭的实际分离迫使女性在照顾孩子和外出工作之间做出选择。然而，即便这样，对工人阶级和下层阶级的女性来说影响也不大，她们大多数人既在家庭当中，也在家庭之外工作。有色人种女性尤其如此，她们白天为白人女性承担家务，晚上则回家照顾自己的家人。因此，养育子女对女性位置的限制主要是在一种有限的经济意义上，它可能是一种相对短期的、只限于某些阶级的现象，因为在劳动力市场上，中产阶级母亲的比例在持续上升。

对于女性的从属地位，一个更有力的解释是，这不是因为她们的孩子，而是因为男人，首先是因为父亲，接着是因为丈夫和其他男性权威角色。正如米里亚姆·约翰逊提出的，父亲与女儿之间的社会化，比起将女儿培养成好母亲，更多地侧重将女儿培养成好妻子。这种关系通常会随着浪漫的异性恋理想而改变（如在《岳父大人》当中），而这在母子之间较少看到。比方说，一个女儿被叫作"爸爸的宝贝女儿"是相当可接受的，但一个儿子被叫作"妈妈的宝贝儿子"则是一种辱骂。

这种双重标准是与父女乱伦的文化矛盾心理紧密相关的。然而，对于母子乱伦则没有那么矛盾，正如约翰逊所说，母子乱伦被禁止或许不是因为深刻的性心理原因，而是因为男性和一个比他有权力的女人之间的性关系违背了核心的父权价值观。[41] 要更直观地理解这句话的意思，可以想象一下一部名为《婆婆大人》(*Mother of the Groom*) 的电影的票房号召力。在《岳父大人》中，那个男人是主题，尽管这是一部喜剧，他没有被刻画成对女儿的幸福构成威胁的人——只是因为嫉妒心而失控，而这种嫉妒被认为是恰当的。而电影如果刻画的是对已婚的儿子抱有执着迷恋的母亲，这样的电影也仍是以男性为中心的，但这个家长就会被视为神经质和破坏性的，她的失控方式不太可能被观众视为有趣的。

支持妻子的从属地位的是许多文化观念和期待，例如将丈夫的工作和需求置于自己的工作和需求之上，或者按照他的经验与需求确定和判断自己的性行为。例如，当男人的性欲比女人强的时候，这种不同常常被解释为女人有问题，而不是男人有问题。男人可能会感觉匮乏、生气、被拒绝、困惑或受伤，但父权文化不鼓励他们对此感到愧疚或感觉自己在性方面有缺陷。他们可能会被迫改变，更包容、更体贴或更理解女人，但这不会改变他们对此的认知：出问题的是女人和她们的性行为——不是男人和他们的性行为——因此才需要包容和理解。

而女人更可能将这种性频率、性欲望或表达形式的差异完全归因于自己，感到有责任对此做些什么，比如答应增加性生活频次或接受她们不喜欢的方式。所以，在英语中有众所周知的"性冷淡"（frigidity）这种词，它被用于形容不愿以男人想要的方式、在男人想要的时间跟男人发生性关系的女人，但在大多数人的词汇中不存在形容性欲过剩的男人的词。[42] 如其他父权制当中的事物一样，确定和评估正常人类经验的标准永远是男性认同和以男性为中心的。

我们所适应的那种父权制异性恋性行为是一种普遍现象的一个版本，因为每种文化都有关于性和性所采取的形式的观念，从异性恋、双性恋、女同性恋、男同性恋到多态性爱倾向，从平等享受愉悦到施虐与受虐，从神圣仪式到世俗娱乐。究其核心，父权制下的性的问题在于，它在性当中注入了控制与支配，因此把暴力当作达成这两者的手段。多年来，许多反暴力运动中的女性主义者都否认这一点，她们主张性暴力只关乎权力，而与性无关。然而，这忽视了在父权制之下，暴力可能与权力和性有关。

这可能意味着，性与权力作为两个独立的动机在运作

（性暴力则是"性＋权力"）。然而，在更深的层面上，重要的是看到父权文化如何从权力与男性特权的角度定义主流的性，以及权力与男性支配如何常常被从性的角度去考虑。这一切都意味着，我们在参与异性恋关系时很难不涉及权力问题，或者在处理权力时很难不涉及性想象。如果我们为了避免看到性被暴力的可能性所污染而否认这种联系，我们就看不到问题的真相或需要改变的是什么。

对于性暴力来说是如此，对于色情来说也是如此，后者包含了一大堆属于它的文化混淆与矛盾心理。对许多女性主义者来说，色情是性暴力的"实践"所依据的"理论"。[43] 正如约翰·施托尔滕贝格所提出的，色情揭示了父权压迫与关于性的文化观念的联系：

> 男性至上主义的性对于色情来说很重要，色情对于男性至上主义也很重要。色情将体现和实施男性至上主义的性行为制度化。色情是性的说明……：可采取以下办法在性爱中施展男性至上主义……以下是要将权力强加于另一个身体并强制另一个身体可采取的做法。色情也是行动的说明……：你应该对谁做这样的事，这个人是谁：你的婊子，你的所有物，你的。你的阳具是一件

兵器，她的身体是你的攻击目标。色情作品对性做了说明："因为"男人是主人，女人是奴隶；男人是优越的，女人是从属的；男人是真实的，女人是客体；男人是性机器，女人是荡妇……色情作品也使男性至上主义变得色情化，让支配和从属感觉像是性，让上下等级感觉像是性，让强迫与暴力感觉像是性，让仇恨与恐怖主义感觉像是性，让不平等感觉像是性。[44]

难怪会有如此多的混淆，男人尤其如此，他们搞不清楚虐待的性与非虐待的性，分不清什么是性骚扰，什么不是性骚扰，也不明白如何去协调亲密的需求与父权制那导向控制的最小阻力路径。男人在父权制的男性气质中投入越多，他们就越重视保持控制，以及与情感和脆弱保持距离。脆弱与情感根植于身体，这意味着在让男人与他们的情感分离的过程中，对男性气质的追求也使他们远离了与自己身体的连接。

由此，父权制鼓励男人切断所有把自己当作肉身化的（embodied）性存在的感觉。男性异性恋性行为成了男人身体以外的某种东西，是一种为女人所拥有和掌控的商品或奖励，要去寻找，去"获得"，去控制。男人被鼓励将性视为某种女人有而男人没有的东西，因此是女人对男人的支配权的来源，是男性仇恨、愤怒、胁迫和侵犯的理由。这可以将男人的性生活化约为如下一系列选择：长期的性剥夺和想办法购买、赚取、赢得、引诱或抓住性。这可能使男人感到对女人的性愉悦负有责任——总是处于让女人满足的压力之下——他们以此来显示自己男性控制的技巧。这也是一种赢得性的办法，一般看来，性是被女人所持有的，每次小心谨慎地适量取出，施与值得托付的男人。这一切或许就是许多男人所能真正理解的，最接近自己作为性存在活着的感觉。[45]

也无怪乎有那么多的男女会被卷入受害者与施害者的关系，成为性胁迫、虐待、骚扰或不知道它属于暴力的暴力关系中的两方。也无怪乎在情色与色情的区别上有如此多的混淆，那些攻击后者的人常常被指控对于前者存在情感焦虑。[46] 在一个重要的意义上，许多谴责色情的人的确是反性的（antisex）——他们所反对的不是一般意义上的性，而是父权制压迫下的性。[47]

要为父权制找到出路，我们必须处理将性别与性跟核心的父权价值观联系在一起的强大的社会连接。或许比起任何其他人类生活的领域，男性特权在此处的体现方式使我们更难越过看似自然的性经验，抵达事物的本质和我们与它的关系。因为有这些以及所有其他形式的神话与错误观念遮蔽我们的视线，我们需要意识到，我们不只是社会构建的现实的囚徒。现实一直以来都在被构建和重建，我们在其中所起的作用，无论多么微小和无意识，都给了我们选择改变现状的机会与责任。

7　什么父权制？

或许维持父权制运转的最有效的方法是宣扬它一开始就不存在。我们可以说，父权制只是愤怒的女性主义者想象出来的事物。或者即便它的确存在，也只是徒有其名，只是它前身的影子，已经不再对人们的生活有很大影响。要彻底完成这一论述，你必须愿意否认许多事，但你也可以使用一些关键的支撑性论据——父权制并不存在，因为许多女人看起来比许多男人过得好多了；现代男性普遍的悲惨命运与男性特权的概念相矛盾；女人和男人都被同一种压迫的平行版本影响；男人和女人是社会生活各个方面平等的共同创造者，包括父权制。这种让人麻木的混乱说法将我们引向四面八方，却唯独避开了重要的方向，让我们无法清晰地理解当下真正在发生的事情，从而很好地服务了父权制。

一时间能看到，一时间看不到：
男性不可见性的悖论

维持男性特权的一个关键是贬低女性，让她们和她们所做的事情变得不可见。比如，当打扫房子或照顾孩子不被当作工作时，或者当女人的想法被视而不见时，只有男人的提议被留意和采用时，就是如此。但社会生活总是充满矛盾，因为男人的一些重要方面也不被看见。然而，支配群体通常的情况是，不可见不会损害他们的利益，反而为他们服务。

一种运作方式是借助父权制本身的男性认同方面。因为父权文化将男人与男性气质作为人类的普遍标准，男子气概被视为理所当然的背景布，这使它成为最不可能被留意到的东西。当我们用"男人"（man）指代人类时，男子气概便融入了人类（humanity），男人得享一种不被标记为他者的舒适与安全感。相较之下，"女人"不论是相对于男人，还是相对于一般意义上的人类，都被标记为局外人，被突显出来。[1] 如果每个男人就是每个人，那么女人就是其他成问题的部分，是某件需要解决的事情。

同样的不可见现象也出现在种族问题上。例如，我们很少会注意新闻中白人的种族，因为在一个白人认同的社会，白就是标准——默认的种族。只有偏离主流群体的人才被指出来给予特殊关注。所以将白人女性和有色人种（女警察、黑人医生、印第安艺术家、亚裔美国高管等）视为例外是惯常做法，这种做法强调了男人和白人的规范地位，因此被认为是理所当然的。讽刺的是，在此类案例中，男性和白人对社会生活的支配如此严重，因此在某种意义上，他们也在社会上变得不可见。与女性和有色人种的不可见不同，这种不可见让男人和白人得以穿行于世界，而相对少地意识到男性特权和白人特权的肇因或后果，以及他们所制造的压迫，从而巩固了特权。

一般而言，女性做一些可能会提升她们地位的事情时会被忽视，比如把孩子养育成健康的成年人，或在商务会议上想到一个绝妙的主意。而男人和男子气概被隐形，通常是在男人的行为不受社会欢迎，并可能使人质疑男性特权是否适当时。例如，尽管大多数暴力行为是由男人实施的，但新闻报道很少注意那些强奸、杀人、殴打、折磨和对他人发动战争的人的性别。相反，我们读到的是暴徒、群众、人民、学生、帮派、公民、青年、粉丝、工人、激进分子、党员、青少年、叛乱分子、士兵等，这些都是可能包括女性和男性的非性别化的类别。然而，如果一群女性聚集在一起，制造出一个有新闻价值的事件，可以肯定她们会被视为女性，而不仅仅是群众。但这种关注很少会落到男子气概本身。当有人提到有关男性暴力的统计数字,并提出这可能是一个值得关注的问题时,人们的反应是不耐烦地打哈欠,或者更有可能是将其看作攻击全体男性的稻草人论证*——所有男人都被指控为杀人犯和强奸犯——并提出一连串反对。

当媒体的确指出了男性的性别时,他们又很少重视这一点。我们经常听到关于男性暴力犯罪的报道,听的频率已经高到令人麻木,从打老婆、跟踪、强奸、谋杀,到心怀不满的雇员对工人和路人开枪,到"9·11"恐怖袭击的灾难,再到大肆杀害学童或把种族灭绝用作国家政策工具。然而,我们很少听到"这种行为的肇事者几乎总是男人"这样的简单陈述。我们也没有认真考虑:男人普遍参与这种暴力,而这正为理解其发生的原因提供了线索。比如,从来没有人提出,男性控制的伦理可能与使用暴力有关,抑或我们有充分的理由去限制男性伤害他人的机会。

然而,要注意从属群体成为焦点时众人截然不同的反应。例如,早期的艾滋病患者大多是男同性恋者,这就带来了对隔离和压制整个同性恋人群的要求,尽管大多数男同性恋者没有感染艾滋病。少女怀孕——这种状态描述的是女性,

---

* 稻草人论证(straw man)或稻草人谬误、攻击稻草人、刺稻草人、打稻草人,是曲解对方的论点,针对曲解后的论点(替身稻草人)攻击,再宣称已推翻对方论点的论证方式。——译者注

而不是男性——在美国是一个热门话题，但男性让少女受精则不会成为热门话题。如果有色人种对白人施暴的比例达到男性对女性施暴的比例，就会有采取行动控制这个"危险人群"的全国性动员。

对男性有选择的视而不见塑造了我们认知和思考性别议题的方式。例如，对女性的压迫通常作为女性议题而不是男性议题讨论，这使男性性别的不可见成了问题的一部分。无论是职场歧视、性骚扰还是暴力，性别问题通常都被视为女性的问题——受害者的类别。性别议题很少被视为男人的问题，而实际上施害的正是这一类别的人，他们的特权根植于压迫女性的同一套体制。

如果男性性别是隐形的，那么父权制也是隐形的，这就很容易显得男人与一些按理说是围绕性别组织起来的事物没有关系。从最简单的意义上说，这也不合逻辑，因为一件事不可能在涉及性别时只涉及女性。如果某件事只因为女人是女人就发生在她们身上，那么我们也必须理解，为什么只因为男人是男人，这件事就不发生在他们身上。但男性的不可见性不仅是不合逻辑，因为它还包含着受害者有责任或有罪的暗示。它暗示的是，压迫是那些遭受压迫的人的问题，而不是那些从压迫中受益或实施压迫的人。

将压迫定义为仅仅是被压迫者的问题这一做法跟压迫

本身一样古老。批判性地看待使男性拥有相对于女性、有色人种和工人阶级与下层阶级的特权的体制，并不能保护或提升男人、白人和上层阶级的地位。相反，最小阻力路径是做慈善，或关注被压迫群体如何作为拥有"特殊利益"的群体解决他们的难题，化解他们的问题，或提升他们的地位。但处处得利的支配群体很少被描述为有问题的群体，甚至很少被说成是一个群体，更别说是拥有特殊利益的群体。

支配群体能够避免被仔细审视，是因为他们的地位使他们得以将自己的利益定义为社会整体的利益。这为男人铺就了一条保护自己特权的最小阻力路径，他们只需毫不费力地顺应父权制现状——教导和拔擢那些跟他们相似的人，逃避家务，通过那些反映以男性为中心、男性认同、男性支配的世界的法律法规，制定类似的政策。没什么大不了的。没有特殊利益在运作。但那些与父权制的后果做斗争的人则是另一回事。他们是他者，是想挤进去的局外人，他们是寻求肯定性行动*的和其他特殊考虑的人，会踩着其他人晋升。

如果特权与压迫只作为被压迫群体的问题显现，那么特权群体就不必感到有责任或需要做出说明，甚至不必感到这

---

* 肯定性行动（affirmative action）指防止对种族、性别、宗教、年龄和出身国别等少数群体或弱势群体歧视的一种手段，给予这些群体优待来消除歧视，从而达到平等。——译者注

些问题与己有关。男人可能稍稍显示出对"女性议题"的关心，或只需避免公开的性别主义行为，便自我感觉良好，甚至自认为是道德高尚的。他们可能把最微小的支持性别平等的姿态——从声称支持同工同酬到在家洗碗——当作"他们真是个好人"的标志。男人也能够从幻觉中获得安慰，以为女人可以在仁慈的男人的帮助下自己解决女性的问题，从而为自己伸张正义，无须根本性地影响男人的生活或父权社会的组织方式，包括其男性认同的核心价值观。

许多男人反对存在男性特权这一说，但他们的反对也强调了父权制所赖以维持的一种不可见性。很少有男人意识到，如果女人不被当作从属者对待，他们的生活会有多少改变。相反，男人将辛勤工作和成就归功于自己，而没有考虑到他们如果不得不在公平的竞争环境中与女性竞争，或者在没有那么多妻子和母亲提供支持性（和无偿的）家务劳动的情况下，会有多么困难。因为父权制将女性定义为从属者和他者，女人被排除在严肃竞争之外便被男人视为理所当然。结果是，女人进入了到目前为止只有男性的职场，让许多男人猛然清醒。当男人抱怨一些女性从肯定性行动中得到好处时，他们忽略了几个世纪以来支持男性的肯定性行动。尽管有女性主义运动的发展，但这些仍然在持续，它们是父权制之下主要的、非例外的默认状态。

男性的性别越是不可见，暴力和歧视等性别问题就越会被认为是女性的问题，我们就越不可能注意到父权制作为一个压迫性体制的存在。当我们看不到强奸犯和他们的受害者所属的性别类别的重要性时，那些不是强奸犯的男性个体就不需要考虑他们与父权特权的关联如何将他们与男性强奸犯的性暴力联系在一起。

否认

否认可能是一种有力、有效的心理防御机制。当某件事情过于讨厌、太难处理时，否认可能是个救星，这对于孩子来说尤其如此。然而，通常情况下，否认也会让我们付出代价，因为它阻碍了我们运用自己的力量去看清我们的生活，并采取改善它的行动。比如，一个受虐女孩的否认可以让她不必面对被虐待的现实，但最终可能损害她作为成年人行事的能力，并使她不得不接受心理治疗，以摆脱虐待和虐待背后的东西。

当否认嵌入整个社会体制的文化中时，它就更加可怕。比如，当家庭把虐待说成是爱，国家把战争叫作"维护和平"，父权制将男性支配定义为人类本性时，我们所要面对的，就比个人不愿意直视真相要多得多。要让一个女孩承认自己被虐待，她必须先把否认这种抵御痛苦和恐惧的办法搁置一旁。她得放弃她知道的唯一安全之所——躲在那里她可以假装这一切都没有发生过。但她还得对抗家人的集体否认，正是这种集体否认对爱、虐待、暴力和家庭的定义，使她和其他所有人的否认成为可能。在此意义上，她面临的风险更大，她必须挑战她赖以获得归属感和认同感的整个体制。

类似的风险也在更大的范围内的发生。比如，要反对一场得到大众支持的战争，反战抗议者几乎要赌上一切，从邻居的善意，到孩子在学校的待遇，再到他们作为真正的公民有权利在场的意识。"这就是美国，不喜欢它就滚"，这是每一个抗议越战的人都遇到过的标准挑衅，仿佛只有那些接受主流的集体否认的人，才能算爱国者。而任何对举国上下都在进行大规模否认有所怀疑的人，只需要读一读前国防部部长罗伯特·麦克纳马拉（Robert McNamara）充满悔恨的回忆录[2]或看看电影《战争迷雾》(*The Fog of War*)。

2003年美国人侵伊拉克时，也出现了类似的抵触情绪。仅仅是对战争提出疑问的国会议员都被指责为不爱国和通敌，参与公众抗议的公民也是如此。

否认有各种各样的形式。有些人甚至否认问题的存在（"强奸在这个校园里不是一个问题"），或者，如果它的确存在，也不认为它严重到令人担忧的程度（"只是时不时会发生，但女人能克服它"）。这一招失效以后，下一句防御性的台词就是指责受害者（"她应该更小心才是"），或者把它说成别的（"不过是误会一场。这不是真正的暴力"）。接着，正如斯坦利·科恩（Stanley Cohen）在他的《否认的情形》（*States of Denial*）一书中提出的，当我们无法避免看到事情真相时，就会出现更多层次的否认——对它没有任何感觉，或者感觉到了什么，但不认为这是道德问题，或者，如果所有其他办法都失败了，就否认我们有任何可采取的行动。[3]

考虑到承认痛苦的现实所冒的风险有多大，我们可能会否认父权制的存在，而不去冒险嘲讽它、拒绝它，甚至不去直面它的本质，也就不足为奇了。尤其是对于男人来说，否认可能显得狂热、富有对抗性，但它也常常表现为拖延着不看或者不理解。它或许是从某个极其简单的事情开始，比如把男性特权的结果说成是"女性的问题"，这是一种让男性与他者的问题撇清关系的简单方法。从此处开始，否认变得越来越密不透风，越来越难以穿透。

例如，在性骚扰问题上，众所周知的男人解决问题的能力可能会突然失效，他们指望女人告诉他们该做什么，不该做什么。许多男人抱怨说他们不了解规则，似乎也无法再弄明白。仿佛性骚扰是女性的某种神秘现象，只有女性能够理解。出于某种同样神秘的原因，尽管男人控制着几乎每一项重要的社会制度，尽管这部分是因为他们有着优秀的弄清事物客观规律的能力，但他们进入女性议题这个陌生领域时，就变得意外地迟钝。他们可能会退化到一种委实搞不懂的状态，这是"我不擅长这些"的另一种表达方式。

否认是一种可靠的防御，服务于各种形式的特权。在某种程度上，它在每个社会中都存在，因为社会组织是自我证明和自我维持的。没有哪个社会体制的文化会认为这种严肃、持续的对其自身的批评富有价值，因为这种批评可能会导致它转型。相反，现状通常被定义为正常的、合法的、不值得注意的，且顺着假定一切根本上都没问题的最小阻力路径运行。如果麻烦制造者出现，提出其他的建议，人们很容易责怪他们，而不是倾听他们的意见——把一个体制的问题归咎于体制之外的一切。外界的煽动者，或者不愿意正视自己的失败并接受现实的不满的群体，才是问题所在。

因为每种特权体制都是为了保护支配群体的利益而组织起来的，拒绝特权使任何人都难以挑战该体制，从而服务于特权。只须一切照旧，利用现状的滚动惯性，就可维持特权。他们最不可能想到的就是去理解特权是如何运作的，谁会受到它的伤害，以及这与他们有什么关系。

这可能会使最有特权的群体成为最盲目的人。例如，英国广播公司（BBC）的经典电视剧《楼上楼下》（*Upstairs, Downstairs*）描绘了20世纪初爱德华七世时代英国特权阶级（楼上）和仆人阶级（楼下）的生活。在这个严格的阶级制度下，仆人几乎为雇主做所有的事情，从做饭、上菜、打扫房间到伺候洗浴、擦靴子、帮家庭成员穿衣。在其中一幕中，这家的主人理查德·贝拉米必须处理仆人之间的个人问题，而他笨拙的处理方式只会使问题变得更糟。当他试图处理这种情况时，他恼怒地咕哝道："仆人！我不知道我们为什么要忍受他们！"

在某种程度上，这种说法非常麻木不仁、盲目甚至愚蠢，人们很容易把这当作一种人格缺陷而一笑了之——就像一些人得出结论说，不明白的男人肯定是浑蛋。然而，事实要复杂得多。当我们参与一个社会体制时，我们会被自觉吸引到最小阻力路径上，它塑造了我们看待和理解事物的方式。每一种特权体制的组织方式都鼓励从属群体保持沉默，假装不存在压迫，以免上级的愤怒使情况变得比现在更恶劣。支配群体则被鼓励采取微妙的傲慢态度，对支持他们特权的压迫性现实视而不见。

毫不奇怪的是，如果有人打破沉默，通常是那些最接近底层的人，而他们所拥有的推动改变的资源往往最少。因此，受压迫的群体通常会感到被逼到一个角落，处在这样的角落，制造麻烦似乎是吸引人们关注当前所发生之事的唯一办法。反过来，制造麻烦通常会引起官方的反感，被指责为极端主义，甚至是暴力镇压。[4] 在美国这样的民主国家，为了避免公开危害民主价值观，人们会容忍一定程度的制造麻烦的行为。但过一段时间，耐心耗尽了，支配群体就会站起来说："够了！"[5]

否认是如此密不透风，以至于那些成功穿透它的女人通常得拖着她们生活中的男人一起觉醒，并让他们保持足够持久的关注，以转化为行动。与此同时，女人也必须与性别压迫的日常现实做斗争，尽管主流文化中充斥的信息是"特权与压迫一开始就不是真的"，"即便有几分是真的，也算不了什么"，女人必须心态健康、头脑清醒，保持觉察。

当女人试图解释为什么男人的行为是一种冒犯或威胁时，为什么他应该负起打扫房子的责任，为什么描述他所思考的与谈论他的感受是不一样的，为什么他对控制的执着是压迫性的，为什么他作为雇主的某些行为是不合适的，会让她无法工作——常见的动态关系就开始了。他无辜地，或许还满目真诚地说，他不明白，请她解释一下。她做了解释，但他提出了一些巧妙的观点——说他们对某些事情的定义有所不同，或规则也有例外。或者等到他的注意力开始涣散，他仍然不明白，或者他一时间明白了，但过一小时、一星期就又不明白了。

这个过程会一直持续,直到她放弃,不会太久,因为这是非常耗费心力的工作。他可能会被她的不耐烦刺伤,因为他认为自己在努力保持敏感,避免冒犯。她对于他常常表现出的无法理解和平静坦然感到挫败,陷入困境,暴怒不已(他之所以平静坦然,是因为在他心里的某处,他感觉得到——即便是无意识的——男性特权的认知允许他不必明白)。她可能会为了让他动起来,去看见,去做些什么而走向极端。她可能会威胁要分手、离婚、辞职、投诉、起诉,这取决于他们之间的关系;任何一种方式对她来说都是有风险的——从家庭破裂到失业,再到因为选择做"一个疯女人"或"恶女"而不得不面对暴力报复。

有时她的努力也有效果,有时他可能有兴趣了解一下那些仍被他视作女性议题的问题。他甚至可能帮其他人提高觉悟,包括其他男人。但当他逆着男性特权和父权制抛给他的最小阻力路径的稳定潮流前进时,不消多久,他便可能失去兴趣。所以接下来几乎是各种形式的特权——连天哈欠夹杂着逐渐耗尽的耐心盖过了对话:"我们又要谈这个吗?"

父权制在每个场景下都在被否认,从卧室到会议室。例如,康涅狄格州哈特福德附近一家"异国风情舞蹈"俱乐部的老板在高速公路广告牌上为自己的生意做广告,广告牌上有两个女人穿着低胸上衣,注视着川流不息的车流。有一些人抱怨,但几乎没有太多人对此显示出兴趣,直到全国妇女组织(National Organization for Women)的两名成员爬到高处,在广告上喷上了"停止图像强奸"的大字。现在,公众站了起来,把注意力从客厅转移到广播谈话节目,但不是关注图像强奸的问题,也不是关注物化、侵占和剥削女性身体的数十亿美元的生意,以及它如何鼓励性暴力和其他暴力,也不是关注男人和在这种行当中花钱的人。人们想要讨论的是,喷漆的人是否侵犯了广告商的言论自由权,违犯法律是不是一种合适或有效推动改变的策略,批评脱衣舞者选择这种工作是否公平。喷喷声此起彼伏,告诫女人要通情达理,与男人进行建设性的对话。几个星期后,这场风暴平息了,人们的兴趣转移到了别的事情上,广告牌保留了下来,而男人继续购买观看和幻想女人身体的机会的生意照常进行。

贯穿广告牌争议的一个主题是,全国妇女组织的这些女人都是典型的顽固保守的女性主义假正经,她们激烈反对的不过是正常的异性恋性行为。这种论点是否定父权制存在的常见组成部分:把围绕性别的事情刻画成显而易见和自然的,尽管有时会让敏感的人感到恼火或被冒犯(但最终总是采取一种可爱而无关紧要的方式,像是"淘气")。[6]

如果女人想在男人面前脱衣服来养活自己和孩子——好

吧,女人做这种事已经很多年了,毕竟,这是她们的选择,不是吗?如果男人不明白这一点,那小题大做也没有意义,因为从畅销书排行榜上看,女人和男人不仅说不同的语言,而且来自不同的星球,这意味着我们应该对那些难能可贵的、他们设法理解彼此的时刻感恩戴德。而且,似乎无须说的是,当涉及人与人的亲密关系,需要男人投入注意力并掌握技能时,男人就是不擅长这种事情(尽管他们主导了心理健康行业,几乎垄断了对父母的建议)。因此,当他们不懂的时候,人们总是乐于原谅他们;当他们懂的时候,则会受到赞扬,无论他们如何迅速地把这些抛到脑后。

但看不到父权制和男性特权的现实不只是一种可爱或令人遗憾的无能。无论有意或无意,这都有效地否认了父权制,否认了男人对此的参与,否认了他们有解决问题的潜力。[7]

"她也参与其中了!":共识与共谋

南非的种族隔离制度或美国的奴隶制这样公开的压迫性特权体制有一种令人欣慰的清晰性,因为我们可以从中明白地看到谁压迫谁,怎么压迫的。你总是能够区分一个群体和另一个群体,特权中的差异显而易见,虐待与剥削完全公开，整个体制都围绕严格的种族隔离而组织。世界似乎可以被干净利落地分为受害的无辜者和施害的坏人。

如果父权制符合这种模式，或许我们就更容易看到父权制是如何运作的，但它不符合。社会生活总是围绕着在家庭和社区中一起工作和生活的女人与男人展开，这一安排使它不像其他体制一样，有着将压迫者和被压迫者截然分开的鲜明对比。就我们所知，女人与男人的生活总是以这样或那样的方式紧密联系在一起。除了少数例外，男人总是为女人所生，并由女人抚养长大。女人的生活也总是与男人的生活紧密相连，他可能是父亲、兄弟、丈夫、情人、儿子、叔伯、侄子、表兄弟或者祖父。跨性别的亲密关系一直是人类经验的一大特征，这可能会让人很难看清它是如何运作的，或者根本看不见它。

这种困难的一种表现方式是，很多人认为，既然两种性别的人拥有日常生活的共同社会现实，他们对于创造和维持这一现实也必定负有同等的责任。这意味着两个性别都不能主导事物的整体计划。在某种层面上，这当然是对的，因为除非是隐士，否则人必须参与某一个社会。除非他们终其一生都在公开反抗——随之而来的是各种各样的风险——否则他们会想办法适应。所以男人和女人都不可避免地要在某种程度上支持父权制，这是他们所知的唯一一种生活方式。

但顺应父权制也使我们成为它所制造的结果的一部分。当我们生活的细节受到父权制的塑造，并成为父权制现实的反映时，压迫就会渗入社会生活，成为日常的一部分。于是我们便不觉得痛苦、失落和冲突是什么反常的失序，相反，生活本就如此——这仅仅是一些个人困扰，其原因不过是有缺陷的人格、不幸的童年或可能发生在任何人身上的厄运。于是我们更难以明白，父权制这样的体制如何促成如上种种个人困扰，并将它们紧密组织联系在一起。

很多人倾向于将特权与压迫融入正常生活的想象，这在支配群体和从属群体的生活紧密地连成一体并相互依赖时最为常见。在某种程度上，维多利亚时代的英国上层阶级和仆人阶级，以及美国的奴隶制都是如此，但这两种制度都无法与人类经历数千年的男女生活的相互交织相比。因此，最小阻力路径是将父权制视为正常的、双方同意的，并且是为每个人的需求和价值观服务的。

所以，假使我们发现似乎不乏女性接受了她们的命运，也有不少女性在尽她们的力量让生活按照事物的"自然秩序"运转时，也不应感到惊讶。但这并不意味着女人和男人是同等的父权制共同创造者，或者说父权制这个体制平等地服务于男人和女人的利益。参与一个体制并适应它，以至于认同和维系它是一回事。有意识地选择创造它又完全是另一回事。[8] 单是躺在一张床上，并不意味着我们制造了这张床，更不意味着我们即使有更好的选择，也会睡在这张床上。

例如，想一想作为奴隶被带到美国的非洲黑人。那些想让自己的孩子生存下去的黑人父母，毫无疑问会教他们如何通过服从白人、听从他们的指示、不做任何质疑现状的事情来避免白人的暴力。白人则可能——且经常如此——指出这种生活方式背后似乎存在的共识，并声称黑人作为制度的参与者是满足的，甚至是幸福的。这个制度被认为对每个人都有好处，至少符合他们在生活中的不同身份（这在白人看来当然也是自然的，是上帝安排的）。

但这是一种伪共识，它的基础是在压迫性的社会中两害取其轻。同样错误的是认为那些适应压迫体制的人应负责做出自由且深思熟虑的选择。好比说，一个煤矿工人的儿子可以自由选择成为一名煤矿工人，而不去做华尔街的律师，因为没有人公开强迫他做这个选择。我们也可以说，一个华尔街律师的儿子可以自由选择继承父业，而不是成为一名煤矿工人。但是，如果以两人都行使了自由选择权为由，认为两人对其选择的后果负有同等责任，那么就忽略了社会如何限制了人们认为可供选择的选项。这些选项是生活在某些特定社会的直接结果，在这样的社会当中，某些阶级、性别和种族享有其他阶级、性别和种族相对缺少的特权。

当然，没有一个社会可以在毫无共识的情况下存在，女人和男人也都参与了父权制下的生活。但我们必须问一问，这种共识的基础是什么，不同的群体从中得到了什么，他们有哪些选择，以及他们参与的条件是什么。当女性顺应与女性身份相伴的低等社会地位时，她们并非因为这在父权文化中是一件有吸引力、令人羡慕的事情而这么做。诚然，"女性"的美德和"女性的工作"被认为是重要的，但这些之所以重要，至少一个很关键的原因是这对男人有用。而且这些美德和工作是以感性的、浪漫的方式被承认的，与被公认为严肃的生活与工作相比，它们的地位不高。

许多男人立即会反对说，家庭是所有社会制度中最重要的——接下来才是"男人的工作"。他们说，女人应该为能够将家庭作为自己的主场感到荣幸。尽管家庭应该是最重要的制度之一，但如果我们从社会资源与回报的分配方式，以及男人的优先选择来判断，家庭显然排名非常靠后。

比如，我们可以想想这些：人们容忍着普遍的家庭暴力和虐待；儿童在所有年龄段的人群中是最容易生活在贫困之中的；全国儿童保育危机；男人往往不在意承担避孕责任，因此造成无保护措施的性行为的后果；大多数丈夫和父亲拒绝承认自己对于构成家庭生活的家务劳动负有同等责任，这已经成为稳定的主流。所有这些例子都凸显了一个巨大的鸿沟，鸿沟的一端是公共言论和感伤抒情，另一端是家庭生活的现实和更大的社会赋予它的价值。

大多数女人接受她们的地位是因为她们所知道的只有这样，或者这已经是她们最好的选择。剩下的选项就是冒险挑战强大的利益集团所捍卫的体制，这使得顺应男性特权成了女性的最小阻力路径。要选择不同的道路当然是可能的，频频出现的女性英雄主义已经向我们表明了这一点，但这需要相当大的努力与冒险。

但男人不也感觉被迫屈从于父权的标准吗？他们对父权制的顺应，相比女人有更多自由选择的成分吗？他们不也要为挑战现状付出代价吗？答案是肯定的，但男人与女人的相似性也就到此为止了，因为男人没有自由和女人没有自由带来的是迥然不同的后果。

在父权制之下，女人接受从属的、被贬低的性别地位时得到的回报极少。但是，当男人获得了他的地位时，他就能认同社会上一些最高尚的文化价值观——与男子气概有关的价值观，如控制、理性、力量、勤勉、勇气、果断、支配力、情感控制和内敛、坚韧、智慧、抽象原则、智识和艺术天赋，甚至上帝。男人如果成功地体现父权价值观，可以从男性特权中得利并获得回报。他将自己认同为一个男人，是将自己与在社会上被定义为人类所能成为的最好的样子联系在一起。无论他的社会地位如何,他都知道,在他的男性身份当中存在某种东西,这种东西将他抬到比地位最高的女人还高的"理想"状态,同样也高于其他一些尽管享有其他特权,却似乎"不够有男子气概"的男人。为此,工人阶级的木匠会觉得自己比总统夫人优越,因为他是一个男人,而她不是;他也可能感到自己比某个男性专业人士更像男人,因为后者虽有阶级特权,却似乎缺少刚毅与勇气。

像男人一样,女人在父权制当中出生和成长,她们参与父权制,是因为她们看不到别的选择。她们不可避免地认同这个社会,甚至在某种程度上为其辩护。然而,这远远不意味着"在性关系或其他形式的恶性相互依赖中,女人与男人在对父权社会的塑造上有着同等的控制权"。

作为一种体制,父权制并不是一场巨大的两性之争,仿佛男女在这场战争中作为性的超级大国追求相同但相互冲突的利益。父权制是一种压迫性的体制,女性在其中像所有从属群体一样,尽最大可能地利用她们所拥有的东西,建立任何她们所能建立的权力和影响力的基础。假如女人被当成性资产,她们会找到办法控制这份资产来为自己服务。如果她们成为情绪照顾者,那么她们也会想办法利用情绪作为杠杆。女人能够伤害或者剥夺男人,并不意味着父权制不存在或者女人和男人是其中平等的合伙人。毕竟,白人奴隶主依赖他们的奴隶，并往往生活在对奴隶的恐惧之中，但这不会让黑人成为奴隶制的合伙人。我们在此看到的是一种存在于压迫性力量的社会动力学中的内在矛盾：人对于支配与控制的投入越大，就越害怕同样的力量与价值观对他们倒戈相向——他们眼里那些比他们低微的人也因而显得更有力量。[9]

无论对男人还是女人来说，参与父权制都将我们置于巨大的矛盾之中。一方面，我们可能感到别无选择，只得生活在父权制所设的限制之内，以女性为代价换取男性的特权。另一方面，我们对彼此有一些最不可抗拒的个人需求——无论是作为父母、兄弟姐妹、子女、爱人还是配偶——这些需求总是被一个围绕着特权与压迫建立的体制所扭曲，引向歧路。

矛盾如此之深，风险如此之高，以至于我们不想知道发生了什么。许多男人害怕被指责（正如女人害怕指责他们一样），所以我们发现，假装女人和男人是平等的还更容易一些。每次有人讨论压迫，我们都忍不住回答："但女人也参与其中了。""男人呢？"让女人扮演一群出于某些原因宁愿选择制造自我压迫的怪人要更容易一些。这使得那些原本挺聪明的人也被逼到死角，试图以一些荒谬的论点转过头来打开出路：女人喜欢被控制，喜欢被拳打脚踢，天生能在痛苦和羞辱中获得快感——这是一种用起来得心应手的女受虐狂迷思。这是一种疯狂的动力学，但或许与父权制本身一样疯狂，这个体制让世界上一半的人与另一半的人互斗。

错误的类比

进行错误的性别类比制造了一枚极为有效的烟幕弹，遮蔽了父权制的现实。要将女性和男性视作一起创造和维持父权制的平等共谋者，我们得无视父权制给予男人和女人的利益、资源和经验并不相同的事实。我们不能将两个性别混为一谈，将他们当作无差别的整体看待，正如我们不能表现得好像所有种族、阶级和族群都平等参与社会及其发展，并且从中获得同样多的利益。女人与男人、白人与有色人种、正常人与残疾人、老板与员工、富人与穷人对于社会生活条件的控制并不平等。每个人都参与社会生活，因此我们对于创造它，包括它所造成的结果，都起到一些作用。然而，这不意味着所有群体都以同样的程度、出于同样的原因参与它，或制造了同样的结果。

然而，在有人批评父权制或批评男人参与了父权制时，以错误的类比来回应已经成了惯例。这种类比将女人和男人描绘为可以在各种社会情境中互换，他们的经验与行为即便不是彼此相对应，也是可类比的。一种做法是给每一种针对女性的压迫都找出类似的男性境况来做比较，而忽略了父权制实际是以不同的方式塑造着男人和女人的生活。

例如，文化神话常常将女人与邪恶联系在一起，她们有着勾引人的形象，让好男人堕落，她们是道德感薄弱的性别，随时准备为魔鬼的诱惑服务，是吃小孩的邪恶女巫，如此等等。"那么基督教的魔鬼呢？"现成的反驳出现了。他难道不是一个可类比的邪恶人物，在某种程度上平衡了女性的负面形象吗？这难道不是一件关于人类而非性别的事情吗？

尽管男性与女性的魔鬼形象似乎是相对应且可类比的，但事实上他们又非常不同。魔鬼可能是男的，但他的邪恶并非基于他的男性身份。他被认为邪恶并非因为他是男性，因为男性身份本身就与邪恶联系在一起。相反，魔鬼之所以是邪恶的，是因为他与上帝有特殊的关系。[10] 他的男性身份若有影响，也是提升了他作为一个堕落天使的身份，他起初是上帝的道德争论的搭档，强大到足以成为如上帝自己一样的对手。

相较之下，夏娃、潘多拉和女巫等女性形象所具有的邪恶，是与女性身为女性联系在一起的。在父权文化中，女性被视为天生软弱、淫荡、易堕落且使人堕落。[11] 她们所拥有的力量则被描绘成令人厌恶的、可鄙的、缺乏个性的和招致毁灭的。这与魔鬼所具有的力量截然不同,魔鬼像希特勒和其他超凡的怪物一样,即使无法因其力量赢得尊重,至少也能赢得某种程度的敬畏和迷恋。很难想象,父权制的基督教如何能创造出一个强大的、坚实的、足以挑战上帝的邪恶女性形象,因为这需要认真地对待女性。换句话说,在父权制下,女性不配成为魔鬼。

错误的性别类比是一种影响力很大的思考方式,很容易让人认为父权制并不存在。如果人们对女性的所有叙述都能与某些对男性的叙述相匹配,那么谈论男性特权或对女性的压迫还有何根据呢?例如,"性别主义"一词通常用来描述任何基于性别的偏见,包括对男性的负面刻板印象。许多男人抱怨肯定性行动是性别主义("反向性别主义"),那些经常把孩子监护权判给母亲的法官是性别主义者,那些说男人是浑蛋的女人也是性别主义者。

其他人指出,女性越来越关注男性的外貌吸引力,这似乎可与对女性的性物化相类比。女性更加公开地谈论男性的身体,夜店里的脱衣舞男对着欢呼的女性观众表演,媒体则很快开始关注不时出现的女高管性骚扰男下属的事件,不管性骚扰是真实的,还是像小说和电影《桃色机密》(*Disclosure*)中那样是想象出来的。男人似乎越来越将注意力转向对个人形象的关注,男性化妆品行业顺势蓬勃发展,而这长久以来几乎都是只由女性承受的负担。

就像孩子因为打架该怪谁而争吵不休("他打了我!""没错,但她……"),对于针对男性的性别主义的类似抱怨,是所有对男性特权的严肃关注都会得到的惯常回应。女人抱怨她们生活艰难,男人抱怨他们的生活也一样艰难。大家点点头,一起松了一口气,又一次避免了坦诚地谈论特权。有时是女性救场,她们匆忙指出,每当一个女性处于不利地位,男性也会遭受属于他们的一些负面影响。但不管是谁说出这样的话,典型的结果都是一个死胡同,或者是一场更关注男性悲惨而非女性痛苦的对话,将注意力从父权制和男性特权上移开,强化了男性中心主义。这样一来,即便话题是特权与压迫,最小阻力路径也会以某种方式将对话转向关注和照顾男性。

错误的性别类比的问题在于,同样的事情发生在不同性别的人身上,其意义极为不同。从表面上看,女人和男人的经历和行为似乎是相似的,但如果我们审视人们生活的更宏大的现实,这一表象就会瓦解。

例如,对男人的负面刻板印象可能使他们感到不适,伤害他们的感情。这似乎是男人抱怨的最常见理由,也是有男人在场时,女人甚至不愿谈论性别主义的一个主要原因。但针对男性的刻板印象主要来自女性,而女性是一个从属的、在文化上被贬低的群体,她们在一个男性认同、男性支配、男性中心的社会中缺乏权威。换言之,如果源头是女人,这种刻板印象所造成的伤害仅限于个人伤害(比如让男人在床上觉得自己很蠢),在更大的世界里几乎没有任何影响。这是因为针对男性的刻板印象并非根植于一种认为男人天生具有危险性、低人一等、可笑、令人厌恶或不可取的文化。此类刻板印象因而可以被当作一个不值得认真对待的群体发出的恶毒的胡言乱语,从而被一笔勾销。

针对男性的刻板印象也无法贬抑男性这个群体,使他们处于劣势地位,不能成为虐待和对他们暴力相向的正常理由,也不能剥夺他们的公平待遇。[12] 譬如说,当女人说男人是个浑蛋的时候,她们所表达的不是一般意义上的"男人都是浑蛋"的文化观念。如果我们的文化真的把男人当成浑蛋,大众恐怕会迫切地要求女总统、女参议员和女首席执行官上任。相反,我们在社会生活的各个领域都常常让男人当领导,向男人寻求专业知识,无论是哲学、政府、商业、法律、宗教、艺术、科学、烹饪还是育儿。就男人在文化上被塑造成浑蛋这方面来说,只有在被定义为相对不重要的生活领域才是如此,也就是说,在他们与女人的亲密关系中。最终,这对女人造成的伤害比男人更大,因为让上位者显得愚蠢的能力,是各种从属群体被描述为危险和需要控制的众多方式之一。

然而，针对女性的偏见则有着深刻而广泛的影响，不只是让她们感到不适而已，因为这支持了以女人为代价让男人享受特权的整个体制。性别主义不仅针对女性个体，因为它根本上就是针对女人的，而且在每个具体事例中打击的都是身为女性这一简单的事实。每一种反女性偏见的表达永远不只限于口头，因为它再次确认了父权特权和压迫的文化遗产。

例如，当某个特定的女人被认为不如与她一起工作的男人聪明、庄重、重要时，这种关于她的特定看法会被轻易地跟女人整体上都不如男人的父权观念联系起来。当男人无视她的观点与建议或者比起她的工作更关注她的外表时，他们是带着一种文化权威这样做的，这对她的伤害远远大于受到相似待遇的男人。由于父权文化重视男人和男子气概，针对男性的偏见主要由表达这种偏见的女性个体来承担，因此很容易被低估（"她肯定讨厌男人"）。无论男人感觉有多受伤，他们总是可以在男性特权和主流文化中寻找补偿，后者源源不断地向他们传递与生俱来的男性价值的信息。在此意义上，问题不在于偏见是否造成伤害——它会伤害它触及的每一个人。但针对女性的偏见比针对男性的偏见造成的伤害更深刻、更复杂，因为这种伤害被父权制放大了，父权制通过与所有女人的联系将这种伤害传播开来，并系统性地将它与男性特权联系在一起。

因为偏见对女性与男性的影响大为不同,所以将针对男性的偏见称为"性别主义"歪曲了特权体制如何运转的现实。"性别主义"区分了单纯的性别偏见——这既影响着男人,也影响着女人——与更深刻、更广泛的表达和维持特权及压迫的后果。没有这种区分,我们就会将所有伤害都同等看待,而不会考虑引起偏见的原因和它对人造成的影响在个人层面和社会层面都具有的重要区别。

例如,当一个男人在夜总会表演中脱掉衣服时,他并没有同时脱掉他作为一个人的尊严、自主权和权力,因为在父权文化中,不存在将他的行为解释为对观看他表演的女性放弃真正有价值的东西的解释框架。如果有的话,也是他可以得到以男性为中心的满足感,让那些缺乏社会权力的女性把他的身体当作被羡慕的财产来欣赏。他与女性观众的关系并不反映诸如"男性的身体通常被视为女性追求和控制的对象"这样的更大的社会现实。

但女人脱衣服则会在一个非常不同的社会背景下反映出更大的社会现实,这个社会背景将完全改变她行为的意义,以及看她表演的男人的行为的意义。在父权文化中,她的身体主要是对那些重视获取和使用权利的男人有意义,他们会通过各种形式的契约、强迫或购买去取得这些权力,从爱情的纽带或婚姻到召妓乃至强奸。男人花钱让女人在他们面前脱衣服，不只是付钱看某个他们觉得漂亮的人或引起他性欲的人脱掉衣服。他们也参与了一种更广泛的社会模式，这种社会模式以可否取悦男人、满足男性眼中的魅力标准、被男人占用或利用来定义女人的存在。在某种程度上，入场券让男人买到的是一种权利，让男人感觉他们对女人的身体有一种间接的控制力，即便只是短暂的幻想。然而，看男人脱衣服的女人则几乎无法在主流父权文化中找到支持，让她们以这种方式观看和对待男人。

男女脱衣舞者之间当然是有共同之处的，但那些跟性别没有太大关系。比如说，在市场资本主义制度之下，男人和女人的身体都常常被当作商品。许多男运动员被视为可供使用的肉，不再需要时就被扔掉，从事危险行业的男人常常被视为消耗品。这种剥削也存在于男性对个人外表日益关注的商业化中，从健美到化妆品和整形手术皆是如此。[13]

但对女性身体的商业剥削并不只关乎社会阶层和资本主义，因为它亦涉及一个常态化并促进性剥削的父权制。例如，当一名女高管对一名男下属进行性骚扰时，她既滥用了她的组织权力，也滥用了她的阶级特权。但是她没有利用女性的性别特权或男性普遍的社会从属地位，因为这些本来就不存在。她的行为是不恰当的，是有害的，她应该为此承担责任。但这并不能使它与男性对女性的骚扰画等号，因为它背后没有父权制和男性特权的强大社会权威。

作为受害者的男性

最棘手的父权制矛盾之一是，尽管父权制赋予男性特权，但即使不是大多数，也有许多男人没有感觉到拥有特权、掌握权力或控制了什么，尤其是在工作当中。[14] 从许多男人对自己生活的描述来看，他们常常感到自己是受害者，被剥夺、被压制、被抛弃、被困住。这种感觉往往与一些身为男性的代价有关——至少在统计上与身为男性有关。男性的死亡年龄通常比女性小，几乎每一种死因都更容易导致男性死亡（除了卵巢癌和乳腺癌等少数例外）。男性更有可能从事危险的职业，更有可能自杀（老年男性自杀率还会大幅攀升），也更有可能遭遇他杀。他们更有可能遭受酒精、毒品和精神障碍之苦，[15] 更容易卷入暴力犯罪，更容易被捕入狱，更容易无家可归。相较于女性，男人的朋友往往数量更少，交往更浅，持续时间更短；在遭遇丧偶时，尤其是到了老年，男人往往也无法生活得很好。男人在生活中对工作的高度重视，让很多男人远离了家庭和亲密关系。一些男人感到被大众文化贬低,比如电视情景喜剧会将男人描绘成在家庭中和女人身边笨手笨脚的蠢货。而在关于肯定性行动的争论中,许多男人抱怨女人得到了本应为男性所有的工作和晋升机会,尽管仍然没有明确证据,这只不过是传闻而已。

如果男人对于特权在他们生活中的感受如此之低,并似乎在为身为男性付出实质性的代价,那么我们怎么能说父权制存在呢?男人可以既享受特权又生活在不幸之中吗?答案是肯定的,因为大多数男人的损失与不幸,都与男人参与同一个让他们享受特权的体制时的要求有关。正如玛丽莲·弗伦奇所说:

> 一个把控制看得比什么都重要的人,没有能力维持任何可能削弱或戳穿控制表面的那层关系;因此,这样一个人几乎没有能力建立亲密、平等或信任,因为这里的每一种关系都需要放弃控制。一个人需要保持距离、高高在上,控制的表面才不会破碎……他/她会对赤裸和脆弱惶恐不已,因为它们似乎就在小心翼翼维持的控制之墙外面盘旋……[16]

如果传统父权制中的女性形象极大地束缚着她们,夺去她们生活中的大部分活动与快乐,那么传统父权制中的男性形象则极大地剥夺了他们，让他们失去生活的核心，生活最重要的"目的"与价值：快乐、爱、亲密、分享和共享。女人被囚困于核心，男人则被挡在边缘；两个区域都经过了重新命名。[17]

男性特权与男性的不幸之间的矛盾常常被用来论证：因为男人也有相似甚或更加悲惨的命运，所以女人所受的压迫得到了平衡。例如，沃伦·法雷尔写道，像美国这样的社会既是父权制的，也是母权制的，每一种性别都有属于自己的压迫性统治领域。[18]如其他错误的类比一样，法雷尔将对父权制的关注转移到了作为受害者的男人身上，认为他们也值得与女人拥有同样程度的同情。在极端的情况下，男人为特权付出的代价、男人的痛苦被用来指责女人，即便索取这种代价的通常是其他男人。例如，男人不愿意将自己完全敞开，去探究内心的情感生活，更多的是担心自己向其他男人暴露弱点，或者被认为不够男人——不能控制和被别人控制——而不是在防备女人。同样，许多男人所经历的竞争磨炼、不安全感或对暴力的恐惧，绝大多数是与其他男人有关，跟女人没有关系。

男人的不幸的确值得同情，但这不意味着我们要无视是男人自己造成了这种不幸，也不意味着要无视它的来源和男人以它换来的特权。对男人的同情很容易让人忘掉父权制和男性特权的存在。之所以如此容易，部分是因为人们对什么是特权、特权的来源和特权的分配有所误解。例如，许多男人认为，只有当男人感到自己享有特权时，他们才是有特权的。然而，特权的一个关键方面就是并没有意识到这是一种特权。此外，尽管男人作为一个群体在社会中享有特权，但种族、阶级、性取向和残疾状况等因素影响着每个男人享有特权的程度和他的感受。

特权有许多种形式，它在社会当中各个人群里的分配是一个复杂的过程。特权的体现可以简单到在说话时被倾听和认真对待，在商店或餐厅获得迅速而亲切的招待，可以自由行动或自由表达观点。它可以从财富或权力中体现，也可以体现为有人跟在我们身后擦屁股或照顾我们的需求。对某种权益进行不平等的分配，于是使得某些人高高在上，如此分配的东西就叫作特权。[19] 例如，当男人被倾听而女人被无视的时候，本应是人类谈话中常见的礼貌——认真对待和倾听——就变成了一种特权。

人们获得多少特权，取决于他们所占据的社会地位怎样叠加，以及这些地位在社会中的定位和受重视程度。例如，伴随着财富的特权取决于种族、民族、教育、职业、阶级背景和性别等其他因素。中彩票不足以让一个工人阶级家庭跻身上流社会，正如在美国，即便受过再多的专业培训，拥有再多的职业成就或收入，也无法抹除附加于有色人种身上的种族污名。如果房地产经纪人不带有色人种家庭去白人街区看房，那么有色人种家庭是否住得起这样的房子就不重要了。如果病人都假定女人是护士，男同事都把她们当成二流的，那么女人能不能取得医学学位就不重要了。而全世界所有的阶级和种族特权都无法避免女人成为性暴力和家庭暴力的目标。

简而言之，尽管我们是作为个体去感受特权的，但这些特权是制度性的，且更多取决于性别和种族等社会特征，而不取决于使我们成为独特个体的个人特征。个人层面和社会层面之间的区别是很重要的，因为这意味着要想影响特权，只能通过改变我们的社会地位——例如，重返校园提高学历，冒充白人，或与更高阶层的人结婚——或改变社会体制。如果我们愿意付出努力，我们可以改变自己身上很多的社会特征，但要改变性别和种族就难多了。如果这些特征是特权和压迫的依据，那么获取特权的通常途径，如教育和职业，往往是不够的。唯一的出路是改变创造和分配特权的体制与社会机制。

从这一讨论中，我们可以得出两个关于男性在父权制下享有特权但不一定感受到特权的悖论的要点。首先，并非所有男人都过得比所有女人好，但这并不意味着男性特权不存在。种族主义损害了有色人种男性获得男性特权的机会，例如，让他们更难过上好生活，更难获得男性供养者的父权地位。与之类似，阶级的动力学破坏了下层阶级和工人阶级男性获得男性特权的机会。然而，这并不意味着不存在男性特权，不存在为所有男性确立特权并使之合法化的父权制。例如，在普遍的社会假设中，即使是最贫穷的有色人种男性也有机会成为一家之主，实现父权理想——就像白人男性一样。

简而言之，由于男性特权是社会产生和分配的，所以无论男性个体是否知道或想要特权，它都存在。例如，当我晚上独自外出散步时，我很少想到，仅仅因为我是男性这一事实就赋予了我比女性更多的行动自由，在一个对女性的威胁更大的世界中，男性的恐惧相对较少。天黑后，我不觉得自己被关在家里，而是享受一种理所当然的安全感，这是男性特权的一种。

事实上，我没有意识到自己享有特权，并不是因为我没有特权。部分原因是，我的特权是由日常生活中一些原本不起眼的方面组成的。仅仅因为我想出门或需要一些牛奶，就能在深夜独自散步，这并不是那种让我感到有特权的事情。

但是，当一个社会的组织方式是系统地剥夺一些人的这一权利，而允许另一些人享有这一权利时，这就是一种特权。这就是佩姬·麦金托什（Peggy McIntosh）所说的"不劳而获的优势"，一种"我们不需要去争取"的权利。[20] 既然特权群体不需要争取，那么他们就不认为这是一种特权。

男人对男性特权的盲目，也是基于我们如何将自己与他人进行比较，以此来判断自己的相对地位的动力学。当我们衡量自己过得好不好时，我们倾向于横向比较和向上看，而不是向下看。换句话说，如果我们的邻居、朋友和同事看起来过得比我们好，我们不会因为注意到别人过得更差而感到安慰，尤其是当别人在我们认为重要的方面与我们并不相似时。因此，如果你告诉生活在贫困中的美国人，印度或索马里的穷人更穷，或者如果你告诉那些撞到公司玻璃天花板的白人女性，工人阶级女性比她们过得更惨，这并不会让他们感觉好过一些。

正因如此，我们通常不需要提醒人们他们相对被剥夺的权利，但他们可能会拒绝承认其相对的特权，甚至连这样的可能性都不会接受。这就是为什么男人在公司里被女人超越时，他可能会觉得自己处于不公平的劣势，尽管事实上围绕着他的是父权制，在这个体制下，绝大多数女性的价值被低估，酬不抵劳，被限制在少数几个没有出路的职业当中。

这也是人们在反对"带女儿去上班日"*时,常常会喊出"男孩怎么办?"的原因。对于一个被女人超越的男人来说,最小阻力路径是永远不去考虑,如果男女之间的竞争环境一直是公平的,对于他刚刚错过的晋升机会,他可能连参与的资格都没有。而男性特权已经太过常态化了,因此人们很容易忽略这样一个事实:如果不特别关注职业的可能性和榜样,女孩不太可能仅仅通过打开电视、打开课本或者看电影就得到男孩所能得到的东西,即以看得到的方式确认跟她们同一性别的人能够从事而且确实从事着各种职业,尤其是那些在社会上最受认可的职业。"带女儿去上班日"的真正过失,并不是它真的剥夺了男孩在别处得不到的东西,而是它将注意力从男孩身上转移开来——哪怕只有一天——转到了女孩身上,从而挑战了以男性为中心的父权原则。

关于男性特权悖论的第二个要点是,许多男性认为,除非支配群体过得非常幸福、成功、如鱼得水,否则像父权制这样的压迫性体制不可能存在。他们似乎认为,压迫就是支配群体过着幸福的好日子,"把全世界所有的好事和特权全部据为己有"。[21] 这就使压迫者群体中存在不幸者成了一

---

* "带女儿去上班日"(Take Our Daughters to Work Day)是一个为了让孩子一窥成年人的工作世界而设的节日,是每年4月的第四个星期四;2003年,它更名为"带孩子去上班"(Take Our Daughters And Sons To Work Day)。——译者注

个自相矛盾的说辞。萨姆·基恩认为，由于"压迫者有更多的机会获得舒适和医疗保健，因而寿命更长"，男性的平均寿命较短，这证明男女之间不存在压迫关系，除非——也许——是女人压迫男人。[22]

但如果我们稍微想一想压迫所包含的那种令人难以忍受的日常痛苦与不公正，就不可能期待，参与对逾半数人口的压迫——其中一些还是男人生活中最重要的人——会让我们过上成功的舒服日子。正如玛丽莲·弗伦奇写道：

> 支配是一种疾病，不是因为某些抽象的道德原则，而是因为一个具体的道德事实：它造成人们的不幸。支配使得生活中必不可少的、最幸运的要素——相互信任——变得不可能……
>
> 不变的事实是，那些我们支配的东西也支配着我们。只要自主、自由的感觉是人类的基本善，那么，那些四面八方受尽压力与威胁的支配者，他们所拥有的个人自由就不如流动工人……要想把奴隶留在沟里，就必须自己留在沟里，或者指定一个监工来保证奴隶的服从。但又要指定一个监工，保证奴隶和监工不勾结……对于一个支配者来说，永远没有安全的地方，没有安全、和平

> 和轻松。控制他人的冲动会适得其反，它不能得到满足，会使控制者陷于困境……世界上的支配者从来没有一天休息的时间。[23]

由此可见，体制不仅仅是创造和分配特权，它还创造和分配各种风险与成本，这取决于特权的组织方式。例如，在欧洲的封建制度下，特权被组织成一种连接贵族、农民和地主的社会体制，最终通过精英阶层对军事装备和专业技术的垄断来实施。在这一时期的大部分时间里，贵族不允许农民参加战争，以此来维持他们的垄断地位（正如男性一直不让女性参加战斗一样，尽管原因有些不同）。当然，贵族为此付出了代价，因为这意味着他们的特权要求他们代表君主去冒生命危险，君主授予他们土地权利以换取军事支持。我们不知道这些战士的平均寿命与农民家庭中的男人相比如何，但完全有可能的是，贵族出身的特权对这些男人来说既威胁生命，又提升生活。[24]

尽管有战争的种种危险以及"妇女和儿童优先"的骑士精神，但在工业化前的父权社会中，男性的生存能力通常是以女性为代价得到提高的，19世纪爱尔兰女性的超高死亡率[25]就是其体现。女性可能会享受一些情感上的关注，但这并不能保护她们不被忽视，不挨饿，不在婴儿时期被遗弃，不在家里情况拮据时被卖去接受各种形式的奴役——包括被迫卖淫。[26]

在工业社会，情况没有那么极端，男性的支配地位不包括社会允许他们掌握的对女孩和妇女的生杀大权。然而，男人确实控制着社会权力的命脉，如国家、教会和经济。工业社会中女性的寿命通常比男性的寿命长，这并不意味着男性支配已成为过去，而是反映了男性支配的代价在不断变化，这是由于这个世界在变化，会采用不同的社会机制来产生和分配特权。

特权体制很少是利落分明的，好东西都归支配群体所有，坏的都是被压迫群体的。更常见的情况是，特权是好坏参半的。这并没有否认特权的现实，只是使它变得复杂了。例如，在南北战争之前，白人特权是美国南方生活中不可否认的事实，但造成白人奴役黑人的同一经济体制，也制造了一大批贫穷的白人，其中许多人对于用一场血腥的内战来捍卫富裕白人的奴隶财产没什么兴趣。[27]虽然下层阶级和工人阶级的白人对于他们享有特权的说法可能会嗤之以鼻，但毫无疑问，他们被认为比黑人优越，并利用假设白人更优越的种族主义文化来补偿自己在经济和社会上的相对匮乏，特别是在奴隶制被废除之后。[28]

出于许多原因，特权体制当中的生活现实对于特权群体来说很难理解，更别说是意识到了。最小阻力路径是用错误的类比和对于特权及其运作方式的错误认知来否认和颠倒黑白。有太多种扭曲和遮掩父权制存在的办法了，我们竟能够看到父权制，这已经是一个奇迹。但正如下一章将要表明的，对于父权制最厚颜无耻的辩护或许是：真正的问题根本不是父权制，而是女人。

8 肯定是女人

当所有其他为父权制辩护的说辞都失效的时候,还有什么能比用批判的目光看女人、指出女人才是真正的问题更魔幻的呢?此类论证指出,女人才是社会生活中有权力的人,而非男人,因为女人是母亲,而每个小男孩都知道,没有什么能跟妈妈相比。

母职使女人成为更有权力且更被重视的性别,常有人在私下脱口说出这种自我证明的观点——"唔,当然了,女人是母亲,这意味着她们做的事情才是真正重要的。"也有人带着不满、愤怒或愤慨认真地说出这种观点,他们认为男人只是被视为支配者,而女人才是握有权力的人。女人毕竟生养了孩子,她们满足了孩子最深层次的需求,一生的依赖也塑造了孩子的性格。由于每个人都有母亲,每个母亲都是女人,因此有些人很容易赞同母亲权力的文化形象,即通过给予或拒绝男人需要的东西来控制男人。

在最温和的形式下，母权（mother power）可能会让男人产生嫉妒，他们觉得自己无足轻重，被排除在生命孕育过程之外。虽然男人生活在一个男性认同和男性中心的世界里，但他们仍可能感觉自己在周遭的生活中处于边缘地位。他们可能会觉得自己在孩子出生时成了局外人，作为父亲被冷落，或者无法理解人类亲密关系的奥秘。被冷落的感觉激起了无力感，作为回应，男子可能会将权力投射到女性身上，认为她们才是真正的局内人——自私的生命钥匙的守护者。最极端的是，母权的观点还被用来解释父权制本身，男人把父权制当作在原本极为不利的情况下捍卫自己的一种方法：男人的支配和随之而来的一切被视为对母权困惑不安的回应，这是一种男人确立自身，维持身份认同，为没有拥有真正的权力寻找补偿的办法。[1]

沃伦·法雷尔的《男权的神话》（*The Myth of Male Power*）整本书都是围绕着这样的观点而组织的：男人是无权者，而女人有被"绝对权力"腐化的可能。[2] 然而，为了让这一论证得以成立，他将权力只限定于"对自己的生活有控制权"，这一狭窄的定义排除了推动压迫性特权体制运转的"对其他事物的控制权"。例如，单就对自己的生活缺乏控制这一点来说，有色人种根本没有受压迫。压迫他们的权力是白人对于经济、政治和其他资源的集体控制,以及为了促成白人特权阶级而对这种控制权进行的主动和被动使用。

控制个人生活肯定可以被看作权力的一种形式,以及拥有其他权力的结果。但这不是那种一个群体可借以统治(父权制当中的"制")、剥削和压迫另一群体的权力。毕竟,世界上最有权力之人常常抱怨没有自己的生活,因为他们处在严密的审视之下,有太多义务要承担。但很少有人因此说,总统和首相的权力是虚构的,无足轻重。

婴儿、血缘和权力

男人很容易将自己视为生命与生殖奥秘的局外人——科学家试图从女人那里解开自然的秘密,男性妇科医生和产科医生试图控制生命过程,部落男性被排除在女性的神圣秘密仪式之外,现代拉梅兹分娩法*教练试图在不造成妨碍的情况下帮忙。生物特征似乎意味着男人不适合生殖,并与生殖过程相互脱离,只能被迫接受次等的补偿,如建造城市、谱写交响乐、征服自然、改装家庭汽车或统治世界。然而,

---

* 拉梅兹分娩法是一种运用肌肉和呼吸训练来减少生产痛苦的办法。——译者注

女性被视为在生理上天然具有与生命的核心联系,这是男性根本无法拥有的。[3] 从这个角度来看,女性可以作为强大的生命创造者出现——被男人羡慕,被孩子畏惧或无可救药地爱着、敬仰着,女性一直牢牢占据着以女神为基础的宗教的象征中心,直到大约 7000 年前父权制的出现。

事实上,男人常常感到被家庭生活以及其他与生命过程联系紧密的事情排除在外。例如,萨姆·基恩曾经讲述他成为父亲的经验,孩子的出生使他不仅感到敬畏,而且深深地感到自己的卑弱:

> 在那一刻,我所有的成就——我写的书、想写和想象的作品、通往不朽的小小的里程碑——都变得没有意义。我像生活在时间起始之际的男人一样开始思考:我能创造出什么与这个新生命一样伟大的东西吗?
>
> ……她从自己的身体里孕育出了意义。单是生物性就确定了她的天命,为持续不断的生命戏剧做贡献。男人以模拟创造,制作、建造、发明器物来回应她的挑战。但是,她的创造是自然的、真正的创造,而他的创造是模仿,是隐喻。[4]

基恩似乎认为生孩子是女人做的事情，就像盖房子、写书或雕刻雕像一样，而不是女人体验、参与和成为其中一部分的事情。[5] 基恩觉得需要做一些同样"伟大"的事情，他觉得自己卑弱，觉得自己被排除在外，因为他做不到。他似乎认为生物性是问题的根源，但事实上，这与父权制鼓励男性围绕控制来组织自己的生活有着更大的关系。当控制成为关注中心时，人就很难满足于仅仅参与某件事或见证他人的强烈体验。一切都被归结为地位的得失，而这取决于控制和做事的能力。

鉴于她能做这件事，而他不能，父权制提供了三条最小阻力路径：他可以贬低她做的事，他可以想办法控制这件事，或者他可以为自己感到难过。贬低她和她所做的事情是最容易的——对生育和婴儿漠不关心——因为贬低女性是父权文化的一个主要部分。掌握控制权需要付出更多的努力：男人可以成为产科医生或育儿专家，或者更简单，以"教练"的身份进入产房。父权制医学将生命过程变成了一种机械过程，但是它远不止于此。它是灵魂和身体的劳动，可能正是因为缺乏这一点，很多男人才感到被排除在外、被贬损，无法应对"挑战"。

男人感到被排除在外，并非因为他们不是女人。他们感到被排除在外，因为参与父权制使他们脱离了存在的感觉。

我们不可能在奉行控制宗教的同时，不让自己远离我们可能想要控制的一切。控制不可避免地成为衡量我们价值的标准。正如基恩所说：

> 当男人用权力来定义自己时……只有当他们有能力促成事情，只有当他们能够对事件、对自己、对女人发挥控制时，他们才能感受到自己的男子气概。因此，他们注定要永远以某种外在的东西来衡量自己，以自己行动的效果来衡量自己，以自己能实施多少改变，能给缓慢演变的自然史带来多少新奇的东西来衡量自己。我做到了，我促成了它的发生，所以我得以存在。[6]

如果连男人的存在感也取决于掌握控制权，那么要威胁他们的认同感和价值感就是轻而易举的事情。几乎所有事情都可以成为触发点——迫不得已要说"我不知道"，丢工作，不能勃起，不得不站在一旁看别人"生"孩子。要避免感到被威胁，男人可能会贬低或无视所有不支持他保持控制感的事情，而关注支持他能控制的事情。所以无怪乎男人似乎通常对生活中不可控制的情感与精神方面没那么感兴趣，对于任何能增加控制感的东西则会一头扎进去，从运动、计算机、商业、木工、性高潮、争论政治，到想凭某件事做得比其他人更久、更快、次数更多而进入"吉尼斯世界纪录"，无不如此。也无怪乎男人通常尤其重视表现自己相对于女人的独立、自立："在安达卢西亚，就像在塞浦路斯或阿尔及利亚一样，男人被期待在户外度过空闲时间，跟其他人热情地拍肩握手。这个世界是街道、酒吧、田野——男人应该被看到在那里出没的公共场所。他绝不能给人留下迷恋家庭、依恋妻子或母亲的印象。"[7]

这种孤立和独立的脱离感有许多形式。例如，男人习惯性地减少他们与自然的联系。他们常常忽视自己的痛苦和生命的有限性，在情况不妙的时候假装没事，在需要帮助的时候表现得不需要帮助。他们可能会装出一副强硬、坚忍的样子，并标榜自己能够"承受"或能够自己完成一切。许多人活得就像身体和身体的需求是令人厌恶的（我们不用臭尿布），仿佛思想、精神和身体可以整整齐齐地分隔开，仿佛身体只是一台机器，仿佛一种否定甚至惩罚身体的生活要比完全肉身化的生活更优越。自然、身体和女人成了他者，成了被压抑的欲望、渴望以及恐惧的对象——"当男人忘记保持控制的时候，他们就会滑入一个巨大的沼泽。"[8]

男人因为无法在生命伟大的奥秘上拥有控制感而感到卑弱，这虽然很傻，但在父权制世界观中，可以得到完美的解释，因为这种世界观鼓励男人认为他们应该控制一切有价值的事情，并通过控制来感受自己跟外界的连接。问题在于，深刻的连接与存在的感觉——我们属于生命的奥秘，我们在其中是重要的——跟控制没有关系。相反，存在的本质是捉摸不定和混乱无序，控制破坏着这一性质，与它矛盾。当生命只关乎地位、控制和竞争时，那么一切都会变成令人感到需要维护或面临挑战的理由（哪怕是一个将你们俩一起带到这个世界上的孩子生下来的女人也可以构成挑战），不是感觉优越，就是感觉卑下，不是被接纳，就是被排斥，不是被选择，就是被拒绝，不是被拔高，就是被贬低，不是伟大，就是无足轻重。当男人被暴露在他人追求竞争优势的环境当中时，任何局限都可能让他们感到自身的脆弱，或者干脆暗暗担心自己不符合标准。

作为两个孩子的父亲，我知道对女性的生育经历略带嫉妒的好奇是什么感觉。但我不能生育这一事实并不能让我感觉卑弱、边缘或无足轻重。这并不意味着我不能把我的生命与存在的血缘奥秘联系起来，这是我与孩子之间原始的纽带，它源于我们的肉体、细胞和神经。我并没有被排除在生命的日常交融之外，从换尿布，到语言与交谈的奥秘，到努力让他们理解我们是谁、我们在这里做什么。如果我对这些从未在我的身体里待过的人的强烈感情，不能把我的生命与某种神秘的、令人敬畏的、强烈的、伟大的东西联系起来，我不知道还有什么能够做到。

这并不会让我变得强大或伟大，因为奥秘只是作为奥秘而存在，我所能做的只是选择如何参与其中，而不是试图亲自完成它、控制它或利用它。那些觉得这种奥秘没有吸引力的男人，那些远离这种奥秘，转而追求竞争、成就和"成功"的男人，并不是因为他们的生物性使其只能停留在生命的边缘，而是因为他们被困在父权制的路上。父权制的路可通向任何地方，却唯独不通向关于生命、身体和我们自身的神秘、令人敬畏、脆弱、混乱的现实。

晃动摇篮的手

关于母亲权力的论点并不限于生育能力，因为从广义上讲，要培养一个拥有成人能力的人需要很多年的时间。例如，多萝西·迪纳斯坦（Dorothy Dinnerstein）在分析母亲与孩子之间的紧张关系时提出，在婴儿的感受当中，母权盖过一切，又充满矛盾。它盖过一切，因为母亲对于发生的事情有极强的控制力，它充满矛盾，因为母亲可以利用她们的权力制造出一切：从最深的痛苦到最令人欣喜的对深层需求的满足。[9]据说这在男孩和女孩身上都会引发一种爱恨交织之感，因为他们一方面需要和渴望母亲，另一方面又恐惧母亲。迪纳斯坦论证的关键部分是，这种爱恨关系在男人那里转化为男性支配和厌女，在女人那里则转化为自我厌恶和顺从。她认为，男孩渴望母亲的权力能满足他们的需求，但害怕对母亲的依赖会吞没他们。这导致了父权制之下男性对女性的占有总是伴随着厌女的矛盾——他们既需要女人，又厌恶女人。

从这一视角来看，女性对育儿的垄断似乎内含一种专制主义，而父权制只是一种为男女双方提供的、避免这一专制的反作用力。对于男孩来说，它要求他们既与母亲分离，又拒斥母亲所代表的女性特征和女性气质。而如果男孩长大后不善于表达情感、爱支配、厌恶女性、对女性有敌意、好斗、痴迷于控制，这只会被视为抵御这种危险的诱惑性母权的一种方式。于是，父权制被解释为，因为体制犯了把育儿完全留给女性的错误，所以出现了父权制这一适应性反应。这也意味着，如果把育儿完全留给男性，结果也将是一种压迫性的母权制。迪纳斯坦对这一切给出的解决方案是共同育儿制度。

对于共同育儿，我完全赞同，但这样的论证存在许多问题。首先，它让父权制和男性特权隐形了。[10]从广义上讲，它试图将复杂的社会体制简化为简单的、理应通用的儿童发展心理机制。这是一种决定论，它无视了我们关于历史、跨文化差异和社会实际运作方式的大多数知识。

如迪纳斯坦这样的观点也极度夸大了母亲的影响力。与此相关的还有关于婴儿对母权的体验以及这如何延续到了成年的不可靠假定。举例来说，单是母亲控制着婴儿生存所需，并不意味着在婴儿的体验当中，母亲就是拥有无上权力的、有威胁性的或令人恐惧的。成年人或许会想象自己像婴儿一样无助的样子，但是，他们不是婴儿，不能用这种想象代替婴儿的实际感受。男婴躺在婴儿床里担心妈妈会用她的权力做些什么，这种想法与其说是对婴儿经历的可靠描述，更像是成人的幻想。即使婴儿无意识地感受到了这些，迪纳斯坦也不相信人类有能力达到某种程度，即我们不再像婴儿那样与世界联系。[11]

任何与孩子相处时间较长的人都知道，当孩子过了婴儿期，开始意识到自己的能动性和力量时，母亲的权力就会迅速衰落下去。有一种说法是，孩子养育父母跟父母养育孩子一样多。的确如此，看过超市里父母和孩子相处的人都知道，谁在控制谁，往往是说不准的。不管是男孩还是女孩，当他们到了青春期，发现自己可以通过挑战成人控制的极限，轻易把父母逼急时，这种权力的转移就会变成全面的危机。如果母亲有这么大的权力压制孩子,她们和孩子肯定大多数时候不会表现出这样的状态。相反,母亲更容易诉说怀疑、担心、沮丧、无助、茫然和内疚,因为她们虽然总觉得自己对孩子变成什么样子负有责任,但也很清楚自己并不能控制这个过程或结果。

"好母亲都会牺牲自己,无条件付出爱",这一文化原则是另一个限制母亲掌握权力的可能性的因素。坏母亲会首先想着自己的利益或公开拥抱自己的权力,就像那些关于精神病母亲的恐怖故事中最常出现的专横跋扈的母亲。因为背负着如此沉重的文化包袱,女性压制孩子的可能性最终多半是不实之说。因为女性如果看重自己作为好母亲的社会地位,就不敢使用这种压制性的权力。

这就是为什么邪恶继母的厌女刻板印象有如此大的文化影响力,以及为什么看到母亲虐待或杀死自己的孩子时,公众会感到格外恐怖——这充当了一种警告,让所有女人知道,如果她挣脱母职(mother*hood*)的社会限制来利用母亲的潜在权力,将面临些什么。在典型的父权模式中,母权的文化形象与其说是给女性赋权,不如说是将她们诱捕到一个由负罪感和不可能的期待织就的丧失权力的罗网当中。母权的迷思转移了女性的注意力,使她们认不清自己和自己的能力,也使丈夫、父亲、医生、治疗师、儿童发展专家和其他父权代理人更容易控制她们。

"父权制是一种对母权的自我防御"这样的观点,也跟我们所知的家庭运作方式大不相符,从历史上看尤其如此。比如说,早在育儿被限定为女性生活的核心之前,在儿童和母亲被限制在小型且孤立的核心家庭之前,父权制就已经出现。即使是这些模式,也不能描述现今大多数非工业社会的父权制。

在人类历史上的大部分时间里——只有近几世纪的父权制时期除外——儿童都在大家庭中长大,男人和女人给予他们同样多的照顾,并且在他们年龄很小的时候就开始融入生产生活。母亲的手头有各种工作,范围远远不止育儿。这不是一个支持威严母权的世界,不是一个小男孩需要担忧如何摆脱妈妈的世界。如果有的话,也是父亲激发了令人恐惧的全能者的童年想象,因为在父权制之下,一个父亲的道德与法律权威始终是令人畏惧的——通常包括虐待、杀害、交易、借用、贩卖或其他处置子女和妻子的权利。连弗洛伊德也提出,小男孩噩梦中最令人害怕的形象不是全能的妈妈,而是剥夺他人权力的爸爸。而当男孩长大成人后,真正指认他们不是男人的权力不在女人手中,而在其他男人手中。[12]

提出压过一切的母权迷思的,通常似乎是萨姆·基恩等中产阶级白人男性。所以,这一迷思与男人的焦虑和不安全感之间的关联更密切,而与儿童发展的特点无关。在父权制中,让男人感觉焦虑和不安的并非女人的力量。如果有什么长期焦虑紧追着男性不放的话,那也是失去地位的焦虑,这是因为他们担心无法符合男子气概的父权标准。它们是由其他男人定义和施加的,最初的来源就是他们的父亲。

如果母亲也造成了男性的不安全感和焦虑,那么这更可能是因为母亲能够明白,父权制之下的男性权力和控制的把戏实际上是多么荒谬。母亲对于人的脆弱和真实的人性有最直接的了解。毕竟,是母亲在男人小时候给他们换尿布,给他们擦鼻涕,安抚他们夜里的恐惧,看着他们跌跌撞撞地度过童年。这一切都让她们拥有独一无二的能力,去揭开父权特权所依赖的伪装。

但是,即便是这种权力,也与女人无关——因为男人害怕暴露自己的软弱,害怕失去控制——最终是依旧与其他男人有关,是他们在控制和强化男子气概形象,以及伴随这些的特权。然而,相比直面驱动着父权制与其他男人之间的控制—恐惧的动态关系,将母亲视为问题核心要容易和安全得多。如果男人可以将妈妈看作他们问题的核心,那么他们就不必审视自己、其他男人或是他们所参与的事物。在此过程中,男性特权与团结也就能够隐而不现,不受挑战。

男孩成为男人,女孩成为女人

关于男性身份如何形成的观念是"父权制只是对母权的回应"这一观点的关键。据说,男性身份的形成方式与女性身份的形成方式截然不同,对男性、女性和社会的影响也截然不同。有人认为,儿子和母亲之间的关系迫使男孩为了获得社会可接受的男性身份,拒斥母亲和"女性的方式"。

按照这个版本的儿童发展理论,男孩和女孩都体验到了与母亲的亲密感。这种亲密感是围绕着安全、快乐以及满足情感和生理需求而建立的。每个男孩或女孩都需要发展出稳定的性别认同——"身为男性或女性简单的情感、认知和基于身体的信念,并能够将这种信念理所当然地视为舒适和合意的现实。"[13] 身体、心灵和感受结合在一起,形成了一种稳定的感觉——关于这一个体是谁,以及这种身份如何以一种易被接纳的方式融入更大的世界。

根据这种观点,女孩只需待在母亲身边,按照她来塑造自己,便可做到这一点;男孩则必须与母亲分离并且建立一种男性身份,清晰表明自己"不是母亲",才可能将自己与母亲区分开。男孩必须对他们宽广的人类潜能进行塑形,以适应狭窄的男性模式——贬低情感依恋、温柔、脆弱和哺育。他们必须将自己和他人物化,围绕控制、支配和竞争组织他们的生活，并发展他们潜在的攻击性。

这个任务很难，有时还有风险，并且，男孩不傻，他们会有充分的理由维持他们与母亲之间的关系、动人的深层感情、身体记忆和持久的需求。但是，如控制、理性和攻击性等"男人的美德"，在父权社会中是如此受重视，这样的社会用强有力的奖励和惩罚激励男孩走向通往父权制男子气概的道路。根据这一观点，核心诱因是围绕男性特权的男性同盟，并通过各种强制手段得到强化，从校园中的取笑到某些部落社会中采用的仪式性的残害。[14] 换言之，男孩将因为成为男人中的一员而享有快乐和特权，并避免因为没能成为男人中的一员而遭到排斥与惩罚。

这一论证中的第一部分表明，父权制男子气概是一种必要的文化创造，是男人终其一生必须达到和保持的东西。一个男人不可能仅仅经过青春期，长成男人的样子就成为一个男人。他得做些什么，用尽全力地成为什么，才能被算作一个男人。从表面上看，这在社会学上非常说得通，因为人类所是和所做的一切都被文化以这样或那样的方式塑造。然而，在这种关于男子气概的观点背后，存在着一个关于女性和女性特征的错误假设，使得整个论证都无法成立。

按照定义，父权制男子气概是对女性特征的否定。那么，如果男子气概是特别的，因为人需要通过努力和勇气去取得并保持男子气概，那么女性特征必定不应当是这样。否则就没有理由拔高男子气概，让它相对女性特征享有特权。然而，这样的假设迫使我们将女性特征看作某种不同于社会建构的身份的东西，仿佛它不是女人必须通过努力、训练和牺牲而取得的。它将女性特征化约为一种女孩生理成熟后成为成年女性的自然结果。她要做的只是被动地等待青春期，之后女性特征就会自然而然地出现。

相较之下，成为一个男人则被描绘得像是伟大而高贵的戏剧性事件、奋勇搏斗和英雄主义行为，像鲁德亚德·吉卜林（Rudyard Kipling）激动人心的诗歌《如果——》中的句子。他列出的一长串美德——从"当周围人失去理智时仍保持清醒"，到怀抱远大梦想，谦逊生活，忍受失败，从头开始，敢于冒险，努力工作，永不言弃——都不可避免地引向父权报偿：

> 那么世界和世间的一切都会是你的，
> 　并且——更重要的是——你将成为一个男人，
> 我的孩子！[15]

从我现在对诗句的熟悉程度来看，《如果——》在我还是个小男孩时给我留下了相当深刻的印象。怎么能不印象深刻呢？它把男子气概视为比"世界和世间的一切"更有价值的奖赏。要赢得它，我要做的就是成为一个可被描述为健康的、完善的成年人，知道如何过一种正直的、负责任的生活——这无论如何都是不容易的，但它是一个合理的愿望。

但还有一个小小的要求，那就是我首先得是一个男孩。我从没想过《如果——》适用于我、我的兄弟或父亲，但不适用于我的姐妹、母亲或小镇另一头那个让我心动的女孩。然而，现在再读《如果——》，我意识到，它不可能是关于女孩变成女人的（"那么世界和世间的一切都会是你的……！"），尽管在它所罗列的品质或美德中没有男性独有或女性独有的。在父权制当中，《如果——》不能以女人结束，因为女性特征不能在不侵犯男性特权的情况下获得这种尊严或奖赏，这是不允许的。《如果——》不能以这种方式结束，因为女性特征不被认为是一种成就。女孩只要等得足够久，它就会出现。

但女孩和女人的生活现实并非如此简单。如果我们考虑一个女人要被社会所接受，必须成为什么样子，做些什么事情，那么显然，除了获得生理上的女性特征，还有很多条件。尽管她是一个完整的人，但一个女人被期待着接受自己的存在不到半个人。她被期待着接受男人自认为比她优越的现实；把自己的需求和利益放在他之后；接受较低的职业、较慢的晋升、较低的工资和较高的标准；形成和压抑自己的智慧，以避免威胁到男人的自尊心；要忍受仅仅因为她是一个身处男性世界的女性而被忽视，不被倾听，不被看见的现实；做男人不愿意做的工作，因为这类工作有失男人的身份。她被期待适应父权制美学标准，而这种标准往往是不可能达到的；这种适应往往要将自己的身体视为仇敌或次品，以及为满足男性凝视而塑造、束缚自己，甚至让自己忍受饥饿。而她在做这一切的时候，还要在家庭和社区中担任一个成年人的角色，用她的劳动支撑起至少一半的世界，无论丈夫在与不在，都要让自己和家人在一起，抚养孩子，并维持与大家庭亲属的关系。

对于任何一个女孩来说，这些都不是伴随着生理的成熟、成为一个女人而水到渠成的。她的责任范围要求她否认、掩盖和扭曲真正的或本可成为的完整的她。唯一依赖女性生理特征的工作是生殖，但这从来都不是女性日常生活的核心限定因素；也许只有在近代的西方工业化社会的父权情感神话中是这样，但它也主要存在于白人中产阶级当中。[16]

简而言之，从女孩身份到女人身份的社会转化绝非自然而然或不可避免。这需要努力、训练、投入，以及一定程度的强迫，一个不符合标准的女孩会在男孩不想理她时很快发现这一点。身为女人在父权社会中受到文化上的贬低，这是毫无疑问的，但这不意味着成为女人不是一个围绕着女性特征的文化概念而确立的社会过程。学着适应一个从属的、被贬低的身份，并不比学着主张和维持特权更自然而然，或更不需要训练与牺牲。父权文化将成人地位视作男性成就的唯一原因恰恰是，它与特权相联系，而女人的转变并没有。将男子气概作为成就的另一面是将男性特权作为理所应当的权利。

将男性发展与父权制联系起来的第二个论点是，男孩必须拒斥他们的母亲。至少在西方社会，存在一个共识，即健康发展要求儿童在某种程度上与父母相互分离和区分。[17]然而，在应用于性别问题时，这一原则又增加了一个假设，即男孩必须通过拒斥他们的母亲和女性气质来实现与女孩不同的发展。在一些男性作家浪漫的、神话的视角中，年长的男人必须引领男孩——如果有必要的话，可以强行引领——向他们介绍无法与"女人的方式"共存的男人的方式。男性启蒙教育往往包括痛苦而可怕的成年仪式，以及公开拒斥他曾经珍视的女性角色及其在男性生活中的地位。

人们假定这样做的目标是确保男性以适当的方式成长，以及社会整体的生存。但是，根据戴维·吉尔摩对部落社会中男性气质的跨文化研究，这个过程是为了防止男孩屈服于"诱惑，沉溺于无所不能的女人的臂弯里，退回到一个幼稚的快乐与安全之茧中"[18]。他告诉我们，男孩必须被迫放弃他们的母亲，加入男人的行列，以履行他们保护和供养家庭的责任。否则，他们就会不可抗拒地被吸引到被动的、以享乐为导向的女人的世界里去，四处闲逛，享受美好时光，社会在他们周围向地狱驶去，而女人就是导致这一切的人。

即便我们接受在心理上与父母分离对于健康成长甚为必要的观点，但从这一观点到假设男孩必须将他们的母亲和其他女人当作"他者"排斥，也是很大的飞跃。这一假设来自对女性和她们在社会生活中的角色的极大曲解。它也无视了这样一个事实，即某样东西是否被视为必要的，几乎完全取决于其社会背景。当父权制就是这个社会背景时，对母亲的排斥可能只是在某种程度上是必要的，因为它使男孩和男人能够在父权制当中占据特权地位，从而维系父权制。

男孩如果不排斥他们的母亲，就会变得被动、不积极——这样的假设是基于一种迷思，它认为女人的世界是围绕着被动和不积极而组织起来的。对于女性生活在历史上和跨文化的现实，以及她们为家庭、社群和社会的生存与繁荣所做出的巨大而不可替代的贡献，你很难想象出比这更不恰当的形容词。女人唯一被鼓励采取不积极的被动姿态的领域就是顺从丈夫和父亲，这是探究排斥母亲和女人的真实缘由的重要线索。

切断男孩与母亲的连接背后的担忧，并不是怕男人不工作，不为家庭做贡献，无法保障孩子的安全与生存。毕竟，如果男人加入大多数女人的世界，他们必将承受终生的辛勤劳作与牺牲，包括冒生命之虞保护家庭和孩子。真正的忧虑在于男人不能感到与其他男人的团结，不能占据比女人优越的地位，并会因此破坏男性特权与父权男性身份。真正的忧虑在于，一个重视母亲并与母亲维持着深刻连接的男孩，会对一个抬高男性、贬低女性、让男性相对于女性享有特权（即使一方是儿子，一方是母亲）的性别体制产生令人不安的疑问。真正的忧虑在于，一个不排斥母亲的男孩会继续珍视他的人性中的某些方面，而那些方面跟父权制核心价值观和关系格格不入。只有在父权制的背景下，要求男孩排斥母亲，进而扩展到排斥所有女人才有意义，因为这是一种形成稳定男性身份和促进男性团结的方式。

讽刺的是，男孩被鼓励与母亲分离，但其方式几乎保证了他们与母亲以及一般女人会以神经质的、冲突性的关系联系在一起。要成为真正的男人，他们被期待排斥母亲和女人，压抑任何有一丁点儿女性化的东西。但这并不意味着他们自己的"女性化"一面不存在了，或者他们都能靠假装自己没有那些方面而圆满生活下去。相反，男人越是排斥、贬低他们的母亲以及那些被父权文化关联到女性身上的品质，他们的内在和外在生活就越受限。这使他们无法了解与他人之间的真正亲密关系，让他们同自己的感受和进行感受的身体疏远，并让他们失去了应对压力、恐惧和失落的强大内在资源。

在某种程度上，许多男人知道自己错过了什么，对他们所没有的东西感到嫉妒、愤怒和渴望。他们可能会害怕女人的愤怒，因为他们需要女人来补偿他们所失去的东西，不去揭露男人对控制的幻觉，让男性特权不受挑战。在此社会氛围下，我们发现一些男性发展理论将母亲塑造成相对于成年男子的可怕角色，而成年男子则想象自己在一个围绕着权力的压迫而组织的世界中，再一次变成了无助、脆弱的婴儿，也就不足为奇了。

在一个非父权制世界中，男孩无须排斥母亲或女人也能成为男人。他们可以接受自己从何而来以及姓甚名谁跟母亲也有很大的关系，且这个关系并不亚于同父亲的关系。但在现实中，这几乎是不可能的：父权制将男性身份包裹在男性特权当中，并以控制与成功地让自己不像个女人这两条标准来衡量男人的生活。男性不可能既占据支配性别的尊贵地位，又在自己身上发展那些更多被认为与女性及童年时期的女性接触经验相关的方面。在此情况下，有那么多男人感到困惑、缺失和怨愤是不可避免的，同样不可避免的是，许多人希望并相信女人能以某种方式让他们感觉好一些。

然而，这个问题和解决问题的方法主要在于男人与其他男人的关系，在于他们定义自身和赖以生活的父权秩序。许多男人认为自己为了回应女性给予或收回、赞成或不赞成的权力而进行了妥协。然而，事实是，成功实现父权制的男子气概需要男孩放弃他们的一部分人性——这主要是由于父亲和男教师、教练和同侪的驱策，更不必说充满男性神话的文化的驱策。如果他们想把这部分人性要回来，在女人身上是找不到的，而只能在自己身上找。

国王、王后和野人

关于母权迷思最流行的一个版本是罗伯特·布莱的铁人约翰的故事，这是一个代表了"真正的男子气概"——每个男人身上天生的创造力、活力和激情——的虚构野人形象。布莱是在20世纪80年代发起了神话阐释男性运动的诗人，他利用铁人约翰的故事来分析性别在世界上的运作方式，尤其是与男性的关系。根据布莱的说法，毁掉"野人"的是工业化的残酷力量，最重要的是年长男子和年轻男子之间的疏远，尤其是父亲和儿子之间的疏远。[19]但儿子和母亲的关系从未远离故事关注的中心。

镇上的人在湖里发现了这个毛茸茸的野人,并把他锁在笼子里。国王把钥匙交给了王后,王后把钥匙放在她的枕头下。考虑到野人代表了国王和年轻王子真正的男性气质,这一举动具有重大的意义。儿子想放了野人,但他确信王后不会给他钥匙,他也不愿意去偷。

为什么王后会有钥匙?布莱给出了两种不同的解释。这两种解释都忽略了一个事实,那就是,是国王把钥匙交给了王后,而布莱并没有说明其中的缘由。

他首先观察指出,教化儿子是母亲的职责,"因此,自然是由她来保管钥匙"。[20] 在20世纪及其前后的欧美文化中,这可能在某种程度上是正确的,但从历史上看,母亲担当这种角色一直是例外情况,而不是布莱使用"自然"一词所暗示的规则。在父权社会中,女性通常不会被赋予道德权威,即使作为母亲也是如此。相反,父亲一直是具有让儿童适应社会的道德权威的人,因为女性普遍被认为天生软弱、道德低下,所以不适合从事这种重要的工作。[21]

布莱提到了一个有趣的问题:野人是如何威胁到更大的社会利益的,但他并没有问这些社会利益是什么。考虑到我们所知的每个王国显然都是父权制的,社会的利益不可能不反映男性控制和男性特权。布莱并没有追问父权制如何影响父亲的行为和对野人的压制,而是展开他的第二个解释,即王后拥有归还野人——从而还有她的儿子——自由的钥匙。这只是一种试图居高临下、轻蔑地占有儿子的手段:

> 攻击母亲,与她对抗,对她吼叫……可能不会有什么效果——她可能只是一边微笑一边把手肘支在枕头上跟你说话……
> "我要把野人放出来!"
> "过来给妈妈一个吻。"
> 母亲本能地意识到他拿到钥匙的后果是什么:她们会失去自己的孩子。母亲通常对儿子施加的占有欲……永远不能被低估。[22]

只用了短短几段话,布莱便将权力从国王手中转移了出来,国王授权囚禁野人,并将保存笼子钥匙的责任交给了王后。现在的问题成了母亲和她无法解释——但"永远不能被低估"——的需求,她要占有儿子的生命,禁锢他,并否定他的本质。父亲与他的动机、利益和权力隐而不见。布莱告诉我们,很少有母亲梦想自己的儿子长大后成为野人,他却不对父亲的梦想做出猜测。正如父亲是隐身的,父权制作为塑造故事和布莱对故事的解释的强大力量,也是隐身的。

例如,布莱丝毫没有谈及,一个围绕着对女性的压迫而组织起来的父权世界，可能会鼓励母亲以各种方式（包括不健康的方式）留住儿子。相反，他认为母亲的占有倾向是母子关系中普遍和固有的。"母亲就是这样的。"他在他的一个男性研讨会上说。[23]

然而，对于父亲，布莱所采取的解释方法却非常不同，他声称他们经常忽视和抛弃自己的儿子，不是因为父亲就是这样，而是因为存在一些使父亲与家庭分离的社会力量，父亲不过是受害者。这句话隐含的意思很清楚，在恰当的社会条件下，男人是可以成为好父亲的，而布莱渴望回到这样的社会。然而，母亲天性自私、占有欲强，总是不让儿子享受自己生活的热情与完满——当然，只有父亲把钥匙交给她之后才会如此。

考虑到父权制对男人的影响，母亲对于把儿子交给父权制有着强烈而矛盾的情绪，我们不应感到惊讶。母爱的内容既包含对孩子融入社会的期望，也包含在儿子放学回家后发现他因为没有被其他男孩接受，遭到嘲笑、排斥或殴打而产生的痛苦。尽管母亲非常希望自己的儿子成为被社会接受的男人，但母亲的工作让她们难以承受这样的后果。

正如萨拉·鲁迪克（Sara Ruddick）在她的著作《母性思考》(*Maternal Thinking*)中所指出的，我们所做的工作类型会影响我们的思维方式，而照顾孩子也是一种工作。[24]

母职深植于养育，贴近人类需要和脆弱的原始基础，如果你无法体会人类生活需要什么，不了解疼痛与痛苦在人类的经验中意味着什么，你就做不了这件事。这使母亲有了留心父权男性气质的破坏潜力并抵制它的强大动机。正是阿根廷母亲——而不是父亲——组织了抗议活动，要求为成千上万在军方手中"失踪"的儿子和女儿问责。有"母亲争取和平游行"、"母亲反对酒后驾车"和"黑衣女性"，但父亲没有做过可相类比的事情。母亲支持儿子进入父权制下的男性身份，因为她们希望儿子能适应并获得成功，尽管无论母亲做什么，儿子都会在父权制之下遭受痛苦。这种痛苦——以及把男孩变成男人的问题根源——主要并非由女性造成。这种痛苦的来源是男人和男孩按照核心的父权价值观行事，建立并捍卫个人身份认同和以这些价值观为基础的整个世界。

我们同样不应感到惊讶的是，母亲不乐见儿子排斥女性，也不愿意割断被父权文化斥为不值一提和低等的强大情感纽带。母亲关于要不要对儿子放手的矛盾心理反映了一种典型的双重束缚。如果她放手，她就会把他交给父权制的男性身份，成为对她自己的压迫的帮手和帮凶，并有可能最终为此遭到指责。如果她坚持不放手，她又会被指责为一个自私、贪婪的坏母亲，是她让儿子变得软弱和神经质。[25]

问题的根源不在于母亲，但责怪父亲也不是解决问题的方法。究其核心，父权制不是关于恶棍与受害者的，尽管其中这两者都为数不少。它关乎种种最小阻力路径，鼓励母亲和父亲以不同且高度不平等的方式参与塑造自己和子女生活的强有力的过程。它关乎我们如何选择与这些最小阻力路径共处，以及我们如何学会做出不同的选择。

谁害怕野人？

如果布莱的故事是在告诉我们，野人被关在笼子里是为了维护文明的利益，那么我们就要问，谁的利益与我们所说的"文明"最密切相关。因为我们所知道的文明是父权的，所以维护文明的利益与王后和母亲的关系比较弱，而与国王和父亲以及促进男性特权的父权制关系密切。然而，为什么像野人这样一个充满男子气概的原型人物会威胁到一个男性支配、男性认同、男性中心的体制呢？

如果我们更仔细地审视野人本身，或许会找到一点线索，因为尽管布莱在野人和男子气概之间建立了很多联系，但讽刺的是，野男人（Wild Man）与文化上跟女性联系在一起的东西有更深的连接。他与生命能量、地球、快乐和身体的象征性相联系，所有这些都与女性特征的文化形象联系在一起，特别是在工业化的父权制下。

例如，在铁人约翰的故事前期，布莱指出，当男孩骑在野人的肩膀上前往森林时，"至少在那一刻，他必须克服自己对野性、非理性、毛发、直觉、情感、身体和自然的恐惧"。[26] 换句话说，野人代表了人类最难控制的东西，从父权的视角来看，这更像是女性，而不是男性。

人类生活中最无法控制的力量是自然，父权文化习惯性地将其刻画为女性。女性被认为是非理性的存在，受情感、直觉，以及身体节律、需求和欲望的支配。在父权文化当中，真正危险的野性是女性，因为正是女性的野性威胁到了男性的特权。

这就是为什么要花那么多精力去控制女孩和女人。这就是为什么性活跃的女孩比性活跃的男孩更容易被视为无可救药。这就是为什么公开展现性魅力的女性通常在男人看来是在要男人通过强奸来维持控制。这就是为什么野女人经常被描绘成一个女色情狂，她的野性根本不是真正的野性，而是一种强烈的欲望，最终主要服务于男人的性幻想。这就是为什么当女性展现出拥有女性自主与权力的野性，展现出挑战男性控制的多毛、肉欲性感等"状态"时，"好好干一炮"就成了标准的父权制"治疗"。

最终，野人象征着对父权控制痴迷的挑战。因为父权制使得控制成为一种男子气概的游戏,所以最受野人威胁的是男人,而非女人。正如布莱告诉我们的那样,对野人的迫害已经持续了几个世纪,但他没有提到这背后的力量一直是男性支配的制度,如教会和国家。野人是被父权制囚禁和谋杀的,这种核心的父权制价值观与野人所代表的一切相互冲突。[27] 宗教法庭大法官从来都不是女性,因为女性不能拥有这样的权力。当权力与野性结合在一起时,则尤其如此,这就是布莱的故事是关于野男人而不是野女人的原因。

为了控制充满激情的野女人和她所代表的东西,父权制让她隐身,或将她定义为病态或邪恶的,对她进行收买、治疗、驱邪、折磨、焚烧、谋杀、强奸、驯服,或以其他方式转变她。在中世纪,她被当作女巫焚烧。在西方,她的身体被塞进紧身裙,被用高跟鞋托起,这样她就几乎无法活动,更别提跑步了。在19世纪的欧洲和美国,她被施以"休息疗法"和阴蒂切除术,以抑制"过度的"女性快感和欲望。在非洲和中东的许多地方,她的生殖器被切除并缝合。在世界各地,她被当作婚姻财产和其他类型的性财产出售和对待。从火花塞到酒,广告经常利用她的性感来推销一切。她的生活被医学化,以证明父权医疗制度的干预是正当的——从减肥到情绪控制,再到经前期综合征、更年期和分娩。"杀死野女人"调用了丰富的文化遗产,该遗产将女性定义为性关系中的被动方和男性的顺从者,认为阴蒂性高潮是不成熟的,女性的生理机能是病态的,这一点仍在给避免与男性发生性关系的女性贴上"性冷淡"的标签,并主要依据女性对男性的吸引力和可接近性来定义女性的性行为。[28] 细节变了,但总体结果大同小异。

在布莱的故事中,国王和王后都没有释放野女人/野男人的权力,但父权制让国王比王后更接近囚禁他的那一套东西的核心。正如米里亚姆·约翰逊在《坚强的母亲,软弱的妻子》(*Strong Mothers, Weak Wives*)中所指出的那样,把男孩变成男人的真正力量来自父亲、男性同侪,以及一种除了男性支配、父权制男子气概和排斥母亲与女性之外几乎别无选择的文化。[29]

举例来说,研究表明,美国的父亲比母亲更关心孩子的行为举止是否符合文化上定义的适当的性别呈现方式。研究还表明,如果性取向与社会因素有关,那么孩子跟父亲的关系,相比跟母亲的关系,对这一点的影响更大。在家庭之外,男孩很快就学会忌惮其他男孩用来确立男性身份以及在男性等级中争夺地位的潜在暴力和排斥。不随大流排斥所有女性事物的男孩很容易成为男性攻击的目标。

男孩不会为了回应某种压倒一切的、禁锢于每个男人身体中的野人的母权,而贬低他们的母亲和其他女性。在儿童发展过程中，并没有什么固有的东西会要求男孩排斥他们的母亲才能确认自己男人的身份。你很容易能让一个男孩发现自己有多么像他的父亲，或者想成为像父亲一样的人。然而，要让一个男孩否认和贬低他与母亲的相似之处，放弃与母亲之间的纽带，否认他自己的人类需求，欣然把支配和控制当作他生活中的指导性价值观，是颇费一番功夫的。

男孩所面临的这番挣扎是为了回应父权制的一项基本原理：要么你认同并加入男人，成为支配群体，其定义方式就是排斥女人，并以促进男性团结和男性间竞争性的欺凌来获取特权；要么你就挣扎着生活在男性社会的边缘，其他男人即使不迫害你，也会排斥你（或者让你自我疏远），怀疑你的性取向/性认同，无法信任你，其他女人也无法全然接受你。当然，这并不完全是非此即彼的，许多男人最后都落在两个极端之间的某个位置。但这两极之间有强大的张力，每个男孩和男人都必须以自己的方式调整和妥协。而对于男人的选择产生的后果，每个女人都必须接受和适应。

当男孩排斥母亲以达到加入父权秩序的要求时，他们就与他们生活中一个极其重要的人切断了联系。但他们也损害了自己人性中内在的情爱和生命力，在父权制下，正是母子关系给予了他们关于这些最初的、最深刻的感受。这种损害的体现通常是男性内在的空洞，他们会试图去填补这个空洞。但是，只要他们还停留在最初让他们获得父权制男子气概的排斥之中，这个空洞就会持续存在。

父权制不鼓励其他男人有太大的差异，因为他们都是同一条船上的人。男人有理由害怕让其他男人知道他们内心有所缺失，他们不敢承认，更不必说质疑事情表面之下的父权基础。因此，具有讽刺意味的是，男性往往会求助于女性，又害怕女性似乎有能力选择拯救或不拯救他们。但这往往等于把男性困境的责任转手交给了女性，让她们为男性所缺失的东西以及男性对这种缺失感采取的行为负责。

爸爸有什么问题？

人们误以为女人有巨大的权力通常是与男人感觉空虚、被贬低、想要依赖、被排斥或仅仅是不够好有关。例如，在萨姆·基恩的描述中，女人手握惊人的权力，可以让男人自我感觉很好，也可以让男人感觉自卑，男人受女人愠恼的威胁，有时会被激起，发了狂地努力去满足女人，以换取赞许、爱慕和性。当男人谈起性别时，他们常会说到易受女人伤害的感情——尤其易受女性主义女性的伤害——女人可以攥着男人要的东西不放，让男人难受，以拒绝扮演互补的角色，拒绝像个"真正的"女人，来损害他们的男性气质。

如基恩和布莱之流的新男性运动作家就男性对自己或自己的生活感觉不那么满意大做文章。他们把这大部分归因于与女性的关系和她们的神秘力量。正如基恩所说：

> 普通的男人一生都在否认、抵御、试图控制和回应女人的力量……在试图控制、回避、征服或贬低女性方面，我们已经耗费了太多的自我认同，投入了太多精力，虚掷了太多力量，因为在她们对我们的神秘力量面前，我们是如此脆弱。就像季风肆虐的海洋中的沙质环礁，男性的心理一直处于被女性海水淹没的危险之中。这种脆弱不是心理的脆弱，不是神经的脆弱，也不是反常的症状，而是根植于我们自身存在的本体论事实。[30]

很多男人或许的确对自己的生活不满意，但我们无法撇开塑造他们生活的父权制环境去理解这一现象。如果男人在跟女人的关系中对自己感觉不满意，那不是因为女人的身份、女人拥有什么或她们有怎样的言行举止。这种普遍的情感模式根植于男人对父权制的参与，是父权制塑造了他们的身份、他们所缺失的东西，以及父权制提供给他们的解决这一局面的资源。就像父权社会的其他方面一样，男人为男性特权付出的代价更多的是由于他们与其他男人的关系以及男人所控制的社会制度，与女人则没有那么密切的关系。把权力和责任投射到女人身上比较容易，也比较安全，但是，像许多最小阻力路径一样，它只会让我们偏离真相。

例如，我们可以考虑布莱最爱的一个主题，年轻男性和年长男性之间缺乏亲密的、相互支持的关系。表面上，他将此归因于工业化，但不消多久我们就会意识到，他认为女人才是真正的问题。他告诉我们，对儿子的控制欲，只是母性占有欲的冰山一角。一个母亲为了留住儿子会用尽一切办法。她会为了争夺儿子的爱而诋毁父亲，将儿子拖进一个将父亲赶出家庭情感圈的阴谋，并抛弃父亲，逼迫他独自面对异化的工业社会的戕害。在布莱所述的历史中，"那些偏爱（红）白窗帘和高品质生活的敏感母亲"破坏了父亲在家庭中的地位，她们从文化层面上贬低了体力劳动，因此父亲才会抛弃体力工作，去异化的办公室中就职。[31] 因为父亲大多数时候是缺席的，儿子只能透过母亲的眼光去看待父亲，而布莱认为，母亲总是从负面的、毁谤的角度去看待父亲的男性气质。儿子失去了清晰的男性榜样，无法获取对于自己作为一个男人的稳定感觉，只有一个被母亲所树立的负面的、被诋毁的形象。

缺席的父亲与儿子努力解决男子气概问题的画面是非常有力的，但布莱对于其来源的理解更多地源于迷思与厌女，而非基于历史与家庭生活的事实。他对父亲远离体力劳动和家庭的解释完全无视了工业资本主义和新兴的阶级制度，后者把体力劳动变成了一种商品，并使从事体力劳动的男女处于从属地位。他还无视了这样一个事实，即大多数女性的家务劳动绝大部分是体力劳动，而且并不优雅体面。毕竟，大多数房子是女人在打扫，是她们在学着从容处理粪便、尿液、垃圾、污垢、蟑螂、老鼠和呕吐物。有些女性的阶级地位使她们能够雇其他女性为她们做这些工作，对她们来说情况并非如此；但将一些贬低体力劳动和体力劳动者的普遍文化归咎于大多数女性，这与女性生活的事实并不相符。如果说布莱提到的工人阶级女性在其中起到过任何作用的话，那就是她们正在寻找出路，以摆脱工人及其家庭所遭受的阶级压迫，或许还有丈夫以暴力在妻子和孩子身上发泄痛苦的普遍做法。

布莱更加让人难以理解的观点是，妻子和母亲——与养育、同情、温柔、自我牺牲和情感支持最紧密相连的人——正在系统地削弱丈夫的权威，诋毁、排斥她们的丈夫，也就是她们组建家庭的生活伴侣。但不愿意与酗酒或施暴的丈夫离婚的同样是女人，她们还经常因为在本应从家庭出走拯救自己时，却选择留下来忍受这一切而受到严厉批评。

毫无疑问，许多男人觉得自己作为父亲遭到了贬低和轻视，但原因并不在于妻子和母亲出于神秘的女性原因而诋毁他们。问题不仅仅是工业资本主义，因为工业资本主义不可能被凭空调用，仿佛它与父权制及其核心价值观毫无关系。父权制鼓励男性之间的竞争，将大多数男性定位为工业资本主义中的工人或管理者，这深刻地影响了男性的自我认知。举例来说，工业资本主义并不能解释男人在家庭生活中的缺席。毕竟，数以百万计的女性都有全职工作，回家之后依然做晚饭，给孩子辅导功课，打扫房间，付账单，哄孩子睡觉。在美国，相当大比例的工人阶层和下层阶级的有色人种女性一直在承担着这种双重责任，她们通常白天照顾白人的房子和孩子，晚上则照顾自己的房子和孩子。[32]

如果男人在家庭生活中缺席，那是因为父权制让这一选择成了一条最小阻力路径，于是认同父权价值观的男人都会很难拒绝这一选择。他们的选择并不容易，正如这样的选择对女性来说也很困难，但它们仍然是选择。这并不意味着工业资本主义父权制下的父职变化都应该归咎于男人，因为塑造他们生活的最小阻力路径并不是他们创造的。但是，如果他们想遵循更好的路径，就必须采取行动来承认现有路径的存在并抵制它，创造并支持新的路径。

男人感到作为父亲被贬低和失去权力，通常是被父权观念下的父职内涵所影响。[33] 在父权制下，父职曾经是男性特权的关键，因为父亲是一家之主，而家庭是土地的主要所有者和财富的生产者。当工业资本主义改变了经济生活时，土地和家庭便丧失了许多经济和政治意义，这使父职在提高地位和控制上失去了很多感召力。随着家庭在社会上的重要性缩小为一个围绕满足个人需求而组织起来的亲密团体，让男人产生矛盾心理的理由也在增加。如今所留下的父职通常是一种浪漫的形式：男人感到自己是特别的，情感上得到满足，被孩子们仰视和钦佩，或者参与温柔但短暂的游戏时刻和特殊的家庭场合。

无论我们看哪个时代的父职，经过父权制塑造的父职都选择忽略日常工作：照料孩子，清洁，照看，安抚，训导，接送，随时待命，或者时常留意每个人在哪里、做什么。父权制下的父职忽视了此类家务，因为家务劳动在文化上被贬低了，男人一般认为这会贬低自己，因为它是与女性联系在一起的，无助于提升或维持男子气概。[34] 除非在特殊情况下，打扫和持续的育儿工作是大多数男人都不会做的工作，有些男人即便经常做这些工作，也通常将此视为帮妻子的忙。说到逃避这世上的家务脏活，没人能比得上父权社会下的男人，且这是不分社会阶层的。[35]

母亲抱怨父亲,不是为了争夺儿子的忠诚与爱而诋毁他们,更可能是因为她们对家务分工心有怨愤。这样的家务分工对女性不利,无论她们是否在外工作,她们都必须既承担大部分家务劳动,同时又受到贬低。

如果男人感觉自己的生活不如意,那不是因为女人诋毁他们,或不鼓舞他们。答案主要在男人当中,也在男人身上以及他们对父权制的参与上。这并不意味着女性个体没有以贬损男人或让男人感觉不好的方式行事。但这无法解释布莱、基恩和其他人在男人当中看到的广泛的不满与不幸的模式。在大多数情况下,女人和男人之间发生的事情只是父权制生活所造成的更深层次矛盾和紧张的征兆。如果男人把巨大的权力投射到女人身上,感到被拒绝、被否定,被她们排斥,那是因为男人对父权制的参与使他们感到无力、脆弱和不足,但又否认自己有这种感觉。最小阻力路径是男人自绝于人类生活的核心,使他们难以从任何人那里得到他们需要的东西,并将所有这些投射到女性身上,而不是处理父权制的现实和男人在其中扮演的角色。

权力的悖论

男人频频抱怨他们的生活,通常反映的是父权制的悖论：你围绕控制、权力和特权确立你自己，而这些不仅没有让你感觉更好，反而让你感觉更糟。这种悖论可能会产生令人意想不到的结果，比如，男人可能会感到权力相对缺失，或者羡慕女人在社会上的位置，尽管他们自己不打算去占据那样的位置。在压迫性的特权体制中，真的没有一处安全之所，安全感的缺乏又吊诡地使得支配群体感觉没有权力、担惊受怕、脆弱、依赖，甚至处境还不如那些他们所支配的人。

例如，许多男人抱怨自己对生活的掌控感比女人要少。通常男人都是将这种情绪向外和向下投射：男人之所以会有这种感觉，是因为女人比男人拥有更多权力，因为她们让男人对自己感觉不满意，因为她们让男人显得逊色。在现实中，男人注定会以这样两种方式感觉脆弱、缺少权力，并对自己的生活感觉不满：切断自己与他人的联系，切断自己的人性；靠女人来支持男性特权，支撑男性自我，补偿男人因男性特权而付出的作为人类的代价。

例如，许多男人感到缺少权力，并非因为女人多么有权力，而是因为男人遵循着父权制的路径，围绕控制来组织他们的生活。这不仅使男人在自己的生活中对控制的期待高到离谱，而且深深影响了他们对他人和自己的感受。男人越是追求控制，并以他们在这方面的成功来评判自己，就越是把自己以外的人和事当作客体。出现这种情况的部分原因是，证明控制他人的正当性的一种方式是将他们视为"不如自己"的——就像成年人经常将儿童或老人视为低人一等的、不完整的或残损的，就像雇主看待工人，或教师看待学生一样。与完整的人不同，客体没有意志或复杂的内心生活，也没有必须考虑的需求。他们可以按照比自己优一级的人认为合适的方式被操纵、使用或处理。这为控制他人提供了一个理由：男性的优越性使男性即使没有义务，也有权利控制女性，或者控制女性是为了她们自己好，或者反映了事物的自然秩序。"husband"（节约使用）是一个主动动词，它跟随的宾语是被主语"以谨慎的经济盘算"（根据字典）管理的，无论这个宾语是牲畜、金钱，还是妻子。

物化人是剥去他们的本质特征——经验、需要、需求与欲望等"主体性"（subjectness）。这就是为什么我们被以家长式（paternalistic）的方式对待时会感到被贬低，即便据称是在为我们好的时候。[36] 这是所有支配—从属关系的核心要素，傲慢地以我们的经验任意替代他人的经验，假定他们的经验不够重要、不值得考虑，他们只需要或想要我们所给予的东西，我们所有人都是一回事。由此，我们将他们看作与我们疏离的（而不是我们与他们或我们所有人彼此相互疏离）"他者"，看作与作为主体的我们相对的客体。这就是为什么人们普遍认为动物无法感受到疼痛或恐怖，或者战争中的敌人不像"我们"那样珍视人的生命。

然而，剥夺人的"主体性"也会影响物化者，使其难以与他人相处。我们在物化他人时，不仅会封闭自身，无法察觉他者的本来面貌，也无法察觉他们对我们的感受。因此，物化不仅割裂了我们与他者，也让我们与自身割裂。我们认为我们自己是谁与我们如何感受我们自身，是不能与其他人观照和对待我们的方式分离的。在此意义上，人的自我是高度相关的。然而，我们越是投入地控制他们，就越缺少理由去关心他们如何看待我们，我们的自我意识就越有限。这是那些对控制最痴迷之人也通常是单调无趣之人的一个原因，比如艾希曼*、死气沉沉的官僚和校园恶霸。

当男人把自己当作控制对象，把自我控制当作男子气概的标志时，父权制对控制的痴迷也会限制男人的生活。举例而言，男人不被鼓励把情绪（除了愤怒与狂暴之外）当作单纯是他们本身具有的一个方面，而被鼓励将情绪当作需要控制的东西，可从自我的其余部分剥离的一个女性化方面。它让男人有成为失控之人的危险，威胁着他们的稳定与地位。

---

* 阿道夫·艾希曼（Adolf Eichmann, 1906—1962），纳粹德国的高官，也是在犹太人大屠杀中执行"最终方案"的主要负责者，被称为"死刑执行者"。1961年4月11日，以色列政府对艾希曼的审判在耶路撒冷进行，艾希曼最终被判处绞刑。当时，政治理论家汉娜·阿伦特现场报道了这场审判，并于1963年出版了《艾希曼在耶路撒冷——关于艾希曼审判的报告》，提出了著名的"平庸之恶"概念。——译者注

举例来说,当我母亲去世时,我经历了一个悲伤的时期,很多时候都想哭,无论是在路上开车,还是在超市过道转弯。当人们问我怎么样的时候,我经常告诉他们——难过,悲伤,想念母亲,努力理解并接受现实:死亡真的意味着她彻底地、永远地离开了,我现在是一个没有母亲的人。

在主流父权文化中,这种情绪的敞开通常让男人感到不适,因为它和失控或者"表现得像个女人"之间的界限太不清晰了。真实地活在动情的时刻,与混乱、无序、反复无常和不可控制的野性太过接近了。如果你把控制当作一项核心价值,你就要避免这样的可能性。于是,许多男人将他们的情感生活隔绝开来,谨慎地控制着察觉到这些情感的人,包括他们自己。他们将超脱培养成自己的一种价值观——克服一切的能力,使自己凌驾于人类生存中固有的、不可控制的血肉之躯的现实之上。他们拘泥于抽象的原则和理论,或沉浸在具体可预测的机器、计算机软件和其他与自我无关的对象的世界中。其结果是,将自我化约为被完全客体化的各组成部分、区域和倾向,然后对其进行管理,以获得最佳的效果和优势,并将脆弱性降到最低。[37]

男人越是围绕着控制来组织他们的生活,就越是脱离与所有人的联系,包括他们自己。他们陷入了对依恋的回避,对需求的否认,并且无尽地追求以抽象意义取代约瑟夫·坎贝尔（Joseph Campbell）所说的"活着的真实感觉"。[38]这种生活方式常常带来空虚感，让人既渴望又否认自己所缺失的东西，并不断创造控制与成就的纪念碑，作为自我的替代品。由于大多数男人没有什么实际的权力，他们可能会在各种矛盾的表现之间挣扎：一方面表现得好像他们拥有掌控权，另一方面又感到沮丧、愤怒和无助；一时间强烈渴望与人建立联系，一时间又自以为与人保持分离才安全；一方面似乎对事情保持着掌控，另一方面在女人面前表现得像个孩子，无论是以发牢骚、抱怨还是欺侮的方式。在他们的生活中，可能很少有源于感受和身体的真正快乐。他们可能感到焦虑和不确定，这往往又表现为无力感。

另一个悖论是，父权制如何让男人以某种方式依赖女人，从而使男人感到自己在女人面前是脆弱无力的。从某种意义上说，这是特权体制的共同特征，它依赖于从属群体配合，认可特权的合法性，不去挑战现状。然而，不配合的可能性总是作为一种权力形式出现，支配群体也知道这一点。与大多数特权体制不同，父权制催生了一种相互依赖的关系，它比仅仅维持现状要深入得多。因为关于男子气概和男性气质的观念在父权制动力学中起着十分重要的作用，所以男人需要女人采取特定的自我呈现方式，使得他们认为自己拥有性别认同特权的看法变得可信。因为男子气概被定义为非女性的或非女性气质的,所以男人需要女人提供明确的对比。

譬如说,女人不应该有侵略性的一个主要原因是,这样一来,男人就可以有侵略性,从而展现男子气概。当女人不去扮演这个互补的角色时,她们就削弱了男人将自己与女人区别为不同的人的能力。如果女人可以像男人一样,那么男性气质作为对女性气质的否认就失去了意义,也就是失去了特权的基础。女人也可以像男人一样,这种可能性允许女人使用"怎么做女人"的简单选择影响男人对于自己身为男人的感受。女人拥有以这种方式撤回对男人的支持的权力,这通常被归结为女人有某种负面人格特质,比如剥夺他人权力的恶女,或者布莱所描述的、为了争夺儿子的忠诚与依恋而破坏父亲的权威的母亲。但事实上,正是父权制设定了这种动力学以及伴随它的种种情绪。

在父权制当中,男人也需要女人去维护一种男人比现实生活更加魁梧强大的父权形象,就像雅芳化妆品广告中说的:"每个男人想要的,也是每个女人希望他拥有的——一种征服感。"[39]父权制鼓励男人把女人当作一面镜子,正如弗吉尼亚·伍尔夫所描述的,这面镜子反映出的男人形象比实际大出一轮。没有这种力量,

> 或许这个地球仍然是沼泽和丛林。我们所有

战争的光荣史亦无人知晓。……不论在文明社会中它们有何用途,对于所有暴力和英雄行为而言,镜子都是必不可少的。这就是为什么拿破仑和墨索里尼两人都如此强调地坚持认为妇女低人一等,因为如果她们不处于劣势,他们就会停止自我膨胀。那可以用来部分地解释,为何男人常常需要女人。也可以用它来解释,男人在女人的批评之下是多么焦躁不安;如果女人对他们说,这本书写得不好,那幅画笔法软弱,或者不论有什么其他缺点,与男人做出同样的批评相比,女人的批评不可能不引起更加剧烈的痛苦和愤怒。因为,如果她一旦开始说真话,男人的镜中映像就会缩小;他的人生适合度就会减弱。除非他在用早餐或用晚餐时能够把自己看成至少有他实际尺码两倍那么大,否则他如何能够继续不断地做出判断、开化土人、制定法律、撰写著作、衣冠楚楚地在宴会上高谈阔论呢?[*40]

生为男性并不意味着男人必定要把自己放大,但在控

---

* 译文引自(英)弗吉尼亚·伍尔夫,《一间自己的房间》,瞿世镜译,上海译文出版社,2023年4月。——译者注

制和竞争成为主流的情况下,父权制的男子气概让人很难对自己仅有的原本大小感到安全。大多数男人知道,他们既不特别,也不强大。然而,在父权制当中,如果一个男人不能在某处或某人眼中维持一个自我形象,被视为胜利者、赢家、支配者、英雄,或至少是控制者,那么他就会觉得被贬低。由于竞争使得他很难从其他男人那里获得这种感觉,异性恋男人通常会求助于女人,希望女人给他们加油打气,并且可能公开抱怨那些没有主动让他们感觉自身比实际更强的女人。女性——通常是出于同情和关怀——可能会以支持性的方式回应他们,以增强男性的自尊,而具有讽刺意味的是,这种自尊也是女性受压迫的一个基础。

男性利用女性来巩固男性身份,反过来却不是这样,因为男人的最小阻力路径是几乎从不感到自己有义务避免表现得女性化,以保护女性对身为女性的感觉。当男人不够有男子气概的时候,女人可能不认可或感到不适,但女人的反应很少是仿佛她们自己的身份受到了严重威胁。这部分是因为,性别对于男性是特权的基础,它对男人的重要性比对女人大得多。女人玩弄性别的文化分界线面临的风险可能相对较小,但男人这么做则要承担更大的风险。

父权制的很多地方都是以这种自相矛盾的方式运作的,

饶是如此，男性倘能看到他们如何参与并维系着父权制，那么还是有很多促成改变的办法。然而，最小阻力路径是将权力和随之而来的责任投射到普遍意义上的女人，以及具体的母亲和妻子身上。当男人感觉自己无足轻重的时候，责怪女人比直面父权制——千千万万男人的贬低感和无意义感的真正源头——要容易。当男人感到不被爱和孤独无依的时候，指责女人不够爱他们，比思考男人自身与生活的疏离要容易。认为女人阻碍了男人接近他们自身生活的本质，比认为男人对父权制的参与压制并扼杀了他们本该有的生活要容易。就强大而贪婪的母亲建立理论，比对抗父权制的现实要容易得多。

大量的声音在否认男人的权力、责任和对女人的投射，这掩盖了巨大的愤怒、仇恨和恐惧。与其审视父权制和他们在其中的位置，许多男人宁愿殴打、强奸、折磨、谋杀和压迫女人、儿童以及彼此。他们会发动盲目的战争，向杀戮献祭自己，把自己束缚在工作岗位上，让自己工作到筋疲力尽以至麻木，仿佛他们的生命除了控制、被控制或抵抗控制，再无任何价值或意义，并在半生的困惑、迷茫的被剥夺之中自我满足。男人所缺失的东西并不是被女人夺走的，也不应由女人来偿还。

三

拆解父权制遗产

9 羞愧、内疚和责任

如果这本书达到了我想要它达到的效果,那么现在我们应当清楚,即便再多的否认或文化魔术,也无法改变一个简单的事实:父权制存在,并且无法被归咎于任何个人。然而,父权制是我们共同拥有的遗产。它牵涉到每一个人——男女都一样——尽管每个人涉入其中的方式不同,尤其是当我们将社会阶层、种族和性取向等因素也纳入考虑时。

我们已经看到,父权制被一种关于控制和恐惧的、强大且自我延续的动力学所驱动。这种动力学与男性特权体制相伴而生,且吊诡地以处于竞争关系的男性间的团结为基础。与在每个社会体制下一样,父权制的最小阻力路径可以让它显得自然甚至隐形。这些路径鼓励男性延续一个压迫性的体制,牺牲女性的利益来获得特权,并鼓励女性接受压迫自己的条件,以至于抵制改变。我们没有看到父权制的本质,而往往更加纠结于性别差异、男性气质和女性气质，以及"性别角色"。我们把对女性的歧视、偏见、胁迫和暴力常态化。我们混淆体制和个人，将父权制个人化，并陷入内疚和指责的循环。我们对女性主义和女性主义者进行贬低、排斥，或不予理会。我们迷失在否认、对受害者的指责和错误的性别类比之中。

身在此处的我们应往何处去？我们如何从这类理解与觉察中继续前进？我们能做什么？

第一步是要认识到，对父权制采取行动就是对它负起责任。特别是对男人来说，承担责任意味着要做出回应，而不仅仅是反应。这是在清楚地认识到"为什么事情是这样的"以及"有哪些方面需要改变"的基础上采取行动。它看到父权制的不同方面是如何与彼此、与社会生活的其他方面，以及与我们每个人相互联系的。承担责任是主动的，而不是被动的。它意味着主动变得更有意识，不遗余力地去关注；意味着不要等着别人告诉我们某件事情是错的，而是主动去关注并能独立发现问题。承担责任意味着要不遗余力地贡献我们自己的分析和见解——阅读、观察、倾听，并学会质疑我们的假定。它要求我们不断投入精力去观察和理解我们正在参与的事情、我们参与的方式，以及由此产生的后果。

若没有这样的投入，我们就只是问题的一部分，而无法变成解决方案的一部分。用心去理解父权制和最小阻力路径的男性,不太可能抱怨两性间行为方式的改变,也不太可能要求女性向他们解释什么是性骚扰。他们会主动了解每个情境下什么是合适的,什么是不合适的。当他们不确定的时候,他们至少会意识到有什么地方不对,需要他们注意。

然而,支配群体通常不会对他们自身支配地位的动力学表现出这种关注和投入。他们可能会认为自己受到了随权力而来的责任的拖累——老板对员工的责任,或"保护家人""养家糊口"的丈夫对妻儿的责任。但是,他们几乎没有为给予他们权力的体制承担责任的动力。

相反,往往只有那些肯定他们优越地位和巩固他们特权地位的东西,才能让支配群体承担起责任。例如,沃伦·法雷尔和其他男权活动者抱怨说,许多男人感到自己受困于养家者的角色。[1] 毫无疑问,许多男人的确感到受困于此,但这不是故事的全部。比如,它无视了有着详细记录的家庭中赚钱养家和决策权的关系,将养家者视为一家之主的普遍倾向,男人对于让妻子分担养家责任的拒绝(尤其是当女方收入比男方高时),文化上对于不以"工作"(赚钱)谋生之人的贬低,以及对于赚钱养家之人的尊重与拔高。

承担对父权制的责任不仅意味着努力对当下发生的事情保持觉察和理解,而且意味着敢于从这种理解出发去行动,而不仅仅是舒适地待在现状之中。要想如此，我们必须针对父权制有所主张，且有义务对其采取行动。如果我们仍旧将其看作他人的问题，或某种与己无关的庞大力量，就无法为行动承担起责任。我们必须从一种责任感出发，即采取行动全靠自己，因为如果没有这种责任感，当处境艰难时，我们很容易放手，把问题留给别人。

承担责任首先是承认父权制存在，需要我们去理解，我们与父权制及其后果是有关系的，我们既有能力也有义务对父权制以及我们参与父权制的方式采取行动。它的当下和未来与我们每个人所做的选择多少都有一些关系，承担责任意味着在生活中对这一简单事实保持开放的觉察。套用威廉·詹姆斯（William James）的话说，我们应如每次行动都能促成改变那般行动。我们可能做不了太多的事情，但我们每个人无须做太多的事情就能促成改变。

谁来承担责任？

我们准备对父权制采取怎样的行动，取决于我们如何看待自己与父权制的关系。譬如说，大多数男人对性暴力问题无所作为，因为他们认为这是个人的问题："除非是我干的，或者受害者是我关心的人，否则这就是别人的问题，不是我的问题。"在男性主导的行业中取得成功的女性也可能对没有成功的女性采取类似的态度，尤其是她们可能会否认男性特权和歧视女性的存在，否认她们认为她们已在自己的生活中成功规避的父权制的其他方面。

毫不意外的是，最有可能对父权制这样的体制承担责任的是受其压迫的人，通常是为了生存。正如有色人种在反对种族主义的斗争中承担了大部分工作，女性在理解、分析父权制方面的贡献也是最大的。女性一直是私人生活和公共生活中承担风险的人，少有例外。她们成立了意识觉醒团体，探究父权制如何影响她们的生活。她们撰写了大量文献，分析历史、社会学、心理学、哲学、人类学、经济学、政治学以及父权制下的日常生活细节。她们关注、观察、倾听、质疑、对抗、挑战，并走上街头。当然，许多女人没有做过这些工作，但做了这些事情的人，几乎都是女人。

除了极少数例外，男人几乎没有为父权制承担任何责任。[2] 一些男性混淆了承担责任与对女性保持敏感、提供情感支持或包容女性的愤怒和沮丧。然而，男人可以在保持敏感的同时，不做任何事情来挑战或削弱男性的特权，不将性别问题定义为男人的问题，特别是在其他男人面前。即使是敏感的男人，也会被最小阻力路径吸引，将家务、职场歧视、

9 羞愧、内疚和责任

性骚扰和暴力等问题定义为女性问题。这使男人很容易把自己视为以耐心和关怀帮助女性的充满爱意的好帮手、一腔忠诚的支持者或英勇无畏的捍卫者。

这样的男人通常不会做的是,主动判断需要说什么、问什么、倾听什么、讨论什么、争取什么、致力于处理什么、关怀什么,才能克服现状中拖延的惰性。当女人因为日常生活的细节而疲惫、困惑或抓狂的时候,这些男人承担的责任通常处于休眠状态,直到下一次女人感到不得不主动提出"女性议题"来制造麻烦。女人必须承担弄清楚父权制是怎么回事以及对此采取行动的重负,当她们对此表达愤怒时,这些敏感且支持女性的男人的反应就仿佛他们受到了不公正的批评,甚至遭到了攻击。他们独特且似乎慷慨的努力没有获得应有的感激,他们本应免受责备,但这样的豁免权被突然夺走了。

敏感的男性尤其容易感到自己遭到愤怒的性别主义指控。例如,罗伯特·布莱认为,当男人以"温和"、"敏感"和"被动"来回应女性主义的批评和要求时,他们就为自己定下了被复仇的女性惩罚和操纵的命运。这就是男人敏感的下场,他向女人交出软肋,却只换来女人无休止的要求和批评,就像是反捅了他一刀,并慢慢地转动刀尖。[3]

然而,这并不是一个男人承担责任并因自找麻烦而受到惩罚的案例。根据我的经验，为父权制承担责任的男人是大多数女性主义女性最不愿意攻击的男人。更多的时候，布莱所说的男人只是表面上承担责任，而没有实质行动，因为他们对承担责任的实际含义或需要他们承担责任的内容没有明确认识，或者不愿意做承担责任所需要的情感和智力劳动。他们可能声称自己站在女性一边，因为做正确的事情让他们自我感觉很好，或者因为他们重视与女性的关系，害怕女性的不悦和愤怒，但这只是在逃避责任。这是支配群体经常采取的立场，而女性和其他少数群体无疑不信任这种立场，并对其隐含的居高临下的姿态感到受辱。

那么，为什么男人会逃避为父权制承担责任呢？在最简单的意义上，男人可能没有意识到父权制的存在，因此没有意识到他们有任何责任要承担。另外，最小阻力路径是认为自己无须做任何事情。现状是按照他们的形象和利益来组织的，反映了男子气概的最高理想和形象。那么，为什么要为改变而努力？为什么要质疑，更不用说放弃他们所拥有的东西，并主动激起其他男人的反对、愤怒和拒绝，何况他们自己也可能感到被剥夺了权力，被削弱，被"软化"到了与女人平等的地位？如果他们一开始就对自己的生活感觉不好，他们为什么要这样做？

许多男人在承担责任的想法面前感受到威胁，这不仅是因为他们必须放弃大量他们被教导要珍视的价值，而且因为他们必须面对他们为参与父权制而已经放弃的东西。在现代工业父权制下的男人当中，有着巨大的失落、痛苦和悲伤。布莱准确地指出，其中一些情绪跟年轻和年长男性之间失去的关系有关。但这反映了一种更深层次的遗失，可追溯到男人为了与年长男性和父权社会——其利益是这两个群体都认同的——达成团结而放弃的那部分人性。对于男人来说，感受他们同自己和其他人的生活之间深刻而无力的脱节，有可能是非常痛苦和可怕的，因此大多数男人根本不想知道这件事。

然而，男性承担责任的最重要阻碍或许是他们不愿意让自己被内疚与羞愧淹没。他们认为，如果他们承认父权制和男性特权的存在，等待他们的必将是内疚与羞愧。[4] 内疚与羞愧的负面力量对于那些原本最同情女性、最可能反对父权制的男性来说尤其意义重大。他们是最了解男性特权和女性为了男性拥有这种特权付出了何种代价的人，这也使得他们最容易感到自责。他们之所以陷入这个陷阱，是因为（如第 2 章所示）女性和男性都经常将个体与体制混为一谈，并经常指责不该指责的人。再加上我们很容易把内疚和指责跟承担责任相混淆，这就可以理解为什么即使是对正义抱持同情的男人，也会避免走上承担责任一途。

内疚与指责的力量

女性必定会有对男性感到愤怒，并将男性特权造成的压迫性后果归咎于他们的时候。尽管有种种关于男性支配的玩笑、合理化解释和感伤，但在某种程度上，大多数人都知道它真实存在，而且女性为此付出的代价比男性大得多。尽管有父权制与父权制为男性和女性提供的厌女的最小阻力路径，但女性和男性还是能够找到彼此相爱的方式。无论女性是不是女性主义者，许多人都知道她们有理由憎恨男性这个群体，因为你不必深入两性关系的表面，就能知道这不只是一场剧烈的两性战争，或敌对双方相互吸引的精彩故事。有一种压迫性的特权体制在此运转，而男人是其受益者。不仅如此，正如玛丽莲·弗伦奇指出的那样，男人也对延续这一体制负有主要责任：

> 我们必须面对这样一个事实：接受女性是完整人类的最大障碍来自男人……如果我们抛开主观判断，如果我们不再坚持认为我们、我们的配偶或亲人不是那样的人，只静静看一看关于女性过去的历史记录，事实就很清楚了。
>
> 在每一个层面上，男人都在阻止女性在私人

领域之外运用她们的能力……毫无疑问,作为一个阶级,男人为使女性处于男性的控制之下,做出了持续不懈的努力。[5]

然而,女性怨恨男性这个集体,与让男性个体为父权制的存在负责,并且仅仅因为他们是男人就指责他们,是完全不同的。换句话说,当一个女人说"我恨男人",这并不一定意味着她恨我本人。但是,生活在一个由个人主义思想主导的社会中,很容易看不到作为个体的男人与作为一类人的男人之间的关键区别。一个女人可能会对某个特定的男人生气,而那个时候,她真正愤怒的对象其实是父权制和男性特权;或者她会对他的行为反应过度,把对体制的愤怒叠加在应有的对他的愤怒之上。我们可能对此无能为力,只能对它会不时发生这一点保持觉察,并尽可能地处理它。

尤其是男人,他们可以学着不要把它当成是针对自己的,学着脸皮厚一点,顺其自然,而不是为了自己该不该承受这种愤怒而卷入无休止的争吵。女性的愤怒是推动改变的重要引擎,如果女性不得不如履薄冰,担心自己的愤怒会不会伤害男人的感情,她们就会保持沉默。我一次又一次地在研讨会上看到这样的情况:女性通过保持缄默来照顾男性,而不是表达对男性特权的感受。当然,我们也有讨论女性如何向男性表达愤怒的空间，以便在讨论过程中把男性个体从群体中区分出来。但是，如果男性真的关心怎么对父权制采取行动，那么偶尔错置的愤怒并不应该是他们发火和自我防御的理由。为愤怒留出空间是男性必须为特权付出的代价，以他们获得特权本身来看，这并不是很高的代价。

但问题是，大多数男性对父权制的认同（无论是有意识还是无意识）如此之深，以至于他们觉得这种对体制的批评就是对个人的攻击，这也是男性即使没有受到指责也会感到受指责的主要原因。女性受压迫的证据随处可见，一个人很难不知道文化上的厌女是真实存在的，男人和男子气概在文化上被定义为优越方。当男性和女性罗列女性在职场中的劣势时，他们所做罗列的雷同程度令所有人都感到惊讶。换句话说，许多男人知道男性特权的存在，但发现很难拒绝安于现状，很难拒绝至少在一定程度上把他们的身份认同建立在对女性的排斥和否定之上。所以，当大多数男性听到对父权制的批评时，他们很难不把它当成是针对个人的批评并且感到戒备，因为在某种程度上，这些批评确实涉及他们。因为每个男人的参与都使自己受益，并且是以女性为代价的——不论他个人的态度或行为如何——他们很难不为此感到难过，这很容易引起指责与内疚的感觉。

内疚和指责没用

内疚可以成为行为改变的强大动力,但通常只在短期内有效。从长远来看,个人的内疚并不能为社会变革提供足够的杠杆作用,而且几乎总是会引发反弹。人们对自己的负面感受或让别人产生负面感受的容忍度是有限的。在性别问题上尤其如此,因为女性和男性的生活联系得非常紧密。我们唯恐会唤起负面情绪,因此让自己失去了谈论真正发生的事情的能力。像"女性主义"、"压迫"、"父权制"、"性别主义"和"激进"这样的词已经成为术语,敢使用它们的只有那些最有可能被按照刻板印象认定为仇男的极端主义者的人。然而,因为父权制真实存在,而女性主义及其激进的、追根溯源的各种派别是解决这个问题的基础,如果我们因为害怕报复而不敢谈论,就会退回到无能为力的沉默之中。

支配群体通常最难以容忍自己感到内疚和羞愧。毕竟,特权理应让人免于这种感觉。这意味着,对于他们有可能会感到内疚的提醒,支配群体迟早会感到这是一种冒犯,他们的生活原本不会背负"特权是否影响了他人"这种忧虑,而这种冒犯侵犯了他们享有这样的生活的权利。否认特权存在的权利是特权本身不可或缺的一部分,所以男人可以很快抱怨自己被弄得很内疚,而实际上却并不感到内疚。我很少看到男人真的对男性特权感到内疚，正如我很少见到白人对种族主义感到内疚一样。这样的人是存在的，但他们并不是那些大声抱怨自己被弄得很内疚的人。

内疚作为一种社会变革的策略也是无效的，因为它立足的是一种错误的社会生活运作模型。像父权制这样的体制无法被指责，体制自身也不会感到内疚，因为它实际上并没有做什么，也没有感觉，因此不能像人那样被追究责任。这意味着指责和内疚将某些根植于体制的东西心理化和个人化了。

内疚的策略也不起作用，是因为它使人们失去了为改变而行动的能力。恐惧可以让人们把正在发生的事情看成一种生存的方式。然而，内疚通常会产生相反的效果。每有一个因内疚的驱策而深入挖掘父权制现实的人，就有成千上万个宁愿挖一个否认的深坑躲在里面的人。让男人仅仅因为自己身为男人就感到内疚，这只会限制他们，完全阻断他们为改变自己或其他任何事情做出努力。无论这个内疚是什么，他们都更有可能与内疚撇清关系（"我不在那里，我从来不知道，根本没有这事"），或是愤怒地捍卫自己，反对仅仅因为自己是男性就受到指责的不公正之处，抑或通过道歉或装作有所改变，承诺在未来更加小心，以从当前窘境中脱身。

对内疚的另一种回应是对男子气概的公开颂扬，就像在神话阐释男性运动中一样。内疚会让男性对父权制感到负罪，而为男性身份唱赞歌则相反，它会迅速地忽略父权制，从而让男人对男性身份感到满意。[6]这种赞歌是日益普遍的否认男性特权存在的观点的一部分。在男权运动当中，这种观点通常以自怜和愤怒的防御的形式出现。

沃伦·法雷尔的《男权的神话》就是一个关于否认的很好的例子，它反映了男性害怕被指责，以及一些人为了避免受到指责会有多么离谱的表现。法雷尔似乎对指责十分痴迷，他早期是女性主义运动的盟友，当时他公开批评其他男性是尼安德特人*，从而得到女性的认可。在近年来的作品中，他否定女性主义，倡导男性权利。《男权的神话》的目的在于说服读者，男人不是天生的恶人，不应对世上的邪恶全权负责。[7]女性主义者关于父权制运作方式的理解也得出了同样的结论，但法雷尔的思路全然不同，动机也全然不同。

法雷尔似乎对内疚与指责感到非常担心和愤怒，因此他歇斯底里地指出，男人根本没有权力，相反，他们还不如奴隶。他能得出这一结论，部分是因为他对权力的定义过于狭隘，而这种定义与特权体制的实际运作形式几乎没有关系。[8]但他论证的立足点是一系列令人窒息的粗略观察和往

---

* 尼安德特人是一群生活于旧石器时代的史前人类；沃伦·法雷尔曾说女人是文明开化的，相较之下，男人则是尼安德特人。——译者注

往毫无逻辑与根据的断言。

例如,他告诉我们,他承认女人被当作男人的财产,但男人可能会为了保护财产而死(尽管大部分财产是他们的),这使得他们在某种程度上还不如财产有价值,因此也就不如女人有价值。他要求我们相信,男人和男孩就对方不够阳刚互相讥讽和挑战,原因无非是为了培养男人保护女人的能力和意愿。他继而说,被文化认可的酷刑,比如束腰,是为了女性的美丽,并无其他原因;订婚戒指象征着男人为女人提供的实体保护("钻石越大……保护越有力");同性恋者受到迫害完全是因为"他们不愿意保护女性";没有人拿女性被强奸开玩笑;人们经常嘲笑失业的男人;男性不与女性分享他们的感受的唯一原因是不想让她们担心;男人通常会养女人一辈子。他告诉我们,男人的高自杀率反映了男性这个群体无权力的状态,他没有看到的是,黑人的自杀率远远低于白人,而黑人女性的自杀率最低,这似乎意味着黑人女性才是真正掌握权力的人,而白人男性才处于底层。法雷尔推断说,奴隶为奴隶主开门,帮他们穿上外套,男人往往也被期待为女人做同样的事,因此,男人对女人往往顺从恭敬,就像奴隶对奴隶主一样。[9] 他说男人和女人都是彼此的支配者和从属者,只是要视不同的生活领域而言,希望以此把话圆回来。就像法雷尔对权力的定义一样,这完全是对社会支配与服从的真正含义的嘲讽。

这里真正的问题不是法雷尔如何颠倒事实,而是个人主义的内疚与指责的模式促使他和其他男性走向极端,以避免自己为男性身份自惭形秽,[10] 促使他们通过极力否认来维系男性特权,无论他们是否有意如此。问题在于,法雷尔仍然触动了许多男人,他们确实对自己的生活感到不满,他们用控制和权力来衡量自己,愿意让人否认与男性特权有关的所有事——这种特权可能解释他们的困境,并会要求他们承担一些责任。身为一个男人,属于支配着父权制的社会类别这一事实,并不是感到内疚或被任何人指责的依据。然而,它是一个让我们抱有责任感的理由,我们须对我们如何参与做出明智的选择。终结父权制的斗争要求男人有勇气面对强大的体制和其他男人,而如果男人执着于内疚和指责,这便绝无可能发生。

那么,我们该怎样看待以一种超越个人主义模式的方式来承担责任呢?

认领遗产

要为父权制承担责任,我们得对之抱有责任感。这意味着我们须在审视与它的关系时，不应被男人的内疚或女人的愤怒吞没。父权制是一笔未征求我们同意就传到了我们手中的遗产。在父权制之下长大，最小阻力路径就是将之视为常态而非例外，认为它就是事物本应有的面貌。像大多数社会体制中的人一样，我们多半对自己所参与的东西毫无察觉，在现状受到挑战的时候，我们很容易采取否认和进行合理化解释等反应方式。但在这种缺少察觉之下，这笔遗产和我们与它的联系仍然存在。单是按照其规则生活，顺应最小阻力路径，我们就已经在维系和传递它了。

鉴于人人都参与了父权制，所以这份遗产人人有份。但像一般的支配群体和从属群体一样，男人和女人以不同的方式与父权制联系在一起。这意味着他们的遗产份额和继承方式不同，对于这份遗产的责任大小和承担方式也不同。

就像所有从属群体一样，女性在对自身的压迫中也起着重要的作用，许多女性主义工作的重点就是提醒女性这一点，并寻找可替代的路径。然而，和所有支配群体一样，男性的问题要大得多，因为父权制让他们拥有很多主动或被动地延续男性特权的理由。既然父权制是以男人的名义存在的，而且主要是为了他们的利益，面对父权制遗产和其中的男人自己，了解传承给他们的是什么，以及它为什么重要，就是男人的特殊责任。

在为父权制承担责任时,男性不能以这样的论点为挡箭牌,即父权制是其他人的事情,其他人从中受益更多或损失更少,或者我们是从未伤害过任何人的、例外的好人。我们不能把父权制巨大的复杂性归咎于不良的教养方式或有缺陷的人格。我们不能以我们在参与过程中对自己造成的伤害为借口("让我静一静,我也很痛苦"),因为我们对自己的生活造成的损害,并不能免除父权制对他人的生活造成破坏的责任。自杀并不能抵消杀人,正如男人对自己和彼此的苛待并不能抵消男人对女人的虐待一样。

在女性同意处理自己创伤的同时兼顾男性的创伤,甚至停止指责男性个体与集体(无论公正与否)之前,男性是无法长久坚持的。我们也不能在种族或阶级问题上寻找庇护所,把父权制简化为上层白人男性的权力。因种族和阶级而享有特权的男性更容易从核心的父权价值观中获益,但他们并不是唯一认同和捍卫这些价值观的人。父权制跟我们所有人息息相关。

让男人参与

要找到摆脱父权制的方法,迟早必须让男性参与进来,部分是因为男性共同控制着大部分社会体制和资源，但也因为男性和女性的生活紧密相连。[11]在更深的层次上，男性对于男性特权的现实可以提供一个独特的视角，正如只有女性才能充分理解女性从属地位的现实一样。

认真对待父权制对男性构成了特殊的挑战，无论他们是拥护女性主义者还是男权的顽固捍卫者。从约翰·斯图尔特·穆勒到弗雷德里克·道格拉斯，再到艾伦·艾尔达（Alan Alda），一直有少数男性公开以女性为盟友，寻求平等和正义。[12]现在，高校中的男性研究课程日益增多，有少数期刊致力于理解和探索父权制的男子气概和男性气质，还有越来越多的男性文学作品试图厘清父权制的运作原则以及他们能够采取的行动。这是一项颇有难度的工作，不仅因为没有人愿意关注人类的苦难，放弃特权，让自己面临心生内疚的可能，还因为在一个以男性为中心的体制中，男性的最小阻力路径是关注自己和自己的需求与关切，而不是关注男性特权和对女性的压迫。

当代男性运动种类繁多，但我们需要对它们进行仔细的审视，原因很简单，作为男性运动，它们是围绕着在社会上占支配地位和享有特权的那一类成员而组织起来的。不可避免的是，这些群体必须抵抗为他们自己的利益和维持他们的特权而行动的吸引力。举例来说，我们不会指望一场白人运动能为有色人种做很多贡献，不会指望一场富人运动能增进工人阶级的利益，也不会指望一场男性运动能够终结男性特权和对女性的压迫。

一些男性运动公开敌视女性主义运动，特别是那些围绕父亲权利和离婚男性协会组织起来的运动。处于另一个极端的是就父权制和男性特权进行写作和教学的学者，以及致力于减少父权制某些最恶劣的方面（尤其是针对女性的暴力）的男性团体。在更大的层面上，NOMAS（全国男性反对性别主义组织）赞助了关于性别问题的年度会议，并组织了关于性别问题的工作组，这些问题包括色情、恐同现象、父职、男女关系、灵性和男性暴力。该组织在其宗旨声明中说：

> 作为一个促进男性改变的组织，我们强烈支持女性为争取完全平等而持续斗争……NOMAS倡导女性主义、同性恋平权、反种族主义的观点，致力于改善男性的生活，并在促进阶级、年龄、宗教和身体能力等广泛的社会问题的正义上承担责任。我们坚信，努力使这个国家的平等理想成为现实，是对男人这一身份内涵的最佳表达方式……我们赞同并支持女性主义在女性和男性身上激发的洞察力，以及它所促成的积极的社会

变革。我们反对经济和法律歧视、强奸、家庭暴力、性骚扰等针对女性的不公正待遇。[13]

虽然 NOMAS 强烈支持女性主义运动，但它自称为男性运动，部分原因是它想强调男性特权赋予了男性对父权制采取行动的特殊责任。这也避免了试图拉拢女性主义运动的表象。

然而，即使在拥护女性主义的男性中，将社会运动与男性性别联系起来也存在问题。将男性运动与女性主义运动相提并论，很容易将男性在其他方面也看成可与女性类比的群体，比如作为男性被压迫或受害。这使得原本抱有良好意图的男性运动相当容易偏离方向，将男性的麻烦归咎于女性，或者以男性自我为中心，急于让男性感觉更好的同时，忽略了父权制和男性特权。

例如，虽然 NOMAS 并没有陷入指责女性的陷阱，但一些人认为它过于关注异性恋主义和男同性恋权利，而对性取向问题以外的男性特权的动力学关注太少。NOMAS 对男同性恋问题的重视部分是基于这样一种认识：异性恋特权和对男同性恋者的压迫是父权压迫女性的链条中的一环。然而，这也可能反映了鼓励男性专注于自己利益的父权制最小阻力路径。

在某些方面,这一现象与推进自己所关切的事务,比如打破公司和职业的玻璃天花板的白人女性相似。她们忽视了白人种族主义,错误地以为,从白人中产阶级的角度分析男性特权也适用于有色人种女性。她们可能以为,因为她们知道女性受压迫是什么滋味,她们也便知道种族压迫是什么滋味,即便她们属于享有特权的种族。[14] 同样,男同性恋者可能认为,他们自己受压迫的经历使他们不需要关注性别主义。

与之相关的一个危险之处是,男性对女性受压迫的同情可能会使他们对父权制的看法变得敏感,但不会使他们激进。例如,它可能会让男性更关怀女性的痛苦,让他们成为更有同情心的倾听者、更支持女性的伴侣或同事。但是,如果这不能让他们对这种痛苦追根溯源(找到根源,成为激进者),直面这种痛苦与男性特权之间的联系,他们就有可能成为敏感的新时代男性——本意虽好,却不参与对抗特权这项艰险的工作。

当然,有许多男人对激进的思想和行动并不陌生,在面对他们自身的性别问题之外的压迫的时候,他们一直是激进的。一些问题要求男人公然谴责自己所拥有的一个或多个特权地位,一些男人在这样的问题上变得激进,比如白人公开反对白人特权。然而,通常情况下,拥有各种形式特权的人在与其他特权做斗争的同时，至少会坚持其中一种特权。很少有人会将它们尽数放弃，而对于男性来说，他们所坚持的往往是性别的特权。如前所述，激进女性主义诞生于20世纪60年代新左派反战运动中白人女性对男性公然性别歧视的经历。这些男人在反对阶级和白人特权的斗争中是先锋，但他们对自己的男性特权毫无察觉，当女性呼吁注意这种特权时，他们采取了轻蔑的防御姿态。[15]要让男人在性别问题上变得激进，比让他们在其他形式的压迫中走向激进难得多，因为男人从未体验过因男性身份而受压迫的滋味，因为所有的男人，无论阶级或种族，都拥有某种形式的男性特权。

神话阐释与男性运动

男人倾向于关注作为受害者的自己，而非父权制，没有什么比神话阐释男性运动更能明显地体现这一倾向。[16]这一运动与罗伯特·布莱、萨姆·基恩、各种荣格派作家和活动家有着密切的关系。这一运动借由图书、期刊和研讨会把男性聚集到一起，关注男性与男子气概，以治愈许多男性所经历的痛苦与失落——精神伤害、情感贫乏、与妻儿之间糟糕的关系，以及与其他男性（尤其是父亲）的疏离。

此类问题在许多男人的生活中都很突出，但这不是男性对于父权制——其动力学给男人造成了许多的失落、痛苦和悲伤——有组织的回应。与布莱的主张相反，这不是一场与女性主义运动平行但拥有"不同的安排规划"的运动。[17]它或许可以回应真正的情感与精神需求，通过将男人聚集到一起，击鼓、唱歌、分享自己生命中的故事与情感来满足这些需求。它或许可以治愈父权制对男人造成的一些伤害。[18]但如若不关注真正造成这种伤害的体制和性别动力学，鼓励男人为社会问题寻求个人解决方案，肯定会弊大于利。

从某些方面来说，很难将神话阐释男性运动视为一场运动，因为它关注的是个人的转变，而不是社会的变革——可与民权运动、环境运动和女性主义运动等做个比较。[19]一场社会运动不仅仅是一群人试图改变他们的个人生活。它也是一种为了改变这些生活赖以存在的集体条件而进行的有组织的努力。在此意义上说，男性运动就像许多美国人选择用心理治疗或十二步疗法来应对生活一样，与女性主义运动或民权运动不可同日而语。最重要的是，神话阐释男性运动是关于自我发现、个人的重新定义，以及一些相对享有特权的群体成员之间的宣泄，他们试图以此缓解这种特权带来的情感、精神和社会后果。该运动对社会力量唯一的关注，就是把父亲和其他男人仅仅描绘成这些力量的受害者，假装男人和女人受到了同等的压迫，或男人的处境比女人更糟，以此来帮助男人抵御对于女人受压迫的内疚。但这场男性运动无意让男人为某种比他们自身更重要的事情承担责任，比如父权制，以及他们对父权制的参与。

为社会问题寻求个人解决方案将社会动力学简化成了个人心理与人际关系，这一文化当中原本就有将社会问题心理化的普遍倾向，它不过是顺应了这一倾向。从布莱和基恩的著述判断，社会不过是父母、子女和配偶之间的关系，而社会问题——从战争到压迫——可被简化为不良的教养方式、人际误会或不良习惯。[20] 他们认为，假如男性气质是个问题，那不是因为它与特权和压迫有关，而是因为它"遭到了损耗""不再可靠""无法令人满意"，在男人的生活中"不再发挥作用"。解决的方案不是社会变革，而是借由英雄般的内心英雄旅程促成个人转变。[21]

强烈的个人主义，加上对父权制存在的否认，使神话阐释男性运动走进为男性的痛苦和失落寻找指责对象的死胡同。通常情况下，受指责的不会是工业化。更多的时候，愤怒和怨恨针对的是女性。这样的指责有时是公开的，有时是隐含的。在讨论男人感觉权威被削弱、不完整和不满足的时候，母亲和妻子经常出现在讨论中。在布莱的一个为期一天的研讨会上，让一屋子的男人愤愤不平地表示认可的并不是与工业化的罪恶有关的讨论。相反,是"强大的母亲"使男人无法自律;是"母亲的女性气质中世俗、保守、占有欲强、不愿放手的部分"使男人的灵魂窒息,剥夺他们的男子气概;正因母亲对婴儿的权力如此可畏,男孩和男人才不得不围绕着对这种权力的回应来组织他们的生活;正是王后把决定野人自由的钥匙放在她的枕头底下,她依恋儿子的倾向永远不可低估,她通过削弱丈夫的权威,破坏和诋毁丈夫,拒绝让他从自己的"黑暗面"中获得拯救,以此争夺儿子的爱。是女人——尤其是秉持女性主义的女人——希望男人温顺、柔软、软弱,而不是大胆、独立、勇敢。正是女性的愤怒和要求激发了男人内心的恐惧和内疚。

奇怪的是,在对此问题的定义中,根本看不到丈夫和父亲。布莱提到,父亲是规则的制定者,国王是把野人笼子的钥匙交给王后的人。除此之外,男人就显得像是听凭女性和社会力量(如工业化)摆布的无助受害者。显然,男性的支配地位根本不是特权,而是男性必须背负的重担——一件不得不始终占据社会顶层的事情。父亲无精打采地在阴影中踱来踱去,淹没于自身的黑暗之中,被女性和工作的要求赶出了家庭,他们的威严和骄傲已无迹可寻。每隔一段时间就会有人提到,是的,当然,在这一切发生的同时,一些可怕的事情也在女性的身上发生,但这很快被抛到脑后,因为他们急于把女性描绘成几乎不可思议地真正握有权力和特权的人。

尽管神话阐释男性运动声称没有政治议程，但其效果具有深刻的政治性：它否认了父权制的存在，也否认了任何对其负责的必要性。它常常把女性当作他者、局外人，当作男人问题的最终源头。在它的描述中，父权制中的男性气质只有在使男人不幸福的时候才是有问题的，而当它作为一种压迫性体制的意识形态，让男人享有特权时，则不成问题。这场运动并不反对男性支配本身，只是抗议它从男性身上索取代价（因为它不再"有效"了），它是为男性寻求在保持现状的社会下生活得更舒适的方式：

> 从根本上说，[男性运动]不是要根除性别主义或改变父权制，甚至不是要理解各种形式的男性气质。在关键时刻，它所涉及的是对霸权主义男性气质的现代化改造。它关注的是如何在不打破实际给予他们权力的社会结构安排的情况下，为支配群体——白人、受过教育的人、异性恋者、富裕的男性等——找到能够适应新环境的方式。[22]

与父权制和解是很困难的事情，男性有充分的理由在这方面相互支持。但是，围绕男人作为男人的共同经历而团结存在严重的问题，因为男性团结太容易忽略的一点是，父权制使男人因为身为男性而享受特权。神话阐释男性运动延续了父权制及其对男性和女性的影响，包括一开始将那么多男性聚集在一起的痛苦、失落和悲伤。

尽管如此，各种男性运动至少帮许多男性认识到，他们的生活中存在着严重的问题，而这些问题与他们作为男人的身份有关。这一认识在男性当中打开了交流、体验和表达的通道，鼓励他们探索自己的内心世界。但是，无论书籍、研讨会和林间周末静修可能对男人在感受方面达成什么样的效果，都不能使我们走向一个可让这些感受公开化的社会。相反，它们将作为个人解决方案继续存在，不会比塑造和培养出它们的相对享有特权的亚文化扩展得更远。

对于想要参与改变的男性来说，关键的一步是将他们的内在生活与父权制的外在现实联系起来，走出对社会的模糊不清的归因，更清楚地了解社会体制运作的方式，以及我们的参与如何促成了它的运转。如果新的男性运动要成为解决方案的一部分，而不仅是自我耽溺的、日益根深蒂固的问题的一部分，男性就必须学会如何对这个以他们之名运行的社会体制承担责任。

成为解决方案的一部分涉及一个基本的道德选择：是

利用性别特权来加强这种特权，还是与女性主义女性一起为父权制的遗产承担责任？男性应该自己强大起来，以承担属于自己的一份责任，或至少为那些愿意承担责任的人让路。除非男性开始认真地分担与我们的遗产做斗争的情感、智识和实践方面的工作，否则不仅改变会受到严重限制，而且男性和女性将继续感到彼此对立，因为事实上他们的确将彼此对立。

男人所拥有的选择并不吸引人，但那些努力应对压迫的女性、少数种族和少数民族拥有的选择也不吸引人。就像所有的支配群体一样，男人经常陷入一种发展停滞的状态，这种状态会使他们包裹在一种几乎像孩子一样的无知、浮夸和对女性的权利感中。[23] 这使他们远离了成年人应有的对当下发生之事保持觉察并采取行动的责任，这种责任包括接受特权的现实和支持特权的压迫。父权制下的生活现实迫使许多女性为了生存，为了给所有人争取更好的未来而改变。它对男人的要求也不外如是。

10 什么变了，什么没变
男子气概与暴力

关注什么改变了以及是如何改变的，我们可以学到关于改变的重要经验教训，但弄清楚什么还没有变以及为什么没变也很重要。在促使我写作《性别打结》的那些年以及成书后的那些年里，我在职业生涯中花了大量精力应用我在本书中描述的框架，以试图理解特权体制，尤其是父权制在各个层面塑造社会生活（包括我自己的社会生活）的力量。我看到许多事情发生了变化，我也为父权制的某些方面虽造成了可怕的后果但似乎纹丝未改而感到震惊。

我经常建议，对待系统性变革，我们要把眼光放长远，但即便如此，我们也应该能够理解先改变和后改变之间的不同、什么是最顽固的，以及为什么。在男性暴力问题上尤其如此——不仅是针对女人和女孩的暴力，还有针对其他所有人的，包括他们自己和地球。如果暴力是一种由病毒引发的疾病，那么它所造成的痛苦和破坏的数量将不仅仅促使美国，而且促使全世界大部分地区宣布进入公共卫生紧急状态。各国政府甚至可能发起一场反暴力战争（而没有停下来注意其中的讽刺意味，这就提供了一条线索）。但男性暴力不是由病毒引起的，新闻也未宣布进入公共卫生紧急状态。事实上，我们的情况正好相反，就好像这种具有深刻破坏性的性别现象根本不存在。

例如，2012年12月，一个名叫亚当·兰扎的年轻白人男子闯入康涅狄格州纽敦市的一所小学，那里距离我家不到50英里，他屠杀了——我认为用这个词并不过分——20多名幼童以及几名教师和工作人员。遇难儿童跟我的孙子同龄，所以这场大屠杀在我脑海中停留的时间比大多数类似事件都长。但是，随后进行的关于枪支暴力的全国性对话简直不堪入耳，因为它看起来太熟悉了，并且这些对话进行的方式让我知道，此类暴力必将继续下去。当然，这些对话还是在已经有数十年的女性主义活动和分析的情况下进行的。

那类对话是什么样的呢？在科罗拉多州奥罗拉市发生大规模谋杀案后，也就是纽敦市大屠杀发生的五个月之前，我看到美国公共电视网（PBS）的新闻主播展示了最近四场大规模谋杀案的凶手的照片，然后向一些专家提问：这些犯罪者之间有什么共同点？专家看了看照片，摇了摇头，然后说："没有。"他们接着解释说，这些人的心理状况没有明显的重合之处。他们都是男人，但没有任何共同之处。

在纽敦市大屠杀之后，我再次看到公共电视台的一位主持人对不断发生的、似乎难以解释的杀人事件表示愤慨，在全国各地都在问的各种恳切的问题之外，她又增加了一个问题——为什么会出这样的事？——这似乎是她后来想到的一个问题。她想知道，所有的枪手都是年轻男子这一事实是否算是一条线索（更不用说他们都是白人，但我记得她没有这样说）。专家在回答时仿佛没有听到这个问题，她也没有再提。我之所以批评美国公共电视网，只是因为他们与其他所有媒体相比显得非常开明和严肃，如果他们不能看到摆在眼前的事实，那么我不知道媒体中还有谁能看到。

那么，这就是谜题所在了：这些男人有何共同点的答案一望即知，那些受过教育的聪明人，那些以检视和理解世界时事动态为业的人，怎么会表现得像是眼中所见并不存在一样？

我曾以为人们察觉不到这类事情是因为无知，就像鱼察觉不到水，因为到处都是水。后来，我不再认为是这样。他们长了眼睛，能看见，他们不傻。我们知道这一点，因为如果你向他们指出，所有的枪手都是男性，他们不会说："他们是吗？"（主持人的确提出了这个问题，但她没有就这一问题继续下去。）所以，在某种程度上，他们的确知道自己看到了什么，其他人也是如此。

那么，他们为什么——就如所有在这件事中有影响的人一样——表现得好像他们看不到，好像这个问题不值得问，更别提深入下去认真地回答？即便是儿童在学校里被枪杀时——无差别枪击，且多次近距离开枪，以至于父母都辨认不出自己的孩子——掌握权力和影响力的人还是一次又一次看着镜头，表现得好像他们什么都没看到，什么都不知道。怎么会这样呢？

这不仅可能，而且常见。它是常态，是默认的现实，因为我们所参与的父权制一开始就制造着男性暴力的流行病，同时又让"无所察觉和否认它"成为一条最小阻力路径。简而言之，两者都来自同一套核心的父权制价值观，父权制正是围绕这些价值观而组织的。我们能在一种强大到让我们身处危险的非现实状态的世界观当中，找到这些核心原则。在这样的状态下，即便是我们当中最有权势的人——包括美国总统——也会对理解当下发生之事感到无能为力，遑论知道如何保护我们的孩子不受其害。

理解男性暴力

暴力成为男性遵循或鼓励其他男性遵循，或者至少通过保持沉默来给予默认支持的最小阻力路径，而父权制的组织原则——男性支配、男性对控制的痴迷、男性中心以及男性认同——是如何促成这一点的？在之前的几个章节中，我们已经简要谈到这一问题的某些方面，但在此处值得重新考虑这一问题，为父权制世界观奠定基础，正是它使得男性暴力不仅盛行，而且如此抵制审查和改变。

有些读者在考虑实施暴力的女性的问题，这难道不说明暴力是某种人类的问题，而非性别问题（或者更具体地说，是男人的问题）吗？在深入前述话题之前，或许值得对此多说几句。作为人类，女性当然能够以暴力的方式行事。但男性更有可能实施暴力，这表明存在着对他们施加影响的最小阻力路径，且它不会以同样的方式或程度在女性身上发挥作用。正如本书其余部分所阐述的，构成问题的正是这些系统性的路径，而非男性个体的性格特点。

那么，我们如何理解男性暴力的普遍模式呢？首先，男性支配的父权原则和男性对控制的痴迷结合在一起，鼓励男人期待时时保持控制或至少表面上如此，这包括不被他人控制。因为暴力是最极端的控制工具，使用暴力的能力——

无论男性个体是否真的使用它——是男子气概文化定义的核心。

每个男人和男孩都被要求释放关于暴力的信号,无论是表明他们自身实施暴力的能力,还是表明他们对其他男性暴力潜能的支持(如果不是钦佩的话),原因就是巩固他们作为真男人(或男孩)的地位,或者阻止可能指向他们自己的暴力和嘲笑等行为。这一动力学很早就在更衣室和校园里出现,并以不同的形式贯穿男人的一生。一个人无论拥有多大的权力,都必须面对父权男子气概在文化上的必然要求。

例如,总统候选人必须证明他们有资格成为国家的最高统帅,也就是说,他们愿意并随时准备利用和指挥美国军队的巨大暴力能力,以便控制其他国家发生的事情。[1]当面对动用暴力的实际选择时,总统所声明的关于避免战争的信条似乎很少发挥作用。例如,奥巴马以批评战争为竞选纲领,却下令在并未与美国交战的国家进行无人机袭击。这些袭击夺走了许多无辜妇女、儿童和男人的生命,他们碰巧在错误的时间出现在了错误的地点,其中包括婚礼、家庭聚会和学校。

文化将男子气概与控制相联系,男性接受了这一点,这使他们成为其种种后果的同谋,包括对暴力的使用。接受不一定是有意识的或有意的。男性个体不必是暴力的。仅是沉默——共谋的声音——就足以达到这种效果,足以将他们与其他男人施用的暴力联系起来。当一名年轻男子感到受委屈,或对自己防弹衣上的背带没有安全感并拿起枪时,他是在以一种极端的方法追求控制与支配的男子气概理想,这在社会当中拥有广泛且深刻的支持,那些从未设想过自己会做此类事情的男人亦是其支持者。我们的文化当中充斥着暴力的画面,从电视节目、电子游戏到足球场,这不是极端暴力分子所为。蔓延的实际暴力行为也一样。这一切都是从对控制的痴迷中产生的,它塑造了每个男人在这个社会中作为真男人的地位。

男性支配与对控制的痴迷尤其适用于与女性的关系,但在某些方面,与其他男性的关系更是如此。由于控制至多只是暂时的状态,因此其身份认同的根基不稳,而且由于大多数男人所拥有的权力相对较小,并难免在某种程度上被其他男人支配(如在工作当中),因此在大多数男人生活的限制与支配和控制的文化理想之间,存在着一种持续的紧张关系。

男人如何才能不摒弃对男子气概的文化理想的认同本身同时又化解这种矛盾呢?一种办法是认同显得强大和拥有掌控力的男性人物,并间接地分享他们的经历——在足球比赛中欢呼呐喊,口头支持战争,玩暴力电子游戏,或观看男人在性行为中支配女人的色情内容，观看主角展现出暴力能力的电影——战斗中的超级英雄、流氓警察、士兵、对不义之人复仇或拯救地球的男人。

须注意，所有这些榜样在行动时都深深相信其暴力的正当性，相信他们是在赢得比赛，捍卫正义，纠正不公，夺回从自己手里被夺走的东西，（从另一个男人的魔爪中）拯救一个陷入困境的少女，进行无可非议的复仇。他们不仅遭受伤害、义愤填膺或怀抱英雄主义，而且被一种权利感和权威感驱使，这种感觉直接来源于父权制男子气概的核心：他有权利，甚至有义务诉诸暴力。如美国全国步枪协会（NRA）执行董事韦恩·拉皮埃尔在纽敦市大屠杀后反对枪支管制时所说："阻止坏人持枪的唯一办法是好人持枪。"[2] 当然，关键在于谁来判定谁是好人，谁是坏人。父权文化也为这一问题提供了答案：一个真正的男人会自己判断这样的问题，这是展示男子气概的另一种方式。

当旁观其他男人的暴力行为已不足够时，对男性生活现实和男子气概的期待之间的矛盾更为极端的回应是男人自己发起暴力。这就是大声辱骂、踢狗、扇孩子耳光、用拳头砸墙的男人；他有路怒症；他不仅去法院枪杀刚刚获得孩子监护权的前妻，还枪杀做出裁决的法官和为前妻辩护的律师；他去工作的地方杀死没有给他晋升或解雇他的经理和一些向来对他不友善的同事；他下班回家后枪杀他的妻子、他的孩子，以及他妻子的情人和母亲；他去学校枪杀嘲笑或欺负他的同学；他刺伤在酒吧里侮辱他的人、骂过他喜欢的球队的人、超他车的人；他因为妻子表现出一丁点儿自主或独立的迹象就殴打她，并在她企图离开时置她于死地。

以自杀终结自身暴力行为的做法在这样的男人身上并不少见，这很少是出于一种内疚感或悔恨，而更可能是下定决心不让任何人决定他的未来。他会以他想象中的孤胆英雄的死法去死，至死都要控制自己的命运。

同理心的缺乏促进了男性暴力，不然便会提醒他们可能造成的痛苦与折磨，从而妨碍他们贯彻控制。缺乏同理心本身亦是父权制男子气概的期待造成的后果，男人被期待总是保持控制。这一状态从根本上是与同理心相对立的。保持控制的一个关键就是要认为自己不需要对被控制的对象负责。缺乏责任感反过来又会鼓励他们将控制对象视为没有感情或没有生命的"他者"、没必要被纳入考虑的东西，或与自己毫无共同之处的东西。

鉴于男子气概要求男人自控，同理心的缺乏鼓励他们成为不会害怕、不会疼痛的"好士兵"，而外部的敌人则被变成没有感情、草菅人命的怪物，抑或蛮横的恶女或荡妇，或难以控制的精神变态的反派，只能以好人的一颗子弹（或十颗、二十颗）加以制止，这是唯一能跟"邪恶"沟通的手段。

男性中心的原则又使之更进一步，它使人养成一种男孩和男人生来且本身就应该始终处于注意力中心的期待。一个真正的男人有一个地方可以去，在那里，一切始终都是关于他的，有一个人——如果他是异性恋的话，会是一个女人——无论他说什么，她总是会为他着迷，即便换作她时，他不会以同样的标准要求自己。他很成功，受人仰慕，赚了很多钱，是运动员，是班长，是所有女人心仪的约会对象或人人都觉得酷的班级活宝。倘若这些他样样不占，倘若他是其中一类但又不够格，他便会不禁感到孤独、被孤立、被忽视、被排斥、不被看见或低人一等，他可能会觉得自己有什么问题，觉得自己算不上一个男人。但男性中心的价值观提供了一条替代性路径——他受了委屈，他会有如此感受是不公平的，旁人的辜负应对他身陷的痛苦处境负责。不仅如此，男性支配的原则和大量的文化形象还鼓励他相信，自己的男性权威是对他认为有责任的人进行惩罚和报复的代理人，他要以此纠正错误，以一种让他们难以忘记的方式吸引他们的注意。

所以我们就看到这个社会稳定地供应着实施暴力的男性，他们在社交上与人隔绝，仅剩的朋友就是电脑和网络，或许还有他们的枪——这些都是他们能操纵和控制的——这些男性想让某些人为他们的痛苦付出代价。抑或他们想要扬名立万，被注意或被看到，打破上一个大肆杀戮者的纪录，走入他们所想象的、自以为正义的荣耀光辉之中，这会让他们与众不同，这样人们就会注意他们，记住他们，或许还会为他们在世时所受的待遇和不幸感到抱歉。他们有时会给自己穿上士兵的战袍，或把自己打扮成黑暗的超级英雄。

不管是何种情形，问题不在于孤独、寂寞或愤怒本身，因为我们都曾在某个时候尝到过这些感受。问题是男性对这种情况的回应已经被社会模式化，这些回应往往来自男性对父权制的参与，而父权制不仅塑造了他们的内心体验，也塑造了他们对其他人——那些他们以为与之有关系的人——以及对他们觉得有权利期待、有权利去做的事情的认知。

这一切都根植于拼图的最后一块，也是最复杂的一块：男性认同，即认为男性和男子气概是人类的文化标准，因而优于女性和女性特征。以男子气概作为文化标准，男性的视角比女性的视角更有特权，甚至被视为唯一的视角，这为男性奠定了一条最小阻力路径，使他们认为自己的工作比女性的工作更重要，并从男性的角度定义核心文化价值。

当某一群体的成员被认为比另一个群体优越，并非因为任何他们做过的事，而只是因其成员身份本身，这就赋予了一种特殊的地位感，这种感觉甚至能在孩子身上看到。例如，关于"男孩子就是男孩子"的文化民俗——尤其在用来回应大胆冒险的时候,最重要的是不用为后果负责的时候——常被拿出来说,仿佛这就是男人和男孩天性的反映。[3]这种观念在应用于成年男子身上时最为强大,他们放纵的、离谱的行为甚至犯罪(特别是在醉酒和强奸的情况下),即便没有获得欣赏或成为调侃的对象,也经常被描绘成可容忍和可原谅的事情。

这反映了一种自幼培养的男性自主、独立和优越的文化神话,它反映在人们容许男孩比女孩拥有更多活动和交往的自由;日常可见的妻子或母亲有义务以他人的个人需求为先,而父亲与丈夫则明显能够免于如此也是一例;同样的例子还有,指涉女性的词常被用作侮辱词(如"姑娘""娘炮"),任何男孩都无法不注意到其中包括了他的母亲、祖母和其他女性亲属;书籍、电影、电视节目、新闻报道和历史课都在关注男人和男孩以及他们所做的事情;语言也是男性认同的,"男人"(man)、"男的"(guy)和"兄弟"(brother)都被当作"人类"的同义词;大众媒体日常且普遍地将女孩和女人的身体客体化,唯一的目的只是满足男性凝视。这一切以及更多不胜枚举的例子都投射出一种男性优越感、膨胀感和例外性。这不仅塑造了社会对男性和女性的看法,也塑造了社会对他们的期待。这反过来培养了父权制男子气概理想当中的傲慢、权利感、权威感和缺乏责任心。

表面上，男子气概理想似乎只适用于与女性的关系，但它也为男人之间的关系创造了模板。它所借由的观念是，一类人有可能天生优越或下等、高级或低级、负责或不负责——这是父权制在大约7000年前所引入的观念。例如，小学教师简·埃利奥特在课堂上对年幼的孩子进行了一次著名的实验。她根据眼睛的颜色将他们分成两组，并将其中一组视为比另一组更好。她发现，孩子们很快就开始以居高临下、蔑视和缺乏同理心的态度对待他们的同伴，包括朋友，认为这种不劳而获的优势是他们应得的。埃利奥特和其他人惊讶地发现，这种系统性的划分可以如此迅速地塑造儿童对自己和他人的看法，以及他们因此采取的行为方式。[4]

男人和男子气概的提升是一把双刃剑。因为男性优越性的假定是建立在虚构的基础上，因为男性并不凭借男性身份而在本质上具有优越性，所以被赋予的优越感、膨胀感和例外性在本质上是不稳定的，而且总是容易被揭穿。这就造成了一种长期的焦虑，特别是在与其他男人的关系中，因为正是男人控制着个体有没有资格在真男人的兄弟会中延续成员身份。焦虑反过来促进了我们熟悉的父权制下恐惧与控制的动力学，男人在其中被鼓励借由发起对其他男人的男子气概的质疑，巩固和捍卫自己对男子气概的主张（这就是为何男同性恋者频频成为男性暴力的目标）。

其结果是男性与其他男性互耍手段争夺优势和控制权的持续模式。他们寻找和利用对方的弱点，并防止对方以同样的手段对付自己。这往往是无意识的，且表现为多种形式，可以是从"友好的"口头玩笑到公开羞辱再到身体暴力等一系列形式。它通常发生在几乎所有男人与其他男人交往的场所，从更衣室、兄弟会、社区酒吧，到公司董事会、医院、教职人员会议、军队和政府。当这种情况没有发生时，男人会被鼓励警惕这种情况的发生。

男性认同所赋予的优越地位鼓励了男性暴力，因为它传递出这样的信息：在他们所认定的权力范围内，从家犬到邻国再到任何可登陆的星球，男性对任何人或任何事都有令人信服的控制权。男性认同赋予了男性视角以特权，从而削弱了他们的同理心，因为它鼓励男性不考虑甚至不去了解他人的需求和经验，并将包括"是否使用暴力"在内的道德判断完全建立在原则和尊严、荣誉和权威以及"正确"等抽象概念上，而不考虑他们所做的事情可能造成怎样的后果。

在男人努力符合虚构的男性优越性与控制权的过程中，总是伴随着恐惧与焦虑，加上男人身上长期有着害怕其他男人采取同样手段的弱点，这些促使控制与恐惧的动力学不断升级，而这一动力学在每个层面上都是父权制本身的驱动力。

因为父权制给恐惧开出的解药是攫取更多的控制权,所以一些男人便会不可避免地以暴力回应。

所有这一切的后果就是男性好斗和暴力行为的持续流行,其目标不限于女人和女孩,还有其他男人和男孩。虽然我们很难对女孩和女人所付出的代价视而不见,但男人和男孩所付出的巨大代价更加不被重视,包括他们死于凶杀、自杀以及遭受各种形式的非致命性自毁行为的比率。女性主义经常因此遭受指责,特别是在谈到许多男孩在学校遇到的困难时。从某种意义上说,批评者是正确的,但这不是因为现在女孩比男孩更有特权,也不是因为男性本身被排斥和贬低,而是因为女性主义挑战了男性优越性的假定,却无法消除它作为文化标准的强大作用,男孩和男人仍在用它衡量自己。换句话说,女性主义揭露了男性优越性的假象,使他们更难以回避男子气概和控制的文化理想跟男人和男孩实际生活的现实之间的明显矛盾,从而增加了男孩和男人紧张和焦虑的程度。

当然,大多数男人和男孩本身并不参与暴力活动,但由于父权制这个体制中固有的理想和矛盾让他们背负了种种冲突,所以不需要很大比例的男人就能制造大量痛苦,尤其是在枪支在美国泛滥的情况下,枪击谋杀案占所有凶杀事件的三分之二以上,占所有自杀事件的一半以上。[5]然而,在男性暴力这个话题上，却几乎完全沉默。为什么？

世界观与多数人的沉默

在最基础的层面上，对男性暴力的沉默来源于对"男性暴力"的个人主义解释模式。在这种模式下，好事是好人做的，坏事是坏人做的，所有坏事都是某个人的错。从这一视角去看，当你问"大多数暴力都是由男人实施的，这意味着什么"的时候，这个问题就似乎不仅将暴力与实施暴力的男性个体联系在一起，而且将暴力与男性本身联系在了一起。绝大多数暴力实施者有着共同的男性身份，这不仅是他们彼此之间的共同点，而且是他们与每一个男人的共同点。

此时的问题似乎就不再是暴力或暴力的男人，而是单纯作为一个男人的事实本身就有问题，需要接受审视。"所有的男人都暴力吗？"随之而来的是不可置信的回答："这就是你想说的吗？"

对话通常以男性愤怒的自我辩护结束，这是完全不要提起这件事的最直接的理由。我们不敢惹恼支配群体的成员。我们生活在一个围着男人如履薄冰的国家。我们担心男人的愤怒、男人的嘲讽，害怕男人可能会拒绝提供资源（工作、晋升机会、为受虐妇女提供庇护所和为性侵犯项目提供资金），害怕男人可能会报复，采取暴力或其他手段，害怕男人采取防御姿态，害怕他们可能会感到不安，感到受攻击，被公开指责，被当成替罪羊，为此感到脆弱，哪怕只是难过。换句话说，我们想尽办法避免所有可能会让男人因为身为男人而感到不适的行为。如果认定身为男人是一个问题，就可能妨碍他们享有男性特权。

在我研究男性暴力的这些年里，我一次又一次看到这样的现象。无论是在州长委员会面前做证，还是在全州反家庭暴力联盟的董事会任职，或者与公共卫生专员协商的时候，当我指出，由于男性是大多数暴力的实施者，对问题的命名必须包含男性——如男性针对女性的暴力——反应都是一样的：我们不能这样做。男人会感到不安。他们会认为你说的是他们。

使问题变复杂的是，当男人抗议说大多数男人并不暴力的时候，他们毫无疑问是正确的。那么，这些关于"男性"暴力的讨论是怎么回事？为什么不单说"某些男人的"暴力？这又让我们回到了个人主义模式以及如何理解这个问题。

如果我们把"男性"当作男性个体的总和，那么这个反对是有意义的。但我们知道，没有什么是像个体的集合那么简单的。我们总是参与比我们自身更大的事情，这件事是"它",而不是"他们";而且"男性"也命名了一个类别,这个类别定位了男性相对其他类别的人和社会背景的关系,社会背景又深刻地塑造着人的经验和行为。现在,这个问题有了更大的范围:绝大多数的暴力实施者占据着同样的社会地位,这件事有意义吗?是否有一些伴随着这一相对于他人而存在的社会地位的最小阻力路径可以解释这种模式?这是关于"男性暴力"的问题真正要问的,但我们从未想到那么远,因为个人主义的解释模式和防御姿态叠加后,把问题窄化成了男性个体是好人还是坏人。

避免让男人感到不悦只是维持沉默的原因的表层。鉴于父权制世界观对我们思考方式的影响,男性暴力不受质疑,也很可能是因为很多时候它甚至不会被考虑,至少考虑的时间还不够长,还没有形成人们认真关注的基础。我想,当专家盯着照片看的时候,一定有那么一瞬间,他们的确看到了——更不用说在家里看照片的人了——明白无误的模式浮现出来。但我猜想,这时会有一些事情让这个念头消失,因为真正承认我们所看到的东西会带来更深层次的问题,将比男人的愤怒更令人不安。这些问题之所以令人不安,正是因为它们不针对任何特定的男人。它们是关于男性整体的,这触及了我们的某些东西:我们需要以积极的方式看待男人,这是我们世界观的一部分,这种世界观给我们的生活带来了意义和稳定。

人拥有一种持续的意识，它关注什么是真实的以及什么是重要的，而世界观包含构成这一意识的一切东西。它是我们所知道的、我们以为我们知道的或只是我们假定的（无论是有意识还是无意识）事物的总和，是相互关联的信念、价值观、态度、图像和记忆的巨大集合。大多数时候，我们的世界观是深层的无意识背景，它使我们能够时时刻刻地驾驭现实。它决定了我们如何看待一切——从宇宙和我们死后会发生的事，到人们做某些事情的理由。我们从它所提供的材料中构建了一个理所当然的现实，这一现实是我们不必质疑，甚至不必思考的。它不仅塑造了我们对现实的感知，而且塑造了我们对它的理解。我们借由它来解释发生的事情，判断什么是，什么不是，通过它为我们在任何特定情况下所做的事情寻找依据。

例如，我的世界观包括相信重力是真实存在的。它已经被科学（也包含在我的世界观中）证实，因此我不必质疑它的存在。我认为我知道它是如何运作的，也知道如何与它共处，因此大多数时候我都不会去想它，当我听到有人从屋顶上掉下来时，我可以毫无障碍地理解他们为什么会掉下来，他们为什么会受伤或活不下来，这就是为什么我会避免去高处。

一种世界观的核心方面出现混乱是一件很严重的事，因为这不仅仅是一个想法或事实受到质疑，而且是我们对现实的整体感知本身受到了质疑。如果这不是真的，那么我还能对任何事情保持确定吗？想象一下，突然之间，人和所有没有拴住的东西都开始在空中飘浮，或者棒球被打出了公园就往远处飞去，不再落地。或者你天天开车经过的路线突然不一样了——街道不在原来的位置，双行道变成了单行道，路标和路名都被调整过。或者你的朋友一个接一个地向你表明他们根本没有真正喜欢过你。你日复一日地生活，以为你知道什么是什么，事物是如何运作的，该期待什么，然后发生了某些事情，就把一切都颠覆了。

世界观不仅塑造了我们关于眼前之事的体验，而且塑造了我们关于看不到的与尚未发生之事的体验。举例来说，如果将世界看作一个危险之地，我会感到需要保护自己不受尚未发生的事情和也许永远不会发生的事情所害，而如果我眼中的世界是相对安全的，我就不会如此。例如，当有人请女性列出她们每天需要为保护自己不受性骚扰而采取的预防措施时，她们通常会列出长长的清单，让许多男人吃惊，因为这些男人的清单上空空如也，这反映了一种令人震撼的世界观差异。

因为世界观使我们能够假定我们时时刻刻都知道什么

是真实的，所以不难看出为什么我们会觉得我们的生活不能没有世界观，这也是为什么对世界观的反对会引发如此极端的反应。为了消除这种威胁，我们会运用同一套世界观，以保持我们的世界观原封不动而让对方的世界观丧失可信度的方式去理解对手。如果我们成功了，我们或许还能假装它们根本不存在。

当我们缺乏对我们来说很重要的信息时，世界观也会发挥作用，它通常以填充来补偿，世界观充当主要的信息来源。例如，我们无法真正知道下一刻会发生什么，也无法真正知道人们为何会相信并且做出他们所做的事情。我们无法看透他们的内心和思想，但这不妨碍我们表现得好像我们可以如此。例如，当我坐在车里，到了一个十字路口的时候，我其实无从知道在接下来十秒内，另一辆车的司机会做些什么，但我表现得好像我知道。

我们不断编造现实，以此避免焦虑与恐惧——这样的感受源于不确定性，也因为我们需要感受到脚下坚实的大地。我们利用自己的世界观，借我们认为自己知道的或假定自己知道的，来为我们所不知道的事情创造一个可信的版本。这包括我们告诉自己的关于自己和其他人的故事，我们认为自己和其他人是谁，我们有怎样的能力，他们的秘密生活是怎样的，我们自己的过去又是怎样的。但我们忘了——倘若我们曾经知道——这是出自我们之手的现实,并往前走,好像我们所创造的现实是真实的人或团体,或者他们所涉及的事物。

利害关系越大,故事就越重要,生活在父权社会下形成的世界观无疑也是如此。与大多数特权体制不同,女人和男人生活在一种彼此高度依赖的亲密关系之中,尤其是在家庭当中。如果不能构建关于"人是谁"的观念——包括他们的思想与感受,以及他们可能会做什么,这便全无可能。作为其中的一部分,我们被引导着相信,我们生活中的男性——父亲、儿子、兄弟、丈夫、朋友、爱人——是好男人,我们跟他们在一起是安全的,除非他们表现得并非如此。因为性别参与定义了非常多我们最重要的关系,因为亲密关系需要某种程度的致使我们向他人暴露弱点的信任,所以在"暴力不是性别化的"这件事情上,我们享受着巨大的既得利益。在相信性别既不是暴力发生的决定因素,也不是谁最终成为施害者或受害者的决定性因素上,我们也是如此。

因此,将男性暴力认定为不仅真实存在,而且是每日新闻中报道中持续的、通常十分骇人的流行病的基础——从个人的殴打、强奸或谋杀,到能够以其突然与猛烈的残暴撕裂社群、震惊全国的儿童屠杀事件——绝不是小事。我们一次次地听到有人说,他们永远想不到这样一个男人会使用暴力。他们说，他是个安静的邻居，友好，甚至善良，是孩子们的好父亲，直到出于他们无从了解的原因——他们摇了摇头——他把孩子按在浴缸里溺死，勒死了妻子，或者上班时在停车场开了枪。我们几乎从没料到这样的事情会发生，然而所有这些男人都有家庭，有工作，有学校，或经常去教堂。我们不知道怎么回事，意识到这一点令我们深感不安，使我们质疑自己的世界观——我们原本全靠它来为自己的生活提供可预测性和秩序。如果这个男人，这个母亲的儿子，这个女人的丈夫，这个孩子的父亲，可以做出这样的事情，那么我们如何相信另一个男人做不出这样的事情？我们经常后退一步告诉自己，这个人是疯子，但即使是这样，为什么几乎所有暴力的疯子都是男人呢？

除非我们想办法从心里彻底打消这样的疑问，否则我们迟早都要回来面对更大的问题：什么样的社会体制会铺下这样的最小阻力路径，使得大多数人在大多数时候遵循这样的路径，结果导致男性暴力的流行？但是，从对这一问题的讳莫如深来判断，到目前为止，我们已经成功地防止这类问题占据我们的头脑或公共谈话，从而让父权制世界观保持原封不动。

沉默之下还有一个更大、更深的层面，这个层面超越了对人们生活中男性个体的关注。在男性认同的世界观中，男子气概不仅被定义为男人和男孩的理想，而且被定义为适用于每个人的普遍标准，是成为高级人类的最直接的表现。父权制的男子气概是变得伟大的先决条件，是任何在文化上被定义为值得尊敬、钦佩和尊重的位置的决定性属性。例如，无论任何女性，如果她渴望成为总统、消防员、士兵、企业的首席执行官，或任何类型的英雄，都将被以父权制男子气概的标准来衡量，而人们不会评判其男性对手的能力是否符合对女性特征的期待。[6]

男性认同也适用于社会本身，例如美国的概念以及身为美国人的含义。每个社会都有神话，它是生动的图像和故事、民间故事和歌曲、文献和历史课、电影和国歌、纪念碑、旗帜、演讲和纪念活动的集合，我们依靠它们来告诉我们自己是谁，我们的国家是怎么回事。理查德·斯洛特金（Richard Slotkin）对美国神话的起源和演变的详细描述展现了我们的民族故事，数百年来，这个故事总是围绕着男人与他们的支配和控制能力展开的。[7]这种控制的对象包括地球及其非人类物种、拒绝为美国扩张而交出土地的美国原住民和墨西哥人、被奴役的非洲人和其他有色人种（他们遭到剥削的劳动对于美国的财富与权力必不可少）、南方的分裂和叛乱、白人工人和移民、美西战争后拒绝让菲律宾成为美国殖民地的菲律宾人，以及一长串被认为对美国利益构成威胁的国家和

团体。⁸

从《最后的莫希干人》*、卡斯特的最后一战**、"二战"中的"最伟大的一代"***，到攻入乌萨马·本·拉登的避难所的海豹突击队，美国故事的关注点不仅仅是男人，而且是男性视角下的国家力量、自豪感、优越感和例外性，是支配世界和无拘无束行事的自由和权力。这一切最终都以使用暴力的能力和意愿为后盾。两次当选总统的西奥多·罗斯福多次表示，衡量美国国家力量的最重要标准是它的阳刚之气（*virility*），要做真正的美国人就要是阳刚的，而阳刚之气最高或最有力的表现就是一个国家将其意志强加于人的能力，尤其是通过暴力达成。⁹罗斯福之后的总统们可能没有那么露骨，语言更加隐晦，但神话依旧未变：再没有别的什么能比得上美国在战争中落败后国民的焦虑和愤怒，也没有什么能与胜利后的兴奋相提并论，也少有什么方法能比一位总统在使用武力时表现得不情愿更快地引来对总统领导能力的怀疑。

对于这个故事，美国人所抱持的观点当然并不完全一

---

* 《最后的莫希干人》(*The Last of the Mohicans*)是19世纪美国浪漫主义作家詹姆士·费尼莫尔·库柏在1826年出版的一本描写美国18世纪边疆拓荒时代独立精神的小说，是《皮袜子故事集》系列中的第二篇。——译者注
** 卡斯特的最后一战，又称小大角战役，是北美印第安战争中的一场战役。——译者注
*** "最伟大的一代"通常被认为是出生于1901—1927年的人，他们受到大萧条的影响，同时是"二战"的主要参与者。——译者注

致。公开表达的异议始终存在，且有时非常强烈。但把男性暴力当作美国国家意志的工具以及伟大国民性的标尺这一观念，几乎始终占据主流。除越南战争外，拒绝或撤回这种支持往往并不是因为人们认为使用暴力是错误的或过分的，而是因为战争没有成功，没能及时取得胜利。在伊拉克战争和阿富汗战争中，公众的支持减弱了，主要是因为大家逐渐认为战争持续的时间太长，不值得付出金钱代价，继续牺牲美国人的生命。[10]然而，对于美国入侵这些国家所造成的当地人的苦难和人员伤亡，全国范围内并没有流露出反对或遗憾的情绪，更不用说羞愧了。

男子气概和暴力能力当然不是美国神话的全部，但没有这两者和它们制造的且仍在继续制造的结果，事情几乎会全然不同。关于是否要公开承认男性暴力这一现实的决定之所以利害攸关，是因为这样做是在冒险对抗支配与控制的原则，而它位于父权制世界观的核心，父权制世界观反过来又渗透并塑造着个人的生活和整个国家。为避免如此，我们一心告诉自己，这只是少数邪恶或疯狂的个体所为，而不去质疑父权制和它的核心原则。我们不愿意审视男子气概的核心地位及其与暴力的联系，为此我们保持着沉默，表现得好像我们无能为力，因为这超出了我们的理解范围，即使这意味着我们将无力保护我们的孩子。

世界观难以撼动

就其性质而言，世界观很难改变。我们往往连它们的存在都不知道，也不知道它们有多复杂。暴露一部分世界观以供审视和怀疑，你就不能不使其他部分也成为质疑的对象——从你所认为的自己是谁，到童年偶像，到安全感，再到民族认同和自豪感。

当我思考为什么改变世界观——无论是他人的还是我自己的——如此困难时，我发现这取决于它的来历、它背后的权威、它"占据多么中心的位置"，以及它与其他部分的关系有多么紧密。例如，我的世界观里包括"没有什么能比光速更快"。在我从某处读到这件事的时候，这一小块现实被加进了我的世界观。我不记得是在何时何地读到的，但我知道的是，我会接受这一信息是因为其来源被认定为科学，就像重力一样。在我的世界观里，对科学家所声称的真理有种普遍的信任，但我同时知道，随着新的证据被发现，这也可能会变化。把这一观点加入我的世界观是在某一特定时刻以某一特定方式发生的。它也有特定的来源。我本可以选择反对它，或出于某种原因对其保持谨慎，我有时候的确会这么做。

我所认为的关于光速的真理，是我和其他许多人的世界观当中简单而孤立的一部分。它与对我意义重大的其他观念并无联系，对我的生活也影响甚少，所以对于它是不是真的，我不是真的非常在乎。如果科学家出来说事实不再如此了，我也会毫不犹疑地放弃它。

这与父权制下对男子气概的定义完全是两回事。后者是我们在不知不觉间习得的，打我们出生起，它就几乎实打实地存在于我们所呼吸的每一口空气里，多年来在故事、图像以及他人的言行中不断得到重复与确认。随着它嵌入越铺越大的信仰、价值观、经验和感受之网，它与我们世界观的其他部分建立了非常深远的联系，以至于它扩散到我的世界观的方方面面，并且似乎早就存在了，赋予它比任何特定来源更广泛和深入的权威。它不是一个人、一个群体甚至一个社会的观念，而仿佛是超越了纯粹的证据、观点、时间与地点范围的某种东西，已完全不是观念，而是一种直观的真相，不可否认、显而易见，是事物的本来面目、人人皆知的事实、上帝所定的规则、不可改变的事实。

正因如此，男性支配、男性认同、男性中心和男性对控制的痴迷等核心原则才会嵌入当代世界观，并成为其必不可少的一部分，为一代又一代人提供了认知、阐释和形塑我们所认为的真相的视角。

女人和男人天生不同的观点，是这一复杂的观念星丛中的一部分。不像接受关于光速的观点，我们并不是在某一天决定，从现在开始相信男人和女人天生不同。我们相信这一点，是因为我们在成长过程中知道是这样。这种知道不仅与女人和男人如何不同有关，而且与他们不应该相同的观念有关。例如，在美国，人们仍然普遍认为男性最值得赞赏的方面是他们好斗、强势、独立和喜欢竞争，而女性被重视的则是妥协、情绪化和专注于人际关系等方面。这种观念在动荡的20世纪70年代和80年代失去了一些追随者，但从那时至今，这种观点仍然相当普遍，而且抗拒改变。尽管女性在获得权力和影响力方面取得了长足的进步，但这种进步在20多年前就已经放缓了。[11]

位于父权制世界观核心的是男性认同的对控制的痴迷，它塑造了每一种重要的社会制度。正是在这里，我们同样发现了关于男性暴力的文化神话。这一神话尤其抗拒改变，因为情感、文化和政治的投入如此之深，遍及那么多代人，而这一切很可能发生在我们对此尚未觉察之时。它最深刻和最神圣的表达方式不在电视节目、电影、电子游戏和新闻对持枪英雄的日常描绘中，而在美国每个城镇的公园和乡村绿地里。它体现在为纪念战争中死去的男人而建的纪念碑、雕像和墓地上，这些人死于其他男性暴力之下。战争中也有女性丧生，但这些纪念碑在国家神话中的位置与女性或女性身份无关。

它也不仅仅是与那些已经死去或只要父权制继续存在就会继续死去的男性个体有关。在一个更深、更具影响力的层面上，它关涉暴力本身，以及赋予暴力意义与目的的男子气概的民族神话。这些男人牺牲，仅仅是因为他们对战争的参与——战争这一父权制唯一的目的就是通过大规模杀戮来取得胜利。这些男人就是为此接受训练的，这是他们年幼时就被鼓励接受的角色的一部分。无论一场特定的战争有何特定原因，他们死亡的事实都只不过是他们无法在自己被杀之前杀死别的男人的后果。而另外那些男人也只是想要避免自己被杀而已，那些没能避免被杀的人，就会在世界各国的城镇中被人纪念。

尽管被高尚的话语、历史记载、爱国主义的表现以及丧亲之人的伤痛所遮蔽，战争纪念碑仍是男性暴力和民族主义、男子气概与控制的父权神话的纪念碑，这一切就是因它们而发生的。

有些人可能会表示反对，认为这没有区分"好的"暴力和"坏的"暴力，它使得我们无法区别为了赢得战争所需要付出的代价和亚当·兰扎那天早晨在纽敦市所做的事情（包括结束他自己的生命）。而且我怀疑他们不会像陈述简单的事实问题那样表达反对，而是会带一些情绪，比如："你哪来的胆子？"

把战争纪念碑和亚当·兰扎并置在一起之所以如此困难、如此令人反感和不安，是因为这迫使我们面对一种更深刻的矛盾心理，它源自父权制世界观对男性暴力的看法，以及体现这种看法的男子气概版本。

这一矛盾心理的一边是对男子气概和实施男性控制的深刻认同，包括使用"英雄式的"暴力。这包括那个独自面对几乎不可战胜的困难的男人，那个唯一能把我们从某种末日中解救出来的人。这也包括被激怒的英雄，或者"只是在做他的工作"的冷静而超然的专业人员，他们认为自己是在报仇，伸张正义，打击邪恶，为捍卫国家荣誉、自豪感和自由而突破敌人的防线，其行动的依据不仅是他所信奉的正义（right），还是在一个以男人和男子气概为认同的社会中，他作为一个男人的权利（right）。

在我们矛盾心理的另一边是这样一个男人，他也被激怒了，或者还保持着冷静和专业性，他也相信他有权使用暴力，纠正他认为错误或不公的事情，对抗他不应受到的惩罚，解除对他认为属于自己的东西的威胁，他会殴打敢于再次反抗他的女人，他把炸毁一座建筑物作为一种政治抗议，他报复那些剥夺他生计的人、对他下达限制令的人、在法庭做出对他不利判决的人或损害他的荣誉与尊严的人。或者他是这样一个男人：对自己因为男子气概而做的事情或没能做的事情而感到崩溃、痛苦或羞辱，于是将暴力的枪口对准了自己。

把矛盾的一面放在左手上，把另一面放在右手上，将它们拿起，问问你自己，在一个男人行使他控制的权利，决定什么时候需要动用暴力时——他自幼被教导这是属于他的男人的权力，无论他是美国总统还是失业的工厂工人——当他表达在父权世界里被广泛期待和推崇的有力、独立、有侵略性的男子气概的时刻，有能真正将它们区别开来的东西吗？

重点不在于矛盾的两边是同一回事。它们不是一回事。重点是——历史和每天的新闻已经如此惨痛地向我们阐明了这一点：我们不可能在这两者之间做选择。看清楚这一点的唯一办法是把两者放在一起，让我们自己感受这种矛盾心态的深度。我们无法在歌颂和崇拜男性认同的对控制的痴迷的同时，不去把男性暴力作为一种工具和表达方式加以提升、特权化和歌颂。我们身处这样一种文化之中，它将男子气概的观念与自主独立的理想联系在一起，从而赋予"真正的男人"何时以及如何施展他们男子气概的权力。在伤害造成之前，我们没有挑选结果的机会。

在任何一个社会中，回头检视主流世界观的行为都是变革所必不可少的，但这也充满风险。即便我们成功做到了——如许多前人那样，亦如今人依旧在做的——前路依然艰难。其中的原因在于世界观本身的性质，其核心起源于个体之外，也先于个体存在。这一核心是从许多代人手中流传下来的遗产，以至于它显得像是完全没有起源，并且向来如此。正因如此，我们很容易感到作为个体缺乏权威去质疑似乎是现实本身的东西。这一点尤其强大，因为即便是那些与主流世界观持不同意见的人，也往往假定其他大多数人并不如此。[12] 因此，除了缺乏权威，我们必定还有一种被排斥、排除、孤立和疏远的感觉，这可能特别痛苦，并且令人感到无力。因此，许多人看不到明摆在眼前的事情或意识不到自己在看的是什么，也就不足为奇了。

这些都不会使变革变得不可能，但它确实提醒我们在开始这段旅程时，要意识到我们所面对的是什么，以及在我们开始探索如何做出改变时，需要什么来支撑自己。

11 我们能做什么？
解开性别之结

我们想要解开的结是什么？在某种程度上，它是父权制这一体制和世界观的复杂性——父权制之树，从根部到最细的外缘细枝；它是厌女和性别主义的意识形态——它将女性和男性束缚在他们的位置上；它是围绕着核心的父权制价值观进行的社会生活组织方式和维持它运转的恐惧与控制的强大动力学。父权制对控制的痴迷驱动着一个对我们和其他所有物种赖以生存的环境造成严重破坏的经济体制——父权制决定了地球自身的命运。

但这个结也与我们在对待性别议题上个人和集体的麻木有关。它是一切遮蔽我们的视线，让我们看不到父权制与我们在其中的参与的东西，从否认父权制存在，到错误的类比、个人主义的思考模式以及指责与内疚的循环。陷入这样的麻木，我便无法思考或行动，以拆解特权与压迫的遗产。

要解开父权制之结，我们必须解开我们面对它时的麻木之结。让我们了解两个关于改变如何发生，以及我们如何促成改变发生的强大迷思，这将是很好的开始。

迷思之一：向来都是如此，以后也是一样

鉴于我们有数千年的父权制历史，我们很容易不知不觉地以为事情向来如此。然而，即便是数千年，与"向来"的含义也相差甚远，除非我们把人类在此之前90%以上在地球上生活的时间排除在外。鉴于有各种考古证据表明以女神为基础的文明的存在，父权制的长期践行则缺乏证据，我们有许多理由怀疑人类生活是否向来是围绕某种形式的特权而组织的（见第3章）。当涉及人类的社会生活时，明智之举应当是抱持这样的观点：没有什么是向来如此或必将按照某种方式或另一种方式发展的，我们唯一说得准的就是变化。现实总在运动当中。事物的表面或许是静止的，但这只是因为我们的关注范围有限。如果我们将眼光放长远——真正地放长远——我们可以看到，一切始终在进行中。

有人认为，一切都是过程，都是从一点到另一点之间的

空间，从一物到另一物的运动。有些东西在我们看来可能是永恒的终点——全球资本主义、西方文明、先进科技等——它们实际上也是暂时的，会过渡到另一个暂时的状态。即便是曾经常谈生态平衡的生态学家，如今所持的观点也是生态系统具有内在的不稳定性。生态系统并不总是在经历一段时间的破坏之后回归某种稳定状态，它是持续从一种秩序走向另一种秩序的变化过程，并且永远不会回到之前的状态。

社会体制也是流动的。一个社会并不是某种永远固定不变的事物。因为一个体制只有在人们参与的时候才会存在，它只能是一种每时每刻地创造与再创造的动态过程。在一个男人遵循最小阻力路径这样的简单事情中——他控制谈话，而她放任他如此，或者在面对男性暴力时保持沉默——在那一刻，父权制的现实就形成了。这就是我们建造父权制的方式，一点一滴，时时刻刻。个体也可以用同样的方式促成改变——通过选择阻力更大的路径。

由于我们总是可以选择阻力更大的路径或创造全新的路径，因此体制的稳定程度只能取决于人类的选择和创造力的流动，而这并不能通向恒存不变。从短期来看，父权制及其世界观可能看上去稳定且不可改变。但永不停歇的社会生活过程绝不会连续两次产生同样的结果，因为不可能每个人都以一成不变的统一方式参与任何复杂的体制。除此之外，还有体制之间的动态互动,例如,资本主义和国家之间、家庭和经济之间、生态系统和人口之间,也会产生强大而不可避免的张力、矛盾和其他变化趋势。最终,无论我们是否注意到,体制都不能不改变。

社会体制往往看起来很稳定,因为它们极大地限制了我们的生活和想象力,让我们无法看到这之外的东西。当一个社会体制存在了太久,以至于它的过去已经超出了所有可能有所不同的集体记忆时,则尤其会如此。结果是,它规定了社会生活的条件,包括各种形式的特权,让人很容易误认为这些就是某种正常的、不可避免的人类境况。

但这掩盖了特权与压迫的动力学造成的根本性的长期不稳定。任何围绕着对控制的痴迷而建立的体制最终都会失败,因为它与现实不可控的本质相互矛盾,对基本的人类需求与价值造成了严重的摧残。随着过去两个世纪里女性主义思考与行动开始挑战暴力,击破否认,父权制已经变得越来越漏洞百出。这也是男性抵抗、反扑和防御如此激烈的原因之一。[1] 电台热线节目里充斥着男人对自己命运的抱怨,尤其是他们无法实现控制自己的生活[2]、女性和其他男性的理想。对女性的控制与仇恨成为普遍现象,从抱怨肯定性运动到担心被指控性骚扰或强奸。即便是对男人最轻微的批评或提到父权制,也足以引起愤怒和担忧的指控,认为这是在

"抨击男性"。

父权制也随着男性控制幻觉的破灭而变得不稳定。正如我们在2008年的金融危机中所见,企业领导者的某一面是时而傲慢自信,时而乐观的,另一面则表现得彻底慌张无措,银行变得极其庞大复杂,连首席执行官都无法理解其运作方式。与此同时,政府从一场危机撞向另一场危机,勉强维持留任,更不必谈解决主要的社会问题——贫困、暴力、恐怖主义和战争、医疗保健、中产阶级的焦虑,当然还有全球资本主义缺乏节制、不顾一切以及它造成的气候危机。计算机技术本应使生活和工作更有效率,但它将人们拴在不断加快的工作节奏上,让他们失去而不是增加对生活的控制。

在追求控制的过程中失去控制的情况也在更大的层面上发生。随着父权制对控制的痴迷加深了它对政府、企业、学校和宗教等一切事物的控制,整体的控制程度实际上在变差,而没有变好。正如失控的银行和其他金融机构所表明的,体制失控的规模只会越来越大。它们的筹码更大,伤害性更强,共同助长了担忧、焦虑和恐惧的螺旋式上升。

因为控制越来越明显是一个幻觉,男人开始怀疑自己是否有能力达到父权制的男子气概标准。我们不是第一次看到这样的现象。在20世纪之初,美国普遍存在白人男性对于社会女性化的恐慌,以及对维护男性强硬姿态的吁求。从童子军的创立到泰迪·罗斯福的莽骑兵，一场试图重振男子气概的公共运动展开了，而男子气概是重建男性认同的社会的文化基础，与之相伴的是男性特权。[3]一个世纪以后，随着战士形象重新成为主流理想——超级英雄电影、右翼民兵或任何事物都可以激起的战争想象，从寻找癌症治疗方法到遏制非法药品滥用——男性的反扑再度变得势头凶猛。[4]

无论是父权制还是任何其他体制，都不可能永远持续。父权制充斥着内部矛盾与张力。它的基础是错误和自毁的：认定控制是一切的答案，追求更多的控制总比满足于较少的控制要好。自从7000年前父权制出现以来，它就一直在不断变化，而且变化仍在继续。我们不知道取代它的会是什么，但我们可以确信，父权制会彻底消失，它每一刻都在一点点地消失。问题只是它会消失得多快、以何种方式、以何种代价、被什么取代，以及我们每个人是否愿意尽自己的努力，加速而不是拖慢这一过程，并在这一过程中减少而非增加破坏与痛苦。

迷思之二：没用的迷思与甘地的悖论

我们是否有助于改变父权制，取决于我们如何看待这种观念："无论我们做什么都不会有改变，体制太庞大、太强势，不是我们能够影响的。"在某种程度上，这种抱怨并非没有根据：如果我们将父权制看成一个整体，我们确实无法在有生之年让它消失。但是，如果通过我们的个人努力改变整个体制是我们衡量行动能力的标准，那么我们注定会失败。想要促成改变是合情合理的，但如果我们必须看到我们做的事情的最终结果，那么这种改变恐怕太缓慢，战线太长，是我们无法看到的，因而是我们无法参与的。

我们也无法参与如此复杂的改变，以至于我们无法将自己的贡献与无数其他人的贡献分开，所有的贡献以我们无法控制的方式融合在一起。像父权制这样的问题就属于此类，它要求复杂和长期的改变与短期努力相结合，后者可以缓和一些最为严重的后果，为接下来的事情奠定基础。这意味着，如果我们想要成为此类问题的解决方案的一部分，必须放下这样的念头：除非我们一定能看到，否则就没有改变；只有我们促成了改变，我们做的事情才有意义。换句话说，如果我们能让自己从掌控事物的期待中解脱出来，就能够放手去行动，参与那种改变社会生活的根本性变革。

要摆脱这种使人麻木的"个体行动没用"的迷思，我们必须转变方式，重新审视自身与长期且复杂的改变过程的关系。这可以从改变我们看待时间的方式开始。许多变化可以很快发生，快到我们能够看到。例如，我上大学时，很少有人谈论性别不平等这一社会问题，而现在，全国各地都有女性研究项目。但终结男性特权这样的目标需要的时间远远超过我们短暂的一生所能承载的。如果我们将自己看作这种改变的一部分，就不能用人类的寿命作为衡量进步的重要标尺。

要将我们的选择视作与长期改变相关，我们必须发展出一种所谓的"时间恒常性"（time constancy）的概念，它可与心理学家所称的"物体恒常性"（object constancy）相类比。婴儿缺乏物体恒常性的概念，假如你在一个非常小的孩子面前手拿一个玩具，之后在他们视线之内把玩具放到背后，他们会找不到玩具，因为他们显然无法记住玩具的样子和它的去处。换句话说，如果他们看不到它，它就可能相当于不存在。一段时间后，儿童会发展出认知能力，知道物体或人即便不在视线范围内，也是存在的。在思考变化和我们与它的关系时，我们需要发展一些与时间类似的恒常性概念，让我们能够在内心深处相信，即使我们未必能看到，有意义的变化也会发生。

在了解时间恒常性的同时，我们需要清楚我们的选择在何种程度上是重要的，在何种程度上是不重要的。甘地曾经说过，作为个体，我们所做的一切都不重要，但关键在于无论如何我们都要去做。这触及了社会和个人关系中的一个巨大悖论。就父权制如树这一比喻而言，树上的每一片叶子都不重要。无论它是生是死，对任何事情基本上都没有什么影响。但从整体上看，这些叶子对整棵树来说必不可少，因为它们能进行光合作用，为树提供糖分。没有叶子，树就会死。

叶子很重要，也不重要，就像我们很重要，也不重要。我们每个人所做的事情可能看起来不多，因为在重要的方面，这的确不算什么。但是，当许多人一起推动这项努力时，他们可以形成一个临界点，这绝非无足轻重，尤其是从长远来看。如果我们要成为更大的变革进程的一部分，必须学会与这种有时令人不适的悖论共处，而不是一时被强大和控制的幻觉冲昏头脑，一时又感到无助绝望和无足轻重，在两种感觉之间反复横跳。

一个相关的悖论是，我们必须愿意在不知道去往何处的情况下前行。我们需要抱持信念去做在我们看来正确的事情，而不必知道我们的行动会产生什么影响。我们必须像拓荒者那样思考，他们可能知道他们想要前进的方向或他们想要找到的东西，但不知道他们会得到什么结果。因为他们要去一个从来没有去过的地方，他们不知道自己是否会到达他们认为是目的地的地方，最初出发时脑海里更是没有设想。如果拓荒者从一开始就必须知道他们的目的地，他们将永远不会去任何地方或发现任何东西。

与此相似,为了寻求父权制的替代方案,我们必须有足够的信念远离围绕支配和控制而组织的社会生活,并朝"替代方案是可能的"这样的确信感进发,尽管我们可能对这样的方案没有一个明确的概念,或者对此从未有过亲身体验。我们必须有足够的信念质疑我们如何思考和体验不同形式的权力,例如,我们如何看待自己是有性别的人,特权和压迫如何运作,我们如何参与,然后敞开自己,体验接下来发生的事情。当我们敢于提出关于我们是谁以及世界如何运作的核心问题时,我们无法预见的事就会发生,但除非我们行动起来,否则它们就不会发生,哪怕只是在我们的头脑当中。作为拓荒者,我们只有首先行动起来,才能发现可能性,因为我们必须行动起来,才能改变我们的立场——从而改变视角——关于我们现在在哪,我们曾经去过哪里,我们可能去往何处。替代方案会在我们想象事物的可能性时开始出现,但首先我们必须克服事情将永远是当前这样的想法。

就甘地的悖论而言,"没用"的迷思掩盖了我们在长期变革中可以发挥的作用。但这个迷思也使我们看不到我们自己相对于其他人的力量。我们坚持认为我们无能为力,可能正是因为我们知道自己有多大的力量,却害怕运用这种力量,因为我们怕人们不喜欢。假如我们否认自己有影响他人的力量，那么我们就不必担心要为自己如何使用这种力量负责，或者更重要的是，不必担心要为不使用它而负责。

不愿承认我们拥有力量，不愿使用它，这可以在最简单的日常情境中出现，比如一群朋友因为一个性别主义或歧视同性恋的笑话而哈哈大笑时，我们要决定是不是应该跟着笑。无数类似的时刻汇成汪洋大海，这只是其中之一，它们构成了各种各样的压迫性体制的结构。这是一个关键时刻，因为一群人对于此类笑话毫不迟疑的回应再度认可了这种笑话是常态，是不成问题的，也认可了其背后的特权体制。只要有一个人就能撕碎这种共谋和表面共识的结构。

在某种程度上，我们人人都知道自己有这样的潜力，知道这一点可以为我们赋能，也可以让我们陷入惶恐，从而保持沉默。我们采用某些非常简单的方式就可以改变这种时刻的发展过程，比如以大家看得见的方式拒绝一起笑，或者说"我觉得这不好笑"。我们知道这会让人多么不舒服，并且他们可能会以不予理睬、拒绝甚至攻击我们净说扫兴话来回避这种不舒服的感觉。因此，我们沉默并不是因为我们做什么都没有用。我们沉默是因为我们不敢发挥作用。

我们对他人的影响力不仅仅是让他们感到不舒服而已。体制主要以提供最小阻力路径来塑造人们的选择。我们通常会遵循这些最小阻力路径，因为其他选择会带来更大的阻力，或者因为我们根本没有意识到其他选项的存在。然而，每当我们公开选择一条不同的路径以后，我们就让人们有可能在看到他们所遵循的最小阻力路径时，也看到做别的选择的可能性。

这样的选择既激进又简单。比如说，大多数人进电梯之后，想都不想就会转过身朝向前面。我们可能会以为这是出于纯粹的实用原因——楼层指示灯和出去的门都在前面。但当我们向后面的墙壁走过去，并面朝它站着，而其他人都是面朝门口时，我们就会发现，事情远不止如此。我们的这一奇怪举动会立刻为所有人共睹，会引起他们的注意，或许在他们试图搞明白我们为什么这么做时还会感觉不舒服。这种不舒服的感觉部分是因为它让人们注意到，当我们进入社会情境时，我们会做出选择，而且还有其他选择，而最小阻力路径阻碍了我们考虑其他选择。如果"在电梯里站在哪里"这样简单的情境中，其他选择的可能性都可以让人感觉不舒服，那我们可以想象一下更具利害关系的情境中不舒服的可能性。当一件事涉及人们如何参与父权制这样的压迫性体制时，肯定也是这样。

在我们选择不同路径的时候，我们通常不知道我们会不会影响他人，但假定我们会影响到他人更为稳妥。当人们知道其他选择的存在并目睹其他人做了这样的选择时，以前不可能的事情就变得可能了。当我们公开放弃一条最小阻力路径时，我们就增加了走在这条路上的其他人的阻力，因为此时他们必须在他们的选择和他们所见的我们的举动之间进行调和，这是他们此前无须面对的问题。我们没有办法预测这从长远来看会发挥怎样的作用，肯定也没有充分的理由认为这能够促成改变。

一个简单的事实是，我们一直在不知不觉中影响着彼此。当我们举家搬到位于康涅狄格州西北部森林中的房子时，我最初的乐趣之一就是在森林中开辟步行小径。后来，我注意到小路上有鹿的粪便和蹄印，我很高兴，因为我认为它们已经采用了我开辟的小径。但我又想，也许我在开辟"我的"小径时也沿用了别人开辟的小径。我意识到，我不可能判断出任何一件事情是不是以我和我的选择为起点或终点的。更有可能的是，别人选择的道路影响了我选择的道路。

这意味着，促成他人做出不同选择的最简单的办法就是我自己去做不同的选择，并且公开去做，这样就能让他们看到我做的选择。随着我改变我自己在父权制当中的参与模式，我也使得别人能够更容易地做出同样的选择——并且更难不做这样的选择。只是树立一个榜样——而不是试图改变他人——我创造了让他人以自己的方式参与改变他们的时代的可能性。我因此得以拓宽改变的范围，而不必激起那种防御心态——正是它维持着最小阻力路径和最小阻力路径所维持的体制。

重要的是要看到,在做这类事情的时候,我们不必追着人们去改变他们的想法。事实上,改变人的想法在改变体制当中可能只起到相对较小的作用。与其把顽固的厌女者变成女性主义实践者,我们不如把宝押在与核心的父权价值观相冲突的新路径上。我们可以在父权制世界观中引入众多的例外情况,让顽固的厌女者的子孙开始改变他们关于哪条路才是最小阻力路径的认知。例如,关于男性对男性养家角色态度转变的研究显示,大部分转变都是在两代人之间,而不是同一代人之间发生的。[5]

这种动力学也是推动美国人对同性婚姻的态度发生巨大变化的原因。例如,在 2003—2013 年的 10 年间,对女同性恋和男同性恋抱有好感的美国人的比例从 38% 上升到 58% 和 54%,而支持同性婚姻的比例从 51% 上升到 72%。这一变化在很大程度上反映了年轻人对 LGBT 的接受程度更高:18~29 岁的人中有 65%,而 65 岁及以上的人中只有 39% 支持同性婚姻。[6]

这一切都表明,与其试图说服个人,我们能做的最重要的事情是促进整个文化的转变,使父权制的形式和价值观开始失去其"显而易见"的合法性和常态,并促成新的形式出现，挑战前者在社会生活中的特权地位。而当这种情况出现时，特权的结构——财富、权力、资源和机会的不平等和压迫性分配——就更难以维持了。

在科学领域，这就是一个范式取代另一个范式的过程。[7] 例如，在数百年的时间里，欧洲人相信恒星、行星和太阳是围绕地球旋转的。但哥白尼和伽利略发现，他们的天文观测中有太多的异常现象不符合当时的主流范式：如果太阳和行星围绕地球旋转，那么它们就不会像这样运动。这种观测的积累使得人们越来越难以坚持以地球为中心的范式。最终，异常现象变得如此之多，以至于哥白尼提出了一种新的范式。证据拥有绝对的说服力，终于让一个新的范式取代了旧的范式。

与此相类似，我们可以认为，父权制这个体制所依据的世界观塑造了我们对性别的思考，让我们依照它来组织社会生活。几个世纪以来，父权制世界观持续受到攻击，对它的捍卫始终猛烈，女性主义者被广泛认为是异端，她们的所作所为被当作攻击男性的亵渎之举。越来越多的证据证明，父权制世界观会导致人类不可承受的后果，这一事实削弱了父权制世界观。我们在日常生活中公开选择其他路径，从而提供了不符合主流范式的鲜活例外，这也有助于削弱父权制世界观。通过把自身作为榜样，我们可以一次又一次地驳斥父权制的假设及其合法性。我们把我们的选择和我们的生活当作砝码，使天平向一个不围绕控制、特权和压迫的世界观倾斜。我们不可能在一夜之间或单靠自己让天平翻转，从这个意义上说，我们能起的作用并不大。但是，在甘地悖论的另一面，诗人博纳罗·奥弗斯特里特（Bonaro Overstreet）提醒我们，我们自己可以决定把我们"顽固的微薄分量"放在哪里。[8] 父权制和推着我们前往更好的未来的运动，正是在这些微小的选择当中发生的。

顽固的微薄分量：我们能做什么？

对于如何应对父权制这个问题，或许没有简单的答案。没有十二步疗法，没有一套将它变成别的东西的操作指南。最重要的是，我们没有办法避开它，也没有办法越过它——我们的唯一出路是穿过它。

假装压迫不存在或假装我们无须处理它是不可能终结压迫的。一些人抱怨说发动变革，把注意力放在压迫性的特权体制上是在制造分裂。但是，支配群体的成员排斥或歧视从属群体，将他们当作他者以表明差异，却没有人指控他们制造分裂。通常只有当有人让大家注意到差异如何被用作特权的依据时，制造分裂的指控才会出现。

在某种意义上，说出压迫与特权存在就是制造分裂，但只有在指出既有的分裂以及现状是正常且无须特别注意的观念时才是如此。特权与压迫助长了最严重的分裂，因为它们将我们彼此分离，并通过让我们保持沉默，让我们与自身割裂。我们不仅必须在社会中生活，参与特权与压迫，还必须表现得像是它们并不存在，否认我们自身经历的现实以及它对人们——包括我们自己——的生活中造成的影响。

从中穿过找到出路意味着什么？我们能做些什么来改变父权制呢？

承认父权制的存在

每一种压迫性的特权体制继续存在的关键是让人们对它无所察觉，因为特权与人类的许多基本价值观相矛盾，当人们知道其存在时，它便不可避免会激起反对。对特权的察觉可能迫使人们打破沉默，而沉默正是特权延续所依赖的基础。这就是为什么大多数文化会采取某种世界观来掩盖特权的现实。这样的世界观否认特权的存在，淡化特权，给特权冠以别称，把它归咎于受其伤害最大的人，或者把注意力引向别处。

觉察是一回事，保持这种觉察是另一回事。在我们最初了解到对世界的批判性视角的时候，最大的挑战是坚持下去。每一种体制的最小阻力路径都不约而同地将人们从对体制和体制运作方式的批判性觉察上引开。因此，读完这样一本书以后，最容易的就是将它抛到脑后。保持批判意识需要投入和努力。另一种世界观是我们要么坚持下去，要么不坚持的东西。而坚持对父权制的觉察的唯一方法，是把关注它作为我们生活中一个持续的部分。

关注

了解父权制如何运作以及我们如何参与其中，对于改变至关重要。发表观点很容易，但需要下一些功夫才能知道我们到底在谈论什么。最简单可行的开始就是把阅读关于父权制的论述变成你生活的一部分。除非你请得起私人教师，否则不阅读，你就无法理解父权制，正如初次前往一个陌生的国家旅行之前，你得阅读关于它的信息。鉴于人人都有性别，许多人假定他们已经知道了他们需要知道的关于性别的一切，但他们无一例外都错了。正如鱼最不可能察觉到的是水，我们最不可能察觉到的是社会本身。

这意味着你必须保持开放，认识到你自以为知道的知识虽然未必是错的，但受到了父权制世界观的深刻塑造，而这一世界观忽略了大部分真相。这就是为什么女性主义者要彼此交谈，花时间阅读彼此的著作——把事物看清楚是复杂而艰难的事情。这就是为什么批判现状的人通常爱自我批评，因为他们知道真相真的非常复杂和难以捉摸，找寻真相是一个不小的挑战。努力推动改变的人常被指责为正统和僵化刻板，但他们可能是最愿意自我批判的一群人。

在任何像样的图书馆里都有大量女性主义著作可供借阅，网络文献也越来越多。尽管从大众媒体和主流书店去判断，你可能永远想不到这一点，因为在这两个地方，你几乎看不到女性主义的论述。实际上，最好不要依赖大众媒体对任何形式的特权进行有意义的分析。媒体通常忽略大多数人所知的特权，而去关注那些与特权最不相干的问题（"男人和女人使用的是不同的大脑分区吗？"），它们反映的是对社会现实最漏洞百出的模拟（"男人来自火星……"），并挑拨女性之间的关系，尤其是在女性攻击其他女性的时候。大多数女性主义著作基本上无法进入书评人、记者、社论撰稿人、专栏作家和出版商的视野。所以，要知道女性主义研究的现状，或许得先去一趟图书馆，之后再上网搜索，或者向图书馆发起馆际调书申请，或在书店下特殊订单。但我们能做的不止于此——我们也可以告诉图书管理员和书店经理：这种对于理解世界至关重要的读物，他们竟没有库存，真是令人吃惊。

自我教育的时候，最重要的是要避免重造轮子*。很多人已经做了很多工作，都是你可以学习的。不可能把它们都看一遍，但你不必如此，也能培养出一种基本的判断力，以识别如何行动是有意义和明智的。

关于女性研究的基础文本是很好的开始。感觉自己在女性研究中没有容身之处的男性可以从男人写的关于父权制与性别的书开始。然而，男性迟早必须将视线转向女性所写的东西，因为大部分厘清父权制如何运作的工作，都是女性做的。[9]

那些认为女性主义写作对男性充满敌意的人，可以准备大吃一惊了。虽然不能不加批判地全然接受一切，且这一点很重要，但同样重要的是，男性要相信女性所说的关于她们在父权制下受压迫的经历。毕竟，这些是我们的母亲、姐妹、女儿、爱人、妻子和朋友从男性不可复制的角度，在以一种经历几个世纪压迫的响亮的集体声音向我们讲述。当这些故事来自不同年龄、种族、阶级和民族背景时，当它们在那么多种文化和历史时期中不断回响时，需要男人保持足够

---

* 重造轮子（reinventing the wheel）是指重新创造一个已有的或是早已被优化过的基本方法。——译者注

的尊重与谦卑，暂时安静倾听。

不过，阅读只是一个开始。到了一定时候，你需要审视自己，打量世界，以辨认你读到的东西。例如，"最小阻力路径"一成为我的常用词，我就到处都能够看到它。我越是意识到一条路径的强大影响力，就越能够在每次它出现的时候决定是否要遵循。当这种觉察公开成为人所共有的，其他路径的可能性会迅速增加，尤其是当你意识到不必对抛在身后的东西感到歉疚的时候。

当你把关注放在与人们相关的路径与选择上，而不是他们品质的内涵时，我们就能够放下内疚与指责，努力寻找新的路径，支持自己和他人选择新的路径。不必不断指出自己或别人"哪里做错了"，因为事实上个人并不是问题所在。主要的问题在于我们参与的体制，以及我们所做的选择造成的结果。要看到这一点，看到我们如何以不同的方式参与并非易事，也谈不上有乐趣。但这是供女人和男人改造他们生活的重要方面的一种办法。此时在父权制之下，那些方面是被折损、扭曲和破坏的。

我们有无数的机会参与改变，因为我们与各种各样的体制之间都有最小阻力路径的连接。在工作当中，管理者的最小阻力路径是培养和提拔跟自己最像的人，结果他们在大多数公司里都是白人男性。无论是在公司还是在街上，性骚扰都是因为男人所遵循的路径以男性支配、男性认同和男性中心的方式定义男性和女性的性行为。在日常对话中,男人的最小阻力路径是主导对话、做被倾听者,女人则是服从和不被倾听者。在学校里,父权制路径使得老师把更多、更好的关注倾注在男孩身上,让男孩学会利用这一点,而让女孩抱有的期待低于她们实际需要的或应得的。在政治领域,领导者一贯表现得好像同情与妥协等于软弱,支配与控制才是衡量国力与成功的唯一有效标准。从一种社会情境和体制到另一种社会情境和体制,父权制世界观在不知不觉间塑造了我们如何看待其他选择,也塑造了我们从中选择的方式。我们面临的挑战是了解这一点,对内在于这些情境的路径和我们做出的相应选择越来越有所觉察。

它有助于像人类学家一样,做一个参与式观察者,观看、倾听他人和我们自己,留意社会生活中一再出现的模式。我们可以把自己当作一片陌生土地上的陌生人,认为自己对身处何处一无所知,并且认识到我们一无所知。这会帮助我们对错误的假定保持开放态度,并在意识到事物不似其表面那样时发现惊喜。

这对男人来说尤其具有挑战性,他们的特权告诉他们,他们无须去理解他人,而应该由他人来理解他们。男人很容易陷入走马观花的陷阱,表现得不耐烦、傲慢,不主动对他们处于何种境地以及他们在其中的位置进行自我教育。但承担责任意味着男人不能等女人告诉他们要做什么，向他们指出当下在发生什么，或帮他们辨认其他选择。如果男人想要承担自己的那份责任，应由男人去主动倾听、观察、询问并再次倾听，把寻找答案当成他们自己的事。若非如此，他们也将不知不觉地顺着男性特权的路径一路下滑。他们只会成为问题的一部分，他们会被指责，这是咎由自取。

学会倾听

这对支配群体的成员来说尤其困难。如果有人拿着你支持特权的行为质问你，那就不要顺着鼓励你去辩解和否认的最小阻力路径去，退出那条路。不要告诉他们是他们太敏感或者他们理应更有幽默感，也不要试图为自己所做的事情开脱，说那不是他们所指出的样子，而是另一回事。不要说你不是故意的，或者你只是在开玩笑。不要告诉他们你多么拥护正义，或者你因为他们告诉你的话而感到多么伤心。不要说笑或试图表现得可爱或迷人，因为只有特权才能让人相信，对于特权与压迫这般严重的事情，这些是可接受的反应。听别人在说什么。认真对待它。暂且当作那是真的，因为考虑到最小阻力路径的力量，那可能就是真的。然后承担起责任,对此做些什么。[10]

例如,我班上有一个有色人种学生,她有一次告诉我,她注意到我会在课堂上打断她,但她觉得我从不会打断白人学生。我可以用自己的专业权威辩解,说并不是这样,说这是她的想象,说我对所有学生一视同仁,说她太敏感了,说我跑遍全国各地谈不平等和不公正的问题,所以肯定不至于做这样的事。但我对她说的是,她的感受是这样,我真的很抱歉。我告诉她,我没有意识到自己在那样做,但我并非有意如此,这一点无关紧要。

要以这种方式回应,我必须让自己离开特权地位,暂时放下我自己的感受,把她的感受置于对话的中心。最后我告诉她,未来我愿意尽一切努力去注意这一点,确保这种事情不会在我的课堂上发生。

注意这一点很重要:我作为一个人的善与恶并非问题所在。问题在于普遍存在的、让特权得以日日行使的种族主义模式,以及我是否无意识地延续了这些模式,还有最重要的是,我是否愿意作为一个参与者承担责任,注意我自己的言行。我相信,大多数时候,从属群体的成员并非想让支配群体感到羞愧或内疚,因为这并不能改善他们的生活。根据我的经验,真正的目标是终结特权与压迫,并且让支配群体也承诺,会尽其所能达成这一目标。

冒点小小的风险：采取行动

你越是关注当下正在发生的事情，就越能够看到采取行动的机会。你无须踏上征程才能找到机会，因为到处都是机会，就从我们自身开始。

举例来说，当我意识到自己是多么倾向于控制谈话时，我也意识到，男人都非常容易通过控制议程和打断发言来主导小组会议，没有女人对此提出反对。当小组会议的成员大多数是女性，但大多数发言还是来自少数男性时，这一模式便显得尤为突出。我常常在会议当中坐着，突然之间感到男性声音的优势吸引着我，这是显而易见的全方位男性特权的印记。

我不得不考虑如何处理这个小小的最小阻力路径，考虑如何处理我跟它之间的关系，这种关系会让我很容易去选择遵循它。经过一番努力，我想出了一些少说多听的新方法。有时，这会让人感觉刻意和不自然，比如告诉自己暂时闭嘴，甚至慢慢地从一数到十（或更多），好让别人有机会结束沉默。久而久之，在多次练习之下，新的路径变得更容易遵循，我也不必花那么多时间去自我检查。但觉察从来不是自动浮现或永久存在的，因为只要父权制存在，父权制的最小阻力路径就会在那里，供我们选择或放弃。

这时你可能会以为，一切最终都可归结为个人的改变，因为行动就是一个人的行为问题。在某种程度上当然是这样，的确，对我们来说，这一切都可归结为我们作为个体选择做什么或不做什么，因为我们就是个体。但关键是要时时将我们的选择与我们所参与的体制相联系。当我们公开改变参与体制的方式时，我们所做的就不只是改变我们自己的行为，因为我们也在改变体制本身的运行方式。当我们改变体制的运行方式时，我们也在改变塑造他人行为的社会环境，这反过来会进一步改变体制的运行方式。如此一来，我们也改变了体制与个体之间的动态关系——包括特权与压迫的模式——产生的结果。

有时候，退出最小阻力路径相当于直接唤起人们对体制及其组织方式的关注。例如，我们很快就会看到，它可能涉及唤起对组织当中权力与资源分配的关注：为什么秘书全是女人，而主管全是男人？为什么门卫大多是有色人种，而管理层全是白人？选择唤起对此类模式的关注意味着要改变我们自身的行为，但它的作用不止于此，因为我们行动的焦点是体制本身。

简而言之，由于世界是借由个体和社会体制之间的动态关系来运转的，改变世界必然两个方面都涉及。

我们看到越来越多正在发生的事情，在工作、媒体、家庭、社区、宗教、政府、街道和学校当中——几乎所有地方——发生的事情都会出现问题。这些问题不会一下子出现（幸好），不过它们有时会突然间冒出来，让人不知所措。然而，如果我们提醒自己，不是所有的事情都由我们承担，那么我们或许能看到许多促成改变的情境，有时还是以简单到令人惊讶的方式。试考虑以下可能性：

组织起来，组织起来，组织起来：这是作家、废奴主义者和曾经的奴隶弗雷德里克·道格拉斯给我们的建议。与他人合作。这是参与社会变革最重要的原则之一。从扩大意识到承担风险，有了支持你所做之事的人陪伴在身边，一切会大不相同。你可以阅读书籍、讨论问题，或只是单纯与其他想理解父权制并对父权制采取行动的人一起玩。要记住，现代女性主义运动发源于意识提升小组（consciousness-raising groups）。在这些小组中，女人只是聚在一起谈论自己和自己的生活，并试图弄清楚这与生活在父权制之下有什么关系。这在当时可能看起来不算意义重大，但它为巨大的社会运动奠定了基础。在这条路上走下去的方法之一是跟别人分享与本书类似的书，并发起讨论。或者打听一下本地关注性别问题的团体和组织，了解他们的情况，并认识其他人。读完一本你喜欢的书或文章后，通过出版商写信给作者或发邮件给作者。不要以为作者不想听到来自感兴趣的读者的观点，并因此有所踌躇，因为事实是，作者通常都很欢迎读者来信，并且会回复。与其他跟你在做同样事情的人接触，并与他们联系。只要是能提醒自己并不孤单的事情，就去做，在此过程中，你也提醒了别人他们并不孤单。

制造声响，让人看见。站出来，去做志愿者，发声，写信，签署请愿书，在活动中露面。像所有压迫性的特权体制一样，沉默喂养着父权制。打破沉默对于男人来说尤为重要，因为它打破了父权制所依赖的男性团结的假定。如果感觉这样做太危险，男人可以试着觉察沉默如何反映出他们对男性团结的投入。这可以是一个开始提升意识的机会："今天我什么都没有说，在沉默中共谋，我就是这样从中受益的。明天我可以试着不这么做。"

从小事开始，不再支持最小阻力路径和人们遵循最小阻力路径的选择，从你自己开始。它可以简单到听别人讲性别主义笑话时选择不笑，或直言这不好笑。或写信给编辑，反对媒体上的性别主义。例如，我们当地报纸上刊登了一篇文章，在标题中把性骚扰称为"粗俗之举"，我便写信指出，性骚扰绝非如此。

关键在于打断一如既往的事情流程。你可以以自己的不随波逐流来打破人人在随波逐流的假定。即便只是短短一瞬间，也会阻断那个流程，在那一瞬间，其他人可能会察觉，并开始思考和质疑。这是一个绝佳的时机，可以提出其他选择的可能性，比如不以他人为代价的幽默，或者是另一种思考性骚扰和暴力的方式，使人能够充分讨论其现实及其对人们的生活造成的影响。

我们通常愿意将自身视为个体，尤其是在美国。但令人惊讶的是，我们又会花大把的时间来跟他人比较，来看自己融入得怎么样。任何一种能够破坏这一过程的举动，即便非常微小，都可以影响社会现实基础上的理所应当的假定。或许这样思考这一过程会有帮助：像是把沙粒放进牡蛎里，以刺激它产出洞见的珍珠；像是让父权制发痒、不安、抓挠，从而让它暴露自己，让人们看到；像是对事情运作方式中的可欲性和必然性种下怀疑的种子，然后再种下能长出其他可能性的种子。

敢于让人不舒服，从自己开始。例如，在下一次本地学校董事会会议上，询问为什么校长和其他行政人员几乎都是男性，而他们管理的老师却大多是女性，特别是在小学。问问学校打算如何教育学生，让他们得以应对生活中的性别问题,包括男性暴力,以及男性利用社交媒体跟踪和骚扰女人和女孩等现象。

这样的行动看起来没有太大的作用,但你停下来想一想,感受一下你自己去做这些事情的阻力。比如,你担忧自己可能很容易让人感觉不舒服,包括你自己。如果你把这种行动的阻力作为一种力量的衡量标准,那么你促成改变的潜力就显而易见了。让人感觉不舒服的可能性有多大,这样简单的不顺应现状的举动蕴藏的变革性力量就有多大。

有人可能会说,让人不舒服的做法不太好,但父权制所做的可比让人不舒服更严重,允许它继续存在肯定也不好。何况,不舒服是所有有意义的教育过程中不可避免的一部分。你若不愿意挑战自己的既有观念,把自己逼到能力的边缘,就无法成长,这个过程肯定会让你感觉不舒服。如果你无法容忍模糊、不确定和不舒服,那么你永远无法深入事物浅薄的表象之下,学到或改变任何有价值的东西,包括你自己。

公开选择和塑造替代性路径。当你辨认出最小阻力路径时,比如女人被要求承担育儿和其他家务劳动的责任,你也可能辨认出替代性的路径,然后公开地遵循它们,让其他人看到你在做的事情。当人们选择替代性路径时,父权制的路径会变得越发清晰,正如有人打破规则时,规则变得越发清晰。塑造新的路径会在体制当中产生紧张感,从而使事情朝着解决问题的方向发展(像被刺激的牡蛎形成珍珠一样)。你无须说服任何人相信任何事。正如甘地所说,当我们努力成为自己所希望发生在这个世界上的变化之时,任务便从我们开始。觉得这些没有用的人只需要看看人们对于那些只稍稍偏离了最小阻力路径的行为是何反应,看看人们为了无视、解释或挑战那些选择替代性路径的人,愿意费多大的功夫。

积极地改变各种体制当中以父权价值观和男性特权为核心的组织方式。此处几乎涵盖无限的可能性,因为社会生活是复杂的,父权制随处可见。比如,你可以:

- 从你居住的地方开始,关注并在家庭当中大胆谈论性别平等问题。关于妻子和丈夫、母亲和父亲的文化观念是男性特权的关键。
- 在职场中为平等发声。
- 围绕特权问题提升意识与训练。
- 支持同工同酬和女性晋升。
- 反对贬低女性及其工作,从大多数女性身陷的无前途的工作,到阻挡她们进入顶层的玻璃天花板。
- 支持母亲与儿童的福利,捍卫女性掌控自己身体和生活的权利。

- 反对惩罚性地取消福利,反对限制女性获得避孕和其他生殖健康服务的机会。
- 公开反对针对女性的暴力和骚扰,无论它们发生在家中、工作场所还是街上。
- 反对媒体在报道各种各样的男性暴力时略去性别。
- 支持政府和个人为受到男性暴力侵害的女性提供支持服务。
- 在当地强奸危机中心或受虐妇女庇护所做志愿者。
- 呼吁并支持在工作场所、工会、学校、专业协会、政府、宗教机构和政党,以及公园、人行道和商场等公共场所实行明确有效的反骚扰和虐待政策。
- 加入并支持那些对施暴男性进行干预和提供咨询的团体。
- 反对影院、兄弟会、社区和互联网上的色情内容。无须就审查制度进行辩论——只需要行使言论自由,阐明色情内容在父权制中的作用,并表达其反对者的感受。
- 提出关于工作、教育、宗教、家庭和其他社会生活领域如何受到核心的父权价值观和原则塑造的问题。例如,有些人认为女性进入军队的战斗部门或公司权力高层是一种进步。但也有人质疑,当政治和经济制度是围绕着控制、支配、"对他人的控制权"——延伸开来就是竞争和使用暴力——而组织的时候,人和社会会怎样发展。被选中的女性获准与男性一起控制压迫性的特权体制算是一种进步吗?

- 发声揭露父权制和社会制度组织方式之间的关系。例如,男性对控制的痴迷是如何与军国主义、战争、对恐怖主义的反应和防御方式、政府的监视和对隐私的侵犯、对自然环境的利用和破坏,以及对劳动人民和有色人种的压迫联系在一起的。

公开支持退出最小阻力路径的人。当你看到别人冒险,发声、呼吁大家关注特权与压迫时,不要等事后再私下告诉他们,你很高兴看到他们这么做。等到你们独处的时候再说对你自己来说更加安全,但对他们没有益处。最需要支持的时候是面临风险的时候,而不是风险过去之后,所以不要等。向你所支持的勇敢行为看齐,让你的支持也同样显眼和公开。[11]

因为针对男同性恋、女同性恋、双性恋和跨性别者的歧视和迫害是父权制的关键之一,所以请支持女人和男人做自己、爱他们所选择的人的权利。提高对恐同现象和异性恋主义的认识。询问学校行政人员和老师,本地学校的LGBT学生在经历什么。如果他们不清楚,请他们去了解清楚,因为LGBT学生大概率会在这个人生最容易受伤的阶段，受到其他学生的骚扰或其他形式的压迫。如果出于道德或宗教原因，你认为异性恋之外的其他选择不可接受，那么请考虑一下，LGBT人群遭受的对待是如何被用来延续父权制和对女性的压迫的。无论是在媒体上还是在朋友之间，讨论性别认同和性取向的时候，都问一问它们与父权制是什么关系。记住，问问题不一定要有答案。为那些质疑和挑战刻板的性与性别、女性和男性、男性气质和女性气质的严格二元论的人提供支持，因为父权制世界观正是依赖于这种二元论。

因为父权制根植于支配与控制的原则，所以请关注种族主义和其他出自同一根源的压迫形式。在女性主义运动中，关于父权制和其他形式的特权之间的关系，特别是那些基于种族、社会阶层和性取向的特权，一直存在着大量纷争。人们也始终在争论，是否某些形式的特权更为重要，需要我们先去抨击。

解决这种矛盾的一种办法是，要意识到，父权制之所以有问题，不仅是因为它强调男性支配，而且是因为它推动着人类把支配与控制当成目的本身。在此意义上，所有的特权形式都从同样的根源寻求支持，无论我们做什么，只要是让人注意到这些根源，我们就是在削弱所有特权形式。如果努力反对父权制被视作让一些女性分到更大的蛋糕,那么一些女性将以牺牲其他因种族、阶级或性取向而处于不利地位的人的利益来获得成功。但如果我们把核心问题确定为任何一个围绕特权组织起来的社会,那么改变这一点就需要关注所有特权和压迫形式。无论我们从种族、性别、残疾状况还是阶级开始,如果准确地确定问题,我们最终都会朝着同一个方向前进。

不要囿于自己。寻找同路人和组织的一个必然结果是,不要把你的注意力限制在你自己生活的小圈子里。为父权制和其他形式的特权体制等社会问题找出私人解决方案并把它们只放在自己心里是不够的。仅仅改善自己的行为然后走开,想办法避免父权制在家庭和自己的内心造成的最坏后果,并认为这就是承担责任,这是不够的。父权制不是个人问题,也无法单独通过个人的解决方案解决。在某种程度上,承担责任意味着在更大的背景下采取行动,哪怕只是让另一个人知道你在做什么。从自己开始是有意义的,但同样重要的是,不要以自己为终点。

如果这一切听起来让人难以承受,那么要再次记住,我们不需要处理所有问题。我们不需要给自己布置不可能完成的任务，要么放任一切不管，要么就得彻底改变父权制或我们自己。我们所能做的就是我们能够做到的，因为我们知道，我们正在使其他人——同代人和后来人——更容易看到和做他们能做的事情。所以，不要在开始之前就气馁。

● 谦卑地思考那些小事、可做的事，而不要以英雄自诩，空想那些宏大的、不可能的事。不要让不可能的期待麻痹自己。小小的行动就能促成改变。微小的举动可能会产生根本性的影响。如果让邪恶永存的主要条件是好人什么都不做，那么我们所面临的选择不是完成最终目标或什么都不做，而是什么都不做或做些什么。

● 不要让其他人为你设定标准。从你所在的地方开始，以此为起点努力。把你想到的能做的所有事情列出来——从再读一本关于父权制的书，到建议改变工作中的政策，再到提出谁来打扫家中卫生间的问题——并把它们按照风险从大到小排序。从风险最小的开始，设定合理的目标。（"我今天要为改变冒什么小风险？"）随着你在承担风险方面的经验越来越丰富，你可以按照清单往下走。无论你的下一步是什么，你都可以努力去做，努力承担可承担的风险，你做出的贡献可以帮助你在无法避免成为问题的一部分的同时提供一些平衡，无论多么微小。只要你做了一些事情，它就算数。

最终,承担责任可以无关内疚与责备,也不一定是让某人脱身或让你自己陷入麻烦。它是承认你有义务为寻找摆脱父权制的途径做出贡献,并找到建设性的方法来履行这一义务。你不必做任何戏剧性或惊天动地的事情来促成改变发生。尽管父权制很强大,但就像所有压迫性体制一样,它承受不住许多人合力对它采取行动的力量。在别人听得到的地方大声说出父权制三个字,就从这一最简单的行动开始。

附　录
解开性别之结的可用资源

如想根据第 11 章的建议采取行动，以下是一些可用的资源。它们大致可分为四类——期刊和图书、女性主义书店、网站，以及女性和男性如何组织起来共同解决这些问题的例子。

阅读

在收集可向大家推荐的期刊和图书时，我主要考虑的是阅读《性别打结》后可能有用的东西。这里列出的书目只是大量可获取的文献中的一小部分。我尽量选择那些内容有趣的书，尽管我未必同意它们的观点；它们都很好读，且有平装本，不要求事先对性别问题或任何特定学科有很多了解，且触及父权制和性别不平等中涉及的一个或多个主要问题。为了便于使用，我按照出版物的类型和主题对推荐的读物进行了分类。

期刊与杂志

Affilia: Journal of Women and Social Work

Asian Journal of Women's Studies

Association Journal

Australian Feminist Studies

Berkeley Women's Law Journal

Canadian Women's Studies

Columbia Journal of Gender and Law

European Journal of Women's Studies

Feminism and Psychology

Feminist Economics

Feminist Media Studies

Feminist Review

Feminist Studies

Feminist Teacher

Gender and Development

Gender and Education

Gender and History

Gender and Society

Gender, Place, and Culture

Harvard Women's Law Journal

Hypatia

Indian Journal of Gender Studies

Irish Journal of Feminist Studies

Journal of Feminist Studies in Religion

Journal of Gender Studies

Journal of Lesbian Studies

Journal of Women and Aging

Journal of Women's Health

Journal of Women's History

Lesbian Review of Books

Ms.

National Women's Studies

Nordic Journal of Women's Studies

Off Our Backs

Psychology of Women Quarterly

Sex Roles

Signs

Social Politics: International Studies in Gender, State, and Society

Sojourner: The Women's Forum

U.S.-Japan Women's Journal

Violence against Women

Voice Male

Womanist Theory and Research

Women and Criminal Justice

Women and Politics

Women and Therapy

Women's Health

Women's Health Issues

Women's History Review

Women's International Network News

Women's Review of Books

Women's Rights Law Reporter

Women's Studies

Women's Studies in Communication

Women's Studies International Forum

Women's Studies Quarterly

Yale Journal of Law and Feminism

文本、参考文献和综合选集

Andersen, Margaret L., and Dana Hysock Witham. *Thinking about Women: Sociological Perspectives on Sex and Gender.* 9th ed. New York: Macmillan, 2010.

Anzaldúa, Gloria, ed. *Making Face, Making Soul/Haciendo Caras: Creative and Critical Perspectives by Feminists of Color.* San Francisco: Aunt Lute Books, 1990.

Arliss, Laurie P. *Women and Men Communicating: Challenges and Changes.* 2nd ed. Prospect Heights, IL: Waveland Press, 2000.

Collins, Patricia Hill. *Black Feminist Thought.* 2nd ed. New York: Routledge, 2008.

Day, Sharon, Lisa Albrecht, Jacqui Alexander, and Mab Segrest. *Sing Whisper Shout Pray: Feminist Visions for a Just World.* Fort Bragg, CA: EdgeWork Books, 2003.

Disch, Estelle. *Reconstructing Gender: A Multicultural Anthology.* 5th ed. New York: McGraw-Hill, 2009.

Ehrenreich, Barbara, and Arlie Russell Hochschild. *Global Woman.* New York: Owl Books, 2004.

Fenstermaker, S., and C. West, eds. *Doing Gender, Doing Difference: Inequality, Power, and Institutional Change.* New York: Routledge, 2002.

Findlen, Barbara, ed. *Listen Up: Voices from the Next Feminist Generation.* 2nd ed. New York: Seal Press, 2001.

Gornick, Vivian, and Barbara K. Moran, eds. *Woman in Sexist Society: Studies in Power and Powerlessness.* New York: Basic Books, 1971.

Grewal, Inderpal, and Caren Kaplan, eds. *Introduction to Women's Studies: Gender in a Transnational World.* 2nd ed. New York: McGraw-Hill, 2005.

Hernandez, Daisy, and Bushra Rehman, eds. *Colonize This! Young Women of Color on Today's Feminism.* New York: Seal Press, 2002.

Hyde, Janet Shibley. *Half the Human Experience: The Psychology of Women.* 8th ed. Boston: Houghton Mifflin, 2012.

Jackson, Donna. *How to Make the World a Better Place for Women in Just Five Minutes a Day.* New York: Hyperion, 1992.

Jaggar, Alison M., and Paula S. Rothenberg, eds. *Feminist Frameworks.* 3rd ed. New York: McGraw-Hill, 1993.

James, Stanlie M., Frances Smith Foster, and Beverly Guy-Sheftall, eds. *Still Brave: The Evolution of Black Women's Studies.* New York: Feminist Press, 2009.

Kimmel, Michael, and Amy Aronson, eds. *The Gendered Society Reader.* 5th ed. New York: Oxford University Press, 2013.

Lorber, Judith. *Paradoxes of Gender.* New Haven, CT: Yale University Press, 1995.

Minas, Anne, ed. *Gender Basics: Feminist Perspectives on Women and Men.* 2nd ed. Belmont, CA: Wadsworth, 2000.

Morgan, Robin, ed. *Sisterhood Is Global.* New York: Feminist Press, 1996.

Plante, Rebecca F., and Lisa M. Maurer. *Doing Gender Diversity: Readings in Theory and Real-World Experience.* Boulder, CO: Westview Press, 2009.

Sapiro, Virginia. *Women in American Society: An Introduction to Women's Studies.* 5th ed. New York: McGraw-Hill, 2003.

Taylor, Verta, Nancy Whittier, and Leila J. Rupp, eds. *Feminist Frontiers.* 9th ed. New York: McGraw-Hill, 2012.

U.S. Department of Commerce Economics and Statistics Division. *Women in America: Indicators of Social and Economic Well-Being.* Washington, DC: U.S. Department of Commerce, 2011.

Walker, Barbara G. *The Woman's Dictionary of Symbols and Sacred Objects.* San Francisco: Harper and Row, 1988.

———. *The Woman's Encyclopedia of Myths and Secrets.* San Francisco: Harper and Row, 1983.

Walker, Rebecca, ed. *To Be Real: Telling the Truth and Changing the*

Face of Feminism. New York: Anchor Books/Doubleday, 1995.

经济与工作

Acker, Joan. *Class Questions: Feminist Answers.* Lanham, MD: Rowman and Littlefield, 2006.

Blau, Francine S., Marianne A. Ferber, and Anne E. Winkler. *The Economics of Women, Men, and Work.* 7th ed. Englewood Cliffs, NJ: Prentice Hall, 2014.

Charles, Maria, and David Grusky. *Occupational Ghettos: The Worldwide Segregation of Women and Men.* Stanford, CA: Stanford University Press, 2004.

Cockburn, Cynthia. *In the Way of Women: Men's Resistance to Sex Equality in Organizations.* Ithaca, NY: ILR Press, 1991.

Molyneux, Maxine, and Shahra Razavi, eds. *Gender Justice, Development, and Rights.* New York: Oxford University Press, 2003.

Ridgeway, Cecelia. *Framed by Gender: How Gender Inequality Persists in the Modern World.* New York: Oxford University Press, 2011.

Stone, Pamela. *Opting Out? Why Women Really Quit Careers and Head for Home.* Berkeley, CA: University of California Press, 2007.

Thistle, Susan. *From Marriage to Market: The Transformation of Women's Lives and Work.* Berkeley: University of California Press, 2006.

Waring, Marilyn. *If Women Counted: A New Feminist Economics.* San Francisco: HarperCollins, 1990.

Williams, Christine L. *Still a Man's World: Men Who Do Women's Work.* Berkeley: University of California Press, 1995.

Williams, Joan C. *Reshaping the Work-Family Debate: Why Men and Class Matter.* Cambridge, MA: Harvard University Press, 2010.

家庭

Bianchi, Suzanne M., John P. Robinson, and Melissa Milkie. *Changing Rhythms of American Family Life.* New York: Russell Sage, 2006.

Crittenden, Ann. *The Price of Motherhood: Why the Most Important Job in the World Is Still the Least Valued.* New York: Owl Books, 2010.

Davey, Moira. *Mother Reader: Essential Writings on Motherhood.* New York: Seven Stories Press, 2001.

Galupo, M. Paz, ed. *Bisexuality and Same-Sex Marriage.* New York: Routledge, 2009.

Gerson, Kathleen. *No Man's Land: Men's Changing Commitments to*

Family and Work. New York: Basic Books, 1994.

Griswold, Robert L. *Fatherhood in America: A History.* New York: Basic Books, 1993.

Hochschild, Arlie. *The Second Shift: Working Parents and the Revolution at Home.* Rev. ed. New York: Viking/Penguin, 2012.

Johnson, Miriam M. *Strong Mothers, Weak Wives: The Search for Gender Equality.* Berkeley: University of California Press, 1988.

Oakley, Ann. *Woman's Work: The Housewife, Past and Present.* New York: Vintage Books, 1976.

Rich, Adrienne. *Of Woman Born: Motherhood as Experience and Institution.* New York: Norton, 1976.

Ridgeway, Cecelia. *Framed by Gender: How Gender Inequality Persists in the Modern World.* New York: Oxford University Press, 2011.

Thistle, Susan. *From Marriage to Market: The Transformation of Women's Lives and Work.* Berkeley: University of California Press, 2006.

Tichenor, Veronica. *Earning More and Getting Less: Why Successful Wives Can't Buy Equality.* New Brunswick, NJ: Rutgers University Press, 2005.

Treas, Judith, and Sonja Drobnic. *Dividing the Domestic: Men, Women, and Household Work in Cross-National Perspective.* Stanford, CA: Stanford University Press, 2010.

Williams, Joan C. *Reshaping the Work-Family Debate: Why Men and Class Matter.* Cambridge, MA: Harvard University Press, 2010.

女性主义

Baumgardner, Jennifer, and Amy Richards. *Manifesta: Young Women, Feminism, and the Future.* 10th anniversary ed. New York: Farrar, Straus and Giroux, 2010.

Donovan, Josephine. *Feminist Theory: The Intellectual Traditions.* 4th ed. New York: Bloomsbury Academic, 2012.

Frye, Marilyn. *The Politics of Reality: Essays in Feminist Theory.* Trumansburg, NY: Crossing Press, 1983.

———. *Willful Virgin: Essays in Feminism, 1976–1992.* Freedom, CA: Crossing Press, 1992.

James, Stanlie M., Frances Smith Foster, and Beverly Guy-Sheftall, eds. *Still Brave: The Evolution of Black Women's Studies.* New York: Feminist Press, 2009.

Lorber, Judith. *Gender Inequality: Feminist Theories and Politics.* 5th ed. Los Angeles: Roxbury, 2011.

McCann, Carole, and Seung-Kyung Kim. *Feminist Theory Reader: Lo-*

cal and Global Perspectives. 3rd ed. New York: Routledge, 2013.

Schneir, Miriam, ed. *Feminism in Our Time: The Essential Writings, World War II to the Present.* New York: Vintage Books, 1994.

———. *Feminism: The Essential Historical Writings.* New York: Vintage Books, 1972.

Tong, Rosemarie. *Feminist Thought: A More Comprehensive Introduction.* 4th ed. Boulder, CO: Westview Press, 2013.

Woodward, Kath, and Sophie Woodward. *Why Feminism Matters: Feminism Lost and Found.* New York: Palgrave Macmillan, 2009.

全球视角

Afshar, Haleh, and Stephanie Barrientos, eds. *Women, Globalization and Fragmentation in the Developing World.* New York: St. Martin's Press, 1999.

Basu, Amrita, and C. Elizabeth McGrory, eds. *The Challenge of Local Feminisms: Women's Movements in Global Perspective.* Boulder, CO: Westview Press, 1995.

Burn, Shawn Meghan. *Women across Cultures: A Global Perspective.* 3rd ed. New York: McGraw-Hill, 2010.

Kramarae, Cheris, and Dale Spender, eds. *Routledge International Encyclopedia of Women: Global Women's Issues and Knowledge.* New York: Routledge, 2000.

Narayan, Uma. *Dislocating Cultures: Third World Feminism and the Politics of Knowledge.* New York: Routledge, 1997.

Peterson, V. Spike, and Anne Sisson Runyan. *Global Gender Issues.* 4th ed. Boulder, CO: Westview Press, 2013.

Treas, Judith, and Sonja Drobnic. *Dividing the Domestic: Men, Women, and Household Work in Cross-National Perspective.* Stanford, CA: Stanford University Press, 2010.

健康与身体

Bordo, Susan. *The Male Body: A New Look at Men in Public and Private.* New York: Farrar, Straus and Giroux, 2000.

——. *Unbearable Weight: Feminism, Western Culture, and the Body.* Berkeley: University of California Press, 1995.

Chernin, Kim. *The Obsession: Reflections on the Tyranny of Slenderness.* New York: Harper and Row, 1981.

——. *Reinventing Eve: Modern Woman in Search of Herself.* New

York: Times Books, 1987.

Dyck, Isabel, Nancy Davis Lewis, and Sara McLafferty, eds. *Geographies of Women's Health: Place, Diversity and Difference.* New York: Routledge, 2001.

Ehrenreich, Barbara, and Deidre English. *For Her Own Good: 150 Years of Experts' Advice to Women.* 2nd ed. New York: Anchor Books/Doubleday, 2005.

Hall, Kim Q., ed. "Feminist Disability Studies." Special issue, *National Women's Studies Association Journal* 14, no. 3 (2002).

Leavitt, Judith Walzer. *Women and Health in America.* 2nd ed. Madison: University of Wisconsin Press, 1999.

Smith, Bonnie, and Beth Hutchinson, eds. *Gendering Disability.* New Brunswick, NJ: Rutgers University Press, 2004.

Wendell, Susan. *The Rejected Body: Feminist Philosophical Reflections on Disability.* New York: Routledge, 1996.

Wolf, Naomi. *The Beauty Myth: How Images of Beauty Are Used against Women.* New York: Morrow, 1991.

异性恋主义、同性恋恐惧症、性别认同与性取向

Abelove, Henry, Michele Aina Barale, and David M. Halperin, eds. *The Lesbian and Gay Studies Reader*. New York: Routledge, 1993.

Bornstein, Kate, and S. Bear Bergman. *Gender Outlaws*. New York: Seal Press, 2010.

Elliot, Patricia, ed. *Debates in Transgender, Queer, and Feminist Theory.* Burlington, VT: Ashgate, 2010.

Fausto-Sterling, Anne. *Sexing the Body: Gender Politics and the Construction of Sexuality.* New York: Basic Books, 2000.

Galupo, M. Paz, ed. *Bisexuality and Same-Sex Marriage*. New York: Routledge, 2009.

Gilreath, Shannon. *The End of Straight Supremacy*. New York: Cambridge University Press, 2011.

Girshick, Lori B. *Transgender Voices: Beyond Women and Men*. Hanover, NH: University Press of New England, 2009.

Halberstam, Judith. *Female Masculinity*. Durham, NC: Duke University Press, 1998.

Heath, Melanie, *One Marriage under God: The Campaign to Promote Marriage in America.* New York: New York University Press, 2012.

Holmes, Morgan, ed. *Critical Intersex*. Burlington, VT: Ashgate, 2009.

McNaught, Brian. *Gay Issues in the Workplace*. New York: St. Martin's Press, 1993.

Miller, Neil. *Out of the Past: Gay and Lesbian History from 1869 to the Present*. New York: Vintage Books, 1995.

Myron, Nancy, and Charlotte Bunch, eds. *Lesbianism and the Women's Movement*. Baltimore: Diana Press, 1975.

Pascoe, C. J. *Dude, You're a Fag: Masculinity and Sexuality in High School*. Berkeley: University of California Press, 2007.

Pharr, Suzanne. *Homophobia: A Weapon of Sexism*. Inverness, CA: Women's Project, 1997.

Schilt, Kristen. *Just One of the Guys? Transgender Men and the Persistence of Gender Inequality*. Chicago: University of Chicago Press, 2011.

Shrage, Laurie J. *"You've Changed": Sex Reassignment and Personal Identity*. New York: Oxford University Press, 2009.

历史

Anderson, Bonnie S., and Judith P. Zinsser. *A History of Their Own: Women in Europe from Prehistory to the Present*. 2 vols. New York:

HarperCollins, 1999.

Baxandall, Rosalyn, Linda Gordon, and Susan Reverby, eds. *America's Working Women: A Documentary History—1600 to the Present*. Rev. ed. New York: Norton, 1995.

Degler, Carl N. *At Odds: Women and the Family in America from the Revolution to the Present*. New York: Oxford University Press, 1990.

Echols, Alice. *Daring to Be Bad: Radical Feminism in America 1967–1975*. Minneapolis: University of Minnesota Press, 1989.

Eisler, Riane. *The Chalice and the Blade*. New York: HarperSanFrancisco, 1988.

Evans, Sara M. *Born for Liberty: A History of Women in America*. New York: Free Press, 1997.

Fisher, Elizabeth. *Woman's Creation: Sexual Evolution and the Shaping of Society*. New York: McGraw-Hill, 1979.

Freeman, Jill. *We Will Be Heard: Women's Struggles for Political Power in the United States*. Lanham, MD: Rowman and Littlefield, 2008.

Huber, Joan. *On the Origins of Gender Inequality*. Boulder, CO: Paradigm, 2007.

Kerber, Linda K., and Jane Sherron De Hart, eds. *Women's America: Refocusing the Past*. 7th ed. New York: Oxford University Press, 2010.

Lerner, Gerda. *The Creation of Feminist Consciousness: From the Middle Ages to 1870. New York: Oxford University Press, 1993.

———. *The Creation of Patriarchy.* New York: Oxford University Press, 1986.

Sanday, Peggy Reeves. *Female Power and Male Dominance: On the Origins of Sexual Inequality.* Cambridge: Cambridge University Press, 1981.

男人（男性写的或写男性的）

Abbot, Franklin, ed. *Men and Intimacy.* Freedom, CA: Crossing Press, 1990.

Brittan, Arthur. *Masculinity and Power.* Oxford: Blackwell, 1989.

Connell, R. W. *Gender and Power: Society, the Person, and Sexual Politics.* Stanford, CA: Stanford University Press, 1988.

———. *Masculinities.* Berkeley: University of California Press, 1995.

Dragiewicz, Molly. *Equality with a Vengeance: Men's Rights Groups, Battered Women, and Antifeminist Backlash.* Boston: Northeastern University Press, 2011.

Gibson, James William. *Warrior Dreams: Violence and Manhood in Post-Vietnam America.* New York: Hill and Wang, 1994.

Gonzalez, Ray, ed. *Muy Macho: Latino Men Confront their Manhood.* New York: Anchor Books, 1996.

Hagan, Kay Leigh, ed. *Women Respond to the Men's Movement.* San Francisco: HarperCollins, 1992.

Kaufman, Michael, ed. *Beyond Patriarchy: Essays by Men on Pleasure, Power, and Change.* New York: Oxford University Press, 1987.

———. *Cracking the Armor: Power and Pain in Men's Lives.* New York: Penguin, 1993.

Kimmel, Michael. *Angry White Men: American Masculinity at the End of an Era.* New York: Nation Books, 2013.

———. *Guyland: The Perilous World Where Boys Become Men.* New York: HarperPerennial, 2009.

———. *Manhood in America.* 3rd ed. New York: Free Press, 2011.

———, ed. *The Politics of Manhood: Profeminist Men Respond to the Mythopoetic Men's Movement (and the Mythopoetic Leaders Answer).* Philadelphia: Temple University Press, 1995.

Kimmel, Michael, R. W. Connell, and Jeff Hearn, eds. *Handbook on Studies of Men and Masculinities.* Thousand Oaks, CA: Sage, 2004.

Kimmel, Michael, and Michael A. Messner, eds. *Men's Lives.* 9th ed. Boston: Allyn and Bacon, 2012.

Kimmel, Michael, and Tom Mosmiller, eds. *Against the Tide: Pro-Femi-*

nist Men in the United States, 1776–1990. Boston: Beacon Press, 1992.

Messner, Michael A. *Power at Play: Sports and the Problem of Masculinity.* Boston: Beacon Press, 1992.

Okun, Rob, ed. *Voice Male: The Untold Story of the Profeminist Men's Movement.* Amherst, MA: Interlink, 2013.

Pascoe, C. J. *Dude, You're a Fag: Masculinity and Sexuality in High School.* Berkeley: University of California Press, 2007.

Pollack, William, and Mary Pipher. *Real Boys: Rescuing Our Sons from the Myths of Boyhood.* New York: Owl Books, 1999.

Rotundo, E. Anthony. *American Manhood: Transformations in Masculinity from the Revolution to the Modern Era.* New York: Basic Books, 1993.

Schwalbe, Michael. *Manhood Acts: Gender and the Practices of Domination.* Boulder, CO: Paradigm, 2014.

———. *Unlocking the Iron Cage: The Men's Movement, Gender Politics, and American Culture.* New York: Oxford University Press, 1996.

Stoltenberg, John. *The End of Manhood: A Book for Men of Conscience.* New York: Dutton, 1993.

———. *Refusing to Be a Man.* New York: Meridian, 1989.

父权制与性别不平等

Anzaldúa, Gloria, ed. *Making Face, Making Soul/Haciendo Caras: Creative and Critical Perspectives by Feminists of Color.* San Francisco: Aunt Lute Books, 1990.

Berg, Barbara J. *Sexism in America: Alive, Well, and Ruining Our Future.* Chicago: Lawrence Hill, 2009.

Caputi, Jane. *Gossips, Gorgons, and Crones.* Santa Fe, NM: Bear, 1993.

Diamond, Irene, and Gloria Feman Orenstein, eds. *Reweaving the World: The Emergence of Ecofeminism.* San Francisco: Sierra Club Books, 1990.

Douglas, Susan J. *Enlightened Sexism: The Seductive Message That Feminism's Work Is Done.* New York: Holt, 2010.

Epstein, Cynthia Fuchs. *Deceptive Distinctions: Sex, Gender, and the Social Order.* New Haven, CT: Yale University Press, 1990.

Faludi, Susan. *Backlash: The Undeclared War against American Women.* 15th anniversary ed. New York: Crown, 2006.

Firestone, Shulamith. *The Dialectic of Sex: The Case for Feminist Revolution.* New York: Morrow, 1970.

French, Marilyn. *Beyond Power: On Men, Women, and Morals.* New York: Summit Books, 1985.

———. *The War against Women.* New York: Summit Books, 1992.

Gorilla Girls. *Confessions of the Gorilla Girls.* New York: HarperCollins, 1995.

Janeway, Elizabeth. *Man's World, Woman's Place: A Study in Social Mythology.* New York: Dell, 1971.

Kaschak, Ellyn. *Engendered Lives: A New Psychology of Women's Experience.* New York: Basic Books, 1992.

Lakoff, Robin. *Language and Woman's Place.* Rev. ed. New York: Harper and Row, 2004.

———. *Talking Power: The Politics of Language in Our Lives.* New York: Basic Books, 1992.

Lorde, Audre. *Sister Outsider: Essays and Speeches.* Trumansburg, NY: Crossing Press, 1984.

MacKinnon, Catharine A. *Feminism Unmodified: Discourses on Life and Law.* Cambridge, MA: Harvard University Press, 1987.

Miller, Casey, and Kate Swift. *Words and Women.* Updated ed. New York: HarperCollins, 1991.

Miller, Jean Baker. *Toward a New Psychology of Women.* 2nd ed. Boston: Beacon Press, 1986.

Pollitt, Katha. *Reasonable Creatures: Essays on Women and Feminism.* New York: Vintage Books, 1994.

Ruddick, Sara. *Maternal Thinking: Towards a Politics of Peace.* Boston: Beacon Press, 1995.

Spender, Dale. *Man Made Language.* London: Pandora, 1980.

Walker, Barbara G. *The Skeptical Feminist: Discovering the Virgin, Mother, and Crone.* New York: Harper and Row, 1987.

Woolf, Virginia. *A Room of One's Own.* New York: Harcourt Brace and World, 1929.

种族、阶级与性别

Andersen, Margaret L., and Patricia Hill Collins, eds. *Race, Class, and Gender.* 8th ed. Belmont, CA: Wadsworth, 2012.

Davis, Angela Y. *Women, Race, and Class.* New York: Random House, 1981.

Frankenberg, Ruth. *White Women, Race Matters.* Minneapolis: University of Minnesota Press, 1993.

hooks, bell. *Ain't I a Woman: Black Women and Feminism.* Boston: South End Press, 1981.

———. *Feminist Theory: From Margin to Center.* Boston: South End Press, 1984.

———. *Sisters of the Yam: Black Women and Self-Recovery.* Boston: South End Press, 1993.

———. *Talking Back: Thinking Feminism, Thinking Black.* Boston: South End Press, 1989.

Hurtado, Aida. *The Color of Privilege.* Ann Arbor: University of Michigan Press, 1999.

James, Stanlie M., Francis Smith Foster, and Beverly Guy-Sheftall, eds. *Still Brave: The Evolution of Black Women's Studies.* New York: Feminist Press, 2009.

Moraga, Cherríe, and Gloria Anzaldúa, eds. *This Bridge Called My Back: Writings by Radical Women of Color.* 3rd ed. New York: Third Woman Press, 2002.

Pascale, Celine-Marie. *Making Sense of Race, Class, and Gender: Commonsense, Power, and Privilege in the United States.* New York: Routledge, 2006.

Rocsigno, Vincent J. *The Face of Discrimination: How Race and Gender Impact Work and Home Lives.* Lanham, MD: Rowman and Littlefield, 2007.

Rothenberg, Paula S. *Invisible Privilege: A Memoir about Race, Class, and Gender.* Lawrence: University Press of Kansas, 2000.

———. *Race, Class, and Gender in the United States.* 9th ed. New

York: Worth, 2013.

St. Jean, Yanick, and Joe R. Feagin. *Double Burden: Black Women and Everyday Racism.* Armonk, NY: Sharpe, 1999.

宗教与灵性

Christ, Carol. *Womanspirit Rising: A Feminist Reader in Religion.* San Francisco: HarperSanFrancisco, 1992.

Daly, Mary. *Beyond God the Father: Toward a Philosophy of Women's Liberation.* Boston: Beacon Press, 1973.

Gimbutas, Marija. *The Civilization of the Goddess: The World of Old Europe.* San Francisco: Harper and Row, 1991.

———. *The Language of the Goddess.* New York: HarperCollins, 1989.

Stone, Merlin. *When God Was a Woman.* New York: Harcourt Brace Jovanovich, 1976.

学校与学习

American Association of University Women. *Gender Gaps: Where*

Schools Still Fail Our Children. Washington, DC: AAUW Educational Foundation, 1998.

———. *Growing Smart: What's Working for Girls in Schools.* Washington, DC: American Association of University Women, 1995.

———. *How Schools Shortchange Girls.* Washington, DC: American Association of University Women, 1995.

———. *A License for Bias: Sex Discrimination, Schools, and Title IX.* Washington, DC: AAUW Educational Foundation, 2001.

Belenky, Mary Field, Blythe McVicker Clinchy, Nancy Rule Goldberger, and Jill Mattuck Tarule. *Women's Ways of Knowing: The Development of Self Voice, and Mind.* New York: Basic Books, 1997.

Hall, Roberta M. *The Classroom Climate: A Chilly One for Women?* Washington, DC: Association of American Colleges, 1986.

Sadker, David M., and Karen Zittleman. *Still Failing at Fairness: How Gender Bias Cheats Girls and Boys in Schools and What We Can Do about It.* New York: Scribner, 2009.

Thorne, Barrie. *Gender Play: Girls and Boys in School.* New Brunswick, NJ: Rutgers University Press, 1993.

科学

Benderly, Beryl L. *The Myth of Two Minds: What Gender Means and Doesn't Mean.* Garden City, NY: Doubleday, 1987.

Bleier, Ruth. *Science and Gender: A Critique of Biology and Its Theories on Women.* New York: Pergamon Press, 1984.

Bystydzienski, Jill M., and Sharon R. Bird. *Removing Barriers: Women in Academic Science, Technology, Engineering, and Mathematics.* Bloomington: Indiana University Press, 2006.

Fausto-Sterling, Anne. *Myths of Gender: Biological Theories about Women and Men.* 2nd rev. ed. New York: Basic Books, 1992.

Fine, Cordelia. *Delusions of Gender.* New York: Norton, 2011.

Lederman, Muriel, and Ingrid Bartsch, eds. *The Gender and Science Reader.* New York: Routledge, 2001.

Sonnert, Gerhard, and Gerald Holton. *Who Succeeds in Science? The Gender Dimension.* New Brunswick, NJ: Rutgers University Press, 1995.

Zuckerman, Harriet, J. R. Cole, and J. T. Bruer, eds. *The Outer Circle: Women in the Scientific Community.* New York: Norton, 1993.

暴力、性骚扰与色情

Bahun-Radunović, Sanja, ed. *Violence and Gender in the Globalized World.* Burlington, VT: Ashgate, 2008.

Brownmiller, Susan. *Against Our Will: Men, Women, and Rape.* New York: Simon and Schuster, 1975.

Buchwald, Emilie, Pamela R. Fletcher, and Martha Roth, eds. *Transforming a Rape Culture.* Minneapolis, MN: Milkweed Editions, 1993.

Chesney-Lind, Meda, and Nikki Jones. *Fighting for Girls: New Perspectives on Gender and Violence.* Albany: State University of New York Press, 2010.

Comstock, David Gary. *Violence against Lesbians and Gay Men.* New York: Columbia University Press, 1991.

Cornell, Drucilla, ed. *Feminism and Pornography.* New York: Oxford University Press, 2000.

Dworkin, Andrea. *Woman Hating.* New York: Dutton, 1974.

Fisher, Bonnie S., Francis T. Cullen, and Michael G. Turner. *The Sexual Victimization of College Women.* Washington, DC: U.S. Department of Justice, National Institute of Justice, Bureau of Justice Statistics, 2000.

Gardner, Carol Brooks. *Passing By: Gender and Public Harassment.*

Berkeley: University of California Press, 1995.

Gilbert, Paula Ruth, and Kimberly K. Eby, eds. *Violence and Gender: An Interdisciplinary Reader.* Englewood Cliffs, NJ: Prentice Hall, 2004.

Griffin, Susan. *Pornography and Silence: Culture's Revenge against Nature.* New York: Harper and Row, 1981.

Herman, Judith Lewis. *Trauma and Recovery.* New York: Basic Books, 1997.

Hosken, Fran P. *The Hosken Report: Genital and Sexual Mutilation of Females.* 4th rev. ed. Lexington, MA: Women's International Network News, 1994.

Jones, Ann. *Next Time She'll Be Dead: Battering and How to Stop It.* Boston: Beacon Press, 2000.

Kimmel, Michael S., ed. *Men Confront Pornography.* New York: Meridian, 1990.

Kivel, Paul. *Men's Work: How to Stop the Violence That Tears Our Lives Apart.* 2nd ed. New York: Ballantine Books, 1998.

Lederer, Laura, ed. *Take Back the Night: Women on Pornography.* New York: Morrow, 1980.

Levinson, David. *Family Violence in Cross-Cultural Perspective.* Thousand Oaks, CA: Sage, 1989.

MacKinnon, Catharine A. *Only Words*. Cambridge, MA: Harvard University Press, 1993.

———. *Sex Equality: Rape Law.* New York: Foundation Press, 2001.

Manderson, Lenore, and Linda Rae Bennett, eds. *Violence against Women in Asian Societies.* New York: Curzon Press, 2003.

Meloy, Michelle L., and Susan L. Miller. *The Victimization of Women: Law, Policies, and Politics.* New York: Oxford University Press, 2011.

Messner, Michael A., and Donald F. Sabo. *Sex, Violence, and Power in Sports: Rethinking Masculinity.* Freedom, CA: Crossing Press, 1994.

O'Toole, Laura L., Jessica R. Schiffman, and Margie L. Kiter Edwards. *Gender Violence: Interdisciplinary Perspectives.* 2nd ed. New York: New York University Press, 2007.

Paludi, Michele A. *Sexual Harassment on College Campuses.* Albany: State University of New York Press, 1996.

Potter, Hillary. *Battle Cries: Black Women and Intimate Partner Abuse.* New York: New York University Press, 2008.

Russell, Diana E. H., ed. *Making Violence Sexy: Feminist Views on Pornography.* New York: Teachers College Press, 1993.

———. *The Secret Trauma: Incest in the Lives of Girls and Women.* New York: Basic Books, 1986.

―――. *Sexual Exploitation: Rape, Child Sexual Abuse, and Workplace Harassment.* Beverly Hills, CA: Sage, 1984.

Russell, Diana E. H., and Roberta A. Harmes. *Femicide in Global Perspective.* New York: Teachers College Press, 2001.

Saguy, Abigail C. *What Is Sexual Harassment?* Berkeley: University of California Press, 2003.

Sanday, Peggy Reeves. *Fraternity Gang Rape: Sex, Brotherhood, and Privilege on Campus.* New York: New York University Press, 1990.

―――. *A Woman Scorned: Acquaintance Rape on Trial.* New York: Doubleday, 1996.

女性主义书店

女性主义书店是一种很好的信息来源和社交渠道,在这里你不仅可以找到你在其他地方必须特别订购的书,而且可以遇到志同道合的人,获取活动和团体的消息,以及拓展我们自己、对父权制采取行动的机会。这些书店的侧重点各不相同——特别是关于男同性恋和女同性恋的问题——但都能为每个关心性别问题的人提供一些资源。

网络资源

互联网上有很多非常棒的网站,可以找到与性别不平等和父权制相关的各种资源。

美国大学妇女协会
www.aauw.org
美国妇女医学协会信息
www.amwa-doc.org
波士顿妇女健康图书组织
www.ourbodiesourselves.org
美国妇女与政治中心
www.cawp.rutgers.edu
生殖权利中心
http://reproductiverights.org
生态女性主义
www.ecofem.org
消除各地暴力基金会
www.evefoundation.org
全球性剥削问题概况介绍
www.catwinternational.org/Factbook

女性主义网站

www.feminist.com

无暴力未来

www.futureswithoutviolence.org

跨国界性别

www.genderacrossborders.com

性别观察

（拥有多个网络站点的数据库）

法律与司法研究所（家庭暴力与性侵害链接）

www.ilj.org

妇女政策研究所

www.iwpr.org

国际音乐界妇女联盟

www.iawm.org

男性参与：支持性别平等的男孩与男人

http://menengage.org

男人的参考书目

www.mensbiblio.xyonline.net

男人的参考书目（兄弟会和帮派强奸的相关资源）

www.mensbiblio.xyonline.net/violence.html#Gangs

全国妇女与女孩教育联盟

www.ncwge.org

全国刑事审判参考资料服务处（家庭暴力统计数字）

www.ncjrs.gov/app/topics/Topic.aspx?topicid=86

www.ncjrs.gov/spotlight/family_violence/publications.html#Statistics

国家女性艺术博物馆

www.nmwa.org

像素项目

www.thepixelproject.net

性别平等组织 Promundo

www.promundo.org.br/en

强奸、虐待、乱伦全国网络统计数字

www.rainn.org/statistics

强奸是……

www.rapeis.org

宗教与妇女

www.womenshistory.about.com/od/religion

妇女健康研究协会

www.womenshealthresearch.org

联合国秘书长制止暴力侵害妇女行为运动

http://endviolence.un.org

联合国妇女署

www.unwomen.org

美国卫生与公众服务部妇女健康办公室

www.womenshealth.gov

美国司法部暴力侵害妇女问题办公室

www.ovw.usdoj.gov

妇女与性别研究领域核心书单

http://libr.org/wgss/corebooks.html

女性新闻网

http://womennewsnetwork.net

女性研究网络资源（包含700多个网站链接，按照话题分类）

http://userpages.umbc.edu/~korenman/wmst

妇女观察

www.un.org/womenwatch

V-Day（伊芙·恩斯勒反对男性暴力的运动）

www.vday.org

当你在这一领域进行探索时，会发现各种各样的方法。在使用"男性参考书目"时尤其如此，它的内容包罗万象：从全国男性反对性别主义组织的地址，到各种否认父权制存在并认为女性拥有所有特权和权力的男性权利组织。许多相关内容我是在这本书中找到的：Virginia Sapiro, *Women in American Society: An Introduction to Women's Studies*, 5th ed. (New York: McGraw-Hill, 2003)。在此向作者致以谢意。

一起行动

你如何在这些问题上与其他人合作，部分取决于你想要实现的目标。你可以做很多事情来加深你对父权制及其运作方式的理解，例如阅读，与其他人一起讨论父权制以及父权制与你自己生活的关系。你可以在意识提升小组、学习小组、成人教育课程中做这些事。如果你有机会进入当地的学院或大学，还可以选修女性研究或男性研究课程。这类工作不需要正式的组织，只需要想做事的人和一个可以见面的地方。

如果你想和其他人一起改变父权制，也有很多组织。你也可以随时发起属于你自己的组织，特别是回应当地问题与关切的组织。要了解人们在做些什么，请从以下内容考虑。[1] 有数百家妇女组织在关注各种各样的问题：从如何在商业上取得成功，到保障女性获得医疗保健，再到打击暴力。在法律、医学、商业、公共管理、工程、科学、体育和媒体领域都有妇女协会。一些组织尤其注重黑人女性和西班牙裔女性的观点。有些组织有州和地方分会以及全国性组织，如全国妇女组织和美国大学妇女协会。以下是我从中抽取的一小部分：

美国大学妇女协会
1111 16th Street NW
Washington, DC 20036
www.aauw.org

加拿大女性健康网络
419 Graham Avenue, Suite 203
Winnipeg, Manitoba R3C OM3
Canada
www.cwhn.ca

女性主义多数基金会
1600 Wilson Boulevard, Suite 801
Arlington, VA 22209
www.feminist.org

法律动量：女性法律辩护与教育基金会

5 Hanover Square, Suite 1502

New York, NY 10004

www.legalmomentum.org

美国全国薪酬平等委员会

555 New Jersey Avenue NW

Washington, DC 20001

www.pay-equity.org

美国犹太妇女国家理事会

475 Riverside Drive, Suite 1901

New York, NY 10115

www.ncjw.org

美国全国妇女组织

1100 H Street NW, Suite 300

Washington, DC 20005

www.now.org

美国全国工薪阶层女性协会

207 E. Buffalo Street, Suite 211

Milwaukee, WI 53203

www.9to5.org

老年妇女联盟

1625 K Street NW, Suite 1275

Washington, DC 20006

www.owl-national.org

Re: Gender（原全国妇女研究委员会）

11 Hanover Square, 24th Floor

New York, NY 10005

www.regender.org

反对男性针对女性的暴力

从强奸危机服务到受虐妇女庇护所，数以千计的地方服务机构需要提供各种服务的志愿者。关于如何让自己与这项努力建立联系，你有如下几种选择。全国家庭暴力热线是

800-799-7233。这是一个 24 小时危机干预热线。如果想知道你能做些什么，请联系以下一个或多个机构。

受虐妇女正义计划（Battered Women's Justice Project）：800-903-0111

信任托付协会（FaithTrust Institute）：206-634-1903

美国家庭暴力卫生资源中心（National Health Resource Center on Domestic Violence）（集中关注卫生保健问题）：415-678-5500

美国家庭暴力资源中心（National Resource Center on Domestic Violence）：800-537-2238

家庭暴力资源中心：儿童保护与监护（Resource Center on Domestic Violence: Child Protection and Custody）：800-527-3223

男人与男人一起努力

男性已经建立了一些组织，利用小组会议、教育和政治行动来增强意识，加深理解，并对性别主义和针对女性的暴力采取行动。关于这些努力的深度历史，见 Rob Okun,

Voice Male: The Untold Story of the Profeminist Men's Movement (Northampton, MA: Interlink, 2014)。

男性反对家庭暴力

P.O. Box 1536

Santa Barbara, CA 93102

Tel. 805-963-4458

男性反对种族主义与性别主义

517 Sacramento Drive

Austin, TX 78704

www.conscoop.ottawa.on.ca/mensnet/MARS_org.html

男人来当调解人

205 W. 2nd Street, Suite 15

Duluth, MN 55802

Tel. 218-727-1939

www.menaspeacemakers.org

男人可以终止强奸

1130 6th Street NW, Suite 100

Washington, DC 20001

www.mencanstoprape.org

美国男性反对性别主义组织

3500 E. 17th Avenue

Denver, CO 80206

Tel. 720-466-3882

www.nomas.org

立刻停止强奸与暴力

1914 Olive Street, #300

St. Louis, MO 63103

http: //ravenstl.org

双城男性中心

3249 Hennepin Avenue South, Suite 55

Minneapolis, MN 55408

Tel. 612-822-5892

www.tcmc.org

普救一位神教男性网络

P.O. Box 3070

Madison, WI 53704

Tel. 800-227-6670

uumensnet.org

暴力干预计划

22 US Oval, Suite 218

Plattsburg, NY 12903

Tel. 518-563-7208

www.bhsn.org/vip.php

所有这些团体的发起都建立在如下基础上：女性和男性愿意开始谈论性别不平等的现实，它如何影响人们的生活，以及我们能够采取什么行动。如果你所在的社区没有此类团体，你可以直接去做他们在做的事情：与他人谈论正在发生的事情，以及它与我们所有人的关系。

注 释

第 1 章

1. 见 Cecelia Ridgeway, *Framed by Gender: How Gender Inequality Persists in the Modern World* (New York: Oxford University Press, 2011); Susan J. Douglas, *Enlightened Sexism: The Seductive Message That Feminism's Work Is Done* (New York: Holt, 2010); Barbara J. Berg, *Sexism in America: Alive, Well, and Ruining Our Future* (Chicago: Lawrence Hill, 2009); David Cotter, Joan Hermsen, and Reeve Vanneman, "The End of the Gender Revolution? Gender Role Attitudes from 1977 to 2008," *American Journal of Sociology* 117, no. 1 (2011): 259–289; U.S. Census Bureau, *Current Population Survey, Annual Social and Economic (ASEC) Supplement, Table PINC-05: Work Experience in 2010, People 15 Years Old and Over by Total Money Earnings in 2010, by Race, Age, Hispanic Origin, and Sex* (Washington, DC: U.S. Government Printing Office, 2011); Kenneth Chang, "Bias Persists for Women in Science," *New York Times*, September 24, 2012; Shaila Dewan and Robert Gebel-

off, "The New American Job: More Men Enter Fields Dominated by Women," *New York Times*, May 20, 2012, available at http://www.nytimes.com/2012/05/21/business/increasingly-men-seek-success-in-jobs-dominated-by-women.html; Center for American Women and Politics, Eagleton Institute of Politics, Rutgers University, "Women in Elective Office 2013," 2013; Shira Offer and Barbara Schneider, "Revisiting the Gender Gap in Time-Use Patterns: Multitasking and Well-Being among Mothers and Fathers in Dual-Earner Families," *American Sociological Review*, December 2011, pp. 809–833; and Judith Treas and Sonja Drobnic, *Dividing the Domestic: Men, Women, and Household Work in Cross-National Perspective* (Stanford, CA: Stanford University Press, 2010)。

2. 见 Sanja Bahun-Radunović, *Violence and Gender in the Globalized World* (Burlington, VT: Ashgate, 2008); "Unholy Alliance," *New York Times*, March 11, 2013; Siddharth Kara, *Sex Trafficking: Inside the Business of Modern Slavery* (New York: Columbia University Press, 2010); and Associated Press, "One Third of Women Assaulted by a Partner, Global Report Says," *New York Times*, June 20, 2013. 军队服役女性的风险数据报道来自 PBS *Newshour*, July 30, 2013。

3. 见 Marilyn French, *Beyond Power: On Men, Women, and Morals* (New York: Summit Books, 1985), 303。

4. 更多关于性别和支配/从属关系的论述，见 Jean Baker Miller, *Toward a New Psychology of Women*, 2nd ed. (Boston: Beacon Press, 1986)。

5. 许多研究表明，此类语言使用方式会影响人们的认知。例如，见 Mykol C. Hamilton, "Using Masculine Generics: Does Generic 'He' Increase Male Bias in the User's Imagery?" *Sex Roles* 19, nos. 11–12 (1988): 785–799; Wendy Martyna, "Beyond the 'He/Man' Approach: The Case

for Nonsexist Language," *Signs* 5, no. 3 (1980): 482–493; Casey Miller and Kate Swift, *Words and Women*, updated ed. (New York: HarperCollins, 1991); and Joseph W. Schneider and Sally L. Hacker, "Sex Role Imagery in the Use of the Generic 'Man' in Introductory Texts: A Case in the Sociology of Sociology," *American Sociologist* 8 (1973): 12–18。

6. 例如，见 Carole Levin's *The Heart and Stomach of a King: Elizabeth I and the Politics of Sex and Power* (Philadelphia: University of Pennsylvania Press, 1994)。

7. 见 Carol Brooks Gardner, *Passing By: Gender and Public Harassment* (Berkeley: University of California Press, 1995)。

8. 见 Dewan and Gebeloff, "The New American Job"; and Paula England and D. Dunn, "Evaluating Work and Comparable Worth," *Annual Review of Sociology* 14 (1988): 227–248。

9. Mary Daly, *Beyond God the Father: Toward a Philosophy of Women's Liberation* (Boston: Beacon Press, 1973).

10. 关于友谊方面的性别差异，见 R. Aukett, J. Ritchie, and K. Mill, "Gender Differences in Friendship Patterns," *Sex Roles* 19, nos. 1–2 (1988): 57–66; R. J. Barth and B. N. Kinder, "A Theoretical Analysis of Sex Differences in Same-Sex Friendship," *Sex Roles* 19, nos. 5–6 (1988): 349–363; Z. Kiraly, "The Relationship between Emotional Self-disclosure of Male and Female Adolescents' Friendship," *Dissertation Abstracts International* 60, no. 7-B (2000): 3619; and D. G. Williams, "Gender, Masculinity-Feminity, and Emotional Intimacy in Same-Sex Friendships," *Sex Roles* 12, nos. 5–6 (1985): 587–600。

11. 关于性别与交往方式的更多论述，见 Laurie P. Arliss, *Women and Men Communicating: Challenges and Changes*, 2nd ed. (Prospect Heights, IL: Waveland Press, 2000); Robin Lakoff, *Language and*

Woman's Place, rev. ed. (New York: Harper and Row, 2004); and Robin Lakoff, *Talking Power: The Politics of Language in Our Lives* (New York: Basic Books, 1992)。另见 Deborah Tannen, *Conversational Style: Analyzing Talk among Friends* (Norwood, NJ: Ablex, 1984); and *You Just Don't Understand: Women and Men in Conversation* (New York: Morrow, 1990)。

12. 见 American Association of University Women, *How Schools Shortchange Girls* (Washington, DC: American Association of University Women, 1995); American Association of University Women, *Gender Gaps: Where Schools Still Fail Our Children* (Washington, DC: AAUW Educational Foundation, 1998); American Association of University Women, *A License for Bias: Sex Discrimination, Schools, and Title IX* (Washington, DC: AAUW Educational Foundation, 2001); and David M. Sadker and Karen Zittleman, *Still Failing at Fairness: How Gender Bias Cheats Girls and Boys in School and What We Can Do about It* (New York: Scribner, 2009)。

13. Virginia Woolf, *A Room of One's Own* (New York: Harcourt Brace and World, 1929), 35.

14. 感谢诺拉·L. 贾米森，她在我进入这一心理学领域时给我提供了引导。

15. French, *Beyond Power*, 132.

16. 见 American Association of University Women, *How Schools Shortchange Girls*; American Association of University Women, *Gender Gaps*; American Association of University Women, *A License for Bias*; and Sadker and Zittleman, *Still Failing at Fairness*。

17. 见 Heather McLaughlin, Christopher Uggen, and Amy Blackstone, "Sexual Harassment, Workplace Authority, and the Paradox of Power,"

American Sociological Review, August 2012, pp. 1–23; Susan Brownmiller, *Against Our Will: Men, Women, and Rape* (New York: Simon and Schuster, 1975); Andrea Dworkin, *Woman Hating* (New York: Dutton, 1974); Susan Faludi, *Backlash: The Undeclared War against American Women* (New York: Crown, 1991); Marilyn French, *The War against Women* (New York: Summit Books, 1992); Gardner, *Passing By*; Laura Lederer, ed., *Take Back the Night: Women on Pornography* (New York: Morrow, 1980); Catharine A. MacKinnon, *Only Words* (Cambridge, MA: Harvard University Press, 1993); Catharine MacKinnon, *Sex Equality: Rape Law* (New York: Foundation Press, 2001); "Medical News and Perspectives," *Journal of the American Medical Association* 264, no. 8 (1990): 939; Diana E. H. Russell, *Rape in Marriage* (New York: Macmillan, 1982); Diana E. H. Russell, *Sexual Exploitation: Rape, Child Sexual Abuse, and Workplace Harassment* (Beverly Hills, CA: Sage, 1984); Diana E. H. Russell, ed., *Making Violence Sexy: Feminist Views on Pornography* (New York: Teachers College Press, 1993); and Diana E. H. Russell and Roberta A. Harmes, *Femicide in Global Perspective* (New York: Teachers College Press, 2001)。

18. 见 Joan Acker, *Class Questions: Feminist Answers* (Lanham, MD: Rowman and Littlefield, 2006; Ridgeway, *Framed by Gender*; and Maria Charles and David Grusky, *Occupational Ghettos: The Worldwide Segregation of Women and Men* (Stanford, CA: Stanford University Press)。关于男性与家务劳动的研究，见 R. L. Blumberg, ed., *Gender, Family, and Economy: The Triple Overlap* (Newbury Park, CA: Sage, 1991); C. Goldin, *Understanding the Gender Gap: An Economic History of American Women* (New York: Oxford University Press, 1990); L. Haas, *Equal Parenthood and Social Policy: A Study of Parental Leave in Sweden* (Al-

bany: State University of New York Press, 1992); Arlie Hochschild, *The Second Shift: Working Parents and the Revolution at Home*, rev. ed. (New York: Viking/Penguin, 2012); M. J. Intons-Peterson, *Gender Concepts of Swedish and American Youth* (Hillsdale, NJ: Erlbaum, 1988); and J. R. Wilkie, "Changes in U.S. Men's Attitudes towards the Family Provider Role, 1972–1989," *Gender and Society* 7, no. 2 (1993): 261–279。关于男性与女性家务和育儿劳动分配的统计数据,见 U.S. Department of Commerce Economics and Statistics Division, *Women in America: Indicators of Social and Economic Well-Being* (Washington, DC: U.S. Department of Commerce, 2011)。

19. 我第一次看到以树来比喻体制的各个方面是在 Roosevelt Thomas 的 *Beyond Race and Gender* (New York: American Management Association, 1991) 一书中。

20. 关于支持言论自由的价值观和反对压迫与不平等的价值观会带来什么,可见麦金农(MacKinnon)在其著作《言词而已》(*Only Words*)中兼具挑衅性和洞见的讨论。

21. Michel Foucault, *The History of Sexuality: An Introduction* (Harmondsworth, UK: Penguin, 1981).

22. Neil Miller, *Out of the Past: Gay and Lesbian History from 1869 to the Present* (New York: Vintage Books, 1995); David S. Reynolds, *Walt Whitman's America: A Cultural Biography* (New York: Knopf, 1995).

23. 例如,见 Gary Kinsman, "Men Loving Men: The Challenge of Gay Liberation," in *Beyond Patriarchy: Essays by Men on Pleasure, Power, and Change*, edited by Michael Kaufman (New York: Oxford University Press, 1987), 108–110; Suzanne Pharr, *Homophobia: A Weapon of Sexism* (Inverness, CA: Women's Project, 1997); Reynolds, *Walt Whitman's America*; and Jeffrey Weeks, *Coming Out: Homosexual Politics*

in Britain from the Nineteenth Century to the Present (London: Quartet, 1977)。

24. 更多关于性与性别作为社会建构类别的论述，见 Anne Fausto-Sterling, "The Five Sexes: Why Male and Female Are Not Enough," *The Sciences*, March–April 1993, pp. 20–24; Judith Lorber, *Paradoxes of Gender* (New Haven, CT: Yale University Press, 1995); M. Kay Martin and Barbara Voorhies, *Female of the Species* (New York: Columbia University Press, 1975), chap. 4; and John Money and Anke A. Ehrhardt, *Man and Woman, Boy and Girl* (Baltimore: Johns Hopkins University Press, 1972)。

25. Foucault, *History of Sexuality*.

26. Martin and Voorhies, *Female of the Species*.

27. 更多相关论述，见 Marilyn Frye, *The Politics of Reality: Essays in Feminist Theory* (Trumansburg, NY: Crossing Press, 1983)。

28. Sam Keen, *Fire in the Belly: On Being a Man* (New York: Bantam Books, 1991), 203.

29. 例如，见 Susan A. Ostrander, *Women of the Upper Class* (Philadelphia: Temple University Press, 1984)。

30. 例如，见 McLaughlin, Uggen, and Blackstone, "Sexual Harassment, Workplace Authority, and the Paradox of Power"。

31. 见 Frye, *Politics of Reality*, 1–16。

32. Christian G. Appy, *Working-Class War: American Combat Soldiers in Vietnam* (Chapel Hill: University of North Carolina Press, 1993).

33. Warren Farrell, *The Myth of Male Power* (New York: Berkley Books, 1993).

34. 值得注意的是，在13世纪的欧洲，农民不被允许参加战斗，因为贵族对战争工具和作战技能的垄断，是其统治土地和农民的权力的主要基础。尽管骑士无疑因彼此间无休止的战争而遭受了相当大的痛苦，但很难说是他们的参战义务使他们成为受压迫的群体。无论他们为自己的统治地位付出了什么代价，压迫的概念都不是可用于描述它的词。关于这个时代的生动历史，见 Barbara Tuchman, *A Distant Mirror* (New York: Knopf, 1978)。

35. Save the Children, "State of the World's Mothers 2003: Protecting Women and Children in War and Conflict," May 2003, p. 9, available at http://www.savethechildren. org/atf/cf/%7B9def2e-be-10ae-432c-9bd0-df91d2eba74a%7D/SOWMPDFFULL DOCUMENT2.PDF.

36. Keen, *Fire in the Belly*, 133.

第 2 章

1. Sam Keen, *Fire in the Belly: On Being a Man* (New York: Bantam Books, 1991), 207.

2. Robert Bly, *Iron John: A Book about Men* (Reading, MA: Addison-Wesley, 1990); Keen, *Fire in the Belly*.

3. 尽管游戏的类比很实用，但社会体制在重要的方面与游戏非常不同。社会生活所依据的规则与其他理解，比典型的游戏要复杂、含糊和矛盾得多，在我们进行社会生活时，有更多协商与和解的空间。

4. 关于男人为何争斗的一些深刻分析，见 Dave Grossman, *On Killing* (Boston: Back Bay Books, 1996); J. Glenn Gray, *The Warriors: Reflections on Men in Battle* (Lincoln: University of Nebraska Press, 1970); Charles Moskos, "Why Men Fight: American Combat Soldiers in Vietnam," *Transaction 7*, no. 1 (1969): 13–23; and E. A. Shils and Morris

Janowitz, "Cohesion and Disintegration in the Wehrmacht in World War II," *Public Opinion Quarterly* 12 (Summer 1948): 280–315。关于在越南的个人经历的有力的叙述，见 Philip Caputo, *A Rumor of War* (New York: Holt, Rinehart and Winston, 1977)。另见理查德·斯洛特金颇具影响力的探索美国神话起源和男性使用暴力的能力所起的核心作用的三部曲：*Regeneration through Violence: The Mythology of the American Frontier, 1600–1860* (Norman: University of Oklahoma Press, 2000); *The Fatal Environment: The Myth of the Frontier in the Age of Industrialization, 1800–1890* (Norman: University of Oklahoma Press, 1998); and *Gunfighter Nation: The Myth of the Frontier in Twentieth-Century America* (Norman: University of Oklahoma Press, 1998)。

5. 关于战争背后的社会力量的历史讨论，见 Barbara W. Tuchman, *The Guns of August* (New York: Macmillan, 1962); and Barbara W. Tuchman, *The March of Folly: From Troy to Vietnam* (New York: Knopf, 1984)。关于越南战争，见 David Halberstam, *The Best and the Brightest* (New York: Random House, 1972); Stanley Karnow, *Vietnam: A History* (New York: Viking Press, 1983); and John Keegan, *The History of Warfare* (New York: Knopf, 1993)。

6. 关于"新男性运动"，我在后面的章节中有更多论述。要想获得比我在这里所能提供的更彻底的分析，见 Michael S. Kimmel, ed., *The Politics of Manhood: Profeminist Men Respond to the Mythopoetic Men's Movement (and the Mythopoetic Leaders Answer)* (Philadelphia: Temple University Press, 1995); and Michael L. Schwalbe, *Unlocking the Iron Cage: The Men's Movement, Gender Politics, and American Culture* (New York: Oxford University Press, 1996)。

7. 关于美国人父职的历史，见 Robert L. Griswold, *Fatherhood in America: A History* (New York: Basic Books, 1993)。

8. 关于这一区别的详细讨论，见 Marilyn French, *Beyond Power: On Men, Women, and Morals* (New York: Summit Books, 1985)。

9. 见 Carol Cohn, "Sex and Death in the Rational World of Defense Intellectuals," *Signs* 12, no. 4 (1987): 687–728; Brian Easlea, "Patriarchy, Scientists, and Nuclear Warriors," in *Beyond Patriarchy: Essays by Men on Pleasure, Power, and Change*, edited by Michael Kaufman (New York: Oxford University Press, 1987); and Myriam Miedzian, "'Real Men,' 'Wimps,' and Our National Security," in *Boys Will Be Boys: Breaking the Link between Masculinity and Violence* (New York: Doubleday, 1991), 18–38。

10. 关于语言与性别的讨论，见 Jane Caputi, *Gossips, Gorgons, and Crones* (Santa Fe, NM: Bear, 1993); Mary Daly, *Gyn/Ecology: The Metaethics of Radical Feminism* (Boston: Beacon Press, 1978); Margaret Gibbon, *Feminist Perspectives on Language* (New York: Longman, 1999); Dale Spender, *Man Made Language* (London: Pandora, 1980); Robin Lakoff, *Language and Woman's Place*, rev. ed. (New York: Harper and Row, 2004); Barbara G. Walker, *The Women's Encyclopedia of Myths and Secrets* (San Francisco: Harper and Row, 1983); and Barbara G. Walker, *The Woman's Dictionary of Symbols and Sacred Objects* (San Francisco: Harper and Row, 1988)。关于性别与语言的观点非常不同的论述，见 Mary Daly (in cahoots with Jane Caputi), *Webster's First New Intergalactic Wickedary of the English Language* (Boston: Beacon Press, 1987)。

11. 见 Arlie Hochschild, *The Second Shift: Working Parents and the Revolution at Home*, rev. ed. (New York: Viking/Penguin, 2012)。

12. 例如，见 Rosalyn Baxandall, Linda Gordon, and Susan Reverby, eds., *America's Working Women: A Documentary History—1600 to the*

Present, rev. ed. (New York: Norton, 1995); Ashley Montagu, *The Natural Superiority of Women* (New York: Collier, 1974); Robin Morgan, ed., *Sisterhood Is Global* (New York: Feminist Press, 1996); and Marilyn Waring, *If Women Counted: A New Feminist Economics* (San Francisco: HarperCollins, 1990)。

13. Elizabeth Janeway, *Man's World, Woman's Place: A Study in Social Mythology* (New York: Dell, 1971), 37.

14. 有些人无疑会提出充分的理由来论证,我们的社会自我(social selves)掩盖了更本质的自我(essential selves),但这是可放在别处讨论的另一回事了。

15. 有大量研究文献记录了这种性别化的对话模式。例如,见 Laurie P. Arliss, *Women and Men Communicating: Challenges and Changes*, 2nd ed. (Prospect Heights, IL: Waveland Press, 2000); N. Henley, M. Hamilton, and B. Thorne, "Womanspeak and Manspeak: Sex Differences and Sexism in Communication," in *Beyond Sex Roles*, edited by A. G. Sargent (New York: West, 1985), 168–185; P. Kollock, P. Blumstein, and P. Schwartz, "Sex and Power in Interaction," *American Sociological Review* 50, no. 1 (1985): 34–46; L. Smith-Lovin and C. Brody, "Interruptions in Group Discussions: The Effect of Gender and Group Composition," *American Sociological Review* 51, no. 3 (1989): 424–435; and Mary M. Talbot, *Language and Gender: An Introduction*, 2nd ed. (Cambridge, UK: Polity Press, 2010)。

16. Harry Brod, "Work Clothes and Leisure Suits: The Class Basis and Bias of the Men's Movement," in *Men's Lives*, edited by Michael S. Kimmel and Michael A. Messner (New York: Macmillan, 1989), 280.

17. E. N. Wolf, *The Asset Price Meltdown and the Wealth of the Middle Class* (New York: New York University Press, 2012); U.S. Cen-

sus Bureau, *Statistical Abstract of the United States* (Washington, DC: U.S. Government Printing Office, 2012); G. William Domhoff, "Wealth, Income, and Power," *Who Rules America?* February 2013, available at http://whorulesamerica.net/power/wealth.html. 类似的模式在整个工业化世界中都可以找到,尽管美国在其中的不平等程度最高,对穷人的社会支持(如全民医保)程度最低。例如,见 Howard Steven Friedman, *The Measure of a Nation: How to Regain America's Competitive Edge and Boost Our Global Standing* (Amherst, NY: Prometheus Books, 2012)。

18. United Nations General Assembly, "In-Depth Study on All Forms of Violence against Women: Report of the Secretary-General," July 6, 2006, p. 9, available at http://www.un.org/ga/search/view_doc.asp?symbol=A/61/122/Add.1. 另见 Brenda C. Coleman, "Harassment Is Cited by Many Female Physicians," *Boston Globe*, February 23, 1998, p. A03; "Medical News and Perspectives," *Journal of the American Medical Association* 264, no. 8 (1990): 939; Michele A. Paludi, *Sexual Harassment on College Campuses* (Albany: State University of New York Press, 1996); and Diana E. H. Russell, *Sexual Exploitation: Rape, Child Sexual Abuse, and Workplace Harassment* (Beverly Hills, CA: Sage, 1984)。

19. 例如,见 Susan Brownmiller, *Against Our Will: Men, Women, and Rape* (New York: Simon and Schuster, 1975); Paludi, *Sexual Harassment*; Russell, *Sexual Exploitation*; Michelle L. Meloy and Susan L. Miller, *The Victimization of Women: Law, Policies, and Politics* (New York: Oxford University Press, 2011); and Laura L. O'Toole, Jessica R. Schiffman, and Margie L. Kiter Edwards, *Gender Violence: Interdisciplinary Perspectives*, 2nd ed. (New York: New York University Press, 2007)。

20. 例如,男性在社会中越占据支配地位,性暴力案件就越频繁。

见 Peggy Reeves Sanday, *Female Power and Male Dominance: On the Origins of Sexual Inequality* (Cambridge: Cambridge University Press, 1981)。

21. 正如马斯特斯（Masters）和约翰逊（Johnson）在他们对人类性行为的经典研究中所记录的那样，纳入式性交并不是大多数女性获得高潮的可靠方式，但正如诺拉·L. 贾米森所指出的那样，这并不妨碍电影制作人经常在电影中描绘女性通过纳入式性交达到性高潮（个人对话）。

22. 见 Marilyn Frye, "Some Reflections on Separatism and Power," in *The Politics of Reality: Essays in Feminist Theory* (Trumansburg, NY: Crossing Press, 1983), 95–108。

23. 见 *The Price of Pleasure: Pornography, Sexuality, and Relationships*, directed by Chyng Sun and Miguel Picker (Open Lens Media, 2008). 关于 Chyng Sun 和这部电影的更多信息，见 http://www.chyngsun.com/home.html 和 http://www .thepriceofpleasure.com/。

24. 感谢马林受虐妇女服务中心的唐纳·加斯克向我强调了男性针对女性的暴力这一方面的重要性。

25. 见 Michel Foucault, *The History of Sexuality: An Introduction* (Harmondsworth, UK: Penguin, 1981). 另见 Arthur Brittan, *Masculinity and Power* (Oxford: Blackwell, 1991)。

26. Brownmiller, *Against Our Will*, 15.

27. 关于特权形式的经典讨论，见 Peggy McIntosh, "White Privilege and Male Privilege: A Personal Account of Coming to See Correspondences through Work in Women's Studies" (working paper no. 189, Center for Research on Women, Wellesley College, Wellesley, MA, 1988)。

第 3 章

1. 例如，见 John Gray, *Men Are from Mars, Women Are from Venus* (New York: HarperCollins, 1993); Steven Goldberg, *The Inevitability of Patriarchy* (New York: Morrow, 1993); and Lionel Tiger, *Men in Groups* (London: Nelson, 1969). 关于女性主义本质主义的观点，见 Rosemarie Tong, *Feminist Thought: A More Comprehensive Introduction*, 4th ed. (Boulder, CO: Westview Press, 2013)。

2. 当然，一些女性主义者——尤其是女同性恋分离主义者——推崇这一解决方案。

3. E. O. Wilson, "Biology and the Social Sciences," *Daedalus* 106 (Fall 1977): 127–140. 另见 Ruth Bleier, *Science and Gender: A Critique of Biology and Its Theories on Women* (New York: Pergamon Press, 1984); Anne Fausto-Sterling, *Myths of Gender: Biological Theories about Women and Men*, 2nd rev. ed. (New York: Basic Books, 1992); Katharine B. Hoyenga and Kermit T. Hoyenga, *Gender-Related Differences: Origins and Outcomes* (Needham Heights, MA: Allyn and Bacon, 1993); and Eleanor E. Maccoby and Carol N. Jacklin, *The Psychology of Sex Differences* (Stanford, CA: Stanford University Press, 1974).

4. 见 Riane Eisler, *The Chalice and the Blade* (New York: HarperSanFrancisco, 1988); Elizabeth Fisher, *Woman's Creation: Sexual Evolution and the Shaping of Society* (New York: McGraw-Hill, 1979); Marilyn French, *Beyond Power: On Men, Women, and Morals* (New York: Summit Books, 1985); Marija Gimbutas, *The Civilization of the Goddess: The World of Old Europe* (San Francisco: Harper and Row, 1991); Marija Gimbutas, *The Language of the Goddess* (New York: HarperCollins, 1989); Richard Lee and Richard Daly, "Man's Domination and Woman's

Oppression: The Question of Origins," in *Beyond Patriarchy: Essays by Men on Pleasure, Power, and Change*, edited by Michael Kaufman (New York: Oxford University Press, 1987), 30–44; Gerda Lerner, *The Creation of Patriarchy* (New York: Oxford University Press, 1986); and Merlin Stone, *When God Was a Woman* (New York: Harcourt Brace Jovanovich, 1976)。

5. 例如，见 Maria Lepowsky, "Women, Men, and Aggression in an Egalitarian Society," *Sex Roles* 30, nos. 3–4 (1994): 199–211; Margaret Mead, *Sex and Temperament in Three Primitive Societies* (New York: Morrow, 1963); Henrietta L. Moore, *Feminism and Anthropology* (Minneapolis: University of Minnesota Press, 1988); Peggy Reeves Sanday, *Female Power and Male Dominance: On the Origins of Sexual Inequality* (Cambridge: Cambridge University Press, 1981); and Peggy Reeves Sanday, "The Socio-Cultural Context of Rape: A Cross-Cultural Study," *Journal of Social Issues* 37, no. 4 (1981): 5–27。

6. 见 Fausto-Sterling, *Myths of Gender*; and Bobbi J. Carothers and Harry T. Reis, "Men and Women Are from Earth: Examining the Latent Structure of Gender," *Journal of Personality and Social Psychology* 104, no. 2 (2013): 385–407。

7. 例如，见 W. T. Bielby and D. D. Bielby, "Family Ties: Balancing Commitments to Work and Family in Dual Earner Households," *American Sociological Review* 54, no. 5 (1989): 776–789; Maccoby and Jacklin, *The Psychology of Sex Differences*; B. J. Risman, "Intimate Relationships from a Microstructuralist Perspective: Men Who Mother," *Gender and Society* 1, no. 1 (1987): 6–32; and Naomi Weisstein, "Psychology Constructs the Female," in *Woman in Sexist Society: Studies in Power and Powerlessness*, edited by Vivian Gornick and Barbara K. Moran (New

York: Basic Books, 1971), 207–224。

8. 例如，见 Deborah S. David and Robert Brannon, eds., *The Forty-Nine Percent Majority: The Male Sex Role* (Reading, MA: Addison-Wesley, 1976); Clyde W. Franklin, *Men and Society* (Chicago: Nelson-Hall, 1988); Michael Kaufman, ed., *Beyond Patriarchy: Essays by Men on Pleasure, Power, and Change* (New York: Oxford University Press, 1987); Sam Keen, *Fire in the Belly: On Being a Man* (New York: Bantam Books, 1991); Michael Kimmel, *Manhood in America*, 3rd ed. (New York: Free Press, 2011); Michael S. Kimmel and Michael A. Messner, eds., *Men's Lives*, 9th ed. (Boston: Allyn and Bacon, 2012); Joseph H. Pleck and Jack Sawyer, *Men and Masculinity* (Englewood Cliffs, NJ: Prentice-Hall, 1974); and Andrew Tolson, *The Limits of Masculinity* (New York: Harper and Row, 1977)。

9. 关于欧洲女性对父权制压迫的早期觉醒与抵抗的历史，见 Gerda Lerner, *The Creation of Feminist Consciousness: From the Middle Ages to 1870* (New York: Oxford University Press, 1993)。

10. 下文的讨论引用了很多资料，尤其是 R. W. Connell, *Gender and Power: Society, the Person, and Sexual Politics* (Stanford, CA: Stanford University Press, 1987); Eisler, *The Chalice and the Blade*; Fisher, *Woman's Creation*; French, *Beyond Power*; David D. Gilmore, *Manhood in the Making: Cultural Concepts of Masculinity* (New Haven, CT: Yale University Press, 1990); Miriam M. Johnson, *Strong Mothers, Weak Wives: The Search for Gender Equality* (Berkeley: University of California Press, 1988); Lee and Daly, "Man's Domination"; Lerner, *The Creation of Patriarchy*; and Michael Schwalbe, *Manhood Acts: Gender and the Practices of Domination* (Boulder, CO: Paradigm, 2014)。

11. 更多相关资料，见 Michael Kaufman, "The Construction of

Masculinity and the Triad of Men's Violence," in Kaufman, *Beyond Patriarchy*, 1–29。

12. 一种仪式性的挑衅,参与的通常是非裔美国男性,双方在其中相互侮辱,比谁骂得更狠,竞争会逐步升级,直到其中一位参与者放弃或说不出比之前更厉害的话来。

13. French, *Beyond Power*, 337.

14. 见 Doris Kearns Goodwin, *Lyndon Johnson and the American Dream* (New York: St. Martin's Press, 1991); and Jackson Katz, *Leading Men: Presidential Campaigns and the Politics of Manhood* (Northampton, MA: Interlink, 2012)。

15. French, *Beyond Power*, 508, 引自 Simone Weil, "Analysis of Oppression," in *Oppression and Liberty*, translated by Arthur Wills and John Petrie (Amherst: University of Massachusetts Press, 1973)。

16. 关于人类发展关系模型的开创性著作,见 Jean Baker Miller, *Toward a New Psychology of Women*, 2nd ed. (Boston: Beacon Press, 1986)。

17. 这是社会心理学中一个现代经典实验的主题。见 Manford Kuhn and Thomas McPartland, "An Empirical Investigation of Self Attitudes," *American Sociological Review* 19 (1954): 68–76。

18. 任何怀疑这一点的人,只要看看离其最近的学校操场,看看那些有兴趣和女孩玩耍的男孩所遭受的困扰就知道了。在成年人中,如果男人公开表现出喜欢和女人在一起,他就会倒霉。见 Barrie Thorne, *Gender Play: Girls and Boys in School* (New Brunswick, NJ: Rutgers University Press, 1993)。

19. 我没有做过调查,但我猜,在吉尼斯世界纪录中,男性占绝大多数。

20. David Halberstam, *The Best and the Brightest* (New York: Ran-

dom House, 1972), 76.

21. 见 William G. Domhoff, *The Bohemian Grove and Other Retreats* (New York: Harper and Row, 1974); Jackson Katz, *Leading Men: Presidential Campaigns and the Politics of Manhood* (Northampton, MA: Interlink, 2012); and Richard Slotkin, *Gunfighter Nation: The Myth of the Frontier in Twentieth-Century America* (Norman: University of Oklahoma Press, 1998)。

22. 在这一处境中的女性当然只输不赢。

23. 见 Joseph H. Pleck, "Men's Power with Women, Other Men, and Society: A Men's Movement Analysis," in *Men's Lives*, 2nd ed., edited by Michael S. Kimmel and Michael A. Messner (New York: Macmillan, 1992), 25。

24. 见 Johnson, *Strong Mothers, Weak Wives*, 117–118; and Pleck, "Men's Power with Women," 22–25。

25. 例如，见 Kate Bornstein and S. Bear Bergman, *Gender Outlaws* (New York: Seal Press, 2010); Sam Killermann, "30+ Examples of Heterosexual Privilege in the US," *Everyday Feminism*, October 23, 2012, available at http://everydayfeminism. com/2012/10/30-examples-of-heterosexual-privilege-in-the-us/; Frank Browning, *The Culture of Desire: Paradox and Perversity in Gay Lives Today* (New York: Crown, 1993); Tim Carrigan, Robert Connell, and John Lee, "Hard and Heavy: Toward a New Sociology of Masculinity," in Kaufman, *Beyond Patriarchy*, 139–192; and Suzanne Pharr, *Homophobia: A Weapon of Sexism* (Inverness, CA: Women's Project, 1997)。

26. John Stoltenberg, "Pornography and Freedom," in *Refusing to Be a Man: Essays on Sex and Justice* (London: Routledge, 2005), 115.

27. 这是关于性别的思考中一个令人困惑的领域，我将在第4章中尝试厘清。

28. 见 Deborah K. van den Hoonaard, *By Himself: The Older Man's Experience of Widowhood* (Toronto: University of Toronto Press, 2010); J. M. Golding, "Division of Household Labor, Strain, and Depressive Symptoms among Mexican American and Non-Hispanic Whites," *Psychology of Women Quarterly* 14, no. 1 (1990): 103–117; E. Litwak and P. Messeri, "Organizational Theory, Social Supports, and Mortality Rates," *American Sociological Review* 54, no. 1 (1989): 49–66; and John Mirowsky and Catherine E. Ross, *Social Causes of Psychological Distress* (New York: Aldine de Gruyter, 1989)。

29. 例如，见 Kate A. Ratliff and Shigehiro Oishi, "Gender Differences in Implicit Self-Esteem Following a Romantic Partner's Success or Failure," *Journal of Personality and Social Psychology*, August 2013, pp. 688–702; Jessie Bernard, "The Good Provider Role," *American Psychologist* 36, no. 1 (1981): 1–12; R. C. Kessler and J. A. McRae Jr., "The Effects of Wives' Employment on the Mental Health of Married Men and Women," *American Sociological Review* 47 (April 1982): 216–227; W. Michelson, *From Sun to Sun: Daily Obligations and Community Structure in the Lives of Employed Women and Their Families* (Totowa, NJ: Rowman and Allanheld, 1985); and J. R. Wilkie, "Changes in U.S. Men's Attitudes towards the Family Provider Role, 1972–1989," *Gender and Society* 7, no. 2 (1993): 261–279。

30. 见 Heidi I. Hartmann, "The Unhappy Marriage of Marxism and Feminism: Towards a More Progressive Union," in *Women and Revolution: A Discussion of the Unhappy Marriage of Marxism and Feminism*, edited by Lydia Sargent (Boston: South End Press, 1981), 1–41。

31. 关于这是如何运作的，一些启发性的案例研究，见 Arlie

Hochschild, *The Second Shift: Working Parents and the Revolution at Home*, rev. ed. (New York: Viking/Penguin, 2012)。

32. 这种现象是大多数压迫性体制的一部分，包括种族主义。见 Gerda Lerner, "Reconceptualizing Differences among Women," in *Feminist Frameworks*, 3rd ed., edited by Alison M. Jaggar and Paula S. Rothenberg (New York: McGraw-Hill, 1993), 237–248。

33. 见 David R. Roediger, *The Wages of Whiteness: Race and the Making of the American Working Class* (New York: Verso Press, 2007)。

34. 见 Ann Jones, *Next Time She'll Be Dead: Battering and How to Stop It* (Boston: Beacon Press, 2000)。

35. 见 Andrea Dworkin, *Woman Hating* (New York: Dutton, 1974); Susan Faludi, *Backlash: The Undeclared War against American Women* (New York: Crown, 1991); Marilyn French, *The War against Women* (New York: Summit Books, 1992); and Catharine A. MacKinnon, *Only Words* (Cambridge, MA: Harvard University Press, 1993)。

36. 值得注意的是，虽然有一个表示对男性的憎恨的词——misandry（厌男）——但它直到最近才被大多数词典收录。英语中最接近对男性的憎恨的词是 *misanthropy*（厌恶人类），实际上指的是对一般人的憎恨。父权文化再一次将男性认定为人类的标准，而女性则被边缘化为值得憎恨的"他者"。

37. 见 B. Dijkstra, *Idols of Perversity: Fantasies of Feminine Evil* (New York: Oxford University Press, 1987); and S. Pomeroy, *Goddesses, Whores, Wives, and Slaves* (New York: Schocken Books, 1975)。

38. 见 N. Ben-Yehuda, "The European Witch Craze of the 14th and 17th Centuries: A Sociologist's Perspective," *American Journal of Sociology* 86, no. 1 (1980): 1–31; Kim Chernin, *The Obsession: Reflections on the Tyranny of Slenderness* (New York: Harper and Row, 1981); C.

P. Christ, "Heretics and Outsiders: The Struggle over Female Power in Western Religion," in *Feminist Frontiers*, edited by L. Richardson and V. Taylor (Reading, MA: Addison-Wesley, 1983), 87–94; Dworkin, *Woman Hating*; Barbara Ehrenreich and Deidre English, *For Her Own Good: 150 Years of Experts' Advice to Women*, 2nd ed. (New York: Anchor Books/ Doubleday, 2005); Faludi, *Backlash*; French, *War against Women*; and MacKinnon, *Only Words*。

39. 的确,"屌人"(prick)是一种侮辱,但它没有把男人比作女人那么重。

40. Barbara G. Walker, *The Woman's Encyclopedia of Myths and Secrets* (San Francisco: Harper and Row, 1983).

41. 我最初是从诺拉·L.贾米森那里听到这一比喻的。

42. 关于这种心理过程的一些叙述,见 Studs Terkel, *Race* (New York: New Press, 1992)。

43. 虐待女性的男人往往在感情上非常依赖他们所虐待的女性,这不足为奇。见 Ann Jones, *Next Time She'll Be Dead*; and Thomas J. Scheff and Suzanne M. Retzinger, *Emotions and Violence: Shame and Rage in Destructive Conflicts* (Lexington, MA: Lexington Books, 1991)。另见 Claire M. Renzetti, *Violent Betrayal: Partner Abuse in Lesbian Relationships* (Newbury Park, CA: Sage, 1992)。

44. 我怀疑类似的现象也发生在其他形式的压迫中。例如,白人可能会混杂着轻蔑和嫉妒的心情看待有色人种的惯有特征。我曾听一些白人说,他们希望拥有许多非裔美国人在种族主义社会的生存中培养出来的力量和智慧。

45. 见 Ehrenreich and English, *For Her Own Good*; and Viviana A. Zelizer, *Pricing the Priceless Child: The Changing Social Value of Children* (New York: Basic Books, 1985)。

46. 今天，随着孩子的情感价值增加，孩子作为婚姻纠纷武器的潜力已经被人们认识到，监护权已经成为一个竞争激烈的领域。有关一些历史和分析，见 Susan Crean, *In the Name of the Fathers* (Toronto: Amanita Enterprises, 1988); and Jocelyn Elise Crowley, *Defiant Dads: Fathers' Rights Activists in America* (Ithaca, NY: Cornell University Press, 2008)。

47. 见 Bonnie S. Anderson and Judith P. Zinsser, *A History of Their Own: Women in Europe from Prehistory to the Present*, vols. 1 and 2 (New York: HarperCollins, 1999); Rosalyn Baxandall, Linda Gordon, and Susan Reverby, eds., *America's Working Women: A Documentary History—1600 to the Present*, rev. ed. (New York: Norton, 1995); Elise Boulding, *The Underside of History: A View of Women through Time* (Boulder, CO: Westview Press, 1976); and Marilyn Waring, *If Women Counted: A New Feminist Economics* (San Francisco: HarperCollins, 1990)。

48. 见 Waring, *If Women Counted*。

49. 或许除了上层阶级，在上层阶级中，这种依赖性更为普遍。在美国，大多数工人阶级、下层阶级和有色人种的女性也不是这样，她们一直需要兼顾家庭内外的工作。

50. Willard Libby, "Man's Place in the Physical Universe," in *New Views of the Nature of Man*, edited by John R. Platt (Chicago: University of Chicago Press, 1965), 14–15. 另见 Brian Easlea, "Patriarchy, Scientists, and Nuclear Warriors," in Kaufman, *Beyond Patriarchy*, 200。

51. Arthur Brittan, *Masculinity and Power* (Oxford: Blackwell, 1991), 97.

52. Robert Bly, *Iron John: A Book about Men* (Reading, MA: Addison-Wesley, 1990), 19–21, 98; Keen, *Fire in the Belly*, 33, 56, 60, 105.

53. 这是亨德森在 1989 年 3 月 31 日——她称自己为未来主义者

和另类经济学家——于西康涅狄格州立大学的一次会议上说的。另见 Hazel Henderson, *Creating Alternative Futures: The End of Economics* (Bloomfield, CT: Kumarian Press, 1996); Hazel Henderson, *The Politics of the Solar Age*, rev. ed. (Indianapolis, IN: Knowledge Systems, 1988); and Hazel Henderson, *Paradigms in Progress: Life beyond Economics* (Indianapolis, IN: Knowledge Systems, 1991)。社会主义女性主义者可能会反对说，从理论上讲，社会主义不存在固有的父权制特征，因为父权制与现代社会迄今为止所实践的社会主义完全相反。而资本主义强调控制、竞争以及资本家和劳动者之间固有的剥削关系，在理论和实践中都体现了核心的父权价值观。

54. 下面的内容是基于我对大量文献的理解，由于篇幅原因，我不打算全面总结。想了解更多信息的读者应该查阅本节中所引用的精彩的、写得很好的资料，并自己决定。

55. 例如，见 Jack Goody, *Production and Reproduction* (New York: Cambridge University Press, 1976); Ruby Leavitt, "Women in Other Cultures," in *Woman in Sexist Society: Studies in Power and Powerlessness*, edited by Vivian Gornick and Barbara K. Moran (New York: Basic Books, 1971), 393–427; M. Kay Martin and Barbara Voorhies, *Female of the Species* (New York: Columbia University Press, 1975); Margaret Mead, *Sex and Temperament in Three Primitive Societies* (New York: Morrow, 1963); and Henrietta L. Moore, *Feminism and Anthropology* (Minneapolis: University of Minnesota Press, 1988)。

56. 在母系社会中，血统是通过母亲的血亲而不是父亲的血亲来追溯的。在从母居社会中，已婚夫妇必须住在妻子的家庭附近，并融入妻子的家庭。

57. 见 David Levinson, *Family Violence in Cross-Cultural Perspective* (Thousand Oaks, CA: Sage, 1989); Peggy Reeves Sanday, "The So-

cio-Cultural Context of Rape: A Cross-Cultural Study," *Journal of Social Issues* 37, no. 4 (1981): 5–27; and Peggy Reeves Sanday, "Rape and the Silencing of the Feminine," in *Rape: An Historical and Social Enquiry*, edited by Sylvana Tomaselli and Roy Porter (Oxford: Blackwell, 1986), 84–101。

58. 例如，见 Eisler, *The Chalice and the Blade*; Fisher, *Woman's Creation*; French, *Beyond Power*; Gimbutas, *The Language of the Goddess* and *The Civilization of the Goddess*; Lee and Daly, "Man's Domination"; Lerner, *The Creation of Patriarchy*; and Stone, *When God Was a Woman*。

59. 有历史记录显示，在一些社会中，人们并不清楚男性在生殖中扮演的角色。同时，这一点似乎也是无可争议的：生殖生物学知识是人类无论如何都会获得的，或许是通过驯养动物。见 Fisher, *Woman's Creation*。

60. Miriam M. Johnson, *Strong Mothers, Weak Wives*, 266. 另见 French, *Beyond Power*, 46–47, 65。

61. 家庭制度的"定居性"（locality）指的是管理已婚夫妇居住地的婚姻规则——从母居（与妻子的母亲一起住）和从父居（与丈夫的父亲一起住）。连同关于血统的构想，定居性对于某些社会关系的女性认同程度或男性认同程度有着深刻的影响。

62. 后文的大部分讨论是基于我对几方面资料的解读，其中最重要的是 Eisler, *The Chalice and the Blade*; Fisher, *Woman's Creation*; French, *Beyond Power*; Lee and Daly, "Man's Domination"; and Lerner, *The Creation of Patriarchy*。关于总体的社会不平等的起源，主要的社会学讨论见 Gerhard Lenski, *Power and Privilege: A Theory of Social Stratification* (Chapel Hill: University of North Carolina Press, 1984)。

63. 这是基于 Lenski, *Power and Privilege*。对于 Lenski 理论的检

验,见 A. Haas, "Social Inequality in Aboriginal North America: A Test of Lenski's Theory," *Social Forces* 72, no. 2 (1993): 295–313。

64. 见 French, *Beyond Power*, 47。

65. 见 Fisher, *Woman's Creation*, 190–197。

66. 同上书,197。

67. 在某些方面,种族主义也是如此。例如,奴隶制在农业社会是最常见的。见 Patrick Nolan and Gerhard Lenski, *Human Societies*, 11th ed. (New York: Oxford University Press, 2010)。

68. Eisler, *The Chalice and the Blade*.

69. 例如,见 Keen, *Fire in the Belly*;以及 Lee and Daly, "Man's Domination"。

70. 见 Brittan, *Masculinity and Power*, 88–92。

71. French, *Beyond Power*.

72. 就父权制与我们对待环境的方式之间的联系,见 Irene Diamond and Gloria Feman Orenstein, eds., *Reweaving the World: The Emergence of Ecofeminism* (San Francisco: Sierra Club Books, 1990)。

73. 例如,见 Richard J. Barnet and John Cavanagh, *Global Dreams: Imperial Corporations and the New World Order* (New York: Simon and Schuster, 1994)。

74. 革命中的男人在性别平等方面发表过一些高尚的言论,并做出了一些改变,提高了妇女的地位。然而,在实践中,他们几乎没有对父权制的根本性质或男性在其中的地位提出挑战。关于挪威与瑞典的男性针对女性的暴力的报道,见 Katrin Bennhold, "In Norway, Gender Equality Does Not Extend to the Bedroom," *New York Times*, October 24, 2011; and Lizette Alvarez, "Sweden Faces Facts on Violence against Women," *New York Times*, March 30, 2005。

第 4 章

1. 这在哲学上被称为认知特权。

2. 见 Barbara Ehrenreich and Deidre English, *For Her Own Good: 150 Years of Experts' Advice to Women*, 2nd ed. (New York: Anchor Books/Doubleday, 2005), chaps. 1–3。

3. 这种形式的女性生殖器切除在非洲和中东的许多地区仍然很普遍。见 Fran P. Hosken, *The Hosken Report: Genital and Sexual Mutilation of Females*, 4th rev. ed. (Lexington, MA: Women's International Network News, 1994); and Anika Rahman and Nahid Toubia, eds., *Female Genital Mutilation: A Guide to Laws and Policies Worldwide* (London: Zed Books, 2000)。

4. 见 Michel Foucault, *The History of Sexuality: An Introduction* (Harmondsworth, UK: Penguin, 1981)。

5. 见 S. Bordo, *Unbearable Weight: Feminism, Western Culture, and the Body* (Berkeley: University of California Press, 1995); Kim Chernin, *The Obsession: Reflections on the Tyranny of Slenderness* (New York: Harper and Row, 1981); and Naomi Wolf, *The Beauty Myth: How Images of Beauty Are Used against Women* (New York: Morrow, 1991)。

6. Sam Keen, *Fire in the Bely: On Being a Man* (New York: Bantam Books, 1991), 218. 圣经学者菲利斯·特里布尔（Phyllis Trible）证明基恩在这一点上完全错了。她对《创世记》的翻译显示，上帝创造了一个名为 ha'adam 的人，在希伯来语中是"人"的意思，但没有说明性别。上帝在看到人类需要交往关系时，才创造了女人和男人。见 Trible, *God and the Rhetoric of Sexuality* (Philadelphia: Fortress Press, 1978)。

7. Robert Bly, *Iron John: A Book about Men* (Reading, MA: Addi-

son-Wesley, 1990), 93–94.

8. 例如，见 Eugene Monick, *Phallos: Sacred Image of the Masculine* (Toronto: Inner City Books, 1987); and Robert Moore and Douglas Gillette, *King, Warrior, Magician, Lover: Rediscovering the Archetypes of the Mature Masculine* (San Francisco: HarperCollins, 1990)。关于新男性运动，我在后面的章节中会写到更多。

9. John Gray, *Men Are from Mars, Women Are from Venus* (New York: HarperCollins, 1993).

10. 萨拉·鲁迪克在书中把这描述为"母职"，这本颇具力量与洞见的书是 *Maternal Thinking: Towards a Politics of Peace* (Boston: Beacon Press, 1995)。她强调，男人和女人当然都可以承担这样的工作，但它几乎总是女人的责任。

11. 见 Theodore Allen, *The Invention of the White Race*, 2nd ed. (New York: Verso Press, 2012); and Audrey Smedley and Brian Smedley, *Race in North America: Origin and Evolution of a Worldview*, 4th ed. (Boulder, CO: Westview Press, 2011)。

12. Keen, *Fire in the Belly*, 166, 180.

13. Bly, *Iron John*, 14.

14. 见 Bobbi J. Carothers and Harry T. Reis, "Men and Women Are from Earth: Examining the Latent Structure of Gender," *Journal of Personality and Social Psychology* 104, no. 2 (2013): 385–407。

15. 例如，见 Naomi Weisstein, "'*Kinder*, *Kuche*, and *Kirche*' as Scientific Law: Psychology Constructs the Female," in *Sisterhood Is Powerful: An Anthology of Writings from the Women's Liberation Movement*, edited by Robin Morgan (New York: Vintage Books, 1970), 228–245。关于对话如何构建了性别的社会现实的有趣讨论，见 Arthur Brittan, *Masculinity and Power* (Oxford: Blackwell, 1991)。

16. *Dialogues on Love*，引自 David D. Gilmore, *Manhood in the Making: Cultural Concepts of Masculinity* (New Haven, CT: Yale University Press, 1990), 155。

17. E. 安东尼·罗通多（E. Anthony Rotundo）对好斗不被定义为一个问题而被定义为一种男性美德的历史过程进行了清晰的分析。见 Rotundo, *American Manhood: Transformations in Masculinity from the Revolution to the Modern Era* (New York: Basic Books, 1993)。

18. 例如，布莱曾提到，女人历来是被动的，只是现在才开始变得"主动"。见 *Iron John*, 60。

19. 见 Hazel Henderson, *The Politics of the Solar Age*, rev. ed. (Indianapolis, IN: Knowledge Systems, 1988), 169; and Marilyn Waring, *If Women Counted: A New Feminist Economics* (San Francisco: HarperCollins, 1990)。

20. 即使是安德烈亚·德沃金（Andrea Dworkin）——她在其挑衅性著作《性交》(*Intercourse*, New York: Free Press, 1987) 中用了很多篇幅来论证异性恶性行为本质上是具有侵略性和压迫性的——最后也承认，只有父权制下的异性恋是这样的，而不是异性恋本身。

21. 例如，见 Emily Martin, "The Egg and the Sperm: How Science Has Constructed a Romance Based on Stereotypical Male-Female Roles," *Signs* 16 (1991): 485–501. 另见 Ann Cvetkovich, "Recasting Receptivity: Femme Sexualities," in *Lesbian Erotics*, edited by Karla Jay (New York: New York University Press, 1995), 125–146。

22. Harriet Malinowitz, "Looking for Consensus," *Women's Review of Books*, June 1995, p. 14. 另见启发这个比喻的文章，Cvetkovich, "Recasting Receptivity: Femme Sexualities"。

23. 在《铁约翰》中，罗伯特·布莱为此类思想提供了生动的例子。例如，见 61–63 页和 221 页。

24. Joan Cocks, "Wordless Emotions: Some Critical Reflections on Radical Feminism," *Politics and Society* 13, no. 1 (1984): 48.

25. 诺拉·L. 贾米森最先让我意识到这种联系。

26. 见 Michael Schwalbe, *Manhood Acts: Gender and the Practices of Domination* (Boulder, CO: Paradigm, 2014); and R. W. Connell, *Gender and Power: Society, the Person, and Sexual Politics* (Stanford, CA: Stanford University Press, 1987). 另见 Tim Carrigan, Robert Connell, and John Lee, "Hard and Heavy: Toward a New Sociology of Masculinity," in *Beyond Patriarchy: Essays by Men on Pleasure, Power, and Change*, edited by Michael Kaufman (New York: Oxford University Press, 1987), 139–192。

27. 我所见过的最好的此类论述，见 Carrigan, Connell, and Lee, "Hard and Heavy"。

28. 虽然性别与"妻子"和"丈夫"的联系似乎很明显，但考虑到在一些社会中，女性可以与其他女性结婚，甚至在美国，同性恋者之间的婚姻也得到了越来越多的认可，这种联系就不那么明显了。一个人可以成为一个女人的配偶，而不必是一个男人，这意味着丈夫和妻子之间的关系与性别存在一种特殊的联系——这种联系因社会而异。我们还应该注意到，正如"丈夫"的含义超出了婚姻的范围，作为一个好妻子也有类似的文化内涵，即对配偶的关怀、支持和自我牺牲，而这个配偶并不一定局限于女性。正如朱迪·西弗斯（Judy Syfers）所说："我的天，谁不想要一个妻子？" "I Want a Wife," *Ms.*, December 1979。

29. 在非正式的日常用法之外，"神智健全"与"精神错乱"主要是法律术语。

30. R. N. Proctor, *Racial Hygiene: Medicine under the Nazis* (Cambridge, MA: Harvard University Press, 1988).

31. 例如，见 E. Stover and E. O. Nightingale, *The Breaking of Bodies and Minds: Torture, Psychiatric Abuse, and the Health Professions* (New York: St. Martin's Press, 1985)。

32. 这一点在以男性为主导的卫生行业用来确定什么是健康的成年女性的权力上尤其如此。见 Phyllis Chesler, *Women and Madness* (New York: Doubleday, 1972); and Ehrenreich and English, *For Her Own Good*。

33. 见 Frank Browning, *The Culture of Desire: Paradox and Perversity in Gay Lives Today* (New York: Crown, 1993); Carrigan, Connell, and Lee, "Hard and Heavy"; and David Gary Comstock, *Violence against Lesbians and Gay Men* (New York: Columbia University Press, 1991)。

34. 这不是说男同性恋者不可能是厌女者。

35. Kristin Schilt, *Just One of the Guys? Transgender Men and the Persistence of Gender Inequality* (Chicago: University of Chicago Press, 2011).

36. 见 Gilmore, *Manhood in the Making*。

37. 关于美国的男子气概历史上这些问题的深刻讨论，见 Rotundo, *American Manhood*。

38. 见 Frantz Fanon, *The Wretched of the Earth* (New York: Grove Press, 1963), 38–40。

39. Albert Memmi, *Dominated Man* (New York: Orion Press, 1964), 190.

40. 关于对性别问题的二元思考的深刻批评，见 Anne Fausto-Sterling, *Myths of Gender: Biological Theories about Women and Men*, 2nd rev. ed. (New York: Basic Books, 1992); and Carole Pateman, *The Sexual Contract* (Stanford, CA: Stanford University Press, 1988)。

41. 在父权社会中，女性与自然的文化联系并不普遍，不过但凡与女性有关的东西往往都会被贬低，而与男人有关的东西则会被赞赏。

42. 关于雌雄同体概念的批评，见 Miriam M. Johnson, *Strong Mothers, Weak Wives: The Search for Gender Equality* (Berkeley: University of California Press, 1988), 57–60; and Bernice Lott, "A Feminist Critique of Androgyny," in *Gender and Nonverbal Behavior*, edited by C. Mayo and Nancy M. Henley (New York: Springer-Verlag, 1981), 171–180。

第5章

1. 见 Marilyn French, *Beyond Power: On Women, Men, and Morals* (New York: Summit Books, 1985), 484–488。

2. Katie Roiphe, *The Morning After: Fear, Sex, and Feminism on College Campuses* (Boston: Little, Brown, 1993).

3. 例如，见 Arthur Brittan, *Masculinity and Power* (Oxford: Blackwell, 1991); R. W. Connell, *Gender and Power: Society, the Person, and Sexual Politics* (Stanford, CA: Stanford University Press, 1987); Michael Kaufman, ed., *Beyond Patriarchy: Essays by Men on Pleasure, Power, and Change* (New York: Oxford University Press, 1987); Michael Kimmel, *Manhood in America*, 3rd ed. (New York: Free Press, 2011); Michael S. Kimmel and Michael A. Messner, eds., *Men's Lives*, 9th ed. (Boston: Allyn and Bacon, 2012); Michael S. Kimmel and Tom Mosmiller, eds., *Against the Tide: Pro-Feminist Men in the United States, 1776–1990* (Boston: Beacon Press, 1992); E. Anthony Rotundo, *American Manhood: Transformations in Masculinity from the Revolution to the Modern Era* (New York: Basic Books, 1993); John Stoltenberg, *Refusing to Be a Man*

(New York: Meridian, 1989); and John Stoltenberg, *The End of Manhood* (New York: Dutton, 1993)。

4. 关于这一点的更多论述,见 bell hooks, *Feminist Theory: From Margin to Center* (Boston: South End Press, 1984), chap. 5。

5. 还有更多的进路,我在这里不能一一介绍。要更全面地了解女性主义思想,一本优秀的入门读物是 Margaret L. Andersen, *Thinking about Women: Sociological Perspectives on Sex and Gender*, 9th ed. (New York: Macmillan, 2010); and Rosemarie Tong, *Feminist Thought: A More Comprehensive Introduction*, 4th ed. (Boulder, CO: Westview Press, 2013)。

6. 例如,见 Wendy Kaminer, "Feminism's Identity Crisis," *The Atlantic*, October 1993, pp. 51–68。

7. Sharon Lerner, "Clit Club: V-Day's Charismatic Cuntism Rocks the Garden," *Village Voice*, February 13, 2001, available at http://www.villagevoice.com/2001-02-13/news/clit-club/.

8. Sam Keen, *Fire in the Belly: On Being a Man* (New York: Bantam Books, 1991), 196.

9. 同上。

10. 林博常常在他的广播与电视谈话节目中这样称呼女性主义者。这番话是帕利亚在1992年11月1日的《六十分钟》中说的。

11. Naomi Wolf, *The Beauty Myth: How Images of Beauty Are Used against Women* (New York: Morrow, 1991); Naomi Wolf, *Fire with Fire: The New Female Power and How It Will Change the 21st Century* (New York: Random House, 1993).

12. 关于作为经验的母职与作为父权制度的母职之间区别的有力分析,见 Adrienne Rich, *Of Woman Born: Motherhood as Experience and Institution* (New York: Norton, 1976)。关于父权制如何塑造父职

的洞见，见 Robert L. Griswold, *Fatherhood in America: A History* (New York: Basic Books, 1993)。

13. 女性可能会利用她们的从属地位在彼此之间开一些玩笑（就像黑人、犹太人和其他受到偏见的群体一样），而这些玩笑如果是来自支配群体的成员，则是绝对不能容忍的。不同的地方在于，当它来自其他女性时，它提高了关于她们作为女性的共同地位的认识，并有助于加强她们彼此之间的团结意识，但当它来自男性时，它更多的是对男性在父权制下的支配地位的一种主张。

14. James Baldwin, "The Negro in American Culture," radio broadcast, WBAI-FM, New York, 1961.

15. Marilyn French, *Beyond Power*, 280.

16. 例如，见 Judith Levine, *My Enemy, My Love: Man-Hating and Ambivalence in Women's Lives* (New York: Doubleday, 1993)。

17. 1991 年 4 月 11 日，在康涅狄格州哈特福德三一学院的一次演讲中，戴维斯在回答一位支持黑人女性争取平等的斗争，但感到被她们对男性整体的负面评论刺伤的年轻黑人男子时，发表了这样的评论。

18. 见 bell hooks, *Feminist Theory*, chap. 15。

19. Valerie Solanas, *The SCUM (Society for Cutting Up Men) Manifesto* (New York: Olympia Press, 1968).

20. 见 Alice Echols, *Daring to Be Bad: Radical Feminism in America, 1967–1975* (Minneapolis: University of Minnesota Press, 1989), 210–241; Marilyn Frye, "Willful Virgin, or Do You Have to Be a Lesbian to Be a Feminist?" in *Willful Virgin: Essays in Feminism, 1976–1992* (Freedom, CA: Crossing Press, 1992), 124–137; and Nancy Myron and Charlotte Bunch, eds., *Lesbianism and the Women's Movement* (Baltimore: Diana Press, 1975)。

21. 见 Suzanne Pharr, *Homophobia: A Weapon of Sexism* (Inverness, CA: Women's Project, 1997)。

22. Adrienne Rich, "Compulsory Heterosexuality and Lesbian Existence," *Signs* 5, no. 4 (Summer 1980): 631–660.

23. Ellyn Kaschak, *Engendered Lives: A New Psychology of Women's Experience* (New York: Basic Books, 1992), 5. 卡施查克就处处凝视女性生活的"不确定的"(indeterminate)男性观众的概念进行了一次挑衅性的讨论。

24. 另见 Marilyn Frye, "In and Out of Harm's Way: Arrogance and Love," in *The Politics of Reality: Essays in Feminist Theory* (Trumansburg, NY: Crossing Press, 1983), 52–83。

25. 见 Wolf, *Beauty Myth*。

26. 例如,见 Roiphe, *Morning After*; Christine Hoff Sommers, *Who Stole Feminism?* (New York: Simon and Schuster, 1994); and Naomi Wolf, *Fire with Fire* (New York: Random House, 1993)。

27. 例如,娜奥米·沃尔夫提出,"我们要问的问题应该是,如何让女人的手中掌握更多的权力——无论她们是谁,怎么使用这些权力"(*Fire with Fire*, 127)。

28. 关于自由主义女性主义的更加广泛的描述和分析,见 Tong, *Feminist Thought*, chap. 1。

29. 见 Cecelia Ridgeway, *Framed by Gender: How Gender Inequality Persists in the Modern World* (New York: Oxford University Press, 2011)。

30. 关于此类协商的一些生动描述和它们通常如此脆弱的原因,见 Arlie Hochschild, *The Second Shift: Working Parents and the Revolution at Home*, rev. ed. (New York: Viking/Penguin, 2012)。另见 R. L. Blumberg, ed., *Gender, Family, and Economy: The Triple Overlap* (New-

bury Park, CA: Sage, 1991); K. Gerson, *No Man's Land: Men's Changing Commitments to Family and Work* (New York: Basic Books, 1994); F. K. Goldscheider and L. J. Waite, *New Families, No Families? The Transformation of the American Home* (Berkeley: University of California Press, 1991); J. R. Willkie, "Changes in U.S. Men's Attitudes Towards the Family Provider Role, 1972–1989," *Gender and Society* 7, no. 2 (1993): 261–279; and E. O. Wright, K. Shire, S. Hwang, M. Dolan, and J. Baxter, "The Non-Effects of Class on the Gender Division of Labor in the Home: A Comparison of Sweden and the U.S.," *Gender and Society* 6, no. 2 (1992): 25–82。

31. Audre Lorde, *Sister Outsider: Essays and Speeches* (Trumansburg, NY: Crossing Press, 1984).

32. Wolf, *Fire with Fire*, 139.

33. 对于这一问题的进一步讨论，见 Stanlie M. James, Frances Smith Foster, and Beverly Guy-Sheftall, eds., *Still Brave: The Evolution of Black Women's Studies* (New York: Feminist Press, 2009)。

34. French, *Beyond Power*, 443.

35. 更多相关内容，见 Blumberg, *Gender, Family, and Economy*; C. N. Degler, *At Odds: Women and the Family in America from the Revolution to the Present* (New York: Oxford University Press, 1980); Gerson, *No Man's Land*; Hochschild, *Second Shift*; Miriam M. Johnson, *Strong Mothers, Weak Wives: The Search for Gender Equality* (Berkeley: University of California Press, 1988); Ann Oakley, *Woman's Work: The Housewife, Past and Present* (New York: Vintage Books, 1976); and Eli Zaretsky, *Capitalism, the Family, and Personal Life*, rev. ed. (New York: Harper and Row, 1986)。

36. Deborah Tannen, *You Just Don't Understand: Women and Men*

in Conversation (New York: Morrow, 1990), 15.

37. 见 Alison M. Jaggar and Paula S. Rothenberg, eds., *Feminist Frameworks* (New York: McGraw-Hill, 1984); and Tong, *Feminist Thought*。

38. 见 Kate Millet, *Sexual Politics* (Garden City, NY: Doubleday, 1970)。

39. 见 Echols, *Daring to Be Bad*。

40. 关于变革，我将在第 9—11 章谈论更多内容。

41. 见 Zaretsky, *Capitalism, the Family, and Personal Life*。

42. 例如，做饭和照顾孩子可以在公共生活安排中集体进行，以打破女性彼此之间和更大社区之间的隔离。

43. Friedrich Engels, *The Origin of the Family, Private Property, and the State* (New York: Pathfinder Press, 1972).

44. Heidi I. Hartmann, "The Unhappy Marriage of Marxism and Feminism: Towards a More Progressive Union," in *Women and Revolution: A Discussion of the Unhappy Marriage of Marxism and Feminism*, edited by Lydia Sargent (Boston: South End Press, 1981), 1–41. 另见 Tong, *Feminist Thought*, chap. 6。

45. 罗斯玛丽·汤汉在《女性主义思想》(185 页) 中总结了艾里斯·杨的观点，"Beyond the Unhappy Marriage: A Critique of the Dual Systems Theory," in *Women and Revolution: A Discussion of the Unhappy Marriage of Marxism and Feminism*, edited by Lydia Sargent (Boston: South End Press, 1981), 4–6。

46. 关于这一话题，我将在第 8 章谈到更多。

47. 例如，见 Charlotte Bunch, "Bringing the Global Home," in *Passionate Politics: Feminist Theory in Action* (New York: St. Martin's Press, 1987), 328–345. 另见 Irene Diamond and Gloria Feman Orenstein,

eds., *Reweaving the World: The Emergence of Ecofeminism* (San Francisco: Sierra Club Books, 1990)。

第 6 章

1. 在社会学中，这种观点最常与塔尔科特·帕森斯（Talcott Parsons）的社会功能主义理论相联系。在试图理解社会如何以某种秩序感维系在一起时，帕森斯认为，社会体制的各个方面都是相互关联的，以形成一个基于一种核心价值观的共识的社会整体，这些核心价值观定义了什么是最重要或最理想的东西。通过这些关系和这种共识，社会得以运转和生存。我们可以通过其与特定社会运转所需要的东西的关系，来理解一个体制下的生活的每一个方面，例如男性的支配地位。当然，这种联系是因社会而异的。从这一角度来看，使社会得以运转的一个关键是将任务分配给那些能够最有效和最可靠地完成这些任务的人的劳动分工。见 Talcott Parsons, *The Social System* (Glencoe, IL: Free Press, 1951); Talcott Parsons, *The Structure of Social Action* (New York: McGraw-Hill, 1937); and Talcott Parsons and Robert F. Bales, *Family, Socialization, and Interaction Process* (Glencoe, IL: Free Press, 1953)。

2. Parsons and Bales, *Family, Socialization, and Interaction Process*.

3. David D. Gilmore, *Manhood in the Making: Cultural Concepts of Masculinity* (New Haven, CT: Yale University Press, 1990), 3.

4. 这就是物理学家所说的熵。

5. Deborah Tannen, *You Just Don't Understand: Women and Men in Conversation* (New York: Morrow, 1990).

6. Robert Bly, *Iron John: A Book about Men* (Reading, MA: Addison-Wesley, 1990), 22, 23.

7. 见 Jane Caputi and Gordene O. MacKenzie, "Pumping Iron John," in *Women Respond to the Men's Movement*, edited by Kay Leigh Hagan (San Francisco: HarperCollins, 1992), 72。

8. Bly, *Iron John*, 98.

9. 所谓母权制，我指的是一个女性主导、女性认同、女性中心的社会。在这个社会中，男性被系统性地贬低，并从属于女性。没有证据表明有真正的母权制存在过。见 Joan Bamberger, "The Myth of Matriarchy: Why Men Rule in Primitive Society," in *Women, Culture, and Society*, edited by Michelle Zimbalist Rosaldo and Louise Lamphere (Stanford, CA: Stanford University Press, 1974), 263–280; and Gerda Lerner, *The Creation of Patriarchy* (New York: Oxford University Press, 1986)。

10. Sam Keen, *Fire in the Belly: On Being a Man* (New York: Bantam Books, 1991), 202.

11. Keen, *Fire in the Belly*, 96.

12. Bly, *Iron John*, 100.

13. 见上书，156; Warren Farrell, *The Myth of Male Power* (New York: Berkley Books, 1993), 68, 70, 71, 142; Gilmore, *Manhood in the Making*, 150; and Keen, *Fire in the Belly*, 37, 47–48, 95–96, 113, 138。

14. Keen, *Fire in the Belly*, 47.

15. Farrell, *Myth of Male Power*, 71.

16. Gilmore, *Manhood in the Making*, 150.

17. 见理查德·斯洛特金探索美国神话的起源和男性的暴力能力在其中所起的核心作用的强有力的三部曲：*Regeneration through Violence: The Mythology of the American Frontier, 1600–1860* (Norman: University of Oklahoma Press, 2000); *The Fatal Environment: The Myth of the Frontier in the Age of Industrialization, 1800–1890* (Norman: Uni-

versity of Oklahoma Press, 1998); *Gunfighter Nation: The Myth of the Frontier in Twentieth-Century America* (Norman: University of Oklahoma Press, 1998)。

18. Keen, *Fire in the Belly*, 95, 113.

19. 见 Susan Brownmiller, *Against Our Will: Men, Women, and Rape* (New York: Simon and Schuster, 1975), chap. 3。

20. 见 Slotkin, *Gunfighter Nation*。

21. Bly, *Iron John*, 16.

22. Keen, *Fire in the Belly*, 177（着重部分由作者标明）。

23. Farrell, *Myth of Male Power*, 42, 70, 93.

24. Gilmore, *Manhood in the Making*, 110, 114, 115.

25. Anthony Astrachan, "Men and the New Economy," in *Men's Lives*, 2nd ed., edited by Michael S. Kimmel and Michael Messner (New York: Macmillan, 1992), 221, 222.

26. Farrell, *Myth of Male Power*, 361.

27. 关于神话在人类文化中所扮演的角色的深刻检视，尤其是与性别有关的角色，见 Elizabeth Janeway, *Man's World, Woman's Place: A Study in Social Mythology* (New York: Dell, 1971)。关于女性在经济中所起的作用的更多论述，见 Hazel Henderson, *The Politics of the Solar Age*, rev. ed. (Indianapolis, IN: Knowledge Systems, 1988), 169。另见 Teresa L. Amott and Julie A. Matthaei, *Race, Gender, and Work: A Multicultural History of Women in the United States* (Boston: South End Press, 1991); Bonnie S. Anderson and Judith P. Zinsser, *A History of Their Own: Women in Europe from Prehistory to the Present*, vols. 1 and 2 (New York: HarperCollins, 1999); Rosalyn Baxandall, Linda Gordon, and Susan Reverby, eds., *America's Working Women: A Documentary History—1600 to the Present*, rev. ed. (New York: Norton, 1995); Ester

Boserup, *Women's Role in Economic Development* (New York: St. Martin's Press, 1970); Susan Joekes, *Women in the World Economy* (New York: Oxford University Press, 1987); Ann Oakley, *Woman's Work: The Housewife, Past and Present* (New York: Vintage Books, 1976); Irene Tinker, *Persistent Inequalities: Women and World Development* (New York: Oxford University Press, 1990); 以及 Marilyn Waring, *If Women Counted: A New Feminist Economics* (San Francisco: HarperCollins, 1990)。

28. Henderson, *Politics of the Solar Age*, 169; 另见 Cheryl Doss, "If Women Hold Up Half the Sky, How Much of the World's Food Do They Produce?" (ESA Working Paper 11-04, United Nations Food and Agricultural Organization, March 2011)。

29. Marilyn French, *Beyond Power: On Men, Women, and Morals* (New York: Summit Books, 1985), 39–43.

30. Waring, *If Women Counted*.

31. 同上书, 15–16（强调为原文所加）。

32. 见 Arlie Hochschild, *The Second Shift: Working Parents and the Revolution at Home*, rev. ed. (New York: Viking/Penguin, 2012)。

33. 见 Michel Foucault, *The History of Sexuality: An Introduction* (Harmondsworth, UK: Penguin, 1981). 另见 Arthur Brittan, *Masculinity and Power* (Oxford: Blackwell, 1991)。

34. 见 Charlotte Bunch, "Not for Lesbians Only," *Quest* 11, no. 2 (Fall 1975): 50–56; Purple September Staff, "The Normative Status of Heterosexuality," in *Lesbianism and the Women's Movement*, edited by Nancy Myron and Charlotte Bunch (Baltimore: Diana Press, 1975), 79–83; Gary Kinsman, "Men Loving Men: The Challenge of Gay Liberation," in *Men's Lives*, 2nd ed., edited by Michael S. Kimmel and Michael A. Messner

(New York: Macmillan, 1992), 483–496; Brian McNaught, *Gay Issues in the Workplace* (New York: St. Martin's Press, 1993); and Adrienne Rich, "Compulsory Heterosexuality and Lesbian Existence," *Signs* 5, no. 4 (Summer 1980): 631–660。

35. Bunch, "Not for Lesbians Only."

36. Marilyn Frye, "Lesbian Sex," in *Lesbian Philosophies and Cultures*, edited by Jeffner Allen (Albany: State University of New York Press, 1990), 305–316.

37. 见 Robert Baker, "'Pricks and Chicks': A Plea for 'Persons,'" in *Philosophy and Sex*, edited by Robert Baker and Frederick Elliston (Buffalo, NY: Prometheus Books, 1975), 57–64。

38. Brian Easlea, "Patriarchy, Scientists, and Nuclear Warriors," in *Beyond Patriarchy: Essays by Men on Pleasure, Power, and Change*, edited by Michael Kaufman (New York: Oxford University Press, 1987), 195–215; Marilyn French, *The War against Women* (New York: Summit Books, 1992), 157–162.

39. 见 Ellyn Kaschak, *Engendered Lives: A New Psychology of Women's Experience* (New York: Basic Books, 1992), 68。

40. Catharine A. MacKinnon, *Toward a Feminist Theory of the State* (Cambridge, MA: Harvard University Press, 1989), 133.

41. Miriam M. Johnson, *Strong Mothers, Weak Wives: The Search for Gender Equality* (Berkeley: University of California Press, 1988). 另见 Catharine A. MacKinnon, "Feminism, Marxism, Method, and the State: An Agenda for Theory," in *Feminist Theory: A Critique of Ideology*, edited by Nannerl O. Keohane, Michelle Z. Rosaldo, and Barbara C. Gelpi (Chicago: University of Chicago Press, 1982), 1–30.

42. 专业术语是男子色情狂（*satyriasis*）。

43. 这一描述最初来自 Robin Morgan。见 "Theory and Practice: Pornography and Rape," in *Going Too Far: The Personal Chronicle of a Feminist* (New York: Random House, 1977), 163–169。

44. John Stoltenberg, "Pornography and Freedom," in *Men's Lives*, edited by Michael S. Kimmel and Michael A. Messner (New York: Macmillan, 1989), 485。另见 Angela Carter, *The Sadeian Woman and the Ideology of Pornography* (New York: Harper and Row, 1978); Susan Griffin, *Pornography and Silence: Culture's Revenge against Nature* (New York: Harper and Row, 1981); and Laura Lederer, ed., *Take Back the Night: Women on Pornography* (New York: Morrow, 1980)。

45. 见 Jack Litewka, "The Socialized Penis," in *A Book of Readings for Men against Sexism*, edited by John Snodgrass (New York: Times Change Press, 1977), 16–35; and Andy Moye and Martin Humphries, *The Sexuality of Men* (London: Pluto Press, 1985)。

46. 见 Gloria Steinem, "Erotica and Pornography: A Clear and Present Difference," in Lederer, *Take Back the Night*, 35–39; and Helen E. Longino, "Pornography, Oppression, and Freedom: A Closer Look," in Lederer, *Take Back the Night*, 40–54。

47. 见 Catharine A. MacKinnon, *Only Words* (Cambridge, MA: Harvard University Press, 1993); and Diana E. H. Russell, ed., *Making Violence Sexy: Feminist Views on Pornography* (New York: Teachers College Press, 1993). 另见 Carter, *The Sadeian Woman and the Ideology of Pornography*; Griffin, *Pornography and Silence*; and Steinem, "Erotica and Pornography"。

第 7 章

1. 例如，见 M. C. Hamilton, "Using Masculine Generics: Does Generic 'He' Increase Male Bias in the User's Imagery?" *Sex Roles* 19, nos. 11–12 (1988): 785–799; and Wendy Martyna, "Beyond the 'He/Man' Approach: The Case for Nonsexist Language," *Signs* 5, no. 3 (1980): 482–493。德博拉·坦嫩也在她的书中讨论了"标记"的语言学概念。例如，见 *Conversational Style: Analyzing Talk among Friends* (Norwood, NJ: Ablex, 1984) 和 *You Just Don't Understand: Women and Men in Conversation* (New York: Morrow, 1990)。

2. Robert S. McNamara, *In Retrospect: The Tragedy and Lessons of Vietnam* (New York: Times Books, 1995). 另见 2003 年的电影《战争迷雾》，由埃罗尔·莫里斯执导 (Sony Pictures Classics)。

3. Stanley Cohen, *States of Denial: Knowing about Atrocity and Suffering* (Cambridge, UK: Polity Press, 2001).

4. 制造麻烦的意愿通常是带来社会变革的关键。见 William A. Gamson, "Violence and Political Power: The Meek Don't Make It," *Psychology Today* 8, no. 2 (July 1974): 35–41; and William A. Gamson, *The Strategy of Social Protest* (Homewood, IL: Dorsey Press, 1975)。另见 H. H. Haines, *Black Radicals and the Civil Rights Mainstream* (Knoxville: University of Tennessee Press, 1988); and Doug McAdam, *Political Process and the Development of Black Insurgency, 1930–1970* (Chicago: University of Chicago Press, 1982)。

5. 更多与此相关的论述，见 Richard Delgado and Jean Stefancic, "Imposition," in *Critical White Studies* (Philadelphia: Temple University Press, 1997), 98–105。

6. 淘气（Naughty）是由 naught 派生而来的，意思是"无价值"。

7. 关于这一点的两种截然不同的观点，见 Jack O. Balswick and Charles W. Peek, "The Inexpressive Male: A Tragedy of American Society," *Family Coordinator*, October 1971, pp. 363–368; and Jack W. Sattel, "The Inexpressive Male: Tragedy or Sexual Politics?" *Social Problems* 23, no. 4 (April 1976): 469–477。

8. 萨姆·基恩认为，女人和男人在父权制下都是这样做的。见 *Fire in the Belly: On Being a Man* (New York: Bantam Books, 1991), 176, 205。

9. 见 Marilyn French, *Beyond Power: On Men, Women, and Morals* (New York: Summit Books, 1985), 337。

10. 见 Elaine Pagels, *The Origin of Satan* (New York: Random House, 1995)。

11. 关于夏娃的一些有趣的观点，见 Kim Chernin, *Reinventing Eve: Modern Woman in Search of Herself* (New York: Times Books, 1987); and Barbara G. Walker, *The Skeptical Feminist: Discovering the Virgin, Mother, and Crone* (New York: Harper and Row, 1987)。

12. 可能的例外是儿童监护权案件，关于这个问题有很多争议。例如，女性通常会获得儿童的监护权，但当男性积极寻求监护权时，他们在很多时候都会成功。监护权拥有漫长而艰难的历史，在19世纪，当儿童具有经济价值时，男性自动获得监护权，而当儿童失去经济价值并成为经济负担时，监护权则通常归女性所有。现在，随着儿童的情感价值在过去一个世纪里不断增加，监护权可以被用作谈判的筹码，在监护权的决定中，平等对待母亲和父亲已经成为一个问题。

13. 见 Harry Brod, "Work Clothes and Leisure Suits: The Class Basis and Bias of the Men's Movement," in *Men's Lives*, edited by Michael S. Kimmel and Michael A. Messner (New York: Macmillan, 1989), 276–

287。

14. 例如，见 Warren Farrell, *The Myth of Male Power* (New York, Berkley Books, 1993); and Andrew Kimbrell, "A Time for Men to Pull Together: A Manifesto for the New Politics of Masculinity," *Utne Reader*, May–June 1991, pp. 66–74。

15. 女性更容易患抑郁症，这一发现在众多文化和种族群体中都有体现。如果她们在外工作，并独自承担照顾孩子的责任，就特别容易抑郁。见 U.S. Department of Commerce Economics and Statistics Division, *Women in America: Indicators of Social and Economic Well-Being* (Washington, DC: U.S. Department of Commerce, 2011); and Ellyn Kaschak, *Engendered Lives: A New Psychology of Women's Experience* (New York: Basic Books, 1992), 173–174, 182, 183。

16. French, *Beyond Power*, 323.

17. 同上书，297。

18. Farrell, *Myth of Male Power*, 18. 这在逻辑上是说不通的，因为两者指的都是一个社会由一种或另一种性别统治。除非我们像法雷尔经常做的那样，将概念的含义扭曲到面目全非。这跟罗伯特·布莱认为"真正的母权制"与"真正的父权制"可以和平和谐地共存的论断相似（正如我在第 6 章中讨论的）。

19. 见 Peggy McIntosh, "White Privilege and Male Privilege: A Personal Account of Coming to See Correspondences through Work in Women's Studies"（工作论文 no. 189, Center for Research on Women, Wellesley College, Wellesley, MA, 1988）。

20. 同上书，36。

21. Scott Russell Sanders, "The Men We Carry in Our Minds," *Utne Reader*, May–June 1991, p. 77.

22. Keen, *Fire in the Belly*, 203.

23. French, *Beyond Power*, 85, 509.

24. 关于这一时期的引人入胜的历史，见 Barbara Tuchman, *A Distant Mirror* (New York: Knopf, 1978)。

25. Robert E. Kennedy Jr., "The Social Status of the Sexes and Their Relative Mortality in Ireland," in *Readings in Population*, edited by William Petersen (New York: Macmillan, 1972), 121–135.

26. Peter Landesman, "The Girls Next Door," *New York Times Magazine*, January 25, 2004, available at http://www.nytimes.com/2004/01/25/magazine/25SEXTRAFFIC.html; Siddharth Kara, *Sex Trafficking: Inside the Business of Modern Slavery* (New York: Columbia University Press, 2010).

27. 例如，见 James M. McPherson, *Battle Cry of Freedom: The Civil War Era* (New York: Oxford University Press, 1988)。

28. 见 David R. Roediger, *The Wages of Whiteness: Race and the Making of the American Working Class* (New York: Verso Press, 2007)。

第8章

1. 见 Steven Goldberg, *Why Men Rule: A Theory of Male Dominancy* (Chicago: Open Court, 1993)。

2. Warren Farrell, *The Myth of Male Power* (New York: Berkley Books, 1993), 358.

3. 例如，见 Mary O'Brien, "The Dialectics of Reproduction," *Women's Studies International Quarterly* 1 (1978): 233–239; and *The Politics of Reproduction* (Boston: Routledge and Kegan Paul, 1981)。

4. Sam Keen, *Fire in the Belly: On Being a Man* (New York: Bantam Books, 1991), 17, 18.

5. 关于这些话题以及其他与母职有关的问题的有力讨论，见 Adrienne Rich, *Of Woman Born: Motherhood as Experience and Institution* (New York: Norton, 1976)。

6. Keen, *Fire in the Belly*, 103.

7. David D. Gilmore, *Manhood in the Making: Cultural Concepts of Masculinity* (New Haven, CT: Yale University Press, 1990), 52.

8. Marilyn French, *Beyond Power: On Men, Women, and Morals* (New York: Summit Books, 1985), 113.

9. Dorothy Dinnerstein, *The Mermaid and the Minotaur: Sexual Arrangements and the Human Malaise* (New York: Harper and Row, 1976). 关于这个主题的一些其他观点，见 Nancy Chodorow, *The Reproduction of Mothering: Psychoanalysis and the Sociology of Gender* (Berkeley: University of California Press, 1978); Miriam M. Johnson, *Strong Mothers, Weak Wives: The Search for Gender Equality* (Berkeley: University of California Press, 1988); Keen, *Fire in the Belly*; and Marion L. Kranichfeld, "Rethinking Family Power," *Journal of Family Issues* 8, no. 1 (1987): 42–56。

10. 关于两个有用的评论，见 Johnson, *Strong Mothers, Weak Wives*; and Rosemarie Tong, *Feminist Thought: A More Comprehensive Introduction*, 4th ed. (Boulder, CO: Westview Press, 2013)。

11. 约翰逊在《强悍的母亲，软弱的妻子》(*Strong Mothers, Weak Wives*) 中指出了这一点。见第 74~77 页。

12. 见 Ellyn Kaschak, *Engendered Lives: A New Psychology of Women's Experience* (New York: Basic Books, 1992), 65–66。

13. Johnson, *Strong Mothers, Weak Wives*, 81.

14. 见 Gilmore, *Manhood in the Making*。

15. Rudyard Kipling, "If—," in *Kipling: A Selection of His Stories and Poems*, edited by John Beecroft (Garden City, NY: Doubleday, 1956),

2:433.

16. 在《强悍的母亲，软弱的妻子》一书中，约翰逊做出过令人信服的论证：母职不是决定女性在父权制下的从属地位的关键因素。

17. 相较之下，日本人认为西方对分离与个性的强调多少令人担忧，并在他们的年轻人中努力打消这种倾向。

18. Gilmore, *Manhood in the Making*, 39.

19. Robert Bly, *Iron John: A Book about Men* (Reading, MA: Addison-Wesley, 1990). 另见 Michael S. Kimmel, ed., *The Politics of Manhood: Profeminist Men Respond to the Mythopoetic Men's Movement (and the Mythopoetic Leaders Answer)* (Philadelphia: Temple University Press, 1995); and Michael L. Schwalbe, *Unlocking the Iron Cage: The Men's Movement, Gender Politics, and American Culture* (New York: Oxford University Press, 1996)。

20. Bly, *Iron John*, 11.

21. 见 Barbara Ehrenreich and Deidre English, *For Her Own Good: 150 Years of Experts' Advice to Women*, 2nd ed. (New York: Anchor Books/Doubleday, 2005)。关于贬损女性特征的漫长历史传统的汇编资料，见 Fidelis Morgan, *A Misogynist's Source Book* (London: Cape, 1989)。

22. Bly, *Iron John*, 11, 12.

23. 1990 年春，作者在马萨诸塞州沃特敦的一个研讨会上听到的。

24. Sara Ruddick, *Maternal Thinking* (Boston: Beacon Press, 1995).

25. 双重束缚在女性和其他少数群体身上很常见。见 Marilyn Frye, "Oppression," in *The Politics of Reality: Essays in Feminist Theory* (Trumansburg, NY: Crossing Press, 1983), 1–16。

26. Bly, *Iron John*, 14.

27. 布莱在他的一个研讨会("Interface," Watertown, MA, spring 1990)上承认,父权制对野人做了可怕的事情。但他几乎没有对父权制进行任何分析,他对父权制的理解是如此混乱,以至于很难了解这些表述对他来说意味着什么。我问他,为什么我们一整天都在谈论男人、男子气概和铁人约翰的故事,却从来没有提到过父权制,他做出了这一评论。

28. 关于这些实践与转变的历史以及对它们的分析,见 C. P. Christ, "Heretics and Outsiders: The Struggle over Female Power in Western Religion," in *Feminist Frontiers*, edited by L. Richardson and V. Taylor (Reading, MA: Addison-Wesley, 1983), 87–94; Andrea Dworkin, *Woman Hating* (New York: Dutton, 1974); and Ehrenreich and English, *For Her Own Good*。

29. Johnson, *Strong Mothers, Weak Wives*, chaps. 5–6.

30. Keen, *Fire in the Belly*, 15.

31. Bly, *Iron John*, 20.

32. 见 Angela Y. Davis, *Women, Race, and Class* (New York: Random House, 1981); and Judith Rollins, *Between Women: Domestics and Their Employers* (Philadelphia: Temple University Press, 1985)。

33. 两种关于父职与男性气质的历史演变的讨论,见 Robert L. Griswold, *Fatherhood in America: A History* (New York: Basic Books, 1993), and E. Anthony Rotundo, *American Manhood: Transformations in Masculinity from the Revolution to the Modern Era* (New York: Basic Books, 1993)。

34. 关于男性为何逃避家务劳动的挑衅性和启发性的分析,见 Margaret Polatnick, "Why Men Don't Rear Children: A Power Analysis," in *Sex/Male—Gender/Masculine*, edited by John W. Petras (Port Washington, NY: Alfred, 1975), 199–235。

35. 即便是在上层阶级家庭中,也通常是妻子负责监督那些做脏活累活的仆人,并确保那些活都干完了。

36. 在我那本未删节的兰登书屋词典中,paternal(父亲的、父系的)有侵入性控制的意思,但maternal(母亲的、母系的)没有。

37. 这可能在女性听起来也很熟悉,因为这已经成为"正常"人类发展的普遍模式,也是父权社会中男性认同特征的另一个例子。

38. Joseph Campbell, *The Power of Myth* (New York: Anchor Books/Doubleday, 1989).

39. Avon "Summer Preview" catalog, 1992, p. 41.

40. Virginia Woolf, *A Room of One's Own* (New York: Harcourt Brace and World, 1929), 35–36.

第9章

1. Warren Farrell, *The Myth of Male Power* (New York: Berkley Books, 1993). 另见 Molly Dragiewicz, *Equality with a Vengeance: Men's Rights Groups, Battered Women, and Antifeminist Backlash* (Boston: Northeastern University Press, 2011)。

2. 例如,见 the entries in the Appendix for Arthur Brittan, R. W. Connell, Michael Kaufman, Michael Kimmel, and John Stoltenberg. 另见 Rob Okun, ed., *Voice Male: The Untold Story of the Profesminist Men's Movement* (Amherst, MA: Interlink, 2013)。

3. 这一态度在布莱的写作——尤其是《铁人约翰》——和作者参加的一场研讨会上都有体现。

4. 例如,见 Robert Bly, *Iron John: A Book about Men* (Reading, MA: Addison-Wesley, 1990); Farrell, *Myth of Male Power*; and Sam

Keen, *Fire in the Belly: On Being a Man* (New York: Bantam Books, 1991)。

5. Marilyn French, *Beyond Power: On Men, Women, and Morals* (New York: Summit Books, 1985), 261.

6. 例如，见 Michael S. Kimmel, ed., *The Politics of Manhood: Profeminist Men Respond to the Mythopoetic Men's Movement (and the Mythopoetic Leaders Answer)* (Philadelphia: Temple University Press, 1995)。

7. Farrell, *Myth of Male Power*, 12, 22, 27, 98, 356.

8. 正如我在第 8 章中提到的，法雷尔将权力定义为仅仅是控制自己生活的能力，而没有提到个人和团体所拥有的控制资源与其他人的权力。

9. 见 Farrell, *Myth of Male Power*, 31, 39, 72–73, 87, 173, 185, 186, 207。

10. 例子有很多。例如，见 Lance Morrow, "Men: Are They Really That Bad?" *Time*, February 14, 1994, available at http://content.time.com/time/magazine/article/0,9171,980115,00.html。

11. 关于男人参与反抗父权制斗争的必要性的讨论，见 bell hooks, "Men: Comrades in Struggle," in *Men's Lives*, 2nd ed., edited by Michael S. Kimmel and Michael A. Messner (New York: Macmillan, 1992), 561–571。

12. 关于男性积极反抗父权制的历史，见 Michael S. Kimmel and Tom Mosmiller, eds., *Against the Tide: Pro-Feminist Men in the United States, 1776–1990* (Boston: Beacon Press, 1992)。更晚近的观点，见 Okun, *Voice Male*。

13. "Statement of Principles," NOMAS, available at http://site.nomas.org/principles (2014 年 3 月 6 日获取).

14. 见 bell hooks, *Feminist Theory: From Margin to Center* (Boston: South End Press, 1984), especially chaps. 1–3; Gerda Lerner, "Reconceptualizing Differences among Women," in *Feminist Frameworks*, 3rd ed., edited by Alison M. Jaggar and Paula S. Rothenberg (New York: McGraw-Hill, 1993), 237–248; and Audre Lorde, "The Uses of Anger: Women Responding to Racism," in *Gender Basics: Feminist Perspectives on Women and Men*, 2nd ed., edited by Anne Minas (Belmont, CA: Wadsworth, 2000), 39–44。

15. 见 Alice Echols, *Daring to Be Bad: Radical Feminism in America, 1967–1975*(Minneapolis: University of Minnesota Press, 1989)。

16. 见 Kay Leigh Hagan, ed., *Women Respond to the Men's Movement* (San Francisco: Harper Collins, 1992); and Kimmel, *Politics of Manhood*。

17. Bly, *Iron John*, x.

18. 例如，见 Michael L. Schwalbe, *Unlocking the Iron Cage: The Men's Movement, Gender Politics, and American Culture* (New York: Oxford University Press, 1996)。

19. 尽管社会学家认可"表达"运动是一种社会运动的形式，但这种运动在方法与目标上与其他类型的运动大有不同，也不应与其他运动相混淆。旨在治愈个体或通过个人转变让他们感觉好过一些的运动与致力于改变社会体制的运动非常不同。

20. 见 Keen, *Fire in the Belly*, 95, 171, 213。

21. 见基恩在 *Fire in the Belly* 第 131 页中列出的关键问题。

22. Tim Carrigan, Robert Connell, and John Lee, "Hard and Heavy: Toward a New Sociology of Masculinity," in *Beyond Patriarchy: Essays by Men on Pleasure, Power, and Change*, edited by Michael Kaufman (New York: Oxford University Press, 1987), 139–192.

23. 见 Ellyn Kaschak, *Engendered Lives: A New Psychology of Women's Experience* (New York: Basic Books, 1992), 74。

第 10 章

1. 见 Jackson Katz, *Leading Men: Presidential Campaigns and the Politics of Manhood* (Northampton, MA: Interlink, 2012)。

2. 韦恩·拉皮埃尔 2012 年 12 月 21 日在美国步枪协会的一场新闻发布会上的演讲。

3. 见 Michael Kimmel, *Guyland: The Perilous World Where Boys Become Men* (New York: HarperPerennial, 2009)。

4. 更多信息，请访问 http://www.janeelliott.com。

5. Federal Bureau of Investigation, "Crime in the United States, 2011," available at http://www.fbi.gov/about-us/cjis/ucr/crime-in-the-u.s/2011/crime-in-the-u.s.-2011 (2014 年 3 月 6 日获取).

6. 见 Katz, *Leading Men*。

7. Richard Slotkin, *Regeneration through Violence: The Mythology of the American Frontier, 1600–1860* (Norman: University of Oklahoma Press, 2000); Richard Slotkin, *The Fatal Environment: The Myth of the Frontier in the Age of Industrialization, 1800–1890* (Norman: University of Oklahoma Press, 1998); Richard Slotkin, *Gunfighter Nation: The Myth of the Frontier in Twentieth-Century America* (Norman: University of Oklahoma Press, 1998).

8. 见 Stephen Kinzer, *Overthrow: America's Century of Regime Change from Hawaii to Iraq* (New York: Times Books, 2007)。

9. 见 Slotkin, *Gunfighter Nation*。

10. 例如，见 Karen DeYoung 和 Scott Clement, "Americans Say

Afghan War Not Worth Fighting," *Washington Post*, July 26, 2013; and "Veterans of Post-9/11 Wars Ambivalent about Whether Iraq Was Worth It," Pew Research Center, March 19, 2013, available at http://www.pewresearch.org/daily-number/veterans-of-post-911-wars-ambivalent-about-whether-iraq-was-worth-it/。

11. 见 Cecilia Ridgeway, *Framed by Gender: How Gender Inequality Persists in the Modern World* (New York: Oxford University Press, 2011)。

12. 同上。

第 11 章

1. 见 Michael Kimmel, *Angry White Men: American Masculinity at the End of an Era* (New York: Nation Books, 2013)。

2. 这就是沃伦·法雷尔说男性权力是虚构的意思。在这一点上，他是对的。见 *The Myth of Male Power* (New York: Berkley Books, 1993). 另见 Molly Dragiewicz, *Equality with a Vengeance: Men's Rights Groups, Battered Women, and Antifeminist Backlash* (Boston: Northeastern University Press, 2011)。

3. 见 Michael Kimmel, *Manhood in America*, 3rd ed. (New York: Free Press, 2011); and Richard Slotkin, *Gunfighter Nation: The Myth of the Frontier in Twentieth-Century America* (Norman: University of Oklahoma Press, 1998)。

4. 见 James William Gibson, *Warrior Dreams: Violence and Manhood in Post-Vietnam America* (New York: Hill and Wang, 1994)。

5. J. R. Wilkie, "Changes in U.S. Men's Attitudes towards the Family Provider Role, 1972–1989," *Gender and Society* 7, no. 2 (1993):

261–279.

6. "A Survey of LGBT Americans: Attitudes, Experiences and Values in Changing Times," Pew Research Center, June 13, 2013, available at http://www.pewsocialtrends.org/2013/06/13/a-survey-of-lgbt-americans/; "In Gay Marriage Debate, Both Supporters and Opponents See Legal Recognition as 'Inevitable,'" Pew Research Center, June 6, 2013, available at http://www.people-press.org/2013/06/06/in-gay-marriage-debate-both-supporters-and-opponents-see-legal-recognition-as-inevitable/.

7. 关于这如何发生的经典论述，见 Thomas S. Kuhn, *The Structure of Scientific Revolutions* (Chicago: University of Chicago Press, 1970)。

8. Bonaro Overstreet, *Hands Laid upon the Wind* (New York: Norton, 1955), 15; 另见 Paula S. Rothenberg, *Invisible Privilege: A Memoir about Race, Class, and Gender* (Lawrence: University of Kansas Press, 2000).

9. 阅读书单见附录。

10. 此段中的例子是基于乔安妮·卡拉汉（Joanne Collahan）的建议。感谢她让我意识到这一问题。

11. 这个例子要感谢乔安妮·卡拉汉。

附录

1. 这份材料中的大部分内容来自两个网站——女性主义多数基金会和男性参考书目中的一个分区（www.mensbiblio.xyonline.net，编者为戴维·思鲁普）。感谢上述网站提供这些信息，并应在此强调，不保证在此提供的信息依然准确。

名词解释

以下楷体的词也在该名词解释表中作为主条目列出。

agricultural society（农业社会）：经济活动以耕种大面积农田生产粮食为主的社会，通常涉及使用犁或类似工具和役畜。

androcracy（男权制）：围绕着男性支配原则组织起来的社会体制（另见父权制）。

attitude（态度）：对人、物或情境的积极或消极评价，使持这种评价的人倾向于以积极或消极的方式去感受和行动。

belief（信念）：一种对现实的陈述，内容是什么被认为是真的或假的。

capitalism（资本主义）：一种经济体制，其生产资料为一些人私有，但供另一些人（工人）使用，后者出售自己的时间生产商品并提供服务，以换取工资。

cisgender person（顺性别者）：对他们是男性化还是女性化的内在感知与他们出生时的性别一致的人（另见跨性别者）。

cissexual person（顺性人）：对他们在生理上是男性还是女性的内在感知与他们出生时的性别一致的人（另见变性人）。

class（阶层）：见社会阶层。

communism（共产主义）：一种经济体制，其中生产资料由使用它们来生产商品和服务的人集体拥有。

crone（老巫婆）：老年女性。

culture（文化）：与社会体制相关的符号、观念和有形物品的积累。

denial（否认）：一种心理防御机制，借由这种机制，不可接受的信念、想法或经历可不被考虑。

ecofeminism（生态女性主义）：女性主义的一个分支，关注父权制下的生活如何塑造人与自然环境的关系。

essentialism（本质主义）：应用于性别，认为性别差异、性别关系和性别不平等根源于女性和男性的生理特征的观点。

false parallel（错误类比）：不同群体在相似的情况下的经验和行为明显相似，但它是建立在对所发生的事情和由此产生的社会后果的不同阐释的错误认知上。

femininity（女性气质）：一套用来定义女性的理想形象和本质的文化观念。

feminism（女性主义）：一种用于分析人类生活的意识形态和框架，其所依据的信念是，性别不平等是真实存在且成问题的。

feudalism（封建制度）：一种基于军事力量、对土地的控制，以及贵族、农民和统治君主之间的传统义务的经济和社会阶层制度。

gender（性别）：用于构建那些身份认同为女性或男性的人的形象和期待的文化观念。

genderqueer（性别酷儿）：性别认同既不是男人也不是女人、认为自己无性别或两者兼有的人。

gender role（性别角色）：基于性别的社会期望的集合。

gynocentrism（女本位主义）：一种社会组织原则，强调与女性有关的生殖能力的中心地位和重要性。

heteronormativity（异性恋本位）：一种文化标准，按照这种标准，异性恋被定义为"正常"的性取向，并被严格执行。

heterosexism（异性恋主义）：促进、证明和维持异性恋特权的实践、想法和社会安排。

homophobia（恐同现象）：对同性吸引的恐惧或厌恶。

ideology（意识形态）：一套用于解释和证明现状或社会变革运动的合理性的文化观念。

individualism（个人主义）：一种思维方式，它所基于的观念是，社会生活中发生的一切完全由个人的思想和情感导致，而不涉及他们对社会体制的参与。

industrial capitalism（工业资本主义）：见资本主义。

intersex person（双性人）：出生时同时具有"女性"和"男性"性别特征的人。

lesbian continuum（女同性恋连续统一体）：一种表达女性对其他女性的认同程度和渴望她们陪伴的程度不同的概念。

LGBTQ：女同性恋（lesbian）、男同性恋（gay）、双性恋（bisexual）、跨性别者（transgender）和酷儿（queer）的缩写。

liberal feminism（自由主义女性主义）：女性主义的一个分支，其基础思想是知识、选择和机会的自由是解决性别不平等的对策。

luxury of obliviousness（无所察觉的奢侈）：特权体制的

一个方面，支配群体的成员可以借由它来选择是否意识到特权与压迫的真实程度、原因和后果。

male centeredness（男性中心）：父权制的一种组织原则，按照这种原则，最小阻力路径是把男性和他们做的事情置于关注的中心。

male dominance（男性支配）：父权制的一种组织原则，按照这种原则，默认由男性掌握权力。

male gaze（男性凝视）：想象中的普遍男性观察者，女性被鼓励将其作为评价自己外貌和行为的标准。

male identification（男性认同）：父权制的一种组织原则，按照这种原则，男性被当作人类的标准，因此被视为优于女性。

Marxist feminism（马克思主义女性主义）：女性主义的一个分支，它将性别不平等理解为一般经济体制，特别是工业资本主义的结果，尤其是经社会阶层的动力学的推动。

masculinity（男性气质）：一套用于定义男人的理想形象和本质的文化观念。

matriarchy（母权制）：一种围绕着女性支配、女性认同、女性中心和女性化的对控制的痴迷等原则组织起来的社会。

matrifocality（母主）：一种强调母亲的中心地位和重要性的社会组织原则。

matrilineal society（母系社会）：只通过母亲的血缘来追溯家系的社会。

matrilocal society（从母居社会）：一种亲属制度，其中的已婚夫妇应住在女方家中或附近。

means of production（生产资料）：用于生产商品和服务的工具、机器、资源和技术。

misandry（厌男）：对男性的憎恶。

misogyny（厌女）：对女性的憎恶。

nadle（拿豆）：美国西南部的纳瓦霍人使用的一个词，指的是生来就兼具男女特征的双性人。

norm（规范）：将信念和价值观与奖赏和/或惩罚联系起来的关于外貌或行为的社会规则。

oppression（压迫）：在一个社会体制中，一个群体为了宣示特权对另一个群体的支配、剥削和欺凌。

paradigm（范式）：一个指导假设、理论和方法的框架，它定义了观察、解释和理解现实的特定方法。

passive oppression（被动压迫）：由于不注意、不敏感、忽视或缺乏觉察而造成的对特权与压迫的延续。

path of least resistance（最小阻力路径）：在一个社会体制中，在特定情况下，一个体制参与者的社会位置所期待的他在该情况下做出的表现和行动，就构成了该体制参与者的最小阻力路径。

patriarchy（父权制）：一种围绕着男性支配、男性中心、男性认同和男性化的对控制的痴迷等原则组织起来的社会体制。

political correctness（政治正确）：最初是社会活动家使用的一种标准，他们以此检查自己的言行，以确保他们的言行与他们的价值观、信念和政治原则相一致。

power（权力）：在狭义的父权意义上，权力是一种产生影响的能力，包括不顾反对而坚持控制和支配。

power feminism（权力女性主义）：认为解决性别不平等问题的办法是让女性拥有主宰自己生活的权力，而不是改变父权制这个体制，权力女性主义不承认父权制的存在。

prejudice（偏见）：仅仅因为人们所处的特定的社会地位就对其采取的一种积极或消极的态度。

privilege（特权）：一种不劳而获的优势，专属于某一特定群体，在社会中由他人赋予。

queer（酷儿）：以各种方式拒绝、试探或以其他方式越过文化上认为正常的性别、性别认同或性取向和性表达的界限的人的总称。

radical feminism（激进女性主义）：女性主义的一个分支，其基本观点是，父权制是真实存在且成问题的，可被理解为一种社会体制，它的存在和对人类生活的塑造超出了参与者的有意识的思考和意图。

reality（现实）：见现实的社会建构。

role（角色）：与社会体制中某一特定地位有关的一套文化信念、价值观、规范和态度，它决定了人们如何参与和体验与处于其他地位的人的社会生活（如妻子相对于丈夫的角色）。

sex（性）：关于生物学和身体外观的文化信念，用于定义女性、男性和其他类别。

sexism（性别主义）：可造成性别特权的发生或延续的结果的任何事。

social category（社会类别）：具有特定社会地位的所有人（如大学生）的集合。

social class（社会阶层）：总体而言，是指在一个社会体制中，由于财富或权力等资源和回报的不平等分配而产生的区别和分化。马克思主义的方法侧重于资本家、工人和生产资料之间的关系如何制造了不平等。更为主流的方法侧重于人们满足欲望和需求的能力，尤其是通过收入，以及利用声望和权力。

social construction of reality（现实的社会建构）：使用语言和其他符号进行互动的社会过程，在这一过程中，人们认为什么才是真实认知得到了建构、分享和维持。

socialist feminism（社会主义女性主义）：女性主义的一个分支，试图将激进女性主义对父权制的分析与马克思主义女性主义对资本主义下性别的分析相结合。

socialization（社会化）：人们通过这个过程，获得在社会体制中占据特定社会地位的人应有的知识、技能、价值观、态度和倾向（例如，儿童学习像成年人或某个岗位上的员工那样发挥作用）。

social status（社会地位）：人们在一个社会体制中可能占据的位置，这个位置确定了他们与处于其他地位的人的关系（例如，父母/子女）。

social structure（社会结构）：表明一个社会体制组织方式的关系和分配模式。关系将一个体制的各种元素（如社会地位）联系起来，也将它们与体制本身联系起来。分配包括重要的资源和回报，如权力和收入，以及人在社会地位之间的分配。

social system（社会体制）：一个由结构关系与分配，生态安排，文化符号、观念和物品，以及人口动态和环境结合起来形成一个整体的相互关联的集合。复杂体制由较小的体制组成，它们彼此之间通过文化、结构、生态和人口安排及其动态关系相联系，也通过这些与大的体制相联系。

sociobiology（社会生物学）：一个研究领域，它的基本观点是，包括人类在内的各种物种之间的社会安排和行为都有其生物学基础。

structure（结构）：见社会结构。

transgender person（跨性别者）：自己的内在体验与出生时被指定的生理性别不一致的人（另见顺性别者）。

trans man（跨性别男性）：出生时被指定为女性，但性别认同为男性的人。

transsexual person（变性人）：已经进行或希望进行医学辅助变性，以使他们的身体与他们在性别方面的体验相一致的人（另见顺性人）。

trans woman（跨性别女性）：出生时被指定为男性，但性别认同为女性的人。

value（价值观）：被用于在不同选项中做出选择的关于相对价值、良善或可欲的文化观念。例如，在父权制下，男性的价值高于女性的价值，控制的价值高于不控制的价值。

woman-identified woman（女性认同的女性）：在评价自己的外貌、行为和生活时以其他女性为比较标准的女性。

worldview（世界观）：由相互关联的信念、价值观、态度、图像和记忆组成的集合，从中可构建并维持一种现实感。